企业内部控制与风险管理

刘红霞◎主　编

岳彦芳　陈运森　李连燕◎副主编

清华大学出版社

北京

本书封面贴有清华大学出版社防伪标签，无标签者不得销售。
版权所有，侵权必究。举报：010-62782989，beiqinquan@tup.tsinghua.edu.cn。

图书在版编目（CIP）数据

企业内部控制与风险管理 / 刘红霞主编 . —北京：清华大学出版社，2022.5
ISBN 978-7-302-60502-7

Ⅰ. ①企⋯　Ⅱ. ①刘⋯　Ⅲ. ①企业内部管理②企业管理－风险管理　Ⅳ. ① F272.3

中国版本图书馆 CIP 数据核字 (2022) 第 055878 号

责任编辑：梁云慈
封面设计：汉风唐韵
版式设计：方加青
责任校对：王荣静
责任印制：朱雨萌

出版发行：清华大学出版社
　　　网　　址：http：//www.tup.com.cn，http：//www.wqbook.com
　　　地　　址：北京清华大学学研大厦 A 座　　邮　　编：100084
　　　社 总 机：010-83470000　　　　　　　　邮　　购：010-62786544
　　　投稿与读者服务：010-62776969，c-service@tup.tsinghua.edu.cn
　　　质 量 反 馈：010-62772015，zhiliang@tup.tsinghua.edu.cn
印 装 者：三河市天利华印刷装订有限公司
经　　销：全国新华书店
开　　本：185mm×260mm　　　印　张：20.25　　　字　数：447 千字
版　　次：2022 年 5 月第 1 版　　　　　　　　　印　次：2022 年 5 月第 1 次印刷
定　　价：65.00 元

产品编号：096240-01

中央财经大学研究生精品教材系列丛书

编委会

主　　　任：马海涛

委　　　员：（按姓氏笔画排序）

尹　飞　　白彦锋　　冯秀军　　刘双舟　　刘志东　　李　涛
李国武　　李建军　　李晓林　　吴　溪　　张晓涛　　陈斌开
林　嵩　　林光彬　　姜　玲　　贾尚晖

丛 书 主 编：马海涛
丛书副主编：张学勇　　肖　鹏

总　序

当今世界正经历百年未有之大变局，我国正处于实现中华民族伟大复兴的关键时期，时代提出了一系列新的重大理论和实践问题，经济社会发展和民生改善比过去任何时候都更加需要科学技术解决方案，比过去任何时候都更加需要哲学社会科学的繁荣，比过去任何时候都更加需要财经理论的创新发展。推动实现国家治理体系和治理能力现代化，需要更好发挥财政在国家治理中的基础和重要支柱作用，需要切实把维护金融安全作为治国理政的一件大事，需要不断完善目标优化、分工合理、高效协同的宏观经济治理体系，需要成千上万的创新型财经管理人才。

党的十九大报告指出，"建设教育强国是中华民族伟大复兴的基础工程，必须把教育事业放在优先位置"，要"加快一流大学和一流学科建设，实现高等教育内涵式发展"。而实现高等教育内涵式发展，研究生教育是不可或缺的重要部分。2020年，全国研究生教育会议召开，教育部、国家发展和改革委、财政部联合发布《关于加快新时代研究生教育改革发展的意见》，明确提出：研究生教育在培养创新人才、提高创新能力、服务经济社会发展、推进国家治理体系和治理能力现代化方面具有重要作用。坚持"四为"方针，瞄准科技前沿和关键领域，深入推进学科专业调整，提升导师队伍水平，完善人才培养体系，加快培养国家急需的高层次人才，为坚持和发展中国特色社会主义、实现中华民族伟大复兴的中国梦做出贡献。

深化研究生教育改革，要重视发挥课程教学在研究生培养中的作用，而高水平教材建设是开展高水平课程教学的重要载体。中央财经大学坚持"科学规划、突出特色、鼓励创新、择优资助"的原则，高度重视研究生教材建设工作，围绕立德树人根本任务，以一流学科建设为目标，设立专项资金资助研究生教材建设，推动习近平新时代中国特色社会主义思想和社会主义核心价值观融入教材建设、融入课堂教学，培育学生经世济民、诚信服务、德法兼修的职业素养，初步建立了具有中央财经大学"财经黄埔"品牌特色的研究生教材体系。瞄准前沿，出版各专业博士生前沿文献导读，推进职业能力训练为导向的案例教学与案例库体系，着力组织建设一批国际化、高水平的专业学位研究生教学案例集。

呈现在读者面前的中央财经大学研究生精品教材系列丛书由多部研究生教材组成，涉及经济学、管理学、法学三个学科门类，所对应课程均为中央财经大学各专业研究生培养方案中的核心课程，均由教学经验丰富的一线教师组织编写。编者中既有国家级教学名师等称号的获得者，也不乏在专业领域造诣颇深的中青年学者。本系列丛书以"立足中国，放眼世界"的眼光和格局，本着扎根中国大地办大学的教育理念，致力于打造一批具有中国特色，具有较强思想性、科学性、系统性和时代性的适用于高等院校尤其是财经类院校研究生教学的专业教材，力求在各个专业领域内产生一定的影响力。

中央财经大学研究生精品教材系列丛书的出版得到了"中央高校建设世界一流大学（学科）和特色发展引导专项资金"的支持。我们希望本套丛书的出版能够为相关课程教学提供基本的教学方案和参考资料，能够启发研究生对专业知识的学习和对现实问题的思考，提高研究生运用理论知识解决现实问题的能力，进而培养成为具有良好职业素养、掌握前沿理论、具备国际视野的高层次拔尖创新人才。

编写研究生精品教材系列丛书，我们虽力求完善，但难免存在不足之处，恳请广大同行和读者批评指正。

中央财经大学研究生精品教材系列丛书编委会
2022 年 5 月于北京

前　言

面对波谲云诡的国际形势、复杂敏感的周边环境、艰巨繁重的改革发展稳定任务，我们既要有防范风险的先手，也要有应对和化解风险挑战的高招；既要打好防范和抵御风险的有准备之战，也要打好化险为夷、转危为机的战略主动战。根据习总书记2019年1月21日在省部级主要领导干部坚持底线思维着力防范化解重大风险专题研讨班开班式上的讲话精神可知，加强内部控制、防范风险是新时期高层次财经专业人才必须具备的知识和能力。

编写目标

由于现代企业内部控制已由单纯规避损失的传统风险管理转向能够创造价值的全面风险管理，因此，构建有效的内控体系并推动企业风险管理水平的全面提升，是企业发展与改革的需要。鉴于此，本教材的编写目标为：

（1）融入思政教育，培养会计学专业学生的新时代中国特色社会主义思想品德。习总书记在2016年12月全国高校思想政治工作会议上强调"使各类课程与思想政治理论课同向同行，形成协同效应"，指明了高校会计类课程与思政理论课协同建设、协同育人的根本方向。众所周知，会计诚信是会计行业对社会的一种职业承诺，守诚信、不做假账是会计人的职业道德底线。在课程教材建设中融入思政教育，对于提高会计学专业学生的思想觉悟、职业道德至关重要。

（2）注重科学性、先进性和适用性，强调学以致用，努力提升学生内部控制和风险管理方面的知识结构和能力框架，使学员不仅能够理解内部控制和风险管理的基本理论，而且能够较为熟练地对不同企业的内部控制做出分析和评价，掌握先进的风险管理流程和技术。

（3）通过对内部控制和风险管理理论的介绍及案例分析，模拟企业的实际经济活动情境，培养学生解决实际问题的能力，并提升学生的管理理论水平和风险识别技能程度，使之能够以高屋建瓴的战略视野思考企业内部控制及风险管理的现实问题，以卓越可靠的技能战术解决企业风险管理问题。

主 要 特 点

本教材内容融入 COSO（Committee of Sponsoring Organization，美国反虚假财务报告委员会下属的发起人委员会）关于内部控制以及风险管理最新框架理论，并结合国内外最新研究成果，系统介绍了企业内部控制与风险管理的理论、方法和应用案例。教材编写坚持以新时期高层次会计专业人才所必备的知识结构、能力结构和素质教育的需求为导向，结合研究生教育的特点，采取专题式、模块化内容设计，力求做到起点高、内容新、针对性和实效性强。本教材突出以下几个特点：

（1）建设与模块式教学相配套的《内部控制与风险管理》教材。由于企业对会计专业学生的要求是不尽相同且经常变化的，需要构建以应用和创新为特色的模块式教学模式，从而满足多样化的市场需求，并对市场需求有较快的应变能力。按照课程模块化教学的要求，本教材将学习内容分割成相对独立的三个模块，即内部控制模块、风险管理模块、内部控制与风险管理专题模块。每个模块具体解决相关的实践问题，同时模块之间具有系统性的联系，使之能整体架构成内部控制和风险管理课程教材。

（2）基于建构主义思想，完善《内部控制与风险管理》教材建设。内容设计上坚持建构主义，打破传统会计教材内容单调乏味、体例安排陈旧老套的特点，结合企业的实际经济活动，阐述各章主题；根据教材内容，以灵活方式展示知识点，充分调动学生的主动性去探索、讨论，让学生以自己的经验为基础，通过经验来建构新的知识。

（3）注重教材建设的国际化和职业化。会计专业硕士研究生教育面向会计职业，旨在培养具备良好职业道德和法治观念，能够系统掌握现代会计以及相关领域知识和技能，具有国际视野的高层次应用型人才。因此，本教材将融入 COSO 内部控制以及风险管理最新框架理论，充分关注教材建设的国际化和职业化。

本教材既适应高层次会计专业人才所必备的知识结构、能力结构和素质教育的需求，也适合以应用和创新为特色的模块式教学模式的需求，可以作为会计专业硕士（MPAcc）、审计专业硕士（MAud）、工商管理硕士（MBA）等专业硕士以及会计类专业本科和研究生课程教材或参考资料使用。

本教材是中央财经大学"双一流"建设研究生精品教材建设项目，中央财经大学会计学院博士生导师刘红霞教授任主编，会计学院岳彦芳副教授、陈运森教授、李连燕教授为副主编。各章撰写任务分配如下：刘红霞（第1章、第4章、第5章、第6章、第7章、第8章、第9章、第10章）、岳彦芳（第1章、第2章）、陈运森（第3章）、李连燕（第3章），刘红霞对全书做了总纂工作。感谢王新宇、尹粉丽、叶恒宇、冯怡珂、朱晓逸、张乃千、张皓月、钟颖婷、韩炎培、韩诗雨（按姓氏笔画顺序）等研究生对本教材案例分析所做出的贡献。在本教材的撰写过程中，我们也借鉴了同行们的相关出版文献和论文资料，在此一并致谢！

同时，感谢中央财经大学给予的出版基金资助，感谢匿名评审专家对本教材提出的修改建议，感谢清华大学出版社的大力支持。受时间和编写人员能力限制，本教材尚存在许多不足之处，恳请同行批评指正。

目 录

上篇　内部控制理论

第1章　企业内部控制理论概述 … 2
1.1　内部控制理论的发展 … 2
1.2　我国企业内部控制规范体系 … 12
1.3　案例讨论 … 23

第2章　企业内部控制过程 … 32
2.1　企业内部环境的控制 … 33
2.2　企业业务活动的控制 … 39
2.3　企业管理手段的控制 … 84
2.4　案例讨论 … 94

第3章　企业内部控制评价 … 100
3.1　内部控制评价主体、客体与程序 … 100
3.2　内部控制评价内容 … 104
3.3　内部控制缺陷认定 … 107
3.4　内部控制的相关评价报告 … 112
3.5　案例讨论 … 123

中篇　风险管理理论

第4章　企业风险管理框架及发展 … 132
4.1　COSO企业风险管理框架 … 133
4.2　我国企业全面风险管理的相关规范 … 144
4.3　案例讨论 … 148

第 5 章　企业风险及风险偏好 · 154
5.1　企业风险及分类 · 154
5.2　财务风险的内容与边界 · 158
5.3　风险偏好 · 161
5.4　案例讨论 · 165

第 6 章　风险识别方法 · 173
6.1　主观风险识别方法 · 174
6.2　客观风险识别方法 · 179
6.3　案例讨论 · 197

第 7 章　企业风险管理策略 · 203
7.1　企业风险管理基本理论 · 203
7.2　风险管理策略类别及其选择 · 207
7.3　案例讨论 · 213

下篇　内部控制与风险管理专题

第 8 章　内部治理风险识别与控制 · 220
8.1　基本概念 · 220
8.2　内部治理风险识别 · 224
8.3　内部治理风险控制 · 234
8.4　案例讨论 · 239

第 9 章　企业资金运营风险识别与控制 · 252
9.1　现金流风险识别与控制 · 252
9.2　投资风险识别与控制 · 263
9.3　融资风险识别与控制 · 269
9.4　案例讨论 · 277

第 10 章　跨国并购风险识别与控制 · 284
10.1　基本概念及分类 · 284
10.2　跨国并购风险 · 290
10.3　并购风险测评 · 299
10.4　案例讨论 · 301

上篇

内部控制理论

第 1 章　企业内部控制理论概述

▶ **教学目标**　通过本章学习，使学生了解COSO内部控制框架的主要内容，了解我国内部控制体系的内容，能够清楚我国《企业内部控制基本规范》与COSO《内部控制——整合框架》的差异，并在此基础上，对我国企业内控体系的建设与实施有深入的思考。

▶ **内容摘要**　本章首先介绍了内部控制理论发展的过程及COSO《内部控制——整合框架》的主要内容；然后介绍我国内部控制体系的建立与发展，着重阐释《企业内部控制基本规范》的基本内容，包括企业内部控制的目标及要素、内部控制的原则与方法。最后，本章以HW集团为例，介绍了该企业内部控制体系的建设过程，包括建设前的准备工作，以及内控现状调查、风险评估、组织结构重整、流程设计、制度重整、内控评价、编制内控手册等具体实施过程。

1.1　内部控制理论的发展

1.1.1　内部控制理论发展的四个阶段

内部控制的理论发展可以划分为四个阶段，即内部牵制阶段、内部控制制度阶段、内部控制结构阶段和内部控制框架阶段。

1. 内部牵制阶段

内部牵制是内部控制发展进程中的第一阶段，据史料记载，内部牵制始于公元前4000年的古埃及国库管理。早在古埃及、古希腊、古罗马时期，内部控制思想在国家治理、国库管理、军队管理等方面就得到了广泛的应用。

到15世纪末，随着经济的初步发展与会计体系的成熟，内部牵制也发展到一个新的阶段。以意大利的复式记账法为标志，它以账目间的相互核对为主要手段并实施一定程度的岗位分离，促使内部牵制渐趋成熟。

18世纪工业革命以后，企业规模逐渐扩大，公司制企业开始出现。当时，美国铁路公司为了对遍及各地的客货运业务进行控制和考核，采取了内部稽核制度，20世纪初期，股份有限公司的规模逐渐扩大，生产资料的所有权与经营权逐渐分离。美国的一些企业逐渐摸索出一些组织、调节、制约和检查企业生产经营活动的办法。

在20世纪40年代前，人们习惯用内部牵制这一概念。内部牵制主要通过人员配备和职责划分、业务流程、簿记系统等来完成，其目标主要是防止组织内部的错误和舞弊，保护组织财产的安全，保障组织运转的有效性。

2. 内部控制制度阶段

20世纪40年代至70年代，内部控制的发展进入内部控制制度阶段。内部控制（internal control）一词，最早出现在1936年美国会计师协会发布的《注册会计师对财务报表的审查》中，是指为保护现金和其他资产、检查簿记事务的准确性而在公司内部实行的手段和方法。

内部控制制度的形成是传统的内部牵制思想与古典管理理论相结合的产物。进入20世纪以后，生产的社会化程度空前提高，股份制公司相应地迅速发展起来，随着市场竞争日益加剧，企业需要扩大生产规模，采用新技术、新工艺、新设备等手段降低生产成本，采用更为完善、更为有效的控制方法以改变传统的生产方式及经验管理对企业的影响，注重工作标准化、组织分工等科学方法，对企业内部的经营管理活动进行控制。

第二次世界大战以后，伴随着自然科学技术的迅猛发展及其在企业中的普遍应用，企业生产过程的连续化、自动化程度以及生产的社会化程度空前提高，许多产品和工程需要极大规模的分工与协作，管理层需要实行分权管理，以调动员工的积极性、提高经济效益；还需要采取比单纯的内部牵制更为完善的控制措施，以达到有效经营的目的。一些西方企业在传统内部牵制思想的基础上，纷纷在企业内部组织结构、经济业务授权、处理程序等方面借助各种科学标准和程度，对企业内部的生产标准、质量管理、统计分析、采购销售、人员培训等经济活动及相关的财务会计资料分别实施控制，做到业务处理程序标准化、规范化，业务分工制度化；人员之间相互促进、相互制约，从而达到防范错弊、保护企业财产物资及相关资料的安全与完善、确保经营管理方针的贯彻落实及提高企业经营效率的目的。

因此，从20世纪40年代开始以账户核对和职责分工为主要内容的内部牵制，逐步演变为由组织结构、岗位职责、人员条件、业务处理程序、检查标准和内部审计等要素构成的较为严密的内部控制系统。这一阶段内部控制开始有了内部会计控制和内部管理控制的划分，主要通过形成和推行一整套内部控制制度（方法和程序）来实施控制。内部控制的目标除了保护组织财产的安全，还包括增进会计信息的可靠性、提高经营效率和遵循既定的管理方针。

3. 内部控制结构阶段

20世纪80年代至90年代初，内部控制的发展进入内部控制结构（internal control structure）阶段。在这一阶段，管理环境被纳入内部控制的实现，并引起内部控制各要素的重新划分与结构整合，其标志是美国注册会计师协会于1988年5月发布的《审计准则公告第55号》。在公告中，以"内部控制结构"的概念取代了"内部控制制度"，并指出："企业内部控制结构包括提供为取得企业特定目标的合理保证而建立的各种政策和程序。"该公告认为内部控制结构由以下三个要素组成：

（1）控制环境（control environment）。它是指对建立、加强或削弱特定政策与程序效率有重大影响的各种因素，包括：管理理念和经营风格；组织结构；董事会及其所属委员会,特别是审计委员会发挥的职能;确定职权和责任的方法;管理者监控和检查工作时所使用的控制方法,包括计划、预算、预测、利润计划、责任会计和内部审计;人事工作方针及其执行;影响本企业业务的各种外部关系,如银行对指定代理人的检查等。

(2) 会计制度(accounting system)。它是指为认定、分析、归类、记录、编报各项经济业务,明确资产与负债的经营管理责任而规定的各种方法,包括:鉴定和登记一切合法的经济业务;对各项经济业务按时和适当地分类,作为编制财务报表的依据;将各项经济业务按适当的货币价值计价,以便列入财务报表;确定经济业务发生的日期,以便按会计期间进行记录;在财务报表中恰当地表述经济业务及对有关内容进行提示。

(3) 控制程序(control procedure)。它是指单位为保证目标的实现而建立的政策和程序,包括:经济业务和经济活动的适当授权;明确各个人员的职责分工,如指派不同的人员分别承担业务批准、业务记录和财产保管的职责,防止有关人员对正常经济业务图谋不轨和隐匿各种错弊;账簿和凭证的设置、记录与使用,保证经济业务活动得到正确的记载,如出厂凭证应事先编号,以便控制发货业务;资产及记录的限制接触,如接触计算机程序和档案资料要经过批准;已经登记的业务及记录与复核,如常规的账面复核,存款、借款调节表的编制,账面的核对,计算机编程控制,以及管理者检查明细报告。

4. 内部控制框架阶段

随着企业组织形式与经营业务的发展,人们对内部控制的认识不断深化,内部控制被分为控制机制与控制方法两个层次,而这两个层次又是浑然一体的,控制机制是内部控制的前提与条件,控制方法是内部控制的关键,必须将控制机制与方法整合为一个有机框架。1985年,由美国注册会计师协会(AICPA)、美国会计协会(AAA)、财务经理人协会(FEI)、内部审计师协会(IIA)、美国管理会计师协会(IMA)联合创建了反虚假财务报告委员会(通常称 Treadway 委员会),旨在探讨财务报告中的舞弊产生的原因,帮助公司或组织制定和评价其经营、合规和财务报告目标的内部控制体系。两年后,基于该委员会的建议,其赞助机构成立 COSO(Committee of Sponsoring Organization)委员会,专门研究内部控制问题。1992年9月,COSO 委员会发布《内部控制——整合框架》,简称 COSO 报告。《内部控制——整合框架》(1992)发布后的二十多年里,企业的业务和经营环境发生了巨大的变化,如互联网的广泛使用、科学技术的进步、商业模式的改变以及全球一体化等,与此同时,越来越多的利益相关者更积极地参与到企业的治理过程中,并且希望寻求更透明和更负责的内控体系来支持企业决策和治理,这些变化都要求《内部控制——整合框架》需要适应环境进行调整。金融危机爆发以后,人们意识到不充分的风险管理是导致金融危机的主要原因,因此,股东和其他主要利益相关者更加关注风险以及如何控制风险,这也进一步加快了 COSO 委员会对《内部控制——整合框架》的修订步伐。2013年5月14日,美国反虚假财务报告委员会下属的发起组织委员会(COSO)发布《2013年内部控制——整体框架》及其配套指南,将有助于公司高管在企业运营、法规遵循以及财务报告等方面采取更严密的内控措施。

1.1.2　COSO《内部控制——整合框架》（1992）的内容

1992年9月，美国注册会计师协会（AICAP）与美国会计学会（AAA）、内部审计协会（IIA）、管理会计师协会（MAA）、财务执行官协会（FEI）共同组成的发起组织委员会（COSO，Committee of Sponsoring Organization）发布了指导内部控制实践的纲领性文件《内部控制——整合框架》（Internal Control：Integrated Framework）。COSO内部控制框架认为，内部控制系统是由控制环境、风险评估、控制活动、信息与沟通、监控活动五要素组成，它们取决于管理层经营企业的方式，并融入管理过程本身，其相互关系如图1-1所示。

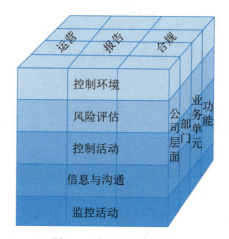

图1-1　内部控制框架图

1. 内部控制的定义

COSO指出："内部控制是由企业董事会、经理层及其他员工实施的，为财务报告的可靠性、经营活动的效率和效果、相关法律法规的遵循性等目标的实现而提供合理保证的过程。"

2. 内部控制的目标

COSO报告指出，内部控制是为实现以下三类目标提供合理保证：经营的效率和效果、财务报告的可靠性、适用法律法规的遵循性。

3. 内部控制五要素

（1）控制环境（control environment）指企业从事生产经营活动的员工以及他们开展经营管理活动所处的环境。控制环境是所有其他组成要素的基础，包括了以下7个具体要素：

①诚信和道德价值观。
②致力于提高员工工作能力及促进员工职业发展的承诺。

③董事会和审计委员会。其包括的因素有董事会和审计委员会与管理者之间的独立性，成员的经验和身份，参与和监督活动的程度，行为的适当性等。

④管理层的理念和经营风格。

⑤组织结构。其包括了定义授权和责任的关键领域以及建立适当的报告流程。

⑥经营活动的权限和权责分配，以及建立报告关系和授权协议。它包括了以下几点：

a. 被激励主动发现问题、解决问题以及被授予权限的程度；

b. 描述适当的经营实践，关键人员的知识和经验，提供给执行责任的资源政策；

c. 确保所有人理解公司目标。每个人知道他的行为与目标实现的关联和贡献的重要程度。

⑦人力资源政策及程序。

（2）风险评估（risk appraisal）指在既定的目标下，评估控制目标实现过程中的不确定性因素。风险评估包括以下内容：

①风险评估的前提条件是设立目标。只有先确立了目标，管理层才能针对目标确定风险并采取必要的行动来管理风险。设立目标是管理过程重要的一部分。尽管其并非内部控制要素，但它是内部控制得以实施的先决条件。

②识别与上述目标相关的风险。

③评估上述被识别风险的后果和可能性。一旦确定了主要的风险因素，管理层就可以考虑它们的重要程度，并尽可能将这些风险因素与业务活动联系起来。

④针对风险的结果，考虑适当的控制活动。

（3）控制活动（control activity）指确立和执行控制政策与程序，从而有助于确保管理层处置风险、实现主体目标的必要活动得以有效实施。控制活动贯穿于企业的所有层次和部门。它们包括一系列不同的活动，如职务分离、实物控制、信息处理控制、业绩评价等。

（4）信息与沟通（information and communication）指围绕风险评估、控制活动、监督行为而形成的信息与沟通系统。该信息与沟通系统不仅处理内部资料，还处理形成企业决策和外部报告所必需的外部事件、行为和条件的信息。有效的交流涉及机构的各个方面。所有人员都要从高级管理层获得清楚的信息，他们必须明白各自在内部控制制度中的作用，明白个人的行为如何与他人的工作相联系。他们必须有自下而上传递重要信息的方法。与顾客、供应商、监管者和股东之间也必须有有效的沟通。

（5）监控（monitoring）指对整个过程的监督、评价以及必要时采取的修正措施。监控过程通过持续的监控行为、独立的评估或两者的结合来实现。持续的监控行为发生在经营的过程中，是日常的管理监督活动；独立评估是内部审计以及与外部团体的监控，以判定内部控制各要素是否存在且发挥效用。独立评估的范围和频率主要依赖于风险评估和持续监控程序的有效性。

1.1.3　COSO《内部控制——整合框架》（2013）的内容

《内部控制——整合框架》（2013）保留了内部控制的三个目标及五个要素的基本

架构，但与《内部控制——整合框架》（1992）相比，具有两个方面的显著创新：一是对风险的认识更加深入、科学，二是对应于五个要素提出了 17 项原则。

1. 风险的定义

《内部控制——整合框架》（2013）将风险定义为，事项发生并对目标实现产生负面影响的可能性。这一定义充分反映了事项具有可能产生"正""负"两方面影响的特征。也就是说，不能机械地将事项归为有利事项或不利事项，许多事项都有产生正面影响或负面影响的可能。

2. 内部控制的 17 条原则

《内部控制——整合框架》（2013）将 17 条原则嵌入五个要素之中，旨在提高内部控制框架对各类环境下所有类型主体的适用性，提高要素构建和运行对目标实现的保障程度。

1）与控制环境要素相关的 5 项原则

组织应展现对诚信和道德价值观的承诺；董事会应独立于经理层，并对内部控制的运行与成效实施监督；为实现内部控制目标，经理层应在董事会的监督下确立组织框架、报告路线、合理权责；组织应展现出对吸引、培养和留住符合组织目标要求的人才的承诺；为了实现目标，组织应要求全体员工承担与内部控制相关的责任。

①诚信和道德价值观。建立内部控制体系过程中，为了切实树立和宣扬正确的道德价值观念，企业应注意四个方面的问题：第一，根据 COSO 报告，公司治理层和管理层对内部控制的态度对于公司创造良好的控制环境和实施有效的内部控制具有关键性影响，是设计和执行内部控制体系的基础。因此，公司治理层和管理层应该对诚信和道德价值观做出正式承诺，并就实施内部控制的方法和理念与企业内外部利益相关者进行沟通，表现出对诚信经营等道德观念的重视，为建立以道德价值观念为核心的控制环境打下坚实的基础。第二，企业应制定行为准则，制定过程中要同时考虑该准则是否与法律法规、商业习惯、行业标准和公司章程相呼应，该准则是否为企业各级工作人员提供了明了具体的行为指引，以及该准则是否达到了各利益相关者的善意预期。第三，企业在制定和推广以政策、制度、守则为形式，以手册、标语为载体的商业伦理精神和道德行为准则后，切忌将其作为摆设，而更应该注重营造学习和遵守准则的文化基调和氛围，并定期评价全体员工对行为准则的遵守情况。第四，在企业日常运营或者对员工遵守准则情况进行评价的过程中，应及时对员工的行为偏差予以批评和纠正。

②董事会的监督责任。以董事会为代表的治理层需正式明确和积极行使监督职责，并且将这种监督贯穿到内部控制五要素之中。管理层是实施内部控制的主导者，以董事会为代表的治理层的监督职责主要体现在对管理层设计和执行内部控制政策和程序的过程进行监督；以总经理为代表的高管的监督职责主要体现在对下一级管理者和各部门的监督。董事会行使监督职责时具体应该注意三个方面的问题：第一，企业应明确董事会、管理层和其他领导者对企业内部控制所承担的监督责任。第二，董事会应注重监督活动

的独立运作。董事会应该包括足够数量的、独立于公司管理层的董事对管理层在制定和执行内部控制政策方面的工作进行监督。第三，履行监督职责需要以专业胜任能力为前提，这种专业胜任能力体现在对内部控制各环节负责人的探查性提问能力和发现问题时的处理能力上。第四，董事会的监督应贯穿到内部控制的每一项要素中。

③组织架构、汇报路线和权责分配。完善的控制环境需要以合理的组织架构为前提，因此，公司各级管理层应该在董事会的监督下设计和塑造科学恰当的组织架构，形成脉络清晰的报告路径，并且明确权力的分配和职责范围。设计组织结构时，企业应充分考虑企业的子公司、分公司、各职能部门和事业部门以及各分支机构，也要考虑企业外部的供应商、分销商等相关企业或组织可能对公司运营和部门设置的影响。企业的汇报路线则要与组织架构相匹配，权限的分配和各职责的范围也应以组织架构为基础。

④员工素质和胜任能力。企业应该致力于招聘、留用和培养优秀人才，以保证企业目标的实现。同时，内部控制相关员工的道德素质和胜任能力是顺利执行内部控制政策和程序的天然屏障。首先，企业应制定和实施相关政策，并作出有关吸引、招揽、培养和任用具有胜任能力员工的承诺。第二，企业应定期或不定期评价员工的专业技能和竞争意识。第三，企业应设置人才储备计划。

⑤问责机制。企业应该将执行内部控制过程中的相关责任明确分配到各层级和各部门，使每一位员工都承担相应的责任，进而保证总体内控目标的实现。同时，为了保证内部控制各项程序的有效运行，企业应制定内部控制的相关问责机制。具体而言：第一，应该建立与问责机制相匹配的奖励和惩罚机制。第二，企业应该考虑员工所承担的压力。第三，应该定期评价员工的各项表现，并奖励严格按规范行事的员工。

2）与风险评估要素相关的4项原则

组织应设定明晰的目标，以服务于识别、评估与目标相关的风险；组织应对影响目标实现的风险进行全面识别和评估，并以此作为确定风险应对的基础；组织应在评估影响目标实现的风险时，考虑潜在的舞弊行为；组织应识别并评估对内部控制系统可能造成重大影响的各种变化。

①制定清晰明确的目标。企业应该制定清晰明确的目标，这样才能有效地识别和评价影响组织目标实现的风险。根据2013版COSO报告，企业目标是经营、合规和报告目标的统一。企业在设定目标时应注意的各类事项如表1-1所示。

表1-1 经营、合规和报告目标

企业目标	反映什么	简　述
经营目标	管理层的选择	包括运营目标和财务目标；需要考虑风险容忍水平；应形成企业资源配置的基础
内部报告目标	管理层的决策和企业活动	需要考虑精确度的要求
外部财务报告目标	企业活动	应符合会计准则的要求，考虑重要性水平
外部非财务报告目标	企业活动	符合监管机构设定的标准和框架；考虑要达到的精确水平
合规目标	法律法规、规章；公司章程及内部制度	需要考虑企业的风险容忍度

内部控制以目标为导向，所以企业需要先明确目标，然后重点识别和评估对实现企业目标有影响的风险。另外，企业可以制定清晰具体且与内部控制目标相一致的风险识别和评估目标，使风险的识别和评估更具有针对性。如果风险评估与应对目标和内部控制目标不一致，则不利于内部控制政策的执行；如果风险评估与应对目标不够清晰明确，则容易造成资源的不合理配置和浪费，也会对内部控制的执行造成负面影响。

②全面识别与分析风险。企业应该从企业全局视角来全面识别和分析影响企业目标实现的各类风险，并根据识别和分析结果制定管理风险的方法。第一，风险的识别应该覆盖企业各组成部分，将总公司、子公司、各部门（比如职能部门、事业部门）和各分支机构均涵盖进来。第二，企业需识别的风险既包括企业整体层面的风险也包括具体业务层面的风险；既包括企业内部的运行风险，也包括市场、政治和文化环境等外部因素的变化可能带来的风险。第三，参与识别和分析风险的管理层具有合适的级别。第四，企业应该评估已被识别风险的重要性，风险的分析与评价应该以其对企业内部控制目标的影响程度来度量。第五，企业识别与评估风险后，应决定如何有效预防和应对风险。

③考虑舞弊风险。企业在目标导向下评估风险时，应该考虑舞弊的风险。第一，企业应识别不同类别的舞弊，格外注意串通形式的舞弊。第二，企业应该评估员工所承受的压力以及激励手段，进而评估舞弊发生的动机和压力，例如财务状况恶化、资金周转紧张、管理层或股东利益、申请上市等。第三，公司治理结构的缺陷、审理独立性的缺失、外部监管的疏忽、惩罚措施不够严厉等客观存在的事实可能会给企业提供舞弊的机会。第四，考虑员工和管理层将会寻找哪些借口来将舞弊合理化，例如治理层或管理层商业伦理道德缺失、管理思想错误等。

④识别和评估重大变化。企业内部任何的重大变化以及企业外部与之相关的所有重大变化都可能影响企业的内部控制体系。公司商业模式的变化、治理层或管理层的人员变动或职位调动，还有行业监管政策的修订等外部变化都应纳入企业的考虑范畴。由于外部环境、商业模式和领导层对企业目标的实现有重大影响，企业应格外关注，并采取适当办法评估其变化对内部控制有效性的影响。

3）与控制活动要素相关的3项原则

组织应选择并实施那些将目标实现的风险降到可接受水平的控制活动；针对信息技术变化，组织应选择并实施一般控制活动以支持目标的实现；组织应通过政策和程序来实施控制活动，其中政策是建立预期，程序是将政策付诸行动。

①选择和执行控制活动。企业应选择和执行那些能够将影响企业目标实现的风险降至可容忍程度以下的控制活动。企业在选择控制活动时，应当与风险评估紧密结合，即企业应依据风险评估程序中识别的风险来选择或设计具有针对性的控制活动，以在降低风险的过程中逐步改善企业的经营管理和业务流程。另外，还需要注意以下几个问题：第一，控制活动的设计和执行应着重考虑企业的特有因素，例如业务特点、内部架构等。第二，2013版COSO报告建议企业从财务报表出发，自上而下地选择出重大账户和重大业务流程，进而确定该业务流程中的风险点并设置合适的控制点，在此基础上选择和开发控制活动，实现从业务流程到内部控制的系统性链条。第三，评估控制活动类型的

组合。控制活动包含不同种类的控制，例如，人工控制和自动化控制、预防性控制和发现性控制。这些不同类型的控制可通过人为平衡与调节而形成控制活动组合，企业可基于这些组合来控制风险点以有效降低风险，并对这些控制组合进行评估。第四，控制活动应当在企业合适的层级执行。第五，企业应该建立有效的职责分离体系，避免重要的或互相影响的工作职责由同一员工来承担。

②选择和执行信息技术的一般控制。现代企业通过信息技术手段来实施内部控制更有利于经营、合规和报告目标的实现。一般控制是应用控制的基础，因此企业需要对信息技术的一般控制给予足够的重视。第一，与旧框架相比，2013版COSO报告更强调信息技术的一般控制与业务流程的融合。企业应决定应用于业务流程的信息技术及其对一般控制的依存度。第二，对于实现信息技术的基础设施以及引进、开发和维护信息技术的流程，也要选择并执行相关的控制活动。第三，企业应建立与安全管理流程相关的控制活动。第四，信息技术的可靠性主要取决于企业实施信息技术一般控制的范围是否广泛。

③制定相应的政策和程序。企业需要制定相应的政策和程序来部署控制活动，切实保证内部控制活动的有效实施，其中，内部控制政策用来规范内部控制活动的内容和目标，内部控制程序则用于保证内控政策的实行。具体而言，需要注意以下事项：第一，制定恰当的制度和程序以支持管理层的内部控制工作部署。第二，企业需要设置职责和问责机制，确保在执行上述政策和程序过程中，每一位员工拥有足够的权限并承担相应的责任。第三，确保上述政策和程序能够及时执行。第四，对于不符合内控政策和程序的行为予以纠正和打击。第五，管理层应该定期复核上述政策和程序，并在必要时（比如，公司组织架构改变时，经营领域变化时）对其进行重新评估。

4）与信息和沟通要素相关的3项原则

组织应获取或生成、使用高质量信息支持内部控制的持续运行；组织应在单位内部对内部控制目标和责任等必要信息进行沟通，从而支持内部控制系统的持续运行；组织应就影响内部控制发挥作用的事项与外部进行沟通。

①高质量相关信息的获取与使用。根据2013版COSO报告，实施内部控制的过程中需要获取、生成、使用符合质量标准并且具有相关性的信息，为内部控制其他要素发挥作用提供支持。首先，企业应建立相关流程来精准地识别信息需求，并使该流程贯穿于整个内部控制系统，保证信息需求识别的精准性、持续性和交互性。第二，企业应建立信息系统，利用该系统收集、整合和复核企业内外部信息，并将数据转化为信息。第三，在信息的收集、处理和传达过程中，要保证信息质量不受损害，以及时提供可靠、相关的信息供另外四项要素使用。第四，企业按照上述细化原则或规范执行相关工作时，应考虑成本效益原则。

②内部沟通。内部控制的目标、相关权责的分配等重要的内部控制信息应该在企业内部得到有效沟通，为内部控制其他要素发挥作用提供支持。对于内部沟通，企业需注意四个事项：第一，内部沟通应该能使每位员工知悉自己在内部控制实施过程中所承担的责任、拥有的权利等所有与之相关的内部控制信息。第二，管理层与董事会之间应针对重大事项的风险评估结果、风险控制活动的设计等对实现企业目标影响较大的事项进

行沟通交流。第三，企业应该在充分考虑沟通频率、沟通时间、信息性质等因素的基础上确定沟通方式。第四，企业应设置独立性强的沟通渠道作为特殊保护机制，例如，投诉电话、匿名举报信箱等。

③外部沟通。对于影响内部控制其他四项要素发挥效用的事项，企业应该在必要时与外部各方进行沟通。通过外部沟通，企业既能传达内控信息，也能获取外部环境中与企业内部控制相关的重要信息，并据此评估其对内部控制的影响。该原则的关注点有四项：第一，企业应设定渠道确保外部信息可输入企业内部；第二，设置彼此独立的多项沟通渠道；第三，注意与董事会的沟通；第四，选择合适的沟通方式。企业应保证外部沟通的双向性和综合性，使信息的传达和获取均具备有效性、高效性和完整性。另外，企业应设立控制流程保证外部沟通内容可被完整记录和有效追溯。

5）与监控活动要素相关的 2 项原则

组织应选择、开展并进行持续和（或）单独的内部控制评估，确认内部控制各要素存在并持续运行；组织应评估内部控制缺陷，并与整改责任人沟通，必要时应与管理层和董事会沟通。

①持续评估和（或）单独评估。企业选择、设计并实施持续性评估和（或）单独的评估，确保内部控制的各要素运行状态良好。企业可以使监控活动与业务活动保持一致，实施持续性的评估，例如对某一业务流程执行动态监控；也可以实施单独的评估，例如定期执行经营审计。在组织层次的角度，可以将监督划分为业务层面的监督和组织层面的监督，例如，人力资源部门的内部监控属于业务层面的监控，内部审计部门对人力资源管理活动的监控属于组织层面的监控。

在进行持续评估和（或）单独评估的过程中，具体有以下几个关注点：第一，将持续评估、单独评估组合起来使用是有效的监控方式。第二，进行评估过程中要考虑变化的频率。第三，在监控方面，企业也应该确保拥有足够的具备专业知识的专业人员来实施评估，同时，实施评估的人员应该在职位级别、对评估对象的了解、专业程度等方面达到实际需求。第四，企业应该将监控活动与业务流程相整合。将持续性评估与业务流程融为一体，可以形成一个有效的信息反馈机制。第五，合理设计和适时调整评估活动的实施范围和频率。企业应该以风险为依据，同时考虑公司经营特征、业务单元风险、业务过程风险等多项因素，对评估范围和频率进行适当及时的调整。第六，评估本身应该足够客观真实，以对内部控制作出客观评价。在评估时，企业需要注意审计工作的独立性、内审部门与治理层及外部单位之间的沟通可行性、审计人员的工作是否受限等问题。

②内部控制缺陷的评价、整改和沟通。企业应该及时地评估内部控制存在的缺陷，并及时将内控缺陷告知整改负责人以使其设计和实施相应的整改措施，另外，在必要时，应该将内部控制缺陷告知公司的高级管理者和（或）董事会。具体来说，首先，企业应重视对内部控制缺陷的评估工作，实施恰当的控制政策和程序来确保监控活动识别出的问题能够被负责人获取并对其进行有效分析。同时，企业存在内部控制缺陷的根本原因往往是需要被考虑和分析的。其次，企业应该明确当内部控制缺陷被识别出来之后应该

向哪些人员汇报。一般情况下，应当及时向该缺陷的负责人汇报并告知其管理者（一般为普通的管理层），必要时也要向高级管理层和（或）董事会汇报。最后，企业应当把内部控制缺陷的整改纳入监控范围，由内部审计机构、管理层或董事会对缺陷的修复持续跟踪，以确保负责人实施了恰当且及时的整改措施。

1.2 我国企业内部控制规范体系

安然、世通等丑闻爆发后，为了保护投资者利益，美国于 2002 年通过萨班斯-奥克斯利法案（SOX），要求上市公司执行财务报告的内部控制，由此，内部控制引起了世界的广泛关注，逐渐成为世界上使用最广泛的内部控制框架。

随着我国经济的全球化和科学技术创新的不断发展，企业所处的外部环境以及发展模式发生了天翻地覆的变化。与此同时，企业的利益相关者为了做出正确的商业决策，并且能够进行有效的公司治理，更加致力于寻找透明、权责分明和完整有效的内部控制体系。现实中，伴随资本市场发展壮大，我国企业经营管理过程中存在的诸多问题也不断暴露在公众的面前。自 1992 年深圳原野成为我国资本市场第一支因为财务欺诈而被停牌的股票后，银广夏、蓝田股份等多家企业纷纷爆出丑闻。财政部及证监会开始意识到，对于企业的监督和管理不能仅仅停留于从企业外部管制，而更应该从企业的内部入手，只有从企业的本源出发才能从本质上确保企业健康发展。2008 年 6 月，财政部、证监会、审计署、银监会、保监会[①]五部委联合发布了《企业内部控制基本规范》。

1.2.1 内部控制规范体系的制定过程

1999 年修订的《会计法》第一次从法律层面对建立健全企业内部控制提出原则要求，开启了中国内部控制研究和实践的历程。财政部从 2001 年开始连续制定发布了《内部会计控制规范——基本规范》等 7 项内部会计控制规范，此后，国家各行业行政管理部门纷纷响应，中国人民银行于 2002 年 9 月 7 日制定发布了《商业银行内部控制指引》。2004 年 12 月，银监会发布《商业银行内部控制评价试行办法》。2003 年 11 月，审计署发布第 5 号令《审计机关内部控制测评准则》（简称《准则》），提出建立健全内部控制并保证其有效实施是被审计单位的责任的要求，2005 年 11 月，国务院批转证监会发布《关于提高上市公司质量意见》。2006 年，上海证券交易所根据证监会《关于提高上市公司质量意见》等法律法规，制定发布了《上市公司内部控制指引》。同年，深圳证券交易所也发布了《上市公司内部控制指引》。2006 年 6 月，中央国资委根据《企业国有资产监督管理暂行条例》（国务院令第 378 号）关于"国有及国有控股企业应当加强内部监督和风险控制"的要求，出台了《中央企业全面风险管理指引》（简称《指引》），旨在进一步加强和完善国有资产监管工作，深化国有企业改革，加强风险管理，

---

① 银监会和保监会现合并为银保监会。

促进企业持续、稳定、健康发展。2008年6月28日,财政部、证监会、银监会、保监会、审计署五部委联合发布了"关于印发企业内部控制基本规范的通知(财会〔2008〕7号)",这是我国首部《企业内部控制基本规范》。

《企业内部控制基本规范》包括七章,分别为:总则、内部环境、风险评估、控制活动、信息与沟通、内部监督和附则。其特点为:①界定了内部控制的内涵,强调内部控制是由企业董事会、监事会、经理层和全体员工实施的、旨在实现控制目标的过程;②确定了内部控制的目标,要求企业在保证经营管理合法合规、资产安全、财务报告及相关信息真实完整、提高经营效率和效果的基础上,着力促进企业实现发展战略;③确定了内部控制的原则,要求企业在建立和实施内部控制全过程中贯彻全面性原则、重要性原则、制衡性原则、适应性原则和成本效益原则;④构建了内部控制的五个要素,以内部环境为重要基础、以风险评估为重要环节、以控制活动为重要手段、以信息与沟通为重要条件、以内部监督为重要保证,五个要素相互联系、相互促进;⑤建立了以企业为主体、以政府监管为促进、以中介机构审计为重要组成部分的内部控制实施机制,要求企业实行内部控制自我评价制度,并将各责任单位和全体员工实施内部控制的情况纳入绩效考评体系等。

为使《企业内部控制基本规范》更具可操作性,2010年4月26日财政部、证监会、审计署、银监会、保监会五部委再次联合发布了《企业内部控制配套指引》。该配套指引包括18项《企业内部控制应用指引》《企业内部控制评价指引》和《企业内部控制审计指引》,连同此前发布的《企业内部控制基本规范》,标志着中国企业内部控制规范体系基本建成,如图1-2所示。我国内部控制体系的建立,使企业内部运营、管理程序、财务控制等各方面有了一套行为规范。

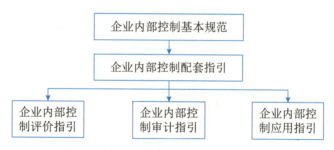

图1-2 我国企业内部控制法制结构框架

《企业内部控制应用指引》依照企业经营管理活动中可能涉及的18个方面的内容进行了深入细致的规定,按照18个指引在构建企业内部控制体系时对企业经营管理业绩的影响情况,总体层面的应用包括组织架构、发展战略、人力资源、社会责任、企业文化五个方面。这些方面的内部控制活动将影响到企业所有经营管理活动,是构建企业内部控制体系的基础。具体业务层面的应用包括资金活动、采购业务、资产管理、销售业务、研究与开发、工程项目、担保业务、外包业务八项主要业务。这些具体业务的内部控制活动将落实到企业日常经营管理活动中的各项主要业务中,是构建企业内部控制体系的主要架构。管理层面的应用,包括财务报告、全面预算、合同管理、内部信息传递、信息系统五个方面。这些方面的内部控制活动构成信息沟通的主要渠道，形成贯穿和联通企业内部控制体系各部分的桥梁。

《企业内部控制评价指引》旨在促进企业全面评价内部控制的设计与运行情况，规范内部控制评价程序和评价报告，揭示和防范风险。该指引分为总则、内容、程序、缺陷认定、评价报告等部分。明确了内部控制评价的定义，是指企业董事会或类似权力机构对内部控制的有效性进行全面评价、形成评价结论、出具评价报告的过程。要求企业结合内部控制设计与运行的实际情况，制定具体的内部控制评价办法，规定评价的原则、内容、程序、方法和报告形式等，明确相关机构或岗位的职责权限，落实责任制，按照规定的办法、程序和要求，有序开展内部控制评价工作。

《企业内部控制审计指引》旨在促进企业建立、实施和评价内部控制，规范会计师事务所内部控制审计行为。该指引包括总则、计划审计工作、实施审计工作、评价控制缺陷、完成审计工作、出具审计报告、记录审计工作等部分，定义了内部控制审计是指会计师事务所接受委托，对特定基准日内部控制设计与运行的有效性进行审计。该指引要求注册会计师在实施审计工作的基础上对企业内部控制的有效性发表审计意见。

为贯彻落实党中央、国务院关于"稳增长、促改革、调结构、惠民生、防风险"的有关要求，引导和推动小企业加强内部控制建设，提升经营管理水平和风险防范能力，促进小企业健康可持续发展，2017年6月29日，财政部又专门发布了《小企业内部控制规范（试行）》。该规范包括总则、内部控制建立与实施、内部控制监督及附则等四部分。定义了小企业内部控制是指由小企业负责人及全体员工共同实施的、旨在实现控制目标的过程；明确了小企业在建立与实施内部控制过程中应重点关注下列管理领域：资金管理，重要资产管理（包括核心技术），债务与担保业务管理，税费管理，成本费用管理，合同管理，重要客户和供应商管理，关键岗位人员管理，信息技术管理及其他需要关注的领域；要求小企业在建立内部控制时，应当根据控制目标，按照风险评估的结果，结合自身实际情况，制定有效的内部控制措施。

1.2.2 内部控制的目标、要素与原则

1. 内部控制目标

企业内部控制目标是指实施企业内部控制应达到的目的、要求和标准的总称。按照我国《企业内部控制基本规范》的规定，企业内部控制的目标为：合理保证企业经营管理合法合规、资产安全、财务报告及相关信息真实完整，提高经营效率和效果，促进企业实现发展战略。

1）合理保证企业经营管理合法合规

内部控制要求企业必须将发展置于国家法律法规允许的基本框架之下，按照《会计法》《公司法》等法律法规要求，建立健全企业内部控制的规章制度，包括股东会、董事会、监事会、经理层及其以下各基层管理和业务经管部门及人员的内部控制权限、职责范围、奖惩方法等。

2）资产安全

资产安全是企业可持续发展的物质基础。保证企业财产安全完整既是自然物质和权利形态的安全完整，更是价值形态的安全完整；既是财产经营和使用部门及人员的内部控制目标，也是企业出资者、债权人和其他利益相关者普遍关注的重大问题。

3）财务报告及相关信息真实完整

财务报告是综合反映企业经营效果和效率的文件，是企业内部控制的重要依据，因此财务报告揭示的信息必须是真实完整的。财务报告及相关信息真实完整目标要求财务记录应完全忠实于企业的资产负债状况、经营过程和经营结果；要求财务报告及信息能够支持企业管理层的战略决策，实现企业经管责任落实，对企业财产、经济业务活动及其经营业绩实施有效监控。财务报告及相关信息的真实完整将有助于对企业投资者、债权人及其他利益相关者的利益保护，可提高企业的诚信度和公信力，维护企业的良好声誉。

4）提高经营效率和效果

效果即实现组织目标的程度，效率即一定资源投入所带来的产出。提高经营效率和效果目标要求企业内部控制能够保障企业经营效果以及管理控制效率，促使经济效益不断提高。该目标的实现要求企业能够结合自身的经营特征、所处的行业及经济环境，通过建立健全有效的内部控制，不断提高企业的持续竞争能力。

5）促进企业实现发展战略

企业应该将短期利益和长远利益结合起来，选择科学的企业发展战略，并采取有效的内部控制措施来保证企业发展战略的顺利实施。建立健全企业内部控制有助于推动企业战略执行，提高企业的市场竞争能力。

2. 内部控制要素

我国《企业内部控制基本规范》统筹构建了内部控制要素，合理借鉴了COSO内部控制框架思路，建立了以内部环境为基础，以风险评估为重要环节，以控制活动为重要手段，以信息与沟通为重要条件，以内部监督为重要保证，相互联系、相互促进的五要素体系。

（1）内部环境。内部环境是影响、制约企业内部控制建立与执行的各种内部环境因素的总称，是企业实施内部控制的基础。内部环境一般包括治理结构、机构设置及权责分配、内部审计、人力资源政策、企业文化等。

（2）风险评估。风险评估是企业及时识别、系统分析经营活动中影响内部控制目标实现的各种不确定因素，并合理确定风险应对策略的过程。风险评估主要包括目标设定、风险识别、风险分析和风险应对等。

（3）控制活动。控制活动是企业根据风险评估结果，采用相应的控制措施，将风险控制在可承受度之内的过程。控制活动是实施内部控制的具体手段，主要包括职责分工控制、授权控制、预算控制、财产保护控制、会计系统控制、内部报告控制、经济活动分析控制、绩效考评控制、信息技术控制等。

（4）信息与沟通。信息与沟通是企业及时、准确地收集、传递与内部控制相关的信息，确保信息在企业内部、企业与外部之间进行有效沟通的过程。信息与沟通主要包括信息的收集机制、企业内部各层级之间的沟通机制以及企业与外部的信息传递机制。

（5）内部监督。内部监督是企业对内部控制建立与实施情况进行监督检查，评价内部控制的有效性，发现内部控制缺陷，并及时加以改进的过程。内部监督主要包括对企业建立并执行内部控制的整体情况进行连续性监督检查，对企业经营管理某些领域进行专项监督检查，提交相应的监督检查报告并提出有针对性的改进措施等。

在上述五要素中，内部环境是企业建设内部控制的土壤，是一切内控制度、流程、风险控制点得以实施的根本基础。风险评估、控制活动、信息与沟通是内部控制体系的三大核心要素。要实现企业经营效果和效率目标，就必须注重风险评估，以风险为导向建立内部控制体系；控制活动嵌入业务流程中，并贯穿于内部控制的全过程，是内控体系运行的内核；信息流的有效运行也是内控体系建设的重要条件。此外，监督检查是使内部控制成为闭环的重要组成部分，通过内部监督的实施使内部控制体系成为一个从静态向动态、不断优化和提升的循环系统。

3. 内部控制的原则

按照我国《企业内部控制基本规范》的规定，企业建立与实施内部控制，应当遵循下列原则：

（1）全面性原则。内部控制应当贯穿决策、执行和监督全过程，覆盖企业及其所属单位的各种业务和事项。

（2）重要性原则。内部控制应当在全面控制的基础上，关注重要业务事项和高风险领域。

（3）制衡性原则。内部控制应当在治理结构、机构设置及权责分配、业务流程等方面形成相互制约、相互监督，同时兼顾运营效率。

（4）适应性原则。内部控制应当与企业经营规模、业务范围、竞争状况和风险水平等相适应，并随着情况的变化及时加以调整。

（5）成本效益原则。内部控制应当权衡实施成本与预期效益，以适当的成本实现有效控制。

1.2.3 内部控制方法

《企业内部控制基本规范》规定，企业应当结合风险评估结果，通过手工控制与自动控制、预防性控制与发现性控制相结合的方法，运用相应的控制措施，将风险控制在可承受程度之内。控制方法一般包括不相容职务分离控制、授权审批控制、会计系统控制、财产保护控制、预算控制、运营分析控制和绩效考评控制等。

1. 不相容职务分离控制

《企业内部控制基本规范》要求，企业应全面系统地分析、梳理业务流程中所涉的不相容职务，实施相应的分离措施，形成各司其职、各负其责、相互制约的工作机制。一般而言，企业的经济业务活动可以划分为授权、签发、核准、执行、记录五个步骤，如果每个步骤都由相对独立的人员或部门分别实施或执行，就能形成相互制衡的机制，保证不相容职务相分离，从而发挥内部控制制度的作用。具体而言，经济业务活动中应加以分离的不相容职务主要有如下几方面。

1）经济业务处理的分工

经济业务处理的分工是指一项经济业务全过程不应由一个人或一个部门单独办理，应分为若干环节，由不同的岗位或人员办理。其具体业务又可以分为：授权和执行相分离，执行和检查相分离，执行和记录相分离，记录与审核相分离。

2）资产记录与保管的分工

资产记录与保管分工的目的在于保护资产的安全完整。其具体要求是：保管和记录相分离；保管与核对账实是否相符的职务相分离：记录总账与记录明细账的职务相分离；登记日记账与登记总账的职务相分离等。

（3）各个职能部门具有相对独立性

各个职能部门具有相对独立性的要求具体表现为，各个职能部门之间是平级关系，而非上下级隶属关系；各个职能部门的工作有明确的分工等。

2. 授权审批控制

授权审批是指企业的每个部门或每个岗位的人员在处理经济业务时，必须经过授权审批，以便进行内部控制。未经授权和审批，有关人员不得接触和处理这些业务。授权审批控制的内容又包括：

1）授权审批的范围

企业必须划分一般授权和特殊授权的界限，对于已纳入计划、预算和在管理制度中明确规定的所有日常经营活动都应纳入一般授权的范围；未纳入计划、预算的重大事项，或者超过计划、预算中一般授权最高权限的例外事项才可作为特殊授权事项。其中一般授权是指企业在日常经营管理活动中按照既定的职责和程序进行的授权；特殊授权是指企业在特殊情况、特定条件下进行的授权。企业各级管理人员应当在授权范围内行使职权和承担责任。企业应根据一般授权和特殊授权的规定，明确各岗位办理业务和事项的权限范围、审批程序和相应责任。

2）授权审批的层次

企业应当根据经济活动的重要性和金额大小确定不同的授权审批层次，从而保证各管理层有权有责。一般而言，经济活动涉及的金额越大或者性质越重要，说明企业所承担的风险越大。经济活动的性质和规模大小决定了其对企业的整体影响和企业为此承担风险的大小，企业应根据经济活动金额的大小和事项重要性确定不同的授权审批层次，例外事项必须由企业最高管理层审批。对于重大的业务和事项，应当实行集体决策审批或者联签制度，任何人不得单独进行决策或者擅自改变集体决策。

3）授权审批的责任

无论是由领导者个人审批的事项还是经管理层集体审批的事项，授权审批者都必须承担相应的责任。因此，要明确被授权者在履行权力时应对哪些方面负责，避免授权责任不清。

4）授权审批的程序

企业在根据所涉及的业务金额和重要性确定审批层次的基础上，制定审批流程和顺序。对于一线人员办理的经营业务，由其上一级管理者授权审批并承担相应责任；经营业务的金额越大、性质越重要，需要对此进行审批的上级管理层越多。因此，企业要规定每一类经济业务的审批程序，以便按照程序办理审批，避免越级审批及违规审批现象的发生。

3. 会计系统控制

会计系统控制是通过会计核算、会计核查等方式实施对企业经济活动的控制，主要包括以下几方面：

1）会计凭证控制

会计凭证控制指在填制或取得会计凭证时实施的相应控制措施，包括原始凭证与记账凭证的控制。会计凭证控制的内容主要包括：①严格审查。对取得的原始凭证要进行严格的审查，对不符合要求的原始凭证予以退回。②设计科学的凭证格式。凭证格式应当符合规定要求，便于核算与控制。做到内容及项目齐全，能够完整地反映业务活动全貌。③连续编号。对记载经济业务的凭证按照顺序统一编号，确保每项经济业务入账正确、合理及合法。④规定合理的凭证传递程序。各个部门应当按照规定的程序在规定期限内传递流转凭证，确保经济业务得到及时的反映和正确的核算。⑤明确凭证装订与保管手续，凭证传递完毕，各个部门有关人员应当按照顺序，妥善保管，定期整理归档，按照规定存放保管，以备日后查验。

2）会计账簿控制

会计账簿控制指在设置、启用及登记会计账簿时实施的相应控制措施。其具体内容包括：①按照规定设置会计账簿。②启用会计账簿时要填写"启用表"。③会计凭证必须经过审核无误后才能够登记入账。④对会计账簿中的账页或账户连续编号。⑤会计账簿应当按照规定的方法和程序登记并进行错误更正。⑥按照规定的方法与时间结账。

3）财务报告控制

财务报告控制指在编报财务报告时实施的相应控制措施。其具体内容包括：①按照规定的方法与时间编制及报送财务报告。②编制的会计报表必须由单位负责人、总会计师以及会计主管人员审阅、签名并盖章。③对报送给各有关部门的会计报表要装订成册、加盖公章等。

4）会计复核控制

会计复核控制指对各项经济业务记录采用复查核对的方法进行的控制。其目的是避免发生差错和舞弊，保证财务会计信息的准确与可靠，及时发现并改正会计记录中的错误，做到证、账、表记录相符。会计复核控制的内容主要包括：①凭证之间的复核；②凭证和账簿之间、账簿和报表之间以及账簿之间的复核。会计复核工作应由具有一定会计专业知识、熟悉业务、责任心强、坚持原则的人员承担。复核人员必须对会计凭证、会计账簿、财务会计报表和所附单据认真审查，逐笔复核，复核过的凭证及账表应加盖名章。未经复核人员复核的，出纳人员不得对外付款，会计人员不得对外签发单据或上报报表。

4．财产保护控制

财产保护控制是指为了确保财产物资的安全、完整所采取的方法和措施，它是保证企业生产经营业务正常开展的一项重要的内部控制措施。财产保护控制的内容主要有：

1）接触控制

接触控制是指严格限制无关人员对资产的直接接近，只有经过授权批准的人员才能够接触资产。它包括限制对资产本身的直接接触和通过文件批准的方式对资产使用或分配的间接接触。具体包括：①限制接近货币资金。即现金、银行存款、其他货币资金等变现能力较强的资产必须限制无关人员直接接触，通过保管、记录及不相容职务分离和授权审批等方式来控制间接接触。②限制接近其他易变现资产，如应收票据和有价证券，一般应采用确保两个人同时接近资产的方式加以控制。③限制接近存货，可通过专职仓库保管员控制、设置分离或封闭的仓库区域等方式来实施控制。

2）定期盘点

定期盘点是指定期对实物资产进行盘查核对的控制。对于不同资产的清查应采取不同方法，企业应根据资产形态确定盘点频率，比如，消费品较之非货币性资产的盘点频率要高得多。企业盘点的资产主要有货币资金、往来款项、存货及固定资产。具体而言：①货币资金的清查。现金的清查可通过实地盘点法，确定库存现金的实存数，再与现金日记账的账面余额核对，以查明盈亏情况；银行存款的清查采用核对法，将开户银行定期送来的对账单与银行存款日记账进行核对。②各种往来款项一般采取函询法进行清查。③存货的清查。由于各类材料、商品、在产品、半成品、产成品、低值易耗品、包装物等存货的实物形态不同，需要采用不同的方法进行清查，包括实地盘点法和技术推算法等。④固定资产的清查。由于固定资产的种类和数量较多、使用情况变动频繁以及产权情况可能较复杂，因此固定资产的盘点应采用实地盘点法并分类进行。

3）财产记录保护

财产记录保护是指对企业各种文件资料妥善保管，避免记录受损、被盗及被毁。具体而言：①严格限制接近会计记录的人员，保证保管、审批和记录职务相分离的有效性。②妥善保管会计记录，尽可能减少记录受损、被盗和被毁的机会。③对某些重要资料，应当留有后备记录，以便在遭受意外损失或毁坏时重新恢复。

4）财产保险

财产保险是指通过对资产投保，增加实物受损后的补偿机会，保护实物安全。企业财产保险的具体作用是为企业分担风险。企业的经营环境变幻莫测，特别是自然灾害的影响是不可避免的，是企业管理中不可预料的风险。保险则是分担风险的一种方法，通过对财产交付一定的保险费用，把风险转嫁给保险公司，一旦出险，企业会得到经济补偿，最大限度地弥补生产经营损失，保证企业经营效益的实现。

5）财产记录监控

财产记录监控是指建立资产个体档案（如固定资产卡片），对各项资产的增减变动情况予以及时记录，同时加强财产所有权证的管理，保证财产的安全。

①固定资产。对固定资产的财产记录监控要求是，企业的财产必须有档案记录，若发生出售、报废等情形，该资产在退出企业之前必须有相应的账簿记录，从而形成财产账面记录与实物之间的牵制与稽核，避免财产脱离记录系统而流失。

②应收账款。对应收账款的财产记录监控要求是，实行定期对账制度，将企业应收账款账面记录与已成事实的赊销客户往来款项定期核对，避免不实账务的发生；实行应收账款催收制度，根据应收账款的账龄进行账龄分析，尽快缩短收回账款的时间，防止发生坏账；建立信誉考评制度，对赊销客户的财务状况、偿债能力、经济实力及企业信誉等方面进行综合评价，为企业未来做促销决策提供依据。

5. 预算控制

预算控制是指对单位各项经济业务编制详细的预算或计划，并通过授权由有关部门对预算或计划执行情况进行控制。在预算控制中，所编制的预算必须体现单位的经营管理目标。预算在执行中应当允许经过授权批准对预算加以调整，并应当及时或定期反馈预算执行情况。具体而言，企业实行预算控制应关注以下内容：

1）预算控制组织体系

预算是集体性工作，需要企业内各部门人员的相互合作。因此，企业应设立预算委员会，负责组织和领导企业的预算工作。要界定董事会、预算管理委员会、预算管理办公室的职责权限，明确企业预算控制中的机构设置、人员配备、职责分工和议事规则，为有效实施预算控制提供组织保障。

2）预算指标的确定与分解体系

根植于企业各层次、各业务单元，从企业经营活动、投资活动、融资活动等方面对企业做出系统的预算安排。企业预算一经批准下达，各预算执行单位应及时组织实施，将预算指标进行分解。横向将预算指标分解为若干相互关联的因素，寻找影响预算目标的关键因素进行控制；纵向将各项指标层层分解落实到最终岗位和个人；时间上将年度预算指标分解细化为季度、月度预算，实行分期预算控制。

3）预算编制体系

预算指标的分解、下达和具体落实需要通过预算编制体系来实现，预算编制体系不仅要落实各单位在完成企业总体目标中所承担的责任，还要根据各单位在企业战略规划中的作用以及风险控制要求，确定各单位的预算控制指标，并将其纳入预算考评体系。企业建立预算编制体系，明晰预算编制的主体及各主体编制预算的依据、内容、程序和方法，从而实现上下级预算流程的无缝对接。

4）预算报告体系

企业建立预算报告体系，明确预算报告的主体、报告对象、报告内容、报告形式、报告频率、报告流程，从而有效实施对预算执行过程和结果的监控。

5）预算监控体系

预算监控体系包括预算执行审批、预算调整审批、关键环节监控以及内部审计监控。其中预算执行审批是指建立预算执行过程中的分级审批制度；预算调整审批是指由于内外部经济环境或者企业战略发生变化，原有预算发生重大偏差时，审批原有预算调增或者调减的行为；关键环节监控是指企业根据具体情况对企业预算执行中的关键环节的财务风险、重大偏差等进行监控；内部审计监控是指实行预算跟踪审计，确保数据真实准确的同时，对预算偏差提出改善方案。

6）预算考评体系

《企业内部控制基本规范》要求，企业应建立和实施绩效考评制度，科学设置考核指标体系，对企业内部各责任单位和全体员工的业绩进行定期考核和客观评价。企业预算考评体系的建立首先应通过签订预算目标责任等形式明确预算执行各部门的预算责任，在此基础上，通过定期或不定期地对相关部门及人员责任指标完成情况进行检查，实施预算考评。因此，赋予责任部门和责任人的预算指标应当是通过该责任部门和责任人的努力可以达到的，责任部门和责任人以其责权范围为限，对预算指标负责。

总之，在实际工作中，预算编制不论是采用何种方法，其决策权都属于管理的最高层，由最高管理层进行决策、指挥和协调，并对各预算执行单位的执行情况进行考核。

6. 运营分析控制

运营分析控制就是通过对企业购销、生产、仓储、运输、融投资等运营活动的信息加以分析，从中发现偏离目标的方面，有针对性地采取措施加以控制。《企业内部控制基本规范》要求，企业要建立运营情况分析制度，经理层应当综合运用生产、购销、投资、筹资、财务等方面的信息，通过因素分析、对比分析、趋势分析等方法，定期开展运营情况分析，发现存在的问题，及时查明原因并加以改进。企业应建立购销分析会制度、生产分析会制度、仓储运输分析会制度、融投资分析会制度等，系统地、制度性地、规范地分析、控制、改进。

企业运营分析需要真实、完整的、系统的数据资料，具体分为内部资料和外部资料。内部资料是企业内部的生产经营数据和财务数据，最主要的是企业财务会计报告。外部资料是从企业外部获得的资料，包括同行业或同类型企业的有关资料，国内外先进的企业资料，国家统一规范的评价标准资料及其他资料。

依据上述资料，运营分析按照如下程序进行：①明确分析的目的、内容、范围和重点，并据以制定分析工作方案；②收集相关信息，整理和核实资料；③选取适宜的分析方法，开展分析工作；④解释分析结果，提供对决策有用的信息，撰写分析报告。

1.2.4 内部控制设计步骤

《企业内部控制基本规范》为企业建立健全内部控制体系提供了框架指引，完善的内部控制体系取决于科学的内部控制体系设计，企业应该依据《企业内部控制基本规范》的要求，结合企业管控实际与需求，设计一套合规、科学、适用的内部控制体系，并保证其有效运行。内部控制设计的步骤如下：

（1）了解和评估控制环境。设计企业内部控制制度体系时首先应当了解和评估控制环境，对企业内部条件和外部环境进行充分的研究和分析，在此基础上确定控制环境对内部控制的效果起到促进或削弱作用的因素。

（2）建立内部控制结构。企业在建立内部控制时，注意各个控制环节和组织结构的联系性，发挥各个组成部分的协同效应，同时要求内部控制制度要能够有效监控经营活动过程，预防和发现风险并及时纠正。

（3）确定各个业务循环的流程。企业的经济活动是一个完整的业务循环体系，按照企业的经济运行内容与运行规律，一般将企业的经济活动划分为销售与收款循环、采购与付款循环、存货与生产循环、投资与融资循环四大类，在各业务循环中，从业务发起到业务结束，顺次经过不同的责任部门由其共同协作完成，各业务部门按照企业授权审批规则顺次完成自己的业务责任，形成了业务经办的流程。内部控制设计必须明确各类业务经办的流程、流程中各业务环节与环节之间衔接的责任、时间、内容等要求，做到环节紧紧相扣，既不重复也不缺失，这样才能保证各部门在充分履职的前提下，提高业务经办的效率与效果。

（4）识别业务流程中关键风险控制点。关键风险的控制点是指业务流程和企业经营活动中容易产生风险的环节，要想找到关键控制点首先要对各个业务流程进行风险评估，经过风险排序后确定关键风险点，在此基础上针对关键风险控制点设计有效的风险控制措施，在业务经办的各关键环节有效地消除风险或将风险控制在可接受的低水平，保证企业经营的安全，防止损失的发生，降低企业成本，提升企业价值。

【例1-1】某企业识别风险并控制风险的基本方法与思路如表1-2所示。

表1-2 某企业风险识别与控制矩阵

项目	风险描述	发生的可能性	影响程度	风险分值	风险评级	控制措施
资产负债率风险	借款金额巨大，资产负债率居高不下，导致公司背负巨额财务费用负担	极少可能	非常严重影响	1×5=5	中等	①评估融资规模、融资方式和资本结构是否适当；②与同业资产负债率水平进行比较，若发现偏离度较大时，进行分析调整
融资成本风险	对不同融资方式下的资金成本分析不足，不能实现低成本、高效率融资。	可能	重要影响	3×4=12	高	①融资方案应是最低融资成本的多种融资方式的组合；②关注利率变化，及时根据市场行情进行还旧借新调整；③利用银行借款外的其他融资方式，降低融资成本

续表

项 目	风险描述	发生的可能性	影响程度	风险分值	风险评级	控制措施
外汇存款风险	过多外汇头寸可能会因汇率变动给公司带来损失；保留金额过少，可能导致不能按时保证进口付汇汇出。	很可能	一些影响	4×3=12	高	①关注外汇市场走势，分析和预测外汇变动趋势；②出口业务采用汇率稳定的货币进行结算；③根据进口采购付款额和时间确定合理的外币存款，避免过多或过少。
汇率变动风险	汇率变动带来账面损失或直接经济损失。	很可能	一些影响	4×3=12	高	

注 发生可能性排序：极少可能、有可能、可能、很可能、非常可能，赋分分别为：1、2、3、4、5
影响程度排序：非常严重影响、重要影响、一些影响、较少影响、影响极小，赋分分别为：5、4、3、2、1

需要注意的是，在企业内部控制制度体系设计中，应该以目标为导向，确保设计的控制活动与控制目标保持一致，内部控制方法的选择应以保证内部会计控制的有效实施为前提，形成企业领导挂帅、全员参与的内部控制企业文化。

1.3 案例讨论

1.3.1 HW集团内控体系建设基本情况

HW集团是在四个环卫集团和环卫机扫集团基础上于2006年重组产生，注册资本9亿元，总资产42亿元，主营收入12亿元，职工近6 000人，拥有各类环卫作业车辆1 600余部，现代化环卫基础设施19座，是首都环卫规模最大、综合实力最强的国有独资企业。目前，集团公司拥有环卫投融资、环卫运营和服务、环卫装备制造和环卫研究开发四大业务模块。该集团成立以来，致力于实现城市废弃物减量化、资源化和无害化处理，为了确保集团持续、健康、稳定发展，实现集团战略目标，进行内部控制体系建设是集团发展的必然选择。

1. 内控体系建设前的准备工作

（1）内控体系建设工作组织保障。集团公司成立内部控制体系建设工作领导小组，总经理任组长，业务副总经理和财务总监任副组长，集团部门成员由审计部、财务部、规划计划部、人力资源部、法律事务部、办公室组成，内控领导小组办公室由审计部负责人担任办公室主任，并抽调专门人员从事内部控制体系建设工作。

（2）确定内控体系建设咨询机构。2011年10月31日，集团通过招投标确定××会计师事务所为集团内控体系建设咨询机构。11月9日该会计师事务所已开始现场调研、访谈等前期工作。

（3）召开内控体系建设启动大会。2011年11月17日，集团公司召开内控体系建设启动大会，正式拉开集团内控体系建设序幕。

（4）编制内控体系建设工作方案。2011年11月25日，集团公司编制完成内控体系工作方案上报市国资委。工作方案从集团内控体系建设总体目标、基本任务、基本步骤、保障措施和希望北京市内控联系会议的支持等五个方面，对集团未来几年的内控体系建设进行了总体规划。

（5）开展形式多样、内容丰富的内控专题培训。集团公司高度重视内控体系建设专业培训，邀请大学教授开展内控专业培训，丰富内控理论知识；邀请会计师事务所专家开展内控体系建设实务讲座，通过鲜活实例，根据企业自身特点，全面讲解内控体系建设的思路和程序；邀请已完成内控体系建设的其他兄弟单位进行实际操作经验介绍，了解内控体系建设的全过程、重要环节、关键风险点，提高企业职工对内控体系建设工作的全面了解。

2. 制订内控体系建设工作方案

HW集团在内控体系建设之初，拟订详细的内控建设规划，对内控工作的远景目标、近期工作、过度衔接等做出了全方位的安排。一是确定了内控建设的总体目标。要在2015年年底之前，在集团内部建成规范标准、覆盖全面、运行顺畅、执行到位、效果明显、特征突出的内部控制体系。二是明确了内控建设的基本任务。包括完善流程制度体系、建立监督评价体系、健全内控组织体系、优化内控环境体系四个方面。三是划分了集团内控建设的四个阶段。具体如下：

（1）第一阶段：试点先行，积累经验。

时间安排：2011.10.1—2012.12.31

工作内容：该阶段完成三家试点单位[集团总部、环卫研发公司、环卫运营公司（筹建中）]的内控体系建设工作，其中集团总部和研发公司按市国资委要求达到内控正式运行状态，运营公司如能在2012年年初正式设立和顺利运行，内控体系要达到试运行状态。

验收机构：集团内部控制体系建设工作领导小组、集团内部控制专家小组、市国资委和市内部控制规范联席工作领导小组。

（2）第二阶段：经验推广，全面实施。

时间安排：2013.1.1—2013.12.31

工作内容：在全面总结试点单位内控经验、强化试点单位内部控制执行的基础上，确保2013年年底前完成集团公司所属所有重要子公司的内控体系建设工作。

验收机构：集团内部控制体系建设工作领导小组和集团内部控制专家小组。

（3）第三阶段：建设信息系统，尝试内控信息化。

时间安排：2014.1.1—2014.12.31

工作内容：选择内控体系基础扎实、运行效果明显的部分关键子企业，围绕关键业务流程建设管理信息系统，将流程"上线运行"。

验收机构：集团内部控制体系建设工作领导小组和集团内部控制专家小组。

(4)第四阶段：总结提升。

时间安排：2015.1.1—2015.12.31

工作内容：该阶段对集团内控建设和运行进行全面总结评价，沉淀典型经验，研究突出问题，提升集团内控的整体性和系统性，进一步扩展内控信息化的覆盖范围。

验收机构：集团内部控制体系建设工作领导小组和集团内部控制专家小组。

3. 选择试点

在试点先行原则下，经过反复斟酌和认真研讨，集团在系统内选择了三家单位，进行首批内控建设试点。

（1）集团本部。作为集团的"战略规划中心""资本运作中心""资产管理中心""资源管理中心""风险控制中心"和"业务拓展平台"（集团十二五规划本部定位），集团本部对促进集团发展起重要决定性作用。集团本部内控体系建设，对落实集团本部定位、加强集团管控、理顺上下关系、增进职能协调具有重要意义，集团本部内控建设也能为集团其他单位推进内控建设起到较好示范作用。

（2）环卫运营公司。2012年，集团公司将运营业务全部剥离，在原四家运营分公司的基础上，重组成立了独立的环卫运营公司，集团运营管理由原来一体化下的直接管理转变为母子公司体制下的间接管理。运营是环卫主业，是集团收入主要来源，集团60%以上的资产也都是环卫运营类设施，在集团"十二五"规划中，明确提出要"作精运营"，要提高环卫运营专业程度、降低运营成本、提升运营效率，在运营公司成立伊始，这些都需要通过内控体系构建来强化和落实。

（3）环卫研发公司。成立于2010年的环卫研发公司，从事垃圾处理行业的研究开发、咨询设计与技术服务、设备成套与工程服务业务，致力于成为具有国际影响力的解决方案供应商和工程研究中心，承载着集团技术创新平台重要使命，是集团发展的重要技术引擎。集团希望通过内控建设来加强研发管理，提高研发效率、增强研发实力。

1.3.2 内控体系建设过程

1. 内控缺陷调查

内控缺陷调查，是以内控设计为目的，在对内控建设单位内部控制现状进行全面排查摸底基础上，分析内控体系目前的缺陷和不足，从而明确下一步内控设计的方式、方法和内容侧重，内控调查是内控体系建设的基础。HW集团的内控调查，又分为现状调查、内控分析和内控诊断三个步骤。

（1）现状调查。集团内控项目建设小组设计了内控调查问卷，从内部控制框架的控制环境、风险评估、控制活动、信息与沟通、监控五个方面，对内控试点单位领导层、职能部室部门长和一般员工进行了问卷调查，发放调查问卷143份，回收118份，通过对回收问卷进行统计分析，对试点单位员工内控态度、内控氛围、主要内控要素现状、员工内控期望等有了全面认识。除了问卷调查外，内控建设小组还组织了全面、系统的内控调研访谈工作，累计访谈人次186次。领导层访谈内容侧重于公司管控模式、组织架构、人力资源、企业文化等内控环境方面，中层访谈内容侧重于具体的授权、控制活动、监督和信息沟通方面，而一线访谈则侧重控制活动的控制细节，包括控制点设置与执行等。在访谈过程中，为了进一步了解控制活动的执行情况和实施细节，内控建设小组还组织了一些关键控制环节的穿行测试。访谈和穿行测试使对内控现状的认识更加全面深入。

（2）内控分析。首先是制度分析，内控建设小组对2006年集团成立以来制定的各项管理制度共计204项进行了全面的梳理和分析，就一些重要关键制度的制定背景、制定思路、关键要点和制度起草部门进行了沟通。从制度覆盖范围的全面性、制度的适用性、制度间的协调性、制度与战略的契合性、制度与现实状况匹配性、制度与现行法规的一致性等多个角度，结合内部控制规范和配套指引，对204项制度文件进行了全面分析。其次是流程分析。在调查和访谈的基础上，内控项目小组对各试点单位的主要业务流程进行了确认，共计确认流程58个，并从流程目标、流程授权、流程岗位职责、流程风险、流程控制点、控制点责任分配、流程单证和流程制度匹配性等7个方面，对流程授权明确性和合理性、风险控制点的健全性和适当性、控制责任落实的合理性、流程单证信息传递的完整性与及时性、信息传递路径合理性、流程与制度的契合性进行分析。

（3）内控诊断。在以上两步工作的基础上，内控建设小组对照内部控制基本规范和相应的配套指引，并结合公司"十二五"发展战略和实际，对内部控制现状进行了诊断。诊断意见包括业务层面诊断和公司层面诊断两个方面，主要揭示内控设计和执行方面的不足与缺陷。以集团总部为例，内控诊断意见可以概括为"3个补充，5个完善，5个强化，3个理顺，3个注意"。3个补充，是指需要补充技术创新管理、市场开发管理和风险内控管理方面职能活动安排，以支撑集团本部"五个中心、一个平台"的"十二五"战略定位；5个完善，是指需要在战略规划管理、股权投资管理、经济合同管理、基本建设管理和纪检监察管理方面完善相关的内控环节；5个强化，是指需要强化集团本部的绩效考核、资金集中管理、采购集中管理、资产统一经营管理和审计监督方面的具体落实；3个理顺，是指需要在全面预算管理、目标绩效管理和基建管理三个方面理顺部门之间的衔接关系，保证管理活动的顺畅有效。3个注意，指需要注意加强关键人员轮换和技术人员保密管理，注意费用支出签批程序的规范。

2. 风险评估

风险评估，是根据企业内外部经营环境、发展战略、业务现状等因素，对企业经营管理中的各种固有风险进行筛查、分析和评定等级的过程，和内控诊断侧重内控缺陷分析相比，风险评估侧重内控之外的客观风险分析，内控诊断和风险评估将共同框定控制活动设计的架构、决定控制活动的要素和内容。

（1）风险筛查。内控项目组采取"自下而上"和"自上而下"相结合方式，综合采用流程分析、问卷调查、风险事件分析等方法实施企业风险点筛查。一方面以各项具体业务流程为单位，组织业务操作人员，进行流程风险点的筛查，然后层层汇总和归纳，导出公司层面风险点,即所谓的"自下而上";另一方面结合公司战略分析和内外部环境、企业自身状况分析等,组织领导层人员,进行公司层面风险点的筛查,然后将公司层面风险点层层分解到业务流程,即所谓的"自上而下"。以集团总部为例,通过上下结合,共计筛查业务(流程)层面风险点324个,公司层面风险点9个。在风险筛查中,项目组充分应用企业前一阶段廉政风险防控体系建设中廉政风险点筛查结果,尽可能将廉政风险防控与内控建设相结合,同时,充分考虑企业审计报告、各类风险检查报告、诉讼文案中显示的风险事件,为风险筛查提供思路和依据。

(2)风险定级。在风险筛查基础上,内控建设组组织业务相关人员和公司领导层,分别对每个风险点"发生可能性"和"发生后影响程度"进行打分,根据打分结果进行风险等级的确定。以集团总部为例,经打分,确定流程层面一级风险点56个,二级风险点121个,可忽略风险点147个。风险评估圈定了流程设计时风险防范的重点。

(3)确定风险应对策略。针对流程层面一级风险和公司层面风险,综合考虑企业文化中的风险偏好因素和风险承受度,确定每个风险点的应对策略,包括风险接受、风险降低、风险转移等策略。

3. 组织架构重整

组织结构和母子公司管控模式,是内控环境的重要内容,决定内控的基本架构。在2012年集团业务重组变革这一重大背景下,内控建设以组织结构重整和母子公司管控模式重整作为切入点,依据集团发展战略,进行了详细的梳理工作。

在组织结构重整中,项目组一方面考虑公司"十二五"规划和发展战略,从机构与战略的匹配性角度去思考架构重整必要性和重整方向,另一方面,从内控不相容的角度去思考部门设置和职责分配问题,尽可能体现重要职能活动在部门间的牵制与协调。以集团总部为例,组织架构的调整幅度是最大的,调整结果可以概括为"新设一部门、改组一部门、下沉一部门、强化一部门、充实一部门",即:基于"十二五"规划的战略考虑,新设立了市场开发部,承载集团垃圾处理增量项目拓展重任;改组了技术质量部,将车辆采购等职能剥离,把科技开发管理作为该部门主要职责;将作业管理部下沉到新成立的运营公司,给运营公司充分的作业自主权;强化了原来规划计划部(现更名为企业管理部)的股权投资管理和子公司管控职能;将原来分散在各单位的、具备一定条件的经营性房产实施集中经营和管理,将该职能充实到原来的设施部,并将设施部易名为"资产管理部"。此外,还有多项职责的重新划分与调整,例如,工程竣工决算审计原来一直由财务部主导,按照内控财务和审计分离的原则,该职责被调整到了审计部。

在母子公司管控模式重整中,依据集团"十二五"规划中子企业"战略管控型""操作管控型"和"财务管控型"三类不同管理定位要求,对子企业"战略管理""投资管理""财务管理""人力资源管理""市场开发管理"等10个方面的48项关键职能,按照"由母公司实施""报母公司核准""报母公司备案"三种管理方式,对三类子企业与集团母公司的管理边界进行了重新界定,对管理权限进行重新划分。重整后的管控模式,更能体现母公司对子公司管控的差异性和集团战略。

4. 流程设计

风险应对策略最终要通过控制活动来落地和实现，流程控制标准作为控制活动主要内容，是内控体系的主要载体和主要表现形式。在风险评估和架构重整工作完成之后，就进入到流程控制标准的设计工作。

（1）确定公司的内控流程清单。在流程清单确定中，项目组考虑三个原则：一是要尽可能覆盖公司的主要活动，尽可能做到不漏项同时不重复；二是要突出重点，内控流程的设置要尽可能回应前一阶段的风险评估结果，和风险防范挂钩；三是要考虑内控规范配套指引的要求，尽可能使18个配套指引在流程设置中均有不同程度的体现。以集团总部为例，在总部"五个中心、一个平台"的战略定位下，集团总部的主要管理活动被划分为12大类，然后又细化为33个流程。其中每个流程又包含若干重要环节（子流程），33个流程共计包含93个环节。

（2）进行流程设计。包括流程权限指引设计、流程不相容职责确定、流程控制矩阵设计、进行流程描述和流程图绘制等。在流程设计中，各试点单位全员参与、群策群力，在内控建设组组织下，企业人员和外部咨询人员联合编组，协同共进，各展所长。首先，按照流程清单和流程内容，流程设计责任被分配到各职能部室和业务单位（以下简称"责任单位"），在外部咨询提供模板和指导的情况下，各设计责任单位按照规范格式提供现有流程的现状描述，即"流程白描"。然后，再由咨询人员与责任单位根据风险评估结果和内控诊断结论，进行流程授权、流程控制点和控制责任的重构与设计，即"流程重整"。最后，重整后的流程要提交内控项目小组，进行流程间的协调与整合，最终形成内控流程征求意见稿。内控流程征求意见稿也分批、分层进行了多次的研讨，保障内控流程的适用性和流程之间的协同性。在流程重整中，内控项目组尽可能实现继承与发展、现实和未来的有效结合，即一方面充分考虑原流程运行规律和运行习惯，原行之有效的做法和经验尽可能保留，另一方面对不符合内控规范、不符合管理规律的环节进行完善与改进；一方面要充分考虑流程运行的现实环境，要保证实际可用，另一方面也要充分预计未来变动趋势和管理要求，体现一定的超前性。

5. 制度重整

流程重点解决程序问题，流程无法完全替代制度，制度和流程相辅相成，共同构成完整的内控体系。配合流程重整和架构重整，公司对已有的管理制度体系进行了重新梳理和整合。以集团总部为例，从初步梳理的结果来看，按照新职责和新流程，需要补充修订的制度共计16项，需要重点修订调整的制度共计15项，此外还有多项制度需要作出一般性修订。在制度修订中，首先是内控项目组提出要求，外部咨询机构提供制度模板参照，将补充和修订任务下发到各个责任部门或责任单位，责任单位完成初步补充或修订任务后，由内控项目组初步验收，然后再提交专题会、总经理办公会、董事会讨论通过。制度重整涉及方方面面，任务繁重，难度也较大，集团在开展此项工作中，拟定了"稳扎稳打、谨慎推进"的方针，对一项制度的修订往往要经过多轮研讨，多次反复。制度修订工作稳步推进，配合第一批试运行流程的制度修订任务顺利完成。

6. 内控评价

作为一种全新的管理体系，内部控制要真正落地，不只是建立新的标准，关键是要建立标准贯彻执行以及完善优化的动态评价机制。HW集团内控评价机制的建立包括以下几个方面：

（1）明确内控评价组织和评价职责。明确审计部门为内控评价组织部门，审计部门要定期拟订内控评价方案，对内控执行有效性和设计有效性组织检查，并根据检查结果将相关的建议提交董事会审计委员会审议。对内控执行情况，集团领导层将考虑在时机成熟时与绩效考核挂钩，对检查评价中发现的内控不适用的设计缺陷，将由决策机构批准后，由企业管理部门负责进行完善与调整。

（2）设计针对每个内控流程的评价底稿，明确评价办法。对业务流程层面的内控评价，主要采取抽样方式，对流程关键控制点执行后留下的控制痕迹（签字、文档等）进行检查，在样本量达到一定要求的情况下，根据样本符合率对流程控制点的执行情况进行打分，进而确定流程控制执行率。对公司层面的内部控制，则主要采取观察、制度分析、访谈等方法，确定内控执行情况和设计的有效性。内控评价底稿除了内部机构的自我评价外，也为外部审计机构的内控审计提供参照。

7. 完成内控手册

以上工作的结果，最终体现在内控手册上，内控手册是内控体系内容的主要书面载体。在内控手册结构和形式上，内控项目组充分借鉴了中石化等央企和一些上市公司的内控手册，同时又充分考虑了环卫行业的一些自身特点。内控手册包括导语、公司层面内部控制、业务层面内部控制和内部控制检查评价4大部分，导语主要介绍内控手册的目的和意义、背景和特点、主要内容、适用范围等。公司层面的内部控制是指影响公司全局的一些关键控制环节，包含十一个流程模块，涉及组织架构、发展战略、人力资源、企业文化、社会责任、风险评估、内部信息传递、信息系统、内部审计、纪检监察等方面。业务层面的内部控制是指影响公司局部业务环节的关键环节，包含二十二个流程模块，涉及资金活动、采购业务、资产管理、销售业务、研究与开发、工程项目、担保业务、业务外包、财务报告、全面预算和合同管理等方面。检查评价办法对公司层面和业务层面风险控制措施的执行检查和评价做了详细的说明，为自我评价和外部审计提供了明确依据。

1.3.3 案例启示

1. 内控建设既是"一把手"工程，也是系统不断持续改进的全员工程

首先，深化内控建设是企业"一把手"工程，若一把手不重视，内控体系将不会"落地"。无论从董事长作为企业第一责任人的高度，还是从全面评估企业风险宽度，无论

是从规范制衡企业领导人权力运行深度,还是从推进内控体系建设力度而言,都需要一把手的战略视野和宽阔的胸怀。

其次,内控建设是全员工程,具有主观能动性的"人"参与企业内部控制时,每一岗位上的员工都具有复杂的双重身份,既是施控者又是受控者。作为施控者人员可以分为两个层次,一是所有人员都需要对自己工作过程中所涉及的企业物资进行管理、控制;二是企业管理人员要对其下属的员工进行管理、监督和控制。作为受控者,一线员工需要接受来自车间或部门中层管理人员的监督管理,中层管理人员要接受高层管理人员的监督管理,高层管理人员要接受董事会及股东大会的监督管理。因此,可以说企业全体人员时时刻刻都参与了企业内部控制的实施过程。

最后,内控建设是不断持续改进的系统工程。深化内控体系建设既是企业系统工程,内控体系建设需要系统化、项目化推进,必须从横向、纵向整体推进,全员参与;也是企业持续改进工程,是企业动态风险跟踪、动态评估、动态管控和动态反馈的过程。比如,通过内控检查"夯实"内控成绩,让检查结果传递到企业各个层级,一方面是检查结果的考核应用,另一方面对检查中发现的不完善、不适用部分,进行内控的动态调整更新。

因此,企业内控体系建设一方面要充分关注,普及内控,使内控执行人员熟悉和了解内控,将员工初期对内控的"被动执行"转换为"主动需要",最终转换为员工行为习惯的一部分,达到内控"夯实"阶段目标,另一方面要将内控检查结果在绩效考核中应用和体现,通过动态监控手段使内控体系真正"落地"。

2. 推进信息化建设,实现内部控制电子化

提高业务管理活动的信息化水平是内控落地的保障,它使一些较为烦琐的控制活动能够"在线实现",从而降低控制的人为性、提高控制效率和降低控制成本。具体而言,通过制定统一的集团信息化规划,确定集团信息化整体建设的目标、原则、路径、方法和先后顺序,增强信息化工作的目的性、系统性和计划性,指导各个系统的信息化工作,防止信息化建设中各部门各自为政,并对已有的信息系统或正在上马的信息系统进行有效整合。同时,还要将信息化建设和内控体系完善有机结合在一起,在业务模式梳理和流程设计过程中融合信息化和控制的共同要求,使信息化和内控"一体化",实现内控推动信息化、信息化助力内控的良好局面。

3. 关注全面风险管理,促进内控升级

内部控制对于例常性风险和非系统性风险有较好的防范作用,而全面风险管理将进一步致力于非例常性风险、系统性风险的解决,通过战略引导、模式调整、机制牵引和文化影响,来实现对风险的有效管理和利用。全面风险管理体系与内部控制体系相辅相成,在内控体系全覆盖和顺利运行的基础上,将风险管控的重点引向战略层面和宏观经济环境层面,更好体现防风险、促发展的风险管理实质。

延伸思考问题及指引

1. 企业是一个多系统同时运行的复杂系统，内部控制系统并不是一个独立运行的系统，它与公司治理结构、企业信息系统等其他企业内部系统相互交叉产生影响。同时，诸如市场环境、经济环境、社会环境等企业外部因素也会对内部控制系统的运行产生影响。面对这些因素的影响，企业应该如何及时调整内部控制系统的结构及其运行方式？试分析这些影响因素并找到相应的对策。

2. COSO内部控制框架经过二十多年的实践，又颁布了《内部控制——整合框架》（2013），该框架对风险的认识更加深入、科学，此外，基于内部控制五个要素提出了17项原则，使内控实施更具可操作性和规范性。我国《企业内部控制基本规范》及其三套指引在企业内控体系建设实践中起到了重要的指导作用，根据我国国情，现阶段我们是否需要借鉴COSO《内部控制——整合框架》（2013）思路，进一步完善我国的内部控制的相关规范呢？

参考文献

[1] 财政部会计司.企业内部控制讲解[M].北京：经济科学出版社，2010.
[2] 杨有红.企业内部控制[M].北京：北京大学出版社，2019.
[3] 张俊民.内部控制理论与实务[M].大连：东北财经大学出版社，2012.
[4] COSO委员会.内部控制——整合框架[D].1992，2013.
[5] 白华.COSO内部控制结构之谜[J].会计研究，2015，（02）：58-65，94.
[6] 刘勇.构建利益相关者共同治理的企业内部控制机制[J].经济研究导刊.2015，268（14）：69-70.
[7] 刘霄仑.风险控制理论的再思考：基于对COSO内部控制理念的分析[J].会计研究，2010，（03）：36-43，96.
[8] 杨雄胜.内部控制理论面临的困境及其出路[J].会计研究，2006，（2）：53-59.
[9] 中国上市公司内部控制指数研究课题组，王宏，蒋占华，胡为民，赵丽生，林斌.中国上市公司内部控制指数研究[J].会计研究，2011，12：20-24，96.
[10] Gao, P.Y., Zhang, G.Q..Accounting Manipulation, Peer Pressure, and Internal Control[J].The Accounting Review, 2019, 94（1）：127–151.
[11] Lawson, B.P., Muriel, L., Sanders, P.S.. A survey on firms' implementation of COSO's 2013 Internal Control–Integrated Framework[J]. Research in Accounting Regulation, 2017, 29：30–43.

第 2 章　企业内部控制过程

▶ **教学目标**　通过本章学习,学生可以系统了解企业内部控制目标实现的过程与手段,掌握企业内部控制应用指引的具体内容及特点,理解 18 项内部控制应用指引所规范的控制目标、主要风险、关键控制点和控制措施,使学生对内部控制理论在企业的应用原理及其技术规程有深入的思考。

▶ **内容摘要**　本章紧密围绕《企业内部控制应用指引》对内部环境类、控制活动类、控制手段类等 18 项应用指引做了系统介绍,包括基本含义、控制目标、业务流程、风险识别及控制措施,还包括主要业务活动的控制流程以及授权审批制度设计等。最后,本章以 SG 集团为例,介绍了销售业务的内部控制情况,包括销售业务的经营状况以及内部控制存在的问题,并在此基础上针对相关问题的成因进行分析,为销售业务管理体系的建立提供了设计思路。

《企业内部控制应用指引》是为保证内控体系的有效实施而发布的一些具有可操作性的具体应用规范,是对企业按照内部控制五大原则和内部控制五大要素建立健全本企业内部控制所提供的指引,在配套指引乃至整个内部控制规范体系中占据核心地位。

2010 年 4 月财政部等五部委发布的《企业内部控制应用指引》包括 18 项应用指引,具体可以划分为三类,即内部环境类指引、控制活动类指引、控制手段类指引。应用指引基本涵盖了企业资金流、实物流、人力流和信息流等各项业务和事项。应用指引框架结构如图 2-1 所示。

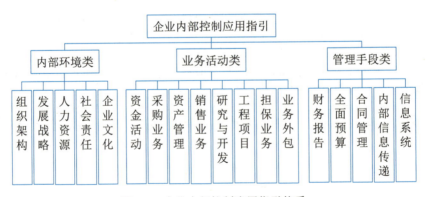

图 2-1　企业内部控制应用指引体系

1. 内部环境类指引

内部环境是企业实施内部控制的基础,支配着企业全体员工的内控意识,影响着全体员工实施控制活动和履行控制责任的态度、认识和行为。内部环境类指引有 5 项,是企业建立公司层面控制的依据。公司层面控制是指对企业控制目标的实现具有重大影响,与内部环境、风险评估、信息与沟通、内部监督直接相关的控制。具体包括《企业内部控制指引第 1 号——组织架构》《企业内部控制指引第 2 号——发展战略》《企业内部控制指引第 3 号——人力资源》《企业内部控制指引第 4 号——社会责任》和《企业内部控制指引第 5 号——企业文化》。

2. 控制活动类应用指引

企业在改进和完善内部环境控制的同时，还应对各项具体业务活动实施相应的控制。为此，制定了控制活动类应用指引，包括《企业内部控制应用指引第 6 号——资金活动》《企业内部控制应用指引第 7 号——采购业务》《企业内部控制应用指引第 8 号——资产管理》《企业内部控制应用指引第 9 号——销售业务》《企业内部控制应用指引第 10 号——研究与开发》《企业内部控制应用指引第 11 号——工程项目》《企业内部控制应用指引第 12 号——担保业务》《企业内部控制应用指引第 13 号——业务外包》等 8 项指引。

3. 控制手段类指引

控制手段类指引偏重于"工具"性质，往往涉及企业整体业务或管理，为经济管理活动提供指引。此类指引有 5 项，具体包括《企业内部控制应用指引第 14 号——财务报告》《企业内部控制应用指引第 15 号——全面预算》《企业内部控制应用指引第 16 号——合同管理》《企业内部控制应用指引第 17 号——内部信息传递》《企业内部控制应用指引第 18 号——信息系统》等。

2.1 企业内部环境的控制

内部环境是企业实施内部控制的基础，支配着企业全体员工的内控意识，影响着全体员工实施控制活动和履行控制责任的态度、认识和行为。内部环境类指引包括组织架构、发展战略、人力资源、企业文化和社会责任等指引。董事会和管理层对企业内控环境的控制建设承担责任。

2.1.1 组织架构控制

1. 组织架构控制的概念及本质

1）组织架构的概念

《企业内部控制应用指引第 1 号——组织架构》指出，组织架构是指企业按照国家有关法律法规、股东（大）会决议、企业章程，结合本企业实际，明确党委会、董事会、监事会、经理层和企业内部各层级机构设置、职责权限、人员编制、工作程序和相关要求的制度安排。其核心是完善公司治理结构、管理体制和运行机制问题。

企业的组织架构是内部控制的实施载体。建立适当的组织架构，可以科学合理地设置企业内部机构与岗位，确定机构与岗位职责以及各个机构、岗位间的相互关系，是对企业人力流、物流、信息流实现有效控制的基本前提。

2）组织架构的本质

组织架构的本质可从企业治理结构和内部机构两个层面理解。

治理结构即企业治理层面的组织架构，是指企业根据相关的法律法规，设置不同层次、不同功能的法律实体及相关的法人治理结构，从而使得企业能够在法律许可的框架下拥有特定权利、履行相应义务，以保障各利益相关方的基本权益。

内部机构则是企业内部机构层面的组织架构，是指企业根据业务发展需要，分别设置不同层次的管理人员及由各专业人员组成的管理团队，针对各项业务功能行使决策、计划、执行、监督、评价的权利并承担相应的义务，从而为业务顺利开展进而实现企业发展战略提供组织机构的支撑平台。企业应当根据发展战略、业务需要和控制要求，选择适合本企业的内部组织机构类型。

2. 组织架构设计和运行的主要风险

从治理结构层面看，组织架构设计和运行的主要风险表现为：治理结构形同虚设，缺乏科学决策、良性运行机制和执行力，可能导致企业经营失败，难以实现发展战略。

从内部机构层面看，组织架构设计和运行的主要风险表现为：内部机构设计不科学，权责分配不合理，可能导致机构重叠、职能交叉或缺失、推诿扯皮、运行效率低下。

3. 组织架构设计与运行环节的风险控制措施

1）组织架构设计环节的风险控制措施

（1）根据国家有关法律法规的规定对党委会、董事会、监事会和经理层的职责权限、任职条件、议事规则和工作程序等予以明确；企业的决策权、执行权和监督权相互分离形成制衡。

（2）按照规定的权限和程序对企业的重大决策、重大事项、重要人事任免及大额资金支付业务（三重一大）等实行集体决策审批或者联签制度，任何个人不得单独进行决策或者擅自改变集体决策意见。

（3）按照科学、精简、高效、透明、制衡的原则，综合考虑企业性质、发展战略、文化理念和管理要求等因素，合理设置内部职能机构，明确各机构的职责权限，避免职能交叉、缺失或权责过于集中，形成各司其职、各负其责、相互制约、相互协调的工作机制。

（4）按照不相容职务相互分离的要求，对各机构的职能进行科学合理的分解，确定具体岗位的名称、职责和工作要求等，明确各个岗位的权限和相互关系，做到不相容职务相分离。

（5）制定组织结构图、业务流程图、岗（职）位说明书和权限指引等内部管理制度或相关文件，使员工了解和掌握组织架构设计及权责分配情况，正确履行职责。

2）组织架构运行环节风险控制措施

（1）企业应当根据组织架构的设计规范，对现有治理结构和内部机构设置进行全面梳理，确保本企业治理结构、内部机构设置和运行机制等符合现代企业制度要求。

（2）企业拥有子公司的，应当建立科学的投资管控制度，通过合法有效的形式履行出资人职责、维护出资人权益，重点关注子公司特别是异地、境外子公司的发展战略、年度财务预决算、重大投融资、重大担保、大额资金使用、主要资产处置、重要人事任免、内部控制体系建设等重要事项。

（3）企业应当定期对组织架构设计与运行的效率和效果进行全面评估，发现组织架构设计与运行中存在缺陷的，及时优化调整。组织架构调整应当充分听取董事、监事、高级管理人员和其他员工的意见，按照规定的权限和程序进行决策审批。

2.1.2 发展战略控制

1. 发展战略的概念

《内部控制应用指引第 2 号——发展战略》指出，发展战略是指企业在对现实状况和未来趋势进行综合分析和科学预测的基础上，制定并实施的长远发展目标与战略规划。

企业作为市场经济中的主体，如果没有明确发展战略，就不可能在当今激烈的市场竞争和国际化浪潮冲击下求得长远发展。发展战略可以为企业找准市场定位，使企业在激烈的市场竞争环境中找准位置。发展战略是企业执行层行动的指南，能够为企业指明发展方向、目标与实施路径，是企业发展的蓝图，关系着企业的长远生存与发展。

2. 发展战略制定与实施中的主要风险

（1）缺乏明确的发展战略或发展战略实施不到位，可能导致企业盲目发展，难以形成竞争优势，丧失发展机遇和动力。

（2）发展战略过于激进，脱离企业实际能力或偏离主业，可能导致企业过度扩张，甚至经营失败。

（3）发展战略因主观原因频繁变动，可能导致资源浪费，甚至危及企业的生存和持续发展。

3. 发展战略制定环节的风险控制措施

（1）企业应当在充分调查研究、科学分析预测和广泛征求意见的基础上，综合考虑宏观经济政策、国内外市场需求变化、技术发展趋势、行业及竞争对手状况、可利用资源水平和自身优势与劣势等影响因素，制定发展目标。

（2）企业应当根据发展目标制定战略规划，明确企业发展的阶段性和发展程度，确定每个发展阶段的具体目标、工作任务和实施路径。

（3）企业应当在董事会下设战略委员会，或指定相关机构负责发展战略规划管理工作，履行相应职责。企业发展战略委员会对发展目标和战略规划进行可行性研究和科学论证，形成发展战略建议方案。

（4）董事会应当严格审议战略委员会提交的发展战略方案，重点关注其全局性、长期性和可行性。董事会在审议方案中如果发现重大问题，应当责成战略委员会对方案作出调整。企业的发展战略方案经董事会审议通过后，报经股东（大）会批准实施。

4. 发展战略实施环节的关键控制点及控制措施

（1）企业应当根据战略规划，制订年度工作计划，编制全面预算，将年度目标分解、落实，同时完善发展战略管理制度，确保发展战略有效实施。

（2）企业应当采取组织结构调整、人员调配、财务安排、薪酬分配、信息沟通、管理和技术变革等配套保障措施，确保发展战略的有效实施。

（3）企业应当重视发展战略的宣传工作，通过内部各层级会议和教育培训等有效方式，将发展战略及其分解落实情况传递到内部各管理层级和全体员工。

（4）企业应当加强对发展战略实施情况的监控和评估，定期收集和分析相关信息，对于明显偏离发展战略的情况，应当及时进行内部报告；由于经济形势、产业政策、技术进步、行业状况以及不可抗力等因素发生重大变化，确需对发展战略作出调整的，应当按照规定程序调整发展战略。

2.1.3 人力资源控制

1. 人力资源控制的概念

《企业内部控制应用指引第3号——人力资源》指出，人力资源是指企业组织生产经营活动而录（任）用的各种人员，包括董事、监事、高级管理人员和全体员工。企业应当重视人力资源建设，根据发展战略，结合人力资源现状和未来需求预测，制定人力资源总体规划和能力框架体系，优化人力资源整体布局，明确人力资源的引进、开发、使用、培养、考核、激励、退出等管理要求，实现人力资源的合理配置，全面提升企业核心竞争力。

2. 人力资源管理中的主要风险

（1）人力资源缺乏或过剩、结构不合理、开发机制不健全，可能导致企业发展战略难以实现。这一风险大多出现在企业决策层和执行层的高管人员群体。

（2）人力资源激励约束制度不合理、关键岗位人员管理不完善，可能导致人才流失、经营效率低下或关键技术、商业秘密和国家机密泄漏。这一风险大多出现在企业的专业技术人员，特别是掌握企业发展命脉核心技术的专业人员群体，该群体是企业在激烈竞争中立于不败之地的关键"资本"。就实现发展战略而言，核心专业人才的流失，无疑会给企业的正常运作和长远发展带来巨大隐患，同时也会对人力资源造成巨大损失。

（3）人力资源退出机制不当，可能导致法律诉讼或企业声誉受损。这一风险侧重于企业辞退员工、解除员工劳动合同等而引发的劳动纠纷。

3. 人力资源管理的风险防范措施

（1）企业应当根据人力资源总体规划，结合生产经营实际需要，制订年度人力资源需求计划，完善人力资源引进制度，规范工作流程，按照计划、制度和程序组织人力资源引进工作。

（2）企业应当根据人力资源能力框架要求，明确各岗位的职责权限、任职条件和工作要求，遵循德才兼备、以德为先和公开、公平、公正的原则，通过公开招聘、竞争上岗等多种方式选聘优秀人才，重点关注选聘对象的价值取向和责任意识。

（3）企业应当依法与选聘人员签订劳动合同，建立劳动用工关系。对于在产品技术、市场、管理等方面掌握或涉及关键技术、知识产权、商业秘密或国家机密的工作岗位，应当与该岗位员工签订有关岗位保密协议，明确保密义务。

（4）企业应当建立各级管理人员岗位管理制度和关键岗位员工定期轮岗制度，形成相关岗位员工的有序持续流动，全面提升员工素质。

（5）企业应当重视人力资源开发工作，建立员工培训长效机制，营造尊重知识、尊重人才和关心员工职业发展的文化氛围，加强后备人才队伍建设，促进全体员工的知识、技能持续更新，不断提升员工的服务效能。

（6）企业应当建立和完善人力资源的激励约束机制，设置科学的业绩考核指标体系，制定与业绩考核挂钩的薪酬制度，对各级管理人员和全体员工进行严格考核与评价，以此作为确定员工薪酬、职级调整和解除劳动合同等的重要依据。

（7）企业应当定期对年度人力资源计划执行情况进行评估，总结人力资源管理经验，分析存在的主要缺陷和不足，完善人力资源政策，促进企业整体团队充满生机和活力。

2.1.4 社会责任控制

1. 社会责任控制的概念

《企业内部控制应用指引第4号——社会责任》指出，社会责任是指企业在经营发展过程中应当履行的社会职责和义务，主要包括安全生产、产品质量（含服务）、环境保护、资源节约、促进就业、员工权益保护等。企业应当重视履行社会责任，切实做到经济效益与社会效益、短期利益与长远利益、自身发展与社会发展相互协调，实现企业与员工、企业与社会、企业与环境的健康和谐发展。

2. 履行社会责任中的主要风险

（1）安全生产措施不到位，责任不落实，可能导致企业发生安全事故。

（2）产品质量低劣，侵害消费者利益，可能导致企业巨额赔偿、形象受损，甚至破产。

（3）环境保护投入不足，资源耗费大，造成环境污染或资源枯竭，可能导致企业巨额赔偿、缺乏发展后劲甚至停业。

（4）促进就业和员工权益保护不够，可能导致员工积极性受挫，影响企业发展和社会稳定。

3. 履行社会责任主要风险的控制措施

（1）企业应当建立严格的安全生产管理体系、操作规范和应急预案，贯彻预防为主的原则，采用多种形式增强员工安全意识，强化安全生产责任追究制度，切实做到安全生产。

（2）企业应当根据国家和行业相关产品质量的要求，从事生产经营活动，规范生产流程，建立严格的产品质量控制和检验制度，严把质量关，禁止缺乏质量保障、危害人民生命健康的产品流向社会，切实提高产品质量和服务水平，努力为社会提供优质安全健康的产品和服务，最大限度地满足消费者的需求，对社会和公众负责，接受社会监督，承担社会责任。

（3）企业应当建立环境保护与资源节约制度，提高环境保护与资源节约意识，认真落实节能减排责任，积极开发和使用节能产品，发展循环经济，降低污染物排放，提高资源综合利用效率，并通过宣传教育等有效形式，不断提高员工的环境保护和资源节约意识。

（4）企业应当依法保护员工的合法权益，贯彻人力资源政策，保护员工依法享有劳动权利和履行劳动义务，保持工作岗位相对稳定，积极促进充分就业，切实履行社会责任。避免在正常经营情况下批量辞退员工，增加社会负担。

2.1.5 企业文化控制

1. 企业文化控制的概念

《企业内部控制应用指引第 5 号——企业文化》指出，企业文化是指企业在生产经营实践中逐步形成的、为整体团队所认同并遵守的价值观、经营理念和企业精神，以及在此基础上形成的行为规范的总称。企业应当加强文化建设，培育积极向上的价值观和社会责任感，倡导诚实守信、爱岗敬业、开拓创新和团队协作精神，树立现代管理理念，强化风险意识。

2. 企业文化建设中的主要风险

（1）缺乏积极向上的企业文化，可能导致员工丧失对企业的信心和认同感，企业缺乏凝聚力和竞争力。

（2）缺乏开拓创新、团队协作和风险意识，可能导致企业发展目标难以实现，影响可持续发展。

（3）缺乏诚实守信的经营理念，可能导致舞弊事件的发生，造成企业损失，影响企业信誉。

（4）忽视企业间的文化差异和理念冲突，可能导致并购重组失败。

3. 企业文化培育环节的风险控制措施

（1）企业应当积极培育具有自身特色的企业文化，引导和规范员工行为，打造以主业为核心的企业品牌，形成整体团队的向心力，促进企业长远发展。

（2）企业应当培育体现企业特色的发展愿景、积极向上的价值观、诚实守信的经营理念、履行社会责任和开拓创新的企业精神，以及开拓创新、团队协作和风险防范意识。

（3）企业应当总结优良传统，挖掘文化底蕴，提炼核心价值，确定文化建设的目标和内容，形成企业文化规范，使其构成员工行为守则的重要组成部分。

（4）董事、监事、经理和其他高级管理人员应当在企业文化建设中发挥主导和垂范作用，以自身的优秀品格和脚踏实地的工作作风，带动影响整个团队，共同营造积极向上的企业文化氛围。企业应当促进文化建设在内部各层级的有效沟通，加强企业文化的宣传贯彻，确保全体员工共同遵守。

（5）企业文化建设应当融入生产经营全过程，切实做到文化建设与发展战略的有机结合，增强员工的责任感和使命感，规范员工行为方式，使员工自身价值在企业发展中得到充分体现。

（6）企业应当重视并购重组过程中的文化建设，平等对待被并购方的员工，促进并购双方的文化融合。

4. 企业文化评估环节的风险控制措施

（1）企业应当建立企业文化评估制度，明确评估的内容、程序和方法，落实评估责任制，避免企业文化建设流于形式。

（2）企业文化评估应当重点关注董事、监事、经理和其他高级管理人员在企业文化建设中的责任履行情况、全体员工对企业核心价值的认同感、企业经营管理行为与企业文化的一致性、企业品牌的社会影响力、参与企业并购重组各方文化的融合度，以及员工对企业未来发展的信心。

（3）企业应当重视文化评估结果，巩固和发扬文化建设成果，针对评估过程中发现的问题，研究影响企业文化建设的不利因素，分析深层次的原因，及时采取措施加以改进。

2.2 企业业务活动的控制

2.2.1 资金活动控制

1. 资金活动管理概述

1）资金活动的定义

资金是企业生存和发展的重要基础，是企业流动性最强的资产，被视为企业生产经营的血液，也是企业控制风险最高的资产。如何防范资金风险、维护资金安全、提高资金效益成了社会广泛关注的热点问题。《企业内部控制应用指引第6号——资金活动》，为我国企业应对危机，防范和化解资金活动相关风险，全面提升经营管理水平提供了科学指导和制度保障。

《企业内部控制应用指引第6号——资金活动》中定义的资金活动，是指资金流入与流出企业，以及资金在企业内部流转的总称，包括筹资、投资和资金营运等活动。这里的资金是指企业拥有或控制的库存现金、银行存款等以及其他货币资金。

2）资金活动的主要风险

①筹资决策不当，引发资本结构不合理或无效融资，可能导致企业筹资成本过高或债务危机。

②投资决策失误，引发盲目扩张或丧失发展机遇，可能导致资金链断裂或资金使用效益低下。

③资金调度不合理、营运不畅，可能导致企业陷入财务困境或资金冗余。

④资金活动管控不严，可能导致资金被挪用、侵占、抽逃或遭受欺诈。

3）资金活动内部控制的总体要求

①对资金活动实施内部控制，企业需要根据国家和地方有关法律法规和监管制度的要求，结合企业生产经营的实际需要，建立健全相应的内部控制制度，设计科学合理、重点突出、便于操作的业务流程，同时还要有针对关键控制点以及主要风险来源的内控措施。

②企业应当科学确定投融资战略目标和规划，建立科学的资金决策、执行与监督管控机制，建立严格的授权、批准、审验等相关管理制度，加强资金活动的集中归口管理，明确筹资、投资、营运等各环节的职责权限和岗位分离要求，定期或不定期检查和评价资金活动情况，落实责任追究制度，确保资金安全和有效运行。

③企业应该加强资金的集中管理。科学技术的快速发展，极大地提高了企业资金管理的能力，资金集中管理的优势明显扩大，并且日益成为较大规模企业的首选资金管控模式。企业应当在集权与分权之间做出适当均衡。无论是企业相对其内部部门和分支机构，还是企业集团相对其子公司，都应该加强资金的集中统一管控。尤其是企业集团，更加应当采取合法有效措施，强化对子公司资金业务的统一监控，探索财务公司、资金结算中心等资金集中管控模式。

④采取必要措施为资金内部控制制度有效执行提供保障。内控制度的执行到位与否是事关整个内控活动能否取得实效的关键，只有严格执行，才能保证实现资金活动决策目标。为了加强对资金活动的管控，促使资金活动内部控制制度得到切实有效的实施，企业财会部门应负责资金活动的日常管理，参与投融资方案等可行性研究；总会计师或分管会计工作的负责人应当参与投融资决策过程。

2. 筹资管理

1）筹资活动及其控制目标

筹资活动是企业资金活动的起点，也是企业整个经营活动的基础。通过筹资活动为企业取得投资和日常生产经营活动所需的资金提供来源。因此，企业应当根据经营和发展战略的资金需要，确定融资战略目标和规划，结合年度经营计划和预算安排，拟订筹资方案，明确筹资用途、规模、结构和方式等相关内容，对筹资成本和潜在风险作出充分估计。

通过筹资活动控制实现以下目标：①防范筹资过程中的差错与舞弊；②控制筹资风险，降低筹资成本；③规范筹资行为，保证筹资业务合法、真实。

2）筹资活动的业务流程

企业筹资活动的内部控制，应该根据筹资活动的业务流程区分不同筹资方式，按照业务流程中不同环节体现出来的风险，结合资金成本与资金使用效益情况，采取不同措施进行控制。因此，设计筹资活动的内部控制制度，首先必须深入分析筹资业务流程。通常情况下，筹资活动的业务流程包括以下五个具体程序：

①提出筹资方案。企业的筹资方案一般由财务部门根据企业经营战略、预算情况与资金现状等因素提出。一个完整的筹资方案应包括筹资金额、筹资形式、利率、筹资期限、资金用途等内容，提出筹资方案的同时还应与其他生产经营相关业务部门沟通协调，在此基础上才能形成初始筹资方案。

②筹资方案论证。初始筹资方案应经过充分的可行性论证，可行性论证是筹资业务内部控制的重要环节，一般可以从下列几个方面进行分析论证：一是筹资方案的战略评估。主要评估筹资方案是否符合企业整体发展战略；控制企业筹资规模，防止因盲目筹资而给企业造成沉重的债务负担。二是筹资方案的经济性评估。主要分析筹资方案是否符合经济性要求，是否以最低的筹资成本获得了所需的资金，是否还有降低筹资成本的空间以及更好的筹资方式，筹资期限等是否经济合理，利息、股息等水平是否在企业可承受的范围之内。三是筹资方案的风险评估。对筹资方案面临的风险进行分析，特别是对于利率、汇率、货币政策、宏观经济走势等重要条件进行预测分析，对筹资方案面临的风险做出全面评估，并有效地应对可能出现的风险。

③筹资方案审批。筹资方案应在企业内部按照分级授权审批的原则进行审批，重点关注筹资用途的可行性。重大筹资方案还应当提交股东（大）会审议。筹资方案需经有关管理部门批准的，应当履行相应的报批程序。审批人员与筹资方案编制人员应适当分离。在审批中，应贯彻集体决策的原则，实行集体决策审批或者联签制度。在综合正反两方面意见的基础上进行决策，而不应由少数人主观决策。筹资方案发生重大变更的，应当重新履行可行性研究以及相关审批程序。

④筹资计划编制与执行。企业应根据审核批准的筹资方案，编制较为详细的筹资计划，经过财务部门批准后，严格按照相关程序筹集资金。具体而言：通过银行借款方式筹资的，应当与有关金融机构进行洽谈，明确借款规模、利率、期限、担保、还款安排、相关的权利义务和违约责任等内容。双方达成一致意见后签署借款合同，据此办理相关借款业务；通过发行债券方式筹资的，应当合理选择债券种类，如普通债券还是可转换债券等，并对还本付息方案作出系统安排，确保按期、足额偿还到期本金和利息；通过发行股票方式筹资的，应当依照《中华人民共和国证券法》等有关法律法规和证券监管

部门的规定,优化企业组织架构,进行业务整合,并选择具备相应资质的中介机构协助企业做好相关工作,确保符合股票发行条件和要求。

⑤筹资活动的监督、评价与责任追究。加强筹资活动的检查监督,严格按照筹资方案确定的用途使用资金,确保款项的收支、股息和利息的支付、股票和债券的保管等符合有关规定。筹资活动完成后要按规定进行筹资后评价,对存在违规现象的,严格追究其责任。企业筹资活动流程如图2-2所示。

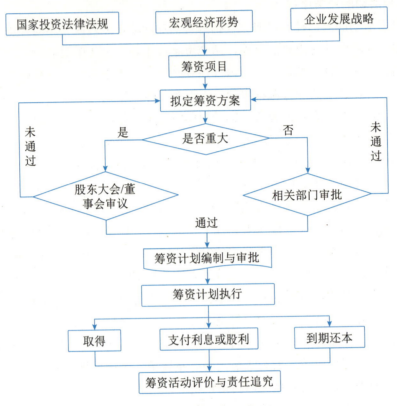

图2-2 企业筹资活动流程

3) 筹资活动的主要风险

①缺乏完整的筹资战略规划以及对目标资本结构的清晰认识,很容易导致盲目筹资,使得企业资本结构、资金来源结构、利率结构等处于频繁变动中,给企业的生产经营带来巨大的财务风险。

②缺乏对企业资金现状的全面认识,很容易导致筹资过度或者筹资不足,资金利用效率低下,增加了不必要的财务成本。

③缺乏完善的授权审批制度,有可能忽视筹资方案中的潜在风险,使得筹资方案草率决策、仓促上马,给企业带来严重的潜在风险。

④缺乏对筹资条款的认真审核,可能会导致企业在未来可能发生的经济纠纷或诉讼中处于不利地位。

⑤缺乏对资金活动管控,可能导致资金被挪用、侵占、抽逃或遭受欺诈。

⑥缺乏严密的跟踪管理，可能会使企业资金管理失控，因资金被挪用而导致财务损失，也可能因此导致利息没有及时支付而被银行罚息。

4）筹资活动中的风险控制措施

企业筹资业务面临的重要风险类型较多，企业在相应的内控活动中应注意识别关键风险，设计相关内控制度，有效地进行风险控制。

（1）岗位分工与授权批准

企业应当建立筹资业务的岗位责任制，明确有关部门和岗位的职责、权限，确保办理筹资业务的不相容岗位相互分离、制约和监督。同一部门或个人不得办理筹资业务的全过程。筹资业务的不相容岗位至少包括：

①筹资方案的拟订与决策。
②筹资合同或协议的审批与订立。
③与筹资有关的各种款项偿付的审批与执行。
④筹资业务的执行与相关会计记录。
⑤筹资业务的全过程不由一人办理。

企业应当配备合格的人员办理筹资业务。办理筹资业务的人员应具备必要的筹资业务专业知识和良好的职业道德，熟悉国家有关法律法规、相关国际惯例及金融业务。企业应当对筹资业务建立严格的授权批准制度，明确授权批准方式、程序和相关控制措施，规定审批人的权限、责任以及经办人的职责范围和工作要求。企业组织筹资业务主要涉及企业财务、市场、业务归口部门、审计、经办人等责任部门和责任人，各责任部门的责任如表2-1所示。

表2-1 企业筹资活动岗位责任

责任部门	具体责任
财务部	（1）编制筹资预算；（2）拟订筹资方案；（3）组织筹资风险评估；（4）与证券部共同编制发行新股招股说明书、可转换公司债券募集说明书、公司债券募集说明书等相关文件；（5）归口办理除发行债券外的债务融资事项；（6）筹资会计核算和偿付管理
证券部（股份公司）	（1）与财务部共同办理资本市场的筹资事项；（2）参与筹资风险评估；（3）资本市场债务筹资偿还管理
审计部	（1）对筹资协议或合同进行审查；（2）对公司筹资政策和筹资业务过程进行审计
业务归口办理	（1）权益资本筹资和发行债券由财务部会同证券部门办理；（2）除向资本市场发行债券外的债务融资，由财务部归口办理；（3）未经授权，其他部门（包括事业部）不得办理融资业务
经办和核算筹资业务人员的素质要求	（1）熟悉国家有关法律法规、相关国际惯例及资本市场情况；（2）具备良好的职业道德和业务素质；（3）符合公司规定的岗位规范要求

企业应当制定筹资业务流程，明确筹资决策、执行、偿付等环节的内部控制要求，并设置相应的记录或凭证，如实记载各环节业务的开展情况，确保筹资全过程得到有效控制。企业应当建立筹资决策、审批过程的书面记录制度以及有关合同或协议、收款凭

证、支付凭证等资料的存档、保管和调用制度，加强对与筹资业务有关的各种文件和凭据的管理，明确相关人员的职责权限。

（2）筹资决策控制

①企业应当建立筹资业务决策环节的控制制度，对筹资方案的拟订设计、筹资决策程序等作出明确规定，确保筹资方式符合成本效益原则，筹资决策科学、合理。

②企业拟订的筹资方案应当符合国家有关法律法规、政策和企业筹资预算要求，明确筹资规模、筹资用途、筹资结构、筹资方式和筹资对象，并对筹资时机选择、预计筹资成本、潜在筹资风险和具体应对措施以及偿债计划作出安排和说明。

③企业拟订的筹资方案，应当考虑企业经营范围、投资项目的未来目标债务结构、可接受的资金成本水平和偿付能力。在境外筹集资金的，还应当考虑筹资所在地的政治、法律、汇率、利率、环保、信息安全等风险及财务风险等因素。

④企业对重大筹资方案应当进行风险评估，形成评估报告，报董事会或股东大会审批。评估报告应当全面反映评估人员的意见，并由所有评估人员签章。未经风险评估的方案不能进行筹资。

⑤企业应当拟订两个或两个以上的筹资方案，综合考虑筹资成本和风险评估等因素，对方案进行比较分析、履行相应的审批程序后，确定最终筹资方案。

⑥企业对于重大筹资方案，应当实行集体决策审批或者联签制度，决策过程应有完整的书面记录。企业筹资方案需经国家有关管理部门或上级主管部门批准的，应及时报请批准。

（3）筹资执行控制

①企业应当建立筹资决策执行环节的控制制度，对筹资合同协议的订立与审核、资产的收取等作出明确规定。

②企业应当根据经批准的筹资方案，按照规定程序与筹资对象，与中介机构订立筹资合同或协议。企业相关部门或人员应当对筹资合同或协议的合法性、合理性、完整性进行审核，审核情况和意见应有完整的书面记录。筹资合同或协议的订立应当符合《中华人民共和国合同法》及其他相关法律法规的规定，并经企业有关授权人员批准。重大筹资合同或协议的订立，应当征询法律顾问或专家的意见。企业筹资在通过证券经营机构承销或包销企业债券或股票的，应当选择具备规定资质和资信良好的证券经营机构，并与该机构签订正式的承销或包销合同或协议。企业变更筹资合同或协议，应当按照原审批程序进行。

③企业应当按照筹资合同或协议的约定及时足额取得相关资产。企业取得货币性资产，应当按实有数额及时入账。企业取得非货币性资产，应当根据合理确定的价值及时进行会计记录，并办理有关财产转移手续。对需要进行评估的资产，应当聘请有资质的中介机构及时进行评估。企业应当加强对筹资费用的计算、核对工作，确保筹资费用符合筹资合同或协议的规定。企业应当结合偿债能力、资金结构等，保持合理的现金流量，确保及时、足额偿还到期本金、利息或已宣告发放的现金股利等。企业应当按照筹资方案所规定的用途使用对外筹集的资金。由于市场环境变化等特殊情况导致确需改变资金

用途的,应当履行审批手续,并对审批过程进行完整的书面记录。严禁擅自改变资金用途。

④企业应建立持续符合筹资合同协议条款的控制制度,包括预算不符合条款要求的预警和调整制度等。对于国家法律、行政法规或者监管协议规定应当披露的筹资业务,企业应及时予以公告和披露。

总之,筹资活动在其全过程控制过程中,各环节的关键控制点、控制目标与控制措施如表2-2所示。

表2-2 企业筹资活动各环节的关键控制点、控制目标与控制措施

关键控制点	控制目标	控制措施
提出筹资方案	进行筹资方案可行性论证	(1)进行筹资方案的战略性评估,包括是否与企业发展战略相符合,筹资规模是否适当; (2)进行筹资方案的经济性评估,如筹资成本是否最低,资本结构是否恰当,筹资成本与资金收益是否匹配; (3)进行筹资方案的风险评估,如筹资方案面临哪些风险,风险大小是否适当、可控,是否与收益匹配
筹资方案审批	选择批准最优筹资方案	(1)根据分级授权审批制度,按照规定程序严格审批经过可行性论证的筹资方案; (2)审批中应实行集体审议或联签制度,保证决策的科学性
制订筹资计划	制订切实可行的具体筹资计划,科学规划筹资活动,保证低成本、高效率筹资	(1)根据筹资方案,结合当时经济金融形势,分析不同筹资方式的资金成本,正确选择筹资方式和不同方式的筹资数量,财务部门或资金管理部门制订具体筹资计划; (2)根据授权审批制度报有关部门批准
实施筹资	保证筹资活动正确、合法、有效进行	(1)根据筹资计划进行筹资; (2)签订筹资协议,明确权利义务; (3)按照岗位分离与授权审批制度,各环节和各责任人正确履行审批监督责任,实施严密的筹资程序控制和岗位分离控制; (4)做好严密的筹资记录,发挥会计控制的作用
筹资活动评价与责任追究	保证筹集资金的正确有效使用,维护筹资信用	(1)促成各部门严格按照确定的用途使用资金; (2)监督检查,督促各环节严密保管未发行的股票、债券; (3)监督检查,督促正确计提、支付利息; (4)加强债务偿还和股利支付环节的监督管理; (5)评价筹资活动过程,追究违规人员责任

(4)筹资业务的会计控制

对于筹资业务,企业还应设置记录筹资业务的会计凭证和账簿,按照国家统一会计准则和制度,正确核算和监督资金筹集、本息偿还、股利支付等相关情况,妥善保管筹资合同或协议、收款凭证、入库凭证等资料,定期与资金提供方进行账务核对,确保筹资活动符合筹资方案的要求。具体从以下几个方面入手:

①对筹资业务进行准确的账务处理。企业应按照国家统一的会计准则,对筹资业务进行准确的会计核算与账务处理,应通过相应的账户准确进行筹集资金核算、本息偿付、股利支付等工作。

②对筹资合同、收款凭证、入库凭证等，应妥善保管。与筹资活动相关的重要文件，如合同、协议、凭证等，企业的会计部门需登记造册、妥善保管，以备查用。

③企业会计部门应做好具体资金管理工作，随时掌握资金情况。财会部门应编制贷款申请表、内部资金调拨审批表等，严格管理筹资程序；财会部门应通过编制借款存量表、借款计划表、还款计划表等，掌握贷款资金的动向；财会部门还应与资金提供者定期进行账务核对，以保证资金及时到位与资金安全。

④财务部门还应协调好企业筹资的利率结构、期限结构等，力争最大限度地降低企业的资金成本。

3. 投资管理

1）投资活动及其控制目标

企业投资活动是筹资活动的延续，也是筹资的重要目的之一。企业应该根据自身发展战略和规划，结合企业资金状况以及筹资可能性，拟订投资目标，制订投资计划，合理安排资金投放的数量、结构、方向与时机，慎选投资项目，突出主业。如果采用并购方式进行投资，应当严格控制并购风险，注重并购协同效应的发挥。

投资活动的控制目标：①规范对外投资行为；②防范对外投资过程中的差错、舞弊和风险；③保证对外投资的安全，提高对外投资的效益。

2）企业投资活动的业务流程

企业投资活动的内部控制，应该根据不同投资类型的业务流程，以及流程中各个环节体现出来的风险，采用不同的具体措施进行投资活动的内部控制。投资活动的业务流程一般包括：

①拟订投资方案。企业应根据企业发展战略、宏观经济环境、市场状况等，提出本企业的投资项目规划。在对规划进行筛选的基础上，确定投资项目。

②投资方案可行性论证。企业对投资项目应进行严格的可行性研究与分析，从投资战略是否符合企业的发展战略、是否有可靠的资金来源、能否取得稳定的投资收益、投资风险是否处于可控或可承担范围内、投资活动的技术可行性、市场容量与前景等几个方面进行论证。

③投资方案决策。企业按照规定的权限和程序对投资项目进行决策审批，要通过分级审批、集体决策来进行，决策者应与方案制定者适当分离，重点审查投资方案是否可行、投资项目是否符合投资战略目标和规划、是否具有相应的资金能力、投入资金能否按时收回、预计收益能否实现，以及投资和并购风险是否可控等。重大投资项目应当报董事会或股东（大）会批准。投资方案需要经过有关管理部门审批的，应当履行相应的审批程序。

④投资计划编制与审批。企业根据审批通过的投资方案，与被投资方签订投资合同或协议，编制详细的投资计划，落实不同阶段的资金投资数量、投资具体内容、项目进度、完成时间、质量标准要求等，并按程序报经有关部门批准，签订投资合同。

⑤投资计划实施。投资项目往往周期较长，企业需要指定专门机构或人员对投资项

目进行跟踪管理，进行有效管控。在投资项目执行过程中，必须加强对投资项目的管理，密切关注投资项目的市场条件和政策变化，做好投资项目的会计记录和处理。企业应及时收集被投资方经审计的财务报告等相关资料，定期组织投资效益分析，关注被投资方的财务状况、经营成果、现金流量以及投资合同履行情况，发现异常情况的，应当及时报告并妥善处理。同时，在项目实施中，还必须根据各种条件，对投资的价值进行准确评估，根据投资项目的公允价值进行会计记录。如果发生投资减值，应及时提取减值准备。

⑥投资项目的到期处置。企业对已到期投资项目的处置同样要经过相关审批流程，妥善处理并实现企业最大的经济收益。企业应加强投资收回和处置环节的控制，对投资收回、转让、核销等决策和审批程序作出明确规定。要重视投资到期本金的回收；转让投资应当由相关机构或人员合理确定转让价格，报授权批准部门批准，必要时可委托具有相应资质的专门机构进行评估；核销投资应当取得不能收回投资的法律文书和相关证明文件。

投资活动流程循环如图 2-3 所示。

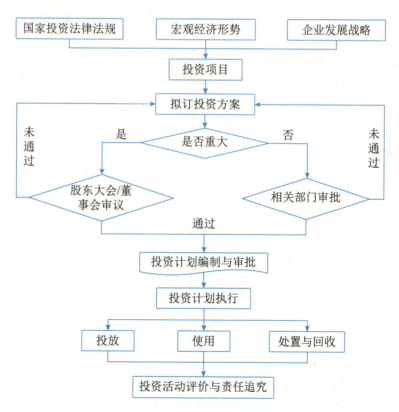

图 2-3　投资活动流程循环

3) 投资活动的主要风险

①投资活动与企业战略不符带来的风险。企业发展战略是企业投资活动、生产经营活动的指南和方向。企业投资活动若偏离了企业发展战略，不恰当地选择投资项目和确定投资规模，就会出现盲目投资，或者贪大贪快，乱铺摊子，以及投资无所不及、无所不能的现象。

②投资与筹资在资金数量、期限、成本与收益上不匹配的风险。投资活动的资金需求,需要通过筹资予以满足。不同的筹资方式,可筹集资金的数量、偿还期限、筹资成本也不一样,如果投资的现金流量在数量和时间上与筹资现金流量没能保持一致,不可避免地会发生财务危机。

③投资活动忽略资产结构与流动性的风险。企业的投资活动会形成特定资产,并由此影响企业的资产结构与资产流动性。如果投资中不能处理好资产流动性和盈利性的关系,不能保持合理的资产结构和适度的流动性,就会导致收益失衡风险。

④缺乏严密的授权审批制度和不相容职务分离制度的风险。授权审批制度是保证投资活动合法性和有效性的重要手段,如果企业在投资管理中没有严格的授权审批制度和不相容职务分离制度并有效执行,企业投资就会呈现出随意、无序、无效的状况,导致投资失误和企业生产经营失败。

⑤缺乏严密的投资资产保管与会计记录的风险。投资是直接使用资金的行为,也是形成企业资产的过程,容易发生各种舞弊行为。如果企业在授权审批制度和不相容职务分离制度以外,没有制定严密的投资资产保管制度和会计控制制度,容易导致资产被侵吞或损失风险,影响投资成败。

4) 投资活动的风险控制措施

①投资项目前期的评估及决策控制。企业投资活动应该以企业发展战略为导向,根据投资目标和规划,加强对投资方案的可行性研究,合理确定投资规模,合理安排资金投放结构,科学确定投资项目,拟订投资方案,明确投资目标、规模、方式、资金来源,重点关注投资项目的风险和收益。

②岗位分工与授权审批。企业投资业务控制中,应该建立健全投资业务的岗位责任制,明确相关部门和岗位的职责权限,确保办理投资业务的不相容岗位相互分离、制约和监督。投资业务不相容岗位至少应当包括:投资项目的可行性研究与评估;投资的决策与执行;投资处置的审批与执行;投资绩效评估与执行。

企业应按照规定的权限和程序对投资项目进行决策审批。重大投资项目,应当按照规定的权限和程序实行集体决策或者联签制度。企业应当根据批准的投资方案,与被投资方签订投资合同或协议,明确出资时间、金额、方式、双方权利义务和违约责任等内容,按规定的权限和程序审批后履行。某企业投资审批范围与权限如表 2-3 所示。

表 2-3 某企业投资审批范围与权限

审批人	审批范围和权限
股东大会	(1) 投资计划;(2) 涉及总金额在公司净资产 20% 以上(含 20%)的投资项目
董事会	(1) 投资方案;(2) 投资决策;(3) 授权董事长、总经理投资决策
董事长	(1) 根据董事会决议或授权,签署批准投资方案、投资协议; (2) 董事会闭会期间,在授权范围内投资决策
总经理	在授权范围内批准投资方案,签署投资协议

③投资过程的控制。企业应当指定专门机构或人员对投资项目进行跟踪管理,关注被投资方的财务状况、经营成果、现金流量以及投资合同履行情况,发现异常情况,应

当及时报告并妥善处理。

④对投资处置的控制。企业应当加强投资收回和处置环节的控制，对投资收回、转让、核销等决策和审批程序作出明确规定。

⑤投资业务的会计控制。企业应建立严密的资产保管制度，明确保管责任，建立健全账簿体系，严格账簿记录，通过账簿记录对投资资产进行详细、动态反映和控制。投资业务的风险控制点、控制目标和对应的控制措施如表2-4所示。

表2-4 投资业务的关键风险控制点、控制目标和控制措施

关键控制点	控制目标	控制措施
提出投资方案	进行投资方案可行性论证	（1）进行投资方案的战略性评估，包括是否与企业发展战略相符合； （2）投资规模、方向和时机是否适当； （3）对投资方案进行技术、市场、财务可行性研究，深入分析项目的技术可行性与先进性、市场容量与前景，以及项目预计现金流量、风险与报酬，比较或评价不同项目的可行性
投资方案审批	选择批准最优投资方案	（1）明确审批人对投资业务的授权批准方式、权限、程序和责任，不得越权； （2）审批中应实行集体决策审议或者联签制度； （3）与有关被投资方签署投资协议
编制投资计划	制订切实可行的具体投资计划，作为项目投资的控制依据	（1）核查企业当前资金额及正常生产经营预算对资金的需求量，积极筹措投资项目所需资金； （2）制订详细的投资计划，并根据授权审批制度报有关部门审批
实施投资方案	保证投资活动按计划合法、有序、有效进行	（1）根据投资计划进度，严格分期、按进度适时投放资金，严格控制资金流量和时间； （2）以投资计划为依据，按照职务分离制度和授权审批制度，各环节和各责任人正确履行审批监督责任，对项目实施过程进行监督和控制，防止各种舞弊行为，保证项目建设的质量和进度要求； （3）做好严密的会计记录，发挥会计控制的作用； （4）做好跟踪分析工作，及时评价投资的进展，将分析和评价的结果反馈给决策层，以便及时调整投资策略或制定投资退出策略
投资资产处置控制	保证投资资产的处置符合企业的利益	（1）投资资产的处置应该通过专业中介机构，选择相应的资产评估方法，客观评估投资价值，同时确定处置策略； （2）投资资产的处置必须经过董事会的授权批准

4. 营运资金内部控制

1）营运资金及其控制目标

营运资金是指在企业生产经营活动中占用在流动资产上的资金。广义的营运资金是指一个企业流动资产的总额；狭义的营运资金是指流动资产减去流动负债后的余额。严格地讲，营运资金的管理既包括流动资产的管理，也包括流动负债的管理。

为加强企业对营运资金的内部控制，提高资金使用效益，保证资金的安全，防范资金链条断裂，企业必须加强对货币资金的管理和控制，建立健全货币资金内部控制，确保经营管理活动合法而有效。

资金营运活动控制目标包括：

①保持生产经营各环节资金供求的动态平衡。企业应当将资金合理安排到采购、生产、销售等各环节，做到实物流和资金流的相互协调、资金收支在数量上及在时间上相互协调。

②促进资金合理循环和周转，提高资金使用效率。资金只有在不断流动的过程中才能带来价值增值。加强资金营运的内部控制，就是要努力促使资金正常周转，为短期资金寻找适当投资机会，避免出现资金闲置和沉淀等低效现象。

③确保资金安全。企业的资金营运活动大多与流动资金尤其是货币资金相关，这些资金由于流动性很强，出现错弊的可能性更大，保护资金安全的要求更迫切。

2）资金营运活动的业务流程

企业应当加强资金营运全过程的管理，统筹协调内部各机构在生产经营过程中的资金需求，切实做好资金在采购、生产、销售等各环节的综合平衡，保证资金价值运动的安全、完整、有效，全面提升资金营运效率。营运资金与采购、销售、生产等环节的关系如图 2-4 所示。

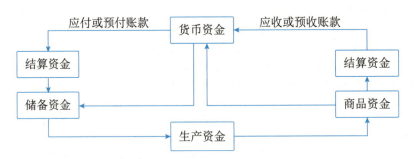

图 2-4　营运资金与采购、销售、生产等环节的关系

营运资金是企业生产经营活动中占用在流动资产上的资金，其管控重点是与资金收付相关的控制活动，资金收付、授权审批、财务复核、出纳收付款等环节构成了营运资金的主要流程内容。

①资金收付。资金收付需要以业务发生为基础，不能凭空付款或收款，即有真实的业务发生，是资金收付的基础。

②企业授权部门审批。收款方应该向对方提交相关业务发生的票据或者证明，收取资金。资金支付涉及企业经济利益流出，应严格履行授权分级审批制度。不同责任人应该在自己授权范围内，审核业务的真实性，金额的准确性，以及申请人提交票据或者证明的合法性，严格监督资金支付。

③财务部门复核。财务部门收到经过企业授权部门审批签字的相关凭证或证明后，应再次复核业务的真实性，金额的准确性，以及相关票据的齐备性，相关手续的合法性和完整性，并签字认可。

④出纳或资金管理部门在收款人签字后，根据相关凭证支付资金。

3）营运资金管理的主要风险

营运资金管理应重点关注的风险点包括：

①资金管理违反国家法律法规，可能遭受外部处罚、经济损失和信誉损失。

②资金管理未经适当审批或超越授权审批，可能因重大差错、舞弊、欺诈而导致损失。

③银行账户的开立、审批、使用、核对和清理不符合国家有关法律法规要求，可能导致受到处罚造成资金损失。

④资金记录不准确、不完整，可能造成账实不符或导致财务报表信息失真。

⑤有关票据的遗失、变造、伪造、被盗用以及非法使用印章，可能导致资产损失、法律诉讼或信用损失。

4）资金营运活动的风险控制措施

企业应当加强资金营运的过程管理，统筹协调内部各机构的资金需求，切实做好资金在采购、生产、销售等各环节的综合平衡，全面提升资金营运效率。

①岗位分工与授权审批。企业应当建立资金业务的岗位责任制，明确相关部门和岗位的职责权限，确保办理资金业务的不相容岗位相互分离、制约和监督。资金业务的不相容岗位至少应当包括：资金支付的审批与执行；资金的保管、记录与盘点清查；资金的会计记录与审计监督。

企业应当配备合格的人员办理资金业务，并结合企业实际情况，对办理资金业务的人员定期进行岗位轮换。企业关键财会岗位，可以实行强制休假制度，并在最长不超过五年的时间内进行岗位轮换。实行岗位轮换的关键财会岗位，由企业根据实际情况确定并在内部公布。

②资金收付控制。企业应当严格按照预算要求组织协调资金调度，确保资金及时收付，实现资金的合理占用和营运的良性循环，严禁资金体外循环。

③资金预算控制。企业应当定期组织召开资金调度会或资金安全检查，对资金预算执行情况进行综合分析，发现异常情况，及时采取措施妥善处理，避免资金冗余或资金链断裂。

④会计控制。企业应当加强对营运资金的会计系统控制，严格规范资金的收支条件、程序和审批权限。资金运营风险控制点、控制目标和控制措施见表 2-5。

表 2-5 资金运营内部控制的关键风险控制点、控制目标及控制措施

关键控制点	控制目标	控制措施
审批	合法性	未经授权不得经办资金收付业务；明确不同级别管理人员的权限
复核	真实性与合法性	会计对相关凭证进行横向复核和纵向复核
收支点	收入入账完整，支出手续完备	出纳根据审核后的相关收付款原始凭证收款和付款，并加盖戳记
记账	真实性	出纳人员根据资金收付凭证登记日记账，会计人员根据相关凭证登记有关明细分类账；主管会计登记总分类账
对账	真实性和财产安全	账证核对、账表核对与账实核对

续表

关键控制点	控制目标	控制措施
保管	财产安全与完整	授权专人保管资金；定期、不定期盘点
银行账户管理	防范小金库；加强业务管控	开设、使用与撤消的授权；是否有账外账
票据与印章管理	财产安全	票据统一印制或购买；票据由专人保管；印章与空白票据分管；财务专用章与企业法人章分管

2.2.2 采购业务控制

1. 采购业务概述

1）采购业务及其控制目标

采购业务是指购买物资（或接受劳务）及支付款项等相关活动。采购业务是企业经营活动的首要环节，它是企业生产、销售计划实施的基础，业务发生频繁，工作量大，运行环节多，直接引起货币资金的支出或对外负债的增加，容易产生管理漏洞。因此，企业应该加强对采购业务的管理，建立健全采购业务内部控制制度，防范采购业务风险。

建立采购业务内部控制应该达到以下目标：

①通过采购内部控制，规范采购行为，使采购活动与生产、销售业务的要求保持一致。

②通过采购内部控制，保证采购与付款业务循环有效运行，确保采购过程各业务的合法、真实和有效。

③通过采购内部控制，便于及时发现并纠正错误，防止采购环节中违法乱纪、侵吞企业利益等欺诈和舞弊等不法行为的发生。

④通过采购内部控制，保证及时准确提供采购业务的会计信息，提高经济效益。

2）采购业务控制流程

采购业务内部控制贯穿采购业务流程的始终，只有明确采购业务流程各环节的主要内容以及各环节之间衔接关系，建立科学的采购决策、执行与监督机制，才能发挥采购内部控制的作用。实践中，企业因采购项目性质不同，采购的具体流程也有区别，但就共性而言，采购业务主要涉及编制需求计划和采购计划、请购、选择供应商、确定采购价格、订立框架协议或采购合同、管理供应过程、验收、退货、付款、会计控制等环节。采购业务流程如图2-5所示。企业在实际开展采购业务时，可以参照此流程并结合自身情况予以补充和具体化。

2. 采购业务的岗位设置与授权审批制度

采购业务内部控制的设立是与企业的管理模式紧密联系的，企业在设置采购管理岗位时必须考虑到授权岗位、执行岗位、核算和审核岗位之间的分离，通过不相容职责的划分，各部门和人员之间相互审查、核对和制衡，避免一个人控制一项交易的各个环节，以防止员工的舞弊行为。

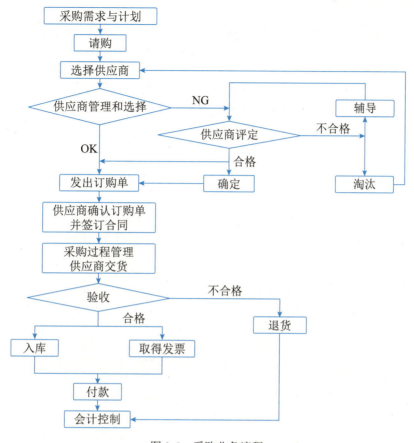

图 2-5 采购业务流程

1）不相容职务的岗位设定

企业采购业务不相容岗位的分离至少包括以下方面：①请购人和审批人的岗位分离；②询价和确认供应商的岗位的分离；③采购合同和价格确定及审核合同的职位的分离；④采购、验收及相关的会计记录的职位的分离；⑤付款的申请审批及执行的职位的分离等。

2）采购业务的岗位责任与授权审批

在采购业务中，应该建立适当的授权审批制度，采购业务一般涉及物资需求部门、采购部门、质量技术部门、验收部门、仓库部门、财务部门、法务部门以及企业管理层授权的分管采购业务的副总经理、经理和相关部门负责人等。各责任主体在采购业务各环节中内控责任要求见表 2-6。

表 2-6 各部门在采购业务内控中的责任要求

业务操作	操作人	控制要求
1.物资需求计划与请购	生产部门计划员	（1）每月根据下月销售计划、生产计划和物资消耗定额编制物资需求计划；（2）根据总经理指令下达、调整和修改需求计划
	总经理或被授权的事业部经理	（1）根据经理办公会议下达物资需求计划调整指令；（2）审签需求计划

续表

业务操作	操作人	控制要求
2. 材料作业计划	采购计划员	(1) 根据物料管理系统采购提示和月度物资需求计划，编制采购作业计划；(2) 按授权报审批人批准后，将采购作业单下达采购员；(3) 采购作业计划分送仓库、财务等部门
	授权审批人	按授权审签作业计划
3. 选择供应商	采购员	(1) 寻找供应商以保证：①供应物料顺畅；②进料品质稳定；③交货数量符合；④交货期准确；⑤各项工作协调。(2) 建立供应商档案，编制供应商清单，记录主要供应商的表现和交易情况。(3) 建立与供应商的稳定关系。(4) 采购前在合格的供应商清单中选择并通知至少三家供应商报送报价清单
	生产、技术、质量、采购、保管、财务部门	(1) 制定选择主要供应商评审标准，包括：①供货历史；②供货能力和频率；③产品质量及质量控制能力；④服务水平；⑤财务及信用状况；⑥管理规范；⑦来自其他客户的评价。(2) 定期审定供应商清单。(3) 定期对供应商优化，将不合格供应商剔出供应商清单
4. 比价、洽商、签订合同	采购员	(1) 收集市场价格信息；(2) 对供应商报送的报价清单进行比价；(3) 与历史交易记录比较（最近三笔以上同一材料的交易价格和去年同期交易价格）；(4) 与公司下达的采购指导价比较；(5) 分析价格趋势；(6) 填写价格比较单，报主管审批；(7) 确定供应商，与供应商谈判，就交易数量、质量、交货期、运输方式、结算、责任等达成协议，拟定合同，按授权报请批准或确认；(8) 合同条款应符合《中华人民共和国合同法》的规定；(9) 重要采购合同至少有两人参加洽谈；(10) 限额以上的采购必须签订合同，并送财务部门一份；(11) 限额以上的采购合同必须经审计部门审计；(12) 双方签署的订单视同合同
	审计部门	(1) 单项限额以上的大宗采购，在合同签署前进行审计，在审批单上签署书面意见；(2) 重点审计合同的采购方式选择是否合理、供应商是否合格、采购价格是否合理等
	财务部门	限额以上的采购合同，审定其付款结算方式
	授权审批人	按授权审签合同
	总经理或授权审批人	(1) 根据市场情况确定采购方式：①反拍卖；②招标；③比价；④议价；⑤访价（金额小，且对产品质量影响小或无影响）。(2) 按授权审签合同
5. 采购及过程管理	采购员	(1) 提货或通知供应商送货；(2) 记录供应商档案；(3) 登记采购手册；(4) 装订采购作业单、订单或合同存档
6. 验收	质量检验员	(1) 制定需质检的材料清单；(2) 对需质量检验的材料，接到质检通知后立即进行质量检验；(3) 出具质检报告或在收料单上标明质检结果："合格"或"不合格"；(4) 对不符合质量要求的材料提出处理意见；(5) 对不符合质量要求的材料加以显著标记
	仓库保管员	(1) 将送来的货物放在待验区，将检验合格的货物放在适当的位置；(2) 对需质检员质检的材料，通知质检员质检；(3) 对货物进行数量验收和质量验收，对无采购作业计划的货物以及超计划采购的货物经批准后方能验收；(4) 将不合格的货物隔离放置，并加以标记；(5) 正确使用计量设备和仪器；(6) 出具送货差异报告（多送或少送）；(7) 对验收合格的材料，填制入库单，登记实物账，对实际验收入库的货物予以确认，对发票未到的收料在月末暂估入库

续表

业务操作	操作人	控制要求
6. 验收	授权审批人	（1）批准或不批准超计划采购；（2）对质量差异报告提出退货或降价处理批示；（3）对送货差异报告批示；（4）责成查明差异责任和质量不符责任
	采购员	（1）查明差异原因和质量不符原因；（2）按授权审批人批示办理退货、降价谈判、补足货物等事宜；（3）记录采购差异的内容及处置过程
7. 货款支付与会计系统	财务部门会计	（1）将发票联与税收抵扣联匹配核对；（2）发票与合同及采购计划匹配核对；（3）发票与收料单匹配核对；（4）按合同及付款手续填制付款凭证
	出纳	根据审核的付款凭证和合同规定的付款方式付款

3. 采购业务各环节的风险点及控制措施

采购业务对营运资金业务和企业生产或销售业务起到了承上启下的作用。因此，在健全采购业务内部控制时，企业应当比照健全资金、资产业务内部控制，着力从全面梳理相关流程入手。在此过程中，企业应当对采购业务管理现状进行全面分析与评价，既要对照现有采购管理制度，检查相关管理要求是否落实到位，又要审视相关管理流程是否科学合理、是否能够较好地保证物资和劳务供应顺畅、物资采购是否能够与生产和销售等供应链其他环节紧密衔接。在此基础上，要着力健全各项采购业务管理制度，落实责任制，制定严密的风险防范措施，提高制度执行力，确保物资和劳务采购按质按量按时和经济高效地满足生产经营的需求。

1）采购需求和计划

①业务描述。采购业务从计划（或预算）开始，包括需求计划和采购计划。企业实务中，需求部门一般是生产部门、销售部门或仓库部门。计划员根据下月生产计划、销售计划和物资消耗定额编制物资需求计划并提交采购部门，采购部门根据该需求计划归类汇总平衡现有库存物资，统筹安排采购计划后将物资需求计划报总经理或被授权的事业部经理审核，总经理或采购部门的事业部经理根据经理办公会议下达的物资需求计划调整并审签需求计划。

②风险点及其控制措施。采购需求或计划环节的风险点及控制措施如表2-7所示。

表2-7 采购需求或计划环节的风险点及控制措施

业务环节	风险点	控制措施
采购需求和计划	如果物资需求部门的需求计划不合理，或与企业生产经营计划不协调，采购部门对市场认识不足，采购需求批准不符合单位实际需求和市场状况，会引发盲目采购，导致超计划采购或采购不足，采购成本失控等风险	①生产、经营、项目建设等部门，应当根据实际需求准确、及时编制需求计划。需求部门提出需求计划时，不能指定或变相指定供应商。对独家代理、专有、专利等特殊产品应提供相应的独家、专有资料，经专业技术部门研讨后，经具备相应审批权限的部门或人员审批。②采购计划是企业年度生产经营计划的一部分，在制订年度生产经营计划过程中，企业应当根据发展目标实际需要，结合库存和在途情况，科学安排采购计划，防止采购过度或不足。③采购计划应纳入采购预算管理，经相关负责人审批后，作为企业刚性指令严格执行

2）请购

①业务环节描述。请购是指企业生产经营部门根据批准的采购计划和实际需要，按照生产经营对物资的需要，向采购部门提出具体的采购申请。采购部门审核各部门的采购申请符合采购需求计划后，按照采购申请物资的范围、质量要求和时间执行采购。

②风险点及其控制措施。请购环节的主要风险与控制措施如表 2-8 所示。

表 2-8 请购环节的主要风险与控制措施

业务环节	风险点	控制措施
请购	缺乏采购申请制度，请购未经适当审批或超越授权审批，可能导致采购物资过量或短缺，影响企业正常生产经营	（1）建立采购申请制度，依据购买物资或接受劳务的类型，确定归口管理部门，授予相应的请购权，明确相关部门或人员的职责权限及相应的请购程序。企业可以根据实际需要设置专门的请购部门，对需求部门提出的采购需求进行审核，并进行归类汇总，统筹安排企业的采购计划。 （2）具有请购权的部门对于预算内采购项目，应当严格按照预算执行进度办理请购手续，并根据市场变化提出合理采购申请。对于超预算和预算外采购项目，应先履行预算调整程序，由具备相应审批权限的部门或人员审批后，再行办理请购手续。 （3）具备相应审批权限的部门或人员审批采购申请时，应重点关注采购申请内容是否准确、完整，是否符合生产经营需要，是否符合采购计划，是否在采购预算范围内等。对不符合规定的采购申请，应要求请购部门调整请购内容或拒绝批准。

3）选择供应商

①业务描述。选择供应商也就是确定采购渠道。它是企业采购业务流程中非常重要的环节。采购部应该加强对供应商的日常管理，建立供应商档案，建立与供应商的稳定关系，编制供应商清单，记录主要供应商的表现和交易情况，保证供应商能够做到供应物料顺畅、供料品质稳定、交货数量符合、交货期准确等。

②风险点及其控制措施。选择供货商环节的主要风险与控制控措施如表 2-9 所示。

表 2-9 选择供应商环节的主要风险与控制措施

业务环节	风险点	控制措施
选择供应商	供应商选择不当，可能导致采购物资质次价高，甚至出现舞弊行为	（1）建立科学的供应商评估和准入制度，对供应商资质信誉情况的真实性和合法性进行审查，确定合格的供应商清单，健全企业统一的供应商网络。企业新增供应商的市场准入、供应商新增服务关系以及调整供应商物资目录，都要由采购部门根据需要提出申请，并按规定的权限和程序审核批准后，纳入供应商网络。企业可委托具有相应资质的中介机构对供应商进行资信调查。 （2）采购部门应当按照公平、公正和竞争的原则，择优确定供应商，在切实防范舞弊风险的基础上，与供应商签订质量保证协议。 （3）建立供应商管理信息系统和供应商淘汰制度，对供应商提供物资或劳务的质量、价格、交货及时性、供货条件及其资信、经营状况等进行实时管理和考核评价，根据考核评价结果，提出供应商淘汰和更换名单，经审批后对供应商进行合理选择和调整，并在供应商管理系统中作出相应记录

4）确定采购价格

①业务描述。采购部门在采购前在合格的供应商清单中选择并通知至少三家供应商报送报价清单，在保证供应物资质量的前提下，最大限度地选择最适合的价格，来控制物资采购成本。

②风险点及其控制措施。选择供货商环节的主要风险与控制措施如表2-10所示。

表2-10 确定采购价格环节的主要风险与控制措施

业务环节	风险点	控制措施
确定采购价格	采购定价机制不科学，采购定价方式选择不当，缺乏对重要物资品种价格的跟踪监控，引起采购价格不合理，可能造成企业资金损失	（1）健全采购定价机制，采取协议采购、招标采购、询比价采购、动态竞价采购等多种方式，科学合理地确定采购价格。对标准化程度高、需求计划性强、价格相对稳定的物资，通过招标、联合谈判等公开、竞争方式签订框架协议。 （2）采购部门应当定期研究大宗通用重要物资的成本构成与市场价格变动趋势，确定重要物资品种的采购执行价格或参考价格。建立采购价格数据库，定期开展重要物资的市场供求形势及价格走势商情分析并合理利用

5）订立采购框架协议或采购合同

①业务描述。采购框架协议是企业与供应商之间为建立长期物资购销关系而作出的一种约定。采购合同是指企业根据采购需要、确定的供应商、采购方式、采购价格等情况与供应商签订的具有法律约束力的协议，该协议对双方的权利、义务和违约责任等，包括企业向供应商支付合同规定的金额、结算方式，供应商按照约定时间、期限、数量与质量、规格交付物资给采购方等情况作出明确规定，保证合同条款符合《中华人民共和国合同法》的规定。企业根据实际情况，规定合同签订审核审批权限，大额的采购必须签订合同，并送财务部门一份，同时必须对需要经内部审计部门审计签证的合同金额作出具体规定，对于双方签署的订单一般也视同合同管理。

②风险点及其控制措施。订立采购框架协议或采购合同环节的主要风险与控制措施如表2-11所示。

表2-11 订立采购框架协议或采购合同环节的主要风险与控制措施

业务环节	风险点	控制措施
订立采购框架协议或采购合同	框架协议签订不当，可能导致物资采购不顺畅；未经授权对外订立采购合同；合同对方主体资格、履约能力等未达要求；合同内容存在重大疏漏和欺诈	（1）对拟签订框架协议的供应商的主体资格、信用状况等进行风险评估；框架协议的签订应引入竞争制度，确保供应商具备履约能力。 （2）根据确定的供应商、采购方式、采购价格等情况，拟订采购合同，准确描述合同条款，明确双方权利、义务和违约责任，按照规定权限签署采购合同。对于影响重大、涉及较高专业技术或法律关系复杂的合同，应当组织法律、技术、财会等专业人员参与谈判，必要时可聘请外部专家参与相关工作。 （3）对重要物资验收量与合同量之间允许的差异，应当作出统一规定

6）供应过程管理

①业务描述。供应过程管理主要是指企业建立严格的采购合同跟踪制度，科学评价供应商的供货情况，并根据合理选择的运输工具和运输方式，办理运输、投保等事宜，实时掌握物资采购供应过程的情况。

②风险点及其控制措施。供应过程管理环节的主要风险与控制措施如表2-12所示。

表2-12 供应过程管理环节的主要风险与控制措施

业务环节	风险点	控制措施
供应过程管理	缺乏对采购合同履行情况的有效跟踪；运输方式选择不合理；忽视运输过程保险风险	（1）依据采购合同中确定的主要条款跟踪合同履行情况，对有可能影响生产或工程进度的异常情况，应出具书面报告并及时提出解决方案，采取必要措施，保证需求物资的及时供应。 （2）对重要物资建立并执行合同履约过程中的巡视、点检和监造制度。对需要监造的物资，择优确定监造单位，签订监造合同，落实监造责任人，审核确认监造大纲，审定监造报告，并及时向技术等部门通报。 （3）根据生产建设进度和采购物资特性等因素，选择合理的运输工具和运输方式，办理运输、投保等事宜。 （4）实行全过程的采购登记制度或信息化管理，确保采购过程的可追溯性

7）物资验收

①业务描述。验收是指企业对采购物资和劳务的检验接收，以确保其符合合同相关规定或产品质量要求。验收过程中，采购员、质量检验员、仓库保管员按照各自的职责验证接受的商品，对验收合格的材料，填制入库单，登记实物账，对实际验收入库的货物予以确认，对发票未到的收料在月末暂估入库。对无采购作业计划的货物和超计划采购的货物经批准后方能验收；对数量和质量不符的货物要查明差异原因和质量不符原因，按授权审批人批示办理退货、降价谈判、补足货物等事宜，并做好记录。

②风险点及其控制措施。物资验收环节的主要风险与控制控措施如表2-13所示。

表2-13 物资验收环节的主要风险与控制措施

业务环节	风险点	控制措施
物资验收环节	验收标准不明确；验收程序不规范；对验收中存在的异常情况不作处理	（1）制定明确的采购验收标准，结合物资特性确定必检物资目录，规定此类物资出具质量检验报告后方可入库。 （2）验收机构或人员应当根据采购合同及质量检验部门出具的质量检验证明，重点关注采购合同、发票等原始单据与采购物资的数量、质量、规格型号等核对一致。对验收合格的物资，填制入库凭证，加盖物资"收讫章"，登记实物账，及时将入库凭证传递给财会部门。物资入库前，采购部门须查检质量保证书、商检证书或合格证等证明文件。验收时涉及技术性强的、大宗的和新、特物资，还应进行专业测试，必要时可委托具有检验资质的机构或聘请外部专家协助验收。 （3）对于验收过程中发现的异常情况，比如无采购合同或大额超采购合同的物资、超采购预算采购的物资、毁损的物资等，验收机构或人员应当立即向企业有权管理的相关机构报告，相关机构应当查明原因并及时处理。对于不合格物资，采购部门依据检验结果办理让步接收、退货、索赔等事宜。对延迟交货造成生产建设损失的，采购部门要按照合同约定索赔

8）付款

①业务描述。付款是指企业在对采购预算、合同、相关单据凭证、审批程序等内容审核无误后，按照采购合同规定及时向供应商办理支付款项的过程。在付款过程中，要求财务人员认真核对发票联与税收抵扣联，检查发票与合同是否匹配，审核无误后按合同填制会计凭证及时进行会计处理，出纳员根据审核的付款凭证和加工合同的付款方式付款。

②风险点及其控制措施。付款环节的主要风险与控制措施如表2-14所示。

表2-14 付款环节的主要风险与控制措施

业务环节	风险点	控制措施
付款	付款审核不严格，付款方式不恰当，付款金额控制不严可能导致企业资金损失或信用受损	企业应当加强采购付款的管理，完善付款流程，明确付款审核人的责任和权利，严格审核采购预算、合同、相关单据凭证、审批程序等相关内容，审核无误后按照合同规定，合理选择付款方式，及时办理付款。要着力关注以下方面： （1）严格审查采购发票等票据的真实性、合法性和有效性，判断采购款项是否确实应予支付。如审查发票填制的内容是否与发票种类相符合、发票加盖的印章是否与票据的种类相符合等。企业应当重视采购付款的过程控制和跟踪管理，如果发现异常情况，应当拒绝向供应商付款，避免出现资金损失和信用受损。 （2）根据国家有关支付结算的相关规定和企业生产经营的实际，合理选择付款方式，并严格遵循合同规定，防范付款方式不当带来的法律风险，保证资金安全。除了不足转账起点金额的采购可以支付现金外，采购价款应通过银行办理转账。 （3）加强预付账款和定金的管理，涉及大额或长期的预付款项，应当定期进行追踪核查，综合分析预付账款的期限、占用款项的合理性、不可收回风险等情况，发现有疑问的预付款项，应当及时采取措施，尽快收回款项。

9）会计控制

①业务描述。会计控制主要指采购业务会计系统控制。企业应当加强对整个采购过程各环节的信息系统控制，做好采购业务各环节的记录，确保会计记录、采购记录与仓储记录时时动态系统的表单、实务、账目之间一致。

②风险点及其控制措施。会计控制环节的主要风险与控制措施如表2-15所示。

表2-15 会计控制环节的主要风险与控制措施

业务环节	风险点	控制措施
会计控制	缺乏有效的采购会计系统控制；未能全面真实地记录和反映企业采购各环节的资金流和实物流情况；相关会计记录与相关采购记录、仓储记录不一致	（1）企业应当加强对购买、验收、付款业务的会计系统控制，详细记录供应商情况、采购申请、采购合同、采购通知、验收证明、入库凭证、退货情况、商业票据、款项支付等情况，做好采购业务各环节的记录，确保会计记录、采购记录与仓储记录核对一致。 （2）指定专人通过函证等方式，定期向供应商寄发对账函，核对应付账款、应付票据、预付账款等往来款项，对供应商提出的异议应及时查明原因，报有权管理的部门或人员批准后，做出相应调整

2.2.3 资产管理控制

1. 资产管理控制概述

资产是企业从事生产经营活动并实现发展战略的物质基础，是企业重要的经济资源。资产管理贯穿企业生产经营全过程，也就是通常所说的"实物流"管控。根据《企业内部控制应用指引第8号——资产管理》，本部分着重对存货、固定资产和无形资产等资产管理的内部控制进行介绍。

一般工商企业，存货、固定资产和无形资产在资产总额中占比最大。无论是新企业或是存续企业，为组织生产经营活动，都需要制定相关资产管理制度，按照严格的制度管理各项资产。为了保障资产安全、提升资产管理效能，企业应当全面梳理资产流程。在梳理过程中，既要注意从大类上区分存货、固定资产和无形资产，又要分别对存货、固定资产和无形资产等进行细化和梳理。企业梳理资产管理流程，应当贯穿各类存货、固定资产和无形资产从"取得到退出"各个管理环节。

企业资产管理内部控制应该重点关注并解决以下风险：

①存货积压或短缺，造成流动资金占用过量、存货价值贬损或生产中断；

②固定资产更新改造不够、使用效能低下、维护不当、产能过剩，致使企业缺乏竞争力、资产价值贬损、安全事故频发或资源浪费；

③无形资产缺乏核心技术、权属不清、技术落后、存在重大技术安全隐患，导致法律纠纷、缺乏可持续发展能力。

2. 存货内部控制

1）存货及其控制目标

存货是企业在日常活动中持有的、以备销售或加工后销售的有形流动资产。主要包括原材料、在产品、产成品、半成品、商品及周转材料等，对受托代销、代管、代修、受托加工的存货等企业只承担保管责任。不同类型的企业有不同的存货业务特征和管理模式，即使同一企业，不同类型存货的业务流程和管控方式也可能不尽相同。

存货的控制目标：建立和完善存货内部控制制度；结合本企业的生产经营特点，针对业务流程中主要风险点和关键环节，制定有效的控制措施；充分利用计算机信息管理系统，强化会计、出入库等相关记录，确保存货管理全过程的风险得到有效控制。

2）存货业务流程

以一般制造企业的存货为例，存货业务流程可分为存货取得、验收、仓储保管、生产加工、完工入库、销售等五个阶段，历经取得存货、验收入库、仓储保管、领用发出、原料加工、装配包装、盘点清查、销售等主要环节。一般制造企业存货的业务流程如图2-6所示。

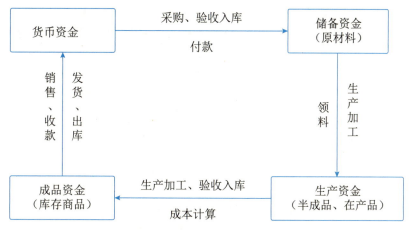

图 2-6　一般制造企业存货业务流程

制造企业的生产工艺与生产组织以及生产规模不同，具体到某个特定生产企业，存货业务流程可能较为复杂，不仅涉及上述所有环节，甚至有更多、更细的流程，且存货在企业内部要经历多次循环。比如，原材料要经历验收入库，领用加工，形成半成品后又入库保存或现场保管，领用半成品继续加工，加工完成为产成品后再入库保存，直至发出销售等过程。也有部分生产企业的生产经营活动较为简单，其存货业务流程可能只涉及上述阶段中的某几个环节。商品流通企业的批发商的存货，通常经过取得、验收入库、仓储保管和销售发出等主要环节；零售商从生产企业或批发商那里取得商品，经验收后入库保管或者直接放置在经营场所对外销售。企业应该根据自身的业务特点设计存货的业务管理流程，明确各流程环节管控重点、岗位职责、授权审批权限等。

3）存货管理的岗位设置预授权审批

（1）存货业务的不相容岗位

根据存货业务管理的特点，企业应当建立存货业务的岗位责任制，明确内部相关部门和岗位的职责、权限，确保办理存货业务的不相容岗位相互分离、制约和监督。存货业务的不相容岗位至少应该包括：

①存货的请购与审批，审批与执行；

②存货的采购与验收、付款；

③存货的保管与相关会计记录；

④存货发出的申请与审批，申请与会计记录；

⑤存货处置的申请与审批，申请与会计记录。

（2）存货业务岗位授权审批的内控要求

在企业生产经营过程中，存货业务各环节涉及具体的生产计划、生产领料、产品制造与验收、保管与发出以及成本计算和会计核算环节，各环节有相应的岗位人员负责实施生产经营活动，在各业务交接的环节，需要健全授权审批制度，加强授权审批控制，以防止由于工作制度标准缺失或经办人员之间串通造成存货损失的风险。例如：某企业存货环节相关责任人及内控要求如表 2-16 所示。

表 2-16　某企业在存货环节相关的内控要求

业务操作	操作人	控　制　要　求
1. 生产计划	计划员	（1）根据月度销售计划、库存存量控制标准，制订月度生产计划；（2）将生产计划报总经理批准
2. 生产作业计划	计划员	（1）根据销售合同和销售部的出货计划和库存存量控制标准，编制生产作业计划；（2）根据总经理的指令调整生产作业计划
	授权审批人	（1）审签生产作业计划；（2）平衡生产能力，调整生产作业计划；（3）下达紧急生产作业计划
3. 制造	生产班组	（1）按生产规程生产；（2）根据生产作业计划（生产指令）生产；（3）改善生产组织，高效、低耗生产；（4）安全、优质、按时、按量生产
4. 验收与保管	质量检验员	（1）建立质量检验标准和规程；（2）生产各工序完工后及时检验、出具检验报告；（3）将不合格的产品加以显著标记
	仓库保管员	（1）将合格产品按包装要求包装，将合格证放在包装内，在包装上贴上商标；（2）将合格半成品放置规定位置；（3）将不合格品隔离放置不予入库，并加以显著标识；（4）将检验合格入库的自制半成品、产成品、模具等开具入库单，及时登记入账；（5）将不合格品开具报废单；（6）每月编制本月完工入库报表，及时报送财务部门等相关部门
	总经理或授权审批人	（1）按授权审签报废单；（2）责令生产部门分析报废原因，并报送书面分析报告
5. 会计核算	财务部门会计	（1）及时收集存货生产、入库资料；（2）按成本核算规程核算，并结转存货成本

企业应当配备合格的人员办理存货业务。办理存货业务的人员应当具备良好的业务知识和职业道德，遵纪守法，客观公正。企业要定期对员工进行相关的政策、法律及业务培训，不断提高他们的业务素质和职业道德水平。

企业应当对存货业务建立严格的授权批准制度，明确审批人对存货业务的授权批准方式、权限、程序、责任和相关控制措施，规定经办人办理存货审批人应当根据存货授权批准制度的规定，在授权范围内进行审批，不得超越审批权限。经办人应当在职责范围内，按照审批人的批准意见办理存货业务。

企业内部除存货管理部门及仓储人员外，其余部门和人员接触存货时，应由相关部门特别授权。对于属于贵重物品、危险品或需保密物品的存货，应当规定更严格的接触限制条件，必要时，存货管理部门内部也应当执行授权接触。

企业可以根据业务特点及成本效益原则选用计算机系统和网络技术实现对存货的管理和控制，但应注意计算机系统的有效性、可靠性和安全性，并制定防范意外事项的有效措施。

4）存货管理各业务环节的风险点及控制措施

无论是制造企业还是商品流通企业，存货取得、验收入库、仓储保管、领用发出、盘点清查、销售处置等是其共有的环节。以下对这些环节可能存在的主要风险及管控措施加以阐述。

（1）存货取得与验收入库

①业务描述。存货的取得有诸如外购、委托加工或自行生产等多种方式，企业应本

着成本效益原则，根据行业特点、生产经营计划和市场等因素，确定不同类型的存货取得方式。不论是外购原材料或商品，还是本企业生产的产品，都必须经过验收（质检）环节，以保证存货的数量和质量符合合同等有关规定或产品质量要求。

②风险点及控制措施。该环节的主要风险及控制措施如表 2-17 所示。

表 2-17　存货取得主要风险点及控制措施

业务环节	风险点	控制措施
存货取得与验收入库	存货预算编制不科学、采购计划不合理，可能导致存货积压或短缺；验收程序不规范、标准不明确，可能导致数量克扣、以次充好、账实不符	①根据各种存货采购间隔期和当前库存，综合考虑企业生产经营计划、市场供求等因素，充分利用信息系统，合理确定存货采购日期和数量，确保存货处于最佳库存状态。 ②外购存货的验收应当重点关注合同、发票等原始单据与存货的数量、质量、规格等核对一致。涉及技术含量较高的货物，必要时可委托具有检验资质的机构或聘请外部专家协助验收。 ③自制存货的验收，应当重点关注产品质量，通过检验合格的半成品、产成品才能办理入库手续，不合格品应及时查明原因、落实责任、报告处理。 ④其他方式取得存货的验收，应当重点关注存货来源、质量状况、实际价值是否符合有关合同或协议的约定

（2）仓储保管

①业务环节描述。经验收合格的存货进入入库或销售环节。仓储部门对于入库的存货，应根据入库单的内容对存货的数量、质量、品种等进行检查，符合要求的予以入库；不符合要求的，应当及时办理退换货等相关事宜。入库记录要真实、完整，定期与财会等相关部门核对，不得擅自修改。

②风险点及控制措施。该环节的主要风险及控制措施如表 2-18 所示。

表 2-18　存货仓储保管主要风险点及控制措施

业务环节	风险点	控制措施
仓储保管	存货仓储保管方法不适当、监管不严密，可能导致损坏变质、价值贬损、资源浪费	①存货在不同仓库之间流动时，应当办理出入库手续。 ②存货仓储期间要按照仓储物资所要求的储存条件妥善贮存，做好防火、防洪、防盗、防潮、防病虫害、防变质等保管工作，不同批次、型号和用途的产品要分类存放。生产现场的在加工原料、周转材料、半成品等要按照有助于提高生产效率的方式摆放，同时防止浪费、被盗和流失。 ③对代管、代销、暂存、受托加工的存货，应单独存放和记录，避免与本单位存货混淆。 ④结合企业实际情况，加强存货的保险投保，保证存货安全，合理降低存货意外损失风险。 ⑤仓储部门应对库存物料和产品进行每日巡查和定期抽检，详细记录库存情况；发现毁损、存在跌价迹象的，应及时与生产、采购、财务等相关部门沟通。对于进入仓库的人员应办理进出登记手续，未经授权人员不得接触存货

(3) 领用发出

①业务描述。生产企业生产部门领用原材料、辅料、燃料和零部件等用于生产加工，仓储部门根据销售部门开出的发货单向经销商或用户发出产成品，商品流通领域的批发商根据合同或订货单等向下游经销商或零售商发出商品，消费者凭交款凭证等从零售商处取走商品等，都涉及存货领用发出问题。

②风险点及控制措施。该环节的主要风险及控制措施如表 2-19 所示。

表 2-19　存货领用发出主要风险点及控制措施

业务环节	风险点	控制措施
领用发出	存货领用发出审核不严格、手续不完备可能导致货物流失	①企业应当根据自身的业务特点，确定适用的存货发出管理模式，制定严格的存货准出制度，明确存货发出和领用的审批权限，健全存货出库手续，加强存货领用记录。 ②仓储部门应核对经过审核的领料单或发货通知单的内容，做到单据齐全，名称、规格、计量单位准确；符合条件的准予领用或发出，并与领用人当面核对、点清交付。 ③商场超市等商品流通企业，在存货销售发出环节应侧重于防止商品失窃、随时整理弃置商品、每日核对销售记录和库存记录等。 ④大批存货、贵重商品或危险品的发出，均应当实行特别授权；仓储部门应当根据经审批的销售（出库）通知单发出货物

(4) 盘点清查

①业务描述。存货盘点清查一方面是要核对实物的数量，是否与相关记录相符；另一方面也要关注实物的质量，是否有明显的损坏。

②风险点及控制措施。该环节的主要风险及控制措施如表 2-20 所示。

表 2-20　存货盘点清查主要风险点及控制措施

业务环节	风险点	控制措施
盘点清查	存货盘点清查制度不完善、计划不可行，可能导致工作流于形式、无法查清存货真实状况	①企业应当建立存货盘点清查工作规程，结合本企业实际情况确定盘点周期、盘点流程、盘点方法等相关内容，定期盘点和不定期抽查相结合。 ②盘点清查时，应拟订详细的盘点计划，合理安排相关人员，使用科学的盘点方法，保持盘点记录的完整，以保证盘点的真实性、有效性。 ③盘点清查结果要及时编制盘点表，形成书面报告，包括盘点人员、时间、地点、实际所盘点存货名称、品种、数量、存放情况以及盘点过程中发现的账实不符情况等内容，对盘点清查中发现的问题，应及时查明原因，落实责任，按照规定权限报经批准后处理。 ④多部门人员共同盘点，应当充分体现相互制衡，严格按照盘点计划，认真记录盘点情况。 ⑤企业至少应当于每年年度终了开展全面的存货盘点清查，及时发现存货减值迹象，将盘点清查结果形成书面报告

(5) 存货处置、销售与会计处理

①业务描述。存货销售处置是存货退出企业生产经营活动的环节，包括商品和产成品的正常对外销售以及存货因变质、毁损等进行的处置。

②风险点及控制措施。该环节的主要风险及控制措施如表 2-21 所示。

表 2-21　存货销售处置环节主要风险点及控制措施

业务环节	风 险 点	控 制 措 施
处置、销售与会计处理	存货报废处置责任不明确、审批不到位，可能导致企业利益受损	①企业应定期对存货进行检查，及时、充分了解存货的存储状态，对于存货变质、毁损、报废或流失的处理要分清责任、分析原因、及时合理 ②存货的会计处理，应当符合国家统一的会计准则制度的规定。企业应当根据存货的特点及企业内部存货流转的管理方式，确定存货计价方法，防止通过人为调节存货计价方法操纵当期损益。计价方法一经确定，未经批准，不得随意变更

3. 固定资产内部控制

1）固定资产管理概述

固定资产是企业为开展正常生产经营活动所提供的、必要的物质基础。固定资产属于企业的非流动资产，主要包括房屋、建筑物、机器、机械、运输工具，以及其他与生产经营活动有关的设备、器具、工具等。固定资产以使用为目的，不以出售为目的，为生产经营活动提供着物质保障，其价值随着企业生产经营活动逐渐转移到产品成本中。因此，固定资产的安全、完整直接影响到企业生产经营的可持续发展能力。

加强固定资产控制的目标为：①规范固定资产的管理行为；②防范固定资产管理中的差错和舞弊；③保护固定资产的安全、完整，提高固定资产使用效率。

2）固定资产内部控制的岗位设置与授权审批

企业应当建立固定资产业务的岗位责任制，明确相关部门和岗位的职责或权限，确保办理固定资产业务的不相容岗位相互分离、制约和监督。同一部门或个人不得办理固定资产业务的全过程。固定资产业务不相容岗位至少包括：①固定资产投资预算的编制与审批；②固定资产投资预算的审批与执行；③固定资产采购、验收与款项支付；④固定资产投保的申请与审批；⑤固定资产处置的审批与执行；⑥固定资产取得与处置业务的执行与相关会计记录。

企业应当配备合格的人员办理固定资产业务。办理固定资产业务的人员应当具备良好的业务素质和职业道德。企业应当对固定资产业务建立严格的授权批准制度，明确授权批准的方式、权限、程序、责任和相关控制措施，规定经办人的职责范围和工作要求。严禁未经授权的机构或人员办理固定资产业务。审批人应当根据固定资产业务授权批准制度的规定，在授权范围内进行审批，不得超越审批权限。经办人在职责范围内，按照审批人的批准意见办理固定资产业务。对于审批人超越授权范围审批的固定资产业务，经办人员有权拒绝办理，并及时向上级部门报告。某公司固定资产购置与处置的审批权限如表 2-22 所示。

表 2-22　某公司固定资产购置与处置的审批权限

项　目	审批人	审批范围和权限
购置	股东大会	（1）涉及总金额在公司净资产 20% 以上（含 20%）的购置计划
	董事会	（1）审批年度购置预算；（2）审批年度购置计划；（3）授权董事长、总经理制定购置决策

续表

项目	审批人	审批范围和权限
购置	董事长	（1）根据董事会决议或授权，签署批准购置计划和购置方案；（2）董事会闭会期间，在授权范围内制定购置决策
	总经理	在授权范围内批准购置计划、购置方案，签署购置协议
处置	股东大会	（1）成批处置公司主要生产用设备；（2）一次性处置或连续四个月累计处置固定资产总金额超过公司固定资产30%以上（含30%）的处置计划
	董事会	（1）批准除需经股东大会批准事项之外的处置计划；（2）授权董事长、总经理审批固定资产处置权限
	董事长、总经理	按授权审批固定资产处置

3）固定资产管理业务流程

企业应当根据固定资产特点，分析、归纳、设计合理的业务流程，查找管理的薄弱环节，健全全面风险管控措施，保证固定资产安全、完整、高效运行。固定资产业务流程，通常可以分为取得、验收移交、登记造册、日常使用与维护、更新改造、盘点清查和处置等七个主要环节。有的企业可能会发生固定资产担保或抵押等业务。固定资产基本业务流程如图2-7所示。

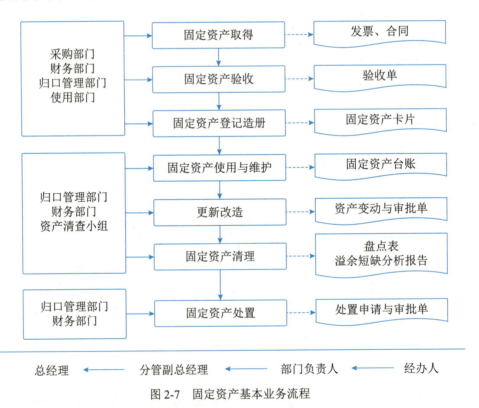

图2-7 固定资产基本业务流程

4）固定资产管理的主要风险

固定资产管理应重点关注的风险包括：

①固定资产业务违反国家法律法规，可能遭受外部处罚、经济损失和信誉损失。

②新增固定资产验收程序不规范，可能导致资产质量不符要求，进而影响资产运行；固定资产投保制度不健全，可能导致应投保资产未投保、索赔不力，不能有效防范资产损失风险。

③固定资产业务未经适当审批或超越授权审批，可能因重大差错、舞弊、欺诈而导致资产损失。

④固定资产购买、建造决策失误，可能造成企业资产损失或资源浪费。

⑤固定资产使用、维护不当和管理不善，可能造成企业资产使用效率低下或资产损失。

⑥固定资产处置不当，可能造成企业资产损失。

⑦固定资产会计处理和相关信息不合法、不真实、不完整，可能导致企业资产账实不符或资产损失。

5）固定资产管理的风险控制措施

①建立完善的固定资产管理制度体系。固定资产在企业使用时间较长，业务流程环节复杂，因此建立健全完整的固定资产管理制度体系，规范各业务环节管理标准是固定资产内部控制建设的重要内容，也是防范合规性风险的重要手段。涉及固定资产管理的制度应该至少包括：固定资产预算管理制度、固定资产授权审批制度、固定资产验收入库制度、固定资产登记造册制度、固定资产维护与更新改造制度、固定资产折旧制度、固定资产清查盘点制度、固定资产担保与抵押制度、固定资产处置制度等。

②企业应当制定固定资产业务流程，明确固定资产投资预算编制、取得与验收、使用与维护、处置等环节的控制要求，严格执行审批授权权限，并设置相应的记录或凭证，如实记载各环节业务开展情况，及时传递相关信息，确保固定资产业务全过程得到有效控制。

③企业应当制定固定资产目录，对每项固定资产进行编号，按照单项资产建立固定资产卡片，详细记录各项固定资产的来源、验收、使用地点、责任单位和责任人、运转、维修、改造、折旧、盘点等相关内容。

④企业应当根据固定资产特点，分析、归纳、设计合理的业务流程，查找管理的薄弱环节，健全全面风险管控措施，保证固定资产安全、完整、高效运行。

⑤企业应该当加强房屋建筑物、机器设备等各类固定资产的管理，重视固定资产维护和更新改造，不断提升固定资产的使用效能，积极促进固定资产处于良好运行状态。企业应当根据发展战略，充分利用国家有关自主创新政策，加大技改投入，不断促进固定资产技术升级，淘汰落后设备，切实做到保持本企业固定资产技术的先进性和企业发展的可持续性。

⑥企业应当严格执行固定资产日常维修和大修理计划，定期对固定资产进行维护保养，切实消除安全隐患。企业应当强化对生产线等关键设备运转的监控，严格操作流程，实行岗前培训和岗位许可制度，确保设备安全运转。

⑦企业应当严格执行固定资产投保政策，对应投保的固定资产项目按规定程序进行

审批，及时办理投保手续。企业应当规范固定资产抵押管理、确定固定资产抵押程序和审批权限等。

⑧企业将固定资产用作抵押的，应由相关部门提出申请，经企业授权部门或人员批准后，由资产管理部门办理抵押手续。企业应当加强对接收的抵押资产的管理，编制专门的资产目录，合理评估抵押资产的价值。

⑨企业应当建立固定资产清查制度，至少每年进行一次全面清查。对固定资产清查中发现的问题，应当查明原因、追究责任、妥善处理。企业应当加强固定资产处置的控制，关注固定资产处置中的关联交易和处置定价，防范资产流失。

⑩企业应当建立健全固定资产处置的相关制度，区分固定资产不同的处置方式，采取相应控制措施，确定固定资产处置的范围、标准、程序和审批权限，保证固定资产处置的科学性，使企业的资源得到有效的运用。

4. 无形资产内部控制

无形资产管理的基本流程包括无形资产的取得、验收并落实权属、自用或授权其他单位使用、安全防范、技术升级与更新换代、处置与转移等环节。

1）岗位分工与授权审批

企业应当建立无形资产业务的岗位责任制，明确相关部门和岗位的职责、权限，确保办理无形资产业务的不相容岗位相互分离、制约和监督。同一部门或个人不得办理无形资产业务的全过程。

无形资产业务不相容岗位至少包括：①无形资产投资预算的编制与审批；②无形资产投资预算的审批与执行；③无形资产取得、验收与款项支付；④无形资产处置的审批与执行；⑤无形资产取得与处置业务的执行与相关会计记录；⑥无形资产的使用、保管与会计处理。

企业应当配备合格的人员办理无形资产业务。办理无形资产业务的人员应当具备良好的业务素质和职业道德。企业应当对无形资产业务建立严格的授权批准制度，明确授权批准的方式、权限、程序、责任和相关控制措施，规定经办人的职责范围和工作要求。严禁未经授权的机构或人员办理无形资产业务。审批人应当根据无形资产业务授权批准制度的规定，在授权范围内进行审批，不得超越审批权限。经办人在职责范围内，按照审批人的批准意见办理无形资产业务。对于审批人超越授权范围审批的无形资产业务，经办人员有权拒绝办理，并及时向上级部门报告。

企业应当制定无形资产业务流程，明确无形资产投资预算编制、自行开发无形资产预算编制、取得与验收、使用与保全、处置和转移等环节的控制要求，并设置相应的记录或凭证，如实记载各环节业务开展情况，及时传递相关信息，确保无形资产业务全过程得到有效控制。

2）无形资产管理的主要风险及控制措施

企业应当在对无形资产取得、验收、使用、保护、评估、技术升级、处置等环节进行全面梳理的基础上，明确无形资产业务流程中的主要风险，并采用适当的控制措施实施无形资产内部控制。

（1）无形资产取得与验收

该环节的风险点是：取得的无形资产不具先进性，或权属不清，可能导致企业资源浪费或引发法律诉讼。

主要控制措施：企业应当建立严格的无形资产交付使用验收制度，明确无形资产的权属关系，及时办理产权登记手续。企业外购无形资产，必须仔细审核有关合同协议等法律文件，及时取得无形资产所有权的有效证明文件，同时特别关注外购无形资产的技术先进性；企业自行开发的无形资产，应由研发部门、无形资产管理部门、使用部门共同填制无形资产移交使用验收单，移交使用部门使用；企业购入或者以支付土地出让金方式取得的土地使用权，必须取得土地使用权的有效证明文件。当无形资产权属关系发生变动时，应当按照规定及时办理权证转移手续。

（2）无形资产的使用与保全

风险点：无形资产使用效率低下，效能发挥不到位；缺乏严格的保密制度，致使体现在无形资产中的商业机密泄漏；由于商标等无形资产疏于管理，导致其他企业侵权，严重损害企业利益。

主要控制措施：企业应当强化无形资产使用过程的风险管控，充分发挥无形资产对提升企业产品质量和市场影响力的重要作用；建立健全无形资产核心技术保密制度，严格限制未经授权人员直接接触技术资料，对技术资料等无形资产的保管及接触应保有记录，实行责任追究，保证无形资产的安全与完整；对侵害本企业无形资产的，要积极取证并形成书面调查记录，提出维权对策，按规定程序审核并上报，等等。

（3）无形资产的技术升级与更新换代

风险点：无形资产内含的技术未能及时升级换代，导致技术落后或存在重大技术安全隐患。

主要控制措施：企业应当定期对专利、专有技术等无形资产的先进性进行评估。发现某项无形资产给企业带来经济利益的能力受到重大不利影响时，应当考虑淘汰落后技术，同时加大研发投入，不断推动企业自主创新与技术升级，确保企业在市场经济竞争中始终处于优势地位。

（4）无形资产的处置环节

风险点：无形资产长期闲置或低效使用，就会逐渐失去其使用价值；无形资产处置不当，往往造成企业资产流失。

主要控制措施：企业应当建立无形资产处置的相关管理制度，明确无形资产处置的范围、标准、程序和审批权限等要求。无形资产的处置应由独立于无形资产管理部门和使用部门的其他部门或人员按照规定的权限和程序办理；应当选择合理的方式确定处置价格，并报经企业授权部门或人员审批；重大的无形资产处置，应当委托具有资质的中介机构进行资产评估。

2.2.4 销售业务控制

1. 销售业务及控制目标

销售是指企业出售商品（或提供劳务）及收取款项等相关活动，是企业经营活动的最后环节，也是企业利益最主要的实现方式，关系到企业的生存与发展。企业的销售业务涉及较多的具体业务环节，包括接受订单、订立合同、发出货物、运送货物、货款收取、信用管理、销售退回等一系列活动。这些活动既影响企业本身的经济利益，也对客户的经济利益产生重大影响。因此，企业必须建立健全对销售业务各环节的管理内部控制，尤其是合同订立和履行的管理、对客户信用的管理、销售方式以及收款方式的管理等。

销售业务控制目标：

①规范企业销售行为。通过制定销售政策，明确管理标准和业务标准，使每一环节的经办人、审批人能够照章办事，避免随意行为导致合规性风险的发生。

②防范销售过程中的差错和舞弊。通过严密的岗位责任、授权审批与信息沟通机制，保证销售业务能被正确地记录，防止中间篡改销售数据等舞弊行为。

③降低坏账风险；降低销售费用，提高销售效率等目标。通过对客户和服务质量的管理，提高企业销售业务质量，尽快收回货款，防止坏账发生带来的损失。

2. 销售业务的主要流程

企业强化销售业务管理，应当对现行销售业务流程进行全面梳理，因为风险存在于业务过程的每一个环节，通过对流程梳理，查找管理漏洞，及时采取切实措施加以改正；与此同时，还应当注重健全相关管理制度，明确以风险为导向的、符合成本效益原则的销售管控措施，实现与生产、资产、资金等方面管理的衔接，落实责任制，有效防范和化解经营风险。

受企业规模、行业特点、管理模式等影响，企业的销售模式各不相同，因此销售业务流程细节设计也会千差万别，但究其共性，任何企业的销售业务必须具备的基本流程不能因管控模式的不同而省略。综合各类企业销售业务特点，具有普适性、应用性的业务流程一般包括销售计划管理、接受订单、订立合同、发出货物、运送货物、货款收取、客户信用管理、销售折让与退回等一系列活动。一般企业销售业务流程如图2-8所示。

企业在实际操作中，应当充分结合自身业务特点和管理要求，构建和优化销售业务流程，对每一环节以及环节与环节之间的衔接关系、任务要求、岗位责任要求、表单数量、表单签署程序以及责任追究做出具体规定。

3. 销售业务的岗位设置与授权审批

1）不相容岗位的设置

企业应根据销售模式结合企业业务特点和管理要求，对销售业务流程中各环节的岗位责任进行设计，对不相容职务要通过岗位责任进行有效分离。企业销售业务不相容的岗位至少应包括以下方面：

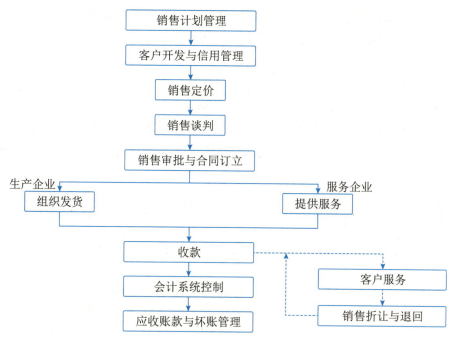

图 2-8　一般企业销售业务流程

①销售部门的销售业务与发货业务分离；

②销售业务、发货业务与会计业务分离；

③发运员与仓库保管员分离；

④销售政策和信用政策的制定人员与执行人员分离，信用管理岗位与销售收款岗位分设；

⑤销售业务人员与发票开具人员分离；

⑥公司不由同一部门或个人办理销售与收款业务的全过程。

2）销售业务的授权审批制度

（1）销售业务的经办责任

企业的销售业务一般由销售部门负责组织，其他部门配合。组织销售业务一般涉及的销售部门、财务部门、发货部门（仓储部门）、信用部门、开票部门等各归口部门的责任如下：

①销售业务部门主要负责处理订单、签订合同、执行销售政策和信用政策、催收货款；

②发货业务部门主要负责审核发货单据是否齐全并办理发货的具体事宜；

③财务部门主要负责销售款项的结算和记录、监督管理货款回收；

④销售收据和发票由财务部门指定专人负责开具；

⑤信用部门主要负责对客户的信用及偿付能力做跟踪管理。

（2）销售业务的授权方式

企业业务授权方式一般取决于企业决策层的制度安排。一般企业对于销售业务除企业另有规定需经股东大会或董事会批准的销售事项外，一般由企业总经理审批；企业总经理对各级人员的销售业务进行授权，每年初企业以文件的方式明确。如对分管销售副总经理、销售部经理等在不同的权限根据业务性质与业务金额规模进行授权。任何企业严禁未经授权的部门和人员经办销售业务。

（3）授权审批方式

授权审批是指企业最高决策层对某些具体岗位责任人授予其决定某项经济业务的权利。企业销售业务授权审批范围和权限的设定，一般根据岗位责任的大小、业务性质重要程度和管理要求进行。如某公司销售业务审批授权情况如表 2-23 所示。

表 2-23 某公司销售审批权授权责任表

项　　目	审批人	审批权限
1. 销售政策、信用政策	总经理	（1）制定和修订； （2）以总经理办公会议形式审定； （3）以内部文件等形式下发执行
2. 销售费用预算	董事会	按《预算管理实施办法》规定审批
3. 销售价格目表和折扣权限控制表	总经理或授权审批人	（1）制定和修订； （2）以总经理办公会议形式审定； （3）以文件或其他方式下达执行人员执行
4. 销售价格确定和销售合同签订	总经理授权审批	按公司授权审批
5. 超过公司既定销售和信用政策规定范围的特殊事项	总经理	总经理办公会议或其他方式集体决策
审批方式：（1）销售政策和信用政策、销售价格目录和折扣权限控制表等政策性事项，由总经理召开总经理办公会议或授权总经理决定，并以文件或其他形式下达执行；（2）销售业务的其他事项审批，在业务单或公司设定的审批单上签批		

（4）对审批人的要求

①审批人根据公司对销售业务授权批准制度的规定，在授权范围内进行审批，不得超越审批权限；

②经办人在职责范围内，按照审批人的批准意见办理销售业务；

③对于审批人超越授权范围审批的销售业务，经办人有权拒绝并应当拒绝，并及时向审批人的上一级授权部门报告。

4. 销售业务流程各环节的风险点及控制措施

销售业务内部控制制度的设计与实施，首先应识别销售业务的主要风险，以便有效地设计应对措施来控制风险。

1）销售计划管理

销售计划是指在进行销售预测的基础上，结合企业生产能力，设定总体目标额及不同产品的销售目标额，进而为能实现该目标而设定具体营销方案和实施计划，以支持未来一定期间内销售额的实现。该环节主要风险及风控措施如表 2-24 所示。

表 2-24　销售计划管理环节主要风险及风控措施

业务环节	风险点	控制措施
销售计划管理	销售计划缺乏或不合理，或未经授权审批，导致产品结构和生产安排不合理，难以实现企业生产经营的良性循环	（1）企业应当根据发展战略和年度生产经营计划，结合企业实际情况，制订年度销售计划，在此基础上，结合客户订单情况，制订月度销售计划，并按规定的权限和程序审批后下达执行。 （2）定期对各产品（商品）的区域销售额、进销差价、销售计划与实际销售情况等进行分析，结合生产现状，及时调整销售计划，调整后的销售计划需履行相应的审批程序

2）客户开发与信用管理

企业应当积极开拓市场份额，加强现有客户维护，开发潜在目标客户，对有销售意向的客户进行资信评估，根据企业自身风险接受程度确定具体的信用等级。该环节主要风险及风控措施如表 2-25 所示。

表 2-25　客户开发与信用管理环节主要风险及风控措施

业务环节	风险点	控制措施
客户开发与信用管理	现有客户管理不足、潜在市场需求开发不够，可能导致客户丢失或市场拓展不利；客户档案不健全，缺乏合理的资信评估，可能导致客户选择不当，销售款项不能收回或遭受欺诈，从而影响企业的资金流转和正常经营	（1）企业应当在进行充分市场调查的基础上，合理细分市场并确定目标市场，根据不同目标群体的具体需求，确定定价机制和信用方式，灵活运用销售折扣、销售折让、信用销售、代销和广告宣传等多种策略和营销方式，促进销售目标实现，不断提高市场占有率。 （2）建立和不断更新维护客户信用动态档案，由与销售部门相对独立的信用管理部门对客户付款情况进行持续跟踪和监控，提出划分、调整客户信用等级的方案。根据客户信用等级和企业信用政策，拟定客户赊销限额和时限，经销售、财会等部门具有相关权限的人员审批。对于境外客户和新开发客户，应当建立严格的信用保证制度

3）销售定价

销售定价是指商品价格的确定、调整及相应审批。该环节主要风险及风控措施如表 2-26 所示。

表 2-26　销售定价环节主要风险及风控措施

业务环节	风险点	控制措施
销售定价	定价或调价不符合价格政策，未能结合市场供需状况、盈利测算等进行适时调整，造成价格过高或过低、销售受损；商品销售价格未经恰当审批，或存在舞弊，可能导致损害企业经济利益或者企业形象	（1）应根据有关价格政策，综合考虑企业财务目标、营销目标、产品成本、市场状况及竞争对手情况等多方面因素，确定产品基准定价。定期评价产品基准价格的合理性，定价或调价需经具有相应权限人员的审核批准。 （2）在执行基准定价的基础上，针对某些商品可以授予销售部门一定限度的价格浮动权，销售部门可结合产品市场特点，将价格浮动权向下实行逐级递减分配，同时明确权限执行人。价格浮动权限执行人必须严格遵守规定的价格浮动范围，不得擅自突破。 （3）销售折扣、销售折让等政策的制定应由具有相应权限人员审核批准。销售折扣、销售折让授予的实际金额、数量、原因及对象应予以记录，并归档备查

4）订立销售合同

企业与客户订立销售合同，明确双方权利和义务，以此作为开展销售活动的基本依据，该环节属于重大风险领域。该环节主要风险及风控措施如表2-27所示。

表2-27 订立销售合同环节主要风险及风控措施

业务环节	风险点	控制措施
订立销售合同	合同内容存在重大疏漏和欺诈，未经授权对外订立销售合同，可能导致企业合法权益受到侵害；销售价格、收款期限等违背企业销售政策，可能导致企业经济利益受损	（1）订立销售合同前，企业应当指定专门人员与客户进行业务洽谈、磋商或谈判，关注客户信用状况，明确销售定价、结算方式、权利与义务条款等相关内容。重大的销售业务谈判还应当吸收财会、法律等专业人员参加，并形成完整的书面记录。 （2）企业应当建立健全销售合同订立及审批管理制度，明确必须签订合同的范围，规范合同订立程序，确定具体的审核、审批程序和所涉及的部门人员及相应权责。审核、审批应当重点关注销售合同草案中提出的销售价格、信用政策、发货及收款方式等。重要的销售合同，应当征询法律专业人员的意见。 （3）销售合同草案经审批同意后，企业应授权有关人员与客户签订正式销售合同

5）发货

发货是根据销售合同的约定向客户提供商品的环节。该环节主要风险及风控措施如表2-28所示。

表2-28 发货环节主要风险及风控措施

业务环节	风险点	控制措施
发货	未经授权发货或发货不符合合同约定，可能导致货物损失或客户与企业的销售争议、销售款项不能收回	（1）销售部门应当按照经审核后的销售合同开具相关的销售通知交仓储部门和财会部门。 （2）仓储部门应当落实出库、计量、运输等环节的岗位责任，对销售通知进行审核，严格按照所列的发货品种和规格、发货数量、发货时间、发货方式、接货地点等，按规定时间组织发货，形成相应的发货单据，并应连续编号。 （3）以运输合同或条款等形式明确运输方式、商品短缺、毁损或变质的责任、到货验收方式、运输费用承担、保险等内容，货物交接环节应做好装卸和检验工作，确保货物的安全发运，由客户验收确认。 （4）做好发货各环节的记录，填制相应的凭证，设置销售台账，实现全过程的销售登记制度

6）收款

收款指企业经授权发货后与客户结算货款的环节。按照发货时是否收到货款，可分为现销和赊销。该环节主要风险及风控措施如表2-29所示。

表 2-29　收款环节主要风险及风控措施

业务环节	风险点	控制措施
收款	企业信用管理不到位，结算方式选择不当，票据管理不善，账款回收不力，导致销售款项不能收回或遭受欺诈；收款过程中存在舞弊，使企业经济利益受损。	（1）结合公司销售政策，选择恰当的结算方式，加快款项回收，提高资金的使用效率。对于商业票据，结合销售政策和信用政策，明确应收票据的受理范围和管理措施。 （2）建立票据管理制度，特别是加强商业汇票的管理：一是对票据的取得、贴现、背书、保管等活动予以明确规定；二是严格审查票据的真实性和合法性，防止票据欺诈；三是由专人保管应收票据，对即将到期的应收票据，及时办理托收，定期核对盘点；四是票据贴现、背书应经恰当审批。 （3）加强赊销管理。一是需要赊销的商品，应由信用管理部门按照客户信用等级审核，并经具有相应权限的人员审批。二是赊销商品一般应取得客户的书面确认，必要时，要求客户办理资产抵押、担保等收款保证手续。三是应完善应收款项管理制度，落实责任、严格考核、实行奖惩。销售部门负责应收款项的催收，催收记录（包括往来函电）应妥善保存。 （4）加强代销业务款项的管理，及时与代销商结算款项。 （5）收取的现金、银行本票、汇票等应及时缴存银行并登记入账。防止由销售人员直接收取款项，如必须由销售人员收取的，应由财会部门加强监控

7）客户服务

客户服务是在企业与客户之间建立信息沟通机制，对客户提出的问题，企业应予以及时解答或反馈、处理，不断改进商品质量和服务水平，以提升客户满意度和忠诚度。客户服务包括产品维修、销售退回、维护升级等。该环节主要风险及风控措施如表 2-30 所示。

表 2-30　客户服务环节主要风险及风控措施

业务环节	风险点	控制措施
客户服务	客户服务水平低，消费者满意度不足，影响公司品牌形象，造成客户流失。	（1）结合竞争对手客户服务水平，建立和完善客户服务制度，包括客户服务内容、标准、方式等。 （2）设专人或部门进行客户服务和跟踪。有条件的企业可以按产品线或地理区域建立客户服务中心。加强售前、售中和售后技术服务，实行客户服务人员的薪酬与客户满意度挂钩。 （3）建立产品质量管理制度，加强销售、生产、研发、质量检验等相关部门之间的沟通协调。 （4）做好客户回访工作，定期或不定期开展客户满意度调查；建立客户投诉制度，记录所有的客户投诉，并分析产生原因及解决措施。 （5）加强销售退回控制。销售退回需经具有相应权限的人员审批后方可执行；销售退回的商品应当参照物资采购入库管理。

8）会计系统控制

会计系统控制是指利用记账、核对、岗位职责落实和相互分离、档案管理、工作交接程序等会计控制方法，确保企业会计信息真实、准确、完整。会计系统控制包括销售收入的确认、应收款项的管理、坏账准备的计提和冲销、销售退回的处理等内容。该环节主要风险及风控措施如表 2-31 所示。

表 2-31　会计系统控制环节主要风险及风控措施

业务环节	风 险 点	控 制 措 施
会计系统控制	缺乏有效的销售业务会计系统控制，可能导致企业账实不符、账证不符、账账不符或者账表不符，影响销售收入、销售成本、应收款项等会计核算的真实性和可靠性。	（1）企业应当加强对销售、发货、收款业务的会计系统控制，详细记录销售客户、销售合同、销售通知、发运凭证、商业票据、款项收回等情况，确保会计记录、销售记录与仓储记录核对一致。 （2）建立应收账款清收核查制度。销售部门应定期与客户对账，并取得书面对账凭证，财会部门负责办理资金结算并监督款项回收。 （3）及时收集应收账款相关凭证资料并妥善保管；及时要求客户提供担保；对未按时还款的客户，采取申请支付令、申请诉前保全和起诉等方式及时清收欠款。对收回的非货币性资产应经评估和恰当审批。 （4）企业对于可能成为坏账的应收账款，应当按照国家统一的会计准则规定计提坏账准备，并按照权限范围和审批程序进行审批。对确定发生的各项坏账，应当查明原因，明确责任，并在履行规定的审批程序后作出会计处理。企业核销的坏账应当进行备查登记，做到账销案存。已核销的坏账又收回时应当及时入账，防止形成账外资金

应收账款的清收制度控制是企业销售业务的重要细节，很多企业对应收账款清收责任划分不明确，导致欠款回收不利，企业应加强对应收账款的清收管理，一般要求财会部门开具发票时，应当依据相关单据（计量单、出库单、货款结算单、销售通知单等）并经相关岗位审核。销售发票应遵循有关发票管理规定，严禁开具虚假发票。财会部门对销售报表等原始凭证审核销售价格、数量等，并根据国家统一的会计准则制度确认销售收入，登记入账。财会部门与相关部门月末应核对当月销售数量，保证各部门销售数量的一致性。

任何业务都是一个流程中的闭环管理，同时一项业务流程又和其他业务流程构成了企业总体业务的循环。对于一个制造业来说，销售业务为后续的采购业务或投融资业务提供着现金流的支撑，因此，销售业务各环节的风险都属于重要或重大风险，企业应该加强销售业务的内部控制，严格控制风险，提高销售业务的效率和效果。

2.2.5　研究与开发控制

1. 研究与开发业务概述

《企业内部控制应用指引第 10 号——研究与开发》中规定，研究与开发是指企业为获取新产品、新技术、新工艺等所开展的各种研发活动。企业应当重视研发工作，根据发展战略，结合市场开拓和技术进步要求，科学制订研发计划，强化研发全过程管理，规范研发行为，促进研发成果的转化和有效利用，不断提升企业自主创新能力。

企业对研究与开发业务控制的目的是有效控制研发风险,提升企业自主创新能力,充分发挥科技的支撑引领作用,促进实现企业发展战略。

2. 研究与开发业务的业务流程

企业应当着力梳理研究与开发业务流程,针对主要风险点和关键环节,制定切实有效的控制措施,不断提升研发活动全过程的风险管控效能。研究与开发的基本流程,主要涉及立项、研发过程管理、结题验收、研究成果的开发和保护等。研究与开发业务流程如图 2-9 所示。

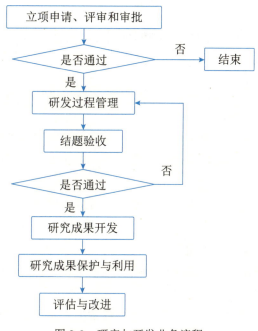

图 2-9 研究与开发业务流程

1)立项管理

立项主要包括立项申请、评审和审批,是研究与开发业务的起点。

2)研发过程管理

研发过程是研发的核心环节。实务中,研发通常分为自主研发、委托研发和合作研发。

①自主研发是指企业依靠自身的科研力量,独立完成项目,包括原始创新、集成创新和在引进消化基础上的再创新三种类型。

②委托研发是指企业委托具有资质的外部承办单位进行研究和开发。

③合作研发是指合作双方基于研发协议,就共同的科研项目,以某种合作形式进行研究或开发。

3)结题验收

结题验收是对研究过程形成的交付物进行质量验收。结题验收分检测鉴定、专家评审、专题会议等三种方式。

4）研究成果开发

成果开发是指企业将研究成果经过开发过程转换为企业的产品。

5）研究成果保护

成果保护是企业研发管理工作的有机组成部分。有效的研发成果保护，可保护研发企业的合法权益。

6）评估与改进

评估是研究与开发内部控制建设的重要环节。企业应当建立研发活动评估制度，加强对立项与研究、开发与保护等过程的全面评估，认真总结研发管理经验，分析存在的薄弱环节，完善相关制度和办法，不断改进和提升研发活动的管理水平。

3. 研究与开发业务控制的关键风险点及控制措施

1）关键风险点

研究与开发活动是企业进行自主创新的重要手段，进行研究与开发业务内部控制设计时应重点关注以下风险点：

①研究项目未经科学论证或论证不充分，可能导致创新不足或资源浪费风险；

②研发人员配备不合理或研发过程管理不善，可能导致研发成本过高、舞弊或研发失败风险；

③研究成果转化应用不足、保护措施不力，可能导致企业利益受损风险。

2）控制措施

企业应该在以下方面对风险进行控制：

①企业应当结合研发计划，提出研究项目立项申请，开展可行性研究，编制可行性研究报告。

②研究项目应当按照规定的权限和程序进行审批，重大研究项目应当报经董事会或类似权力机构集体审议决策。

③企业应当加强对研究过程的管理，合理配备专业人员，严格落实岗位责任制，确保研究过程高效、可控。

④企业应当建立和完善研究成果验收制度，组织专业人员对研究成果进行独立评审和验收。

⑤企业应当明确界定核心研究人员范围和名册清单，签署保密协议，并在劳动合同中约定研究成果归属、离职条件、离职移交程序、离职后保密义务、离职后竞业限制年限及违约责任等内容。研发骨干人员的管理，应当引起研发型企业的高度重视。

⑥企业应当加强研究成果的开发与保护，形成科研、生产、市场一体化的自主创新机制，促进研究成果转化为实际生产力。

总之，研究与开发是企业持久发展的不竭动力，始终坚持把研究与开发作为企业发展的重要战略，紧密跟踪科技发展趋势，是切实提升核心竞争力、增强企业国际竞争力的重要保证。

2.2.6 其他业务控制

1. 工程项目的内部控制

1）工程项目业务概述

工程项目是企业自行或者委托其他单位进行的建造、安装活动。重大工程项目往往体现企业发展战略和中长期发展规划，对于提高企业再生产能力和支撑保障能力、促进企业可持续发展具有关键作用。工程项目通常与企业发展战略密切相关，周期较长，并涉及大额资金及物资的流转，存在较大的不确定性和风险。

2）工程项目业务流程

工程项目的主要业务流程包括立项、设计、招标、建设和竣工验收等，企业应加强对工程项目业务内部控制的建设，根据业务流程找出各流程环节的主要风险，并提出相应的管控措施。工程项目业务流程如图2-10所示。

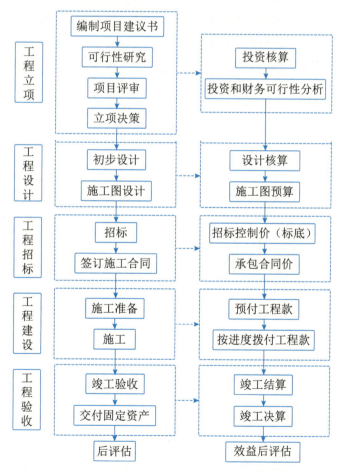

图2-10　工程项目业务流程

企业在建立与实施工程项目内部控制中，应当加强工程项目的监控，明确工程立项、招标、建设、验收等环节的主要风险点，采取相应措施，实施有效控制。

3）职责分工与授权审批

企业在建立与实施工程项目内部控制中，应当明确规范职责分工、权限范围和审批程序，企业应当建立工程项目业务的岗位责任制，明确相关部门和岗位的职责权限，确保办理工程项目业务的不相容岗位相互分离、制约和监督。

①工程项目业务不相容岗位一般包括：项目建议、可行性研究与项目决策；概预算编制与审核；项目决策与项目实施；项目实施与价款支付；项目实施与项目验收；竣工决算与竣工决算审计。

②企业应当建立工程项目授权制度和审核批准制度，并按照规定的权限和程序办理工程项目业务。完善的授权批准制度包括：企业的资本性预算只有经过董事会等高层治理机构批准方可生效；所有工程项目的立项和建造均需经企业管理者的书面认可。

4）工程项目业务管理的主要风险

①决策风险。如果工程立项缺乏可行性研究或者可行性研究流于形式，决策不当，盲目上马，很可能导致难以实现预期效益或项目失败。

②招标违规风险。如果项目招标暗箱操作，存在商业贿赂，可能导致中标人实质上难以承担工程项目、中标价格失实及相关人员涉案。

③技术风险。如果工程造价信息不对称，技术方案不落实，概预算脱离实际，可能导致项目投资失控。

④工程质量风险。工程物资质次价高，工程监理不到位，项目资金不落实，可能导致工程质量低劣，进度延迟或中断；如果竣工验收不规范，最终把关不严，会导致工程交付使用后存在重大隐患。

5）风险控制措施

企业必须强化对工程建设全过程的监控，制定和完善工程项目各项管理制度，明确相关机构和岗位的职责权限，规范工程立项、招标、造价、建设、验收等环节的工作流程及控制措施，保证工程项目的质量和进度。

①企业应当根据发展战略和年度投资计划，提出项目建议书，编制可行性研究报告，并组织内部相关机构专业人员进行充分论证和评审，在此基础上，按照规定的权限和程序进行决策。重大工程项目应当报经董事会或类似决策机构集体审议批准；任何个人不得单独决策或擅自改变集体决策意见。

②企业应当采用公开招标的方式，择优选择具有相应资质的承包单位和监理单位，规范工程招标的开标、评标和定标工作，不得将应由一个承包单位完成的工程肢解为若干部分发包给几个承包单位。

③企业应当加强工程造价的管理，明确初步设计概算、施工图预算的编制方法，按照规定的权限和程序进行审核和批准，确保概预算科学合理。

④企业应当加强对工程建设过程的监控，实行严格的概预算管理和工程监理制度，切实做到及时备料，科学施工，保障资金，落实责任，确保工程项目达到设计要求。工程建设过程中涉及项目变更的，应当严格审批；重大项目变更还应当按照项目决策和概预算控制的有关程序和要求重新履行审批手续。

⑤企业收到承包单位的工程竣工报告后,应当及时编制竣工决算,开展竣工决算审计,办理竣工验收手续。企业还应当建立完工项目后评估制度,重点评价工程项目预期目标的实现情况和项目投资效益等,并以此作为绩效考核和责任追究的依据。

2. 担保业务的内部控制

1)担保业务概述

担保是指企业依据《中华人民共和国担保法》和担保合同或者协议,按照公平、自愿、互利的原则向被担保人提供一定方式的担保并依法承担相应法律责任的行为,不包含担保公司的担保业务及按揭销售中涉及的担保等具有日常经营性质的担保行为。

建立健全担保内部控制制度,是规范担保行为、降低担保风险的有效途径,而在各控制关键点建立一套相互牵制、相互稽查、相互监督的内部控制体系,是企业内部控制制度的中心环节,其根本目的在于规范担保行为、防范担保风险、促进企业资金良性循环。

2)企业担保业务流程

企业担保业务一般包括担保业务的受理、调查了解被担保企业的财务情况、担保业务审批、签订担保合同、担保检查、担保合同履行、催收款项和解除担保等业务流程。各环节的业务关系见图2-11。

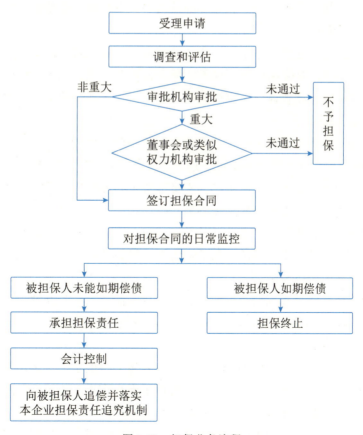

图2-11 担保业务流程

3）职责分工与授权审批

企业应当建立担保业务的岗位责任制，明确相关部门和岗位的职责权限，确保办理担保业务的不相容岗位相互分离、制约和监督。担保业务不相容岗位至少包括：

①担保业务的评估与审批；

②担保业务的审批与执行；

③担保业务的执行和核对；

④担保业务相关财产保管和担保业务记录。

企业应当建立担保授权制度和审核批准制度。明确审批人对担保业务的授权批准方式、权限、程序、责任和相关控制措施。

4）担保业务的主要风险

①违规风险。担保违反国家法律法规，可能遭受外部处罚、经济损失和信誉损失。

②决策失误风险。如果企业对担保申请人的资信状况调查不深，审批不严或越权审批，可能导致企业担保决策失误或遭受欺诈。

③法律责任风险。如果对被担保人在担保期内出现财务困难或经营陷入困境等状况监控不力，应对措施不当，又可能会导致企业承担法律责任。

④诉讼和损失风险。担保评估不适当，如果被担保人和提供担保人在担保过程中存在舞弊行为，则会导致经办审批等相关人员涉案或企业利益受损。

⑤担保执行监控不当，可能导致企业经营效率低下或资产遭受损失。

5）风险控制措施

一般情况下，企业应当严格限制担保业务活动，如确需对外提供担保的，应当在担保业务政策及相关管理制度中明确担保的对象、范围、方式、条件、程序、担保限额和禁止担保等事项，规范调查评估、审核批准、担保执行等环节的工作流程及控制措施，确实防范担保业务风险。

①企业应当对担保申请人进行资信调查和风险评估，并出具书面报告。企业自身不具备条件的，应委托中介机构对担保业务进行调查和评估。对于符合条件的担保申请人，经办人员应当在职责范围内，按照审批人员批准意见办理担保业务；对于审批人超越权限审批的担保业务，经办人员有权拒绝办理。

②企业应当加强对子公司担保业务的统一监控，企业内设机构未经授权不得办理担保业务；企业为关联方提供担保的，与关联方存在经济利益或近亲属关系的有关人员在评估与审批环节应当予以回避。

③企业应当根据审核批准的担保业务订立担保合同，定期监测被担保人的经营情况和财务状况，了解担保项目的执行、资金的使用、贷款的归还、财务运行及风险等情况，确定担保合同有效履行。

④企业应当加强对担保业务的会计系统控制，建立担保事项台账，及时足额收取担保费用；规范对反担保财产的管理，妥善保管被担保人用于反担保的财产和权利凭证，定期核实财产的存续状况和价值，发现问题及时处理。

⑤企业应当在担保合同到期时，全面清理用于担保的财产、权利凭证，按照合同约

定及时终止担保关系。

⑥企业应当建立担保业务责任追究制度，对在担保中出现重大决策失误、未履行集体审批程序或不按规定执行担保业务的部门及人员，应当严格追究责任人的责任。

3. 外包业务内部控制

1）外包业务概述

业务外包是企业利用专业化分工优势，将日常经营中的部分业务委托给本企业以外的专业服务机构或其他经济组织（承包方）完成的经营行为。业务外包可通过承包方分担企业的固定成本，将固定成本转化为可变成本，从而减轻企业的压力，使企业在开发和生产新产品的核心业务上更加灵活和高效。

企业应当制定科学合理的业务外包策略，根据外部环境要求和中长期发展战略需要，合理确定业务外包内容，避免将核心业务外包。

2）企业外包业务流程

企业的外保业务一般包括对外包业务实施方案的设计与决策审批、选择承包商、签订外包业务合同、对外包业务实施过程的监督、成果验收和会计控制等环节。具体流程中各业务环节的关系如图2-12所示。

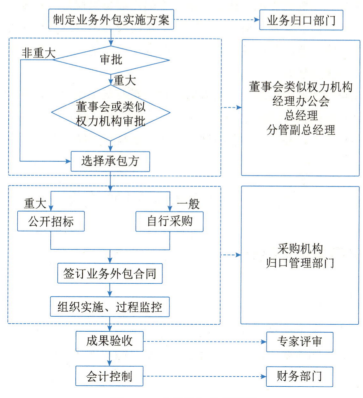

图2-12　企业外包业务流程

3）外包业务的主要风险

企业在将业务外包的同时，也承担着一些风险，主要包括：

①外包范围和价格确定不合理，承包方选择不当，可能导致企业遭受损失；

②业务外包监控不严、服务质量低劣，可能导致企业难以发挥业务外包的优势；

③业务外包存在商业贿赂等舞弊行为，可能导致企业相关人员涉案。

4）风险控制措施

存在业务外包活动的企业应当着手建立和完善业务外包管理制度，规定业务外包的范围、方式、条件、程序和实施等相关内容，明确相关机构和岗位的职责权限，强化业务外包全过程的监控，防范外包风险，充分发挥业务外包的优势。具体措施包括：

①合理确定外包业务范围，建立承包方资质审核和遴选制度，确保引入合格的外包合作伙伴。

②企业拟订业务外包实施方案，按照规定的权限和程序审核批准，重大外包业务方案应当提交董事会或类似决策机构审批。

③企业按照批准的业务外包实施方案，根据外包业务性质的不同，与承包方签订不同形式的合同协议文本，包括技术协议书、外包加工协议、规划试验大纲、咨询合同协议等。外包合同协议的订立、履行流程及其控制应符合《企业内部控制应用指引第 16 号——合同协议》的有关规定。除合同协议约定的保密事项外，企业应当根据业务外包项目实施情况和外界环境的变化，不断更新、修正保密条款，必要时可与承包方补签保密协议。

④加强业务外包实施的管理，注重与承包方的沟通与协调，并对承包方的履约能力进行持续评估。有确凿证据表明承包方存在重大违约行为，导致外包业务合同无法履行的，企业应当及时终止合同并更换承包方；承包方违约并造成企业损失的，企业应当进行索赔，并追究相关责任人责任。

⑤建立切实可行的监管机制，由双方的管理小组及相关用户定期举行会议，审查外包合同是否得到正确的执行，并制定标准对执行的业绩进行评分考核。要及时发现问题，报业务主管部门负责人，并经企业总经理审批通过后执行，及时解决问题。

2.3 企业管理手段的控制

2.3.1 财务报告内部控制

1. 财务报告概述

财务报告是企业财务信息对外报告的重要形式之一。尤其对上市公司而言，财务报告是投资者进行决策的重要依据；对国有企业，则可能成为政府进行经济决策时关注的重要信息来源。

2. 财务报告业务流程

财务报告流程由财务报告编制流程、财务报告对外提供流程、财务报告分析利用流程三个阶段组成。其通用流程如图 2-13 所示。企业在实际操作中，应当充分结合自身业务特点和管理要求，构建和优化财务报告内部控制流程。

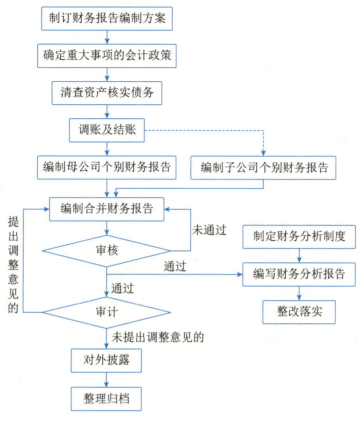

图 2-13　企业财务报告流程

3. 财务报告内部控制的主要风险

总结我国企业尤其是上市公司近年来财务舞弊和财务管理失误等方面的案例，财务报告应用指引概括出以下相关重要风险：①法律责任风险。企业财务报告的编制违反会计法律法规和国家统一的会计准则制度，导致企业承担法律责任、遭受损失和声誉受损。②违规风险。企业提供虚假财务报告，误导财务报告使用者，造成报告使用者的决策失误，干扰市场秩序；企业不能有效利用财务报告，难以及时发现企业经营管理中的问题，还可能导致企业财务和经营风险失控。

4. 风险控制措施

1）重视财务报告编制工作

①企业编制财务报告时，重点关注会计政策和会计估计；对财务报告产生重大影响的交易和事项的处理，还要按照规定的权限和程序进行审批。

②按照国家统一的会计准则和相关制度规定，根据登记完整、核对无误的会计账簿记录和其他有关资料编制财务财告，做到内容完整、数字真实、计算准确，不得漏报或者随意进行取舍；企业集团还应编制合并财务报表，明确合并财务报表的合并范围和合

并方法，如实反映企业集团的财务状况、经营成果和现金流量。

③依照法律法规和国家统一的会计准则和相关制度的规定，及时对外提供财务报告；财务报告须经注册会计师审计的，注册会计师及其所在的事务所出具的审计报告应当随同财务报告一并提供。

2）重视财务报告分析工作

定期召开财务分析会议，充分利用财务报告反映的综合信息，全面分析企业的经营管理状况和存在的问题，不断提高经营管理水平。总会计师或分管会计工作的负责人应当在财务分析和利用工作中发挥主导作用，财务分析报告结果应当及时传递给企业内部有关管理层级。

3）重视财务报告形成过程控制

①制定明确的财务报告编制、报送及分析利用等相关流程，职责分工、权限范围和审批程序应当明确规范，机构设置和人员配备应当科学合理，并确保全过程中财务报告的编制、披露和审核等不相容岗位相互分离。

②健全财务报告各环节授权批准制度。企业应当健全财务报告编制、对外提供和分析利用各环节的授权批准制度，具体包括：编制方案的审批、会计政策与会计估计的审批、重大交易和事项会计处理的审批、对财务报告内容的审核审批等。为此，企业应做好以下几项工作：第一，根据经济业务性质、组织机构设置和管理层级安排，建立分级管理制度；第二，规范审核审批的手续和流程，确保报送和进行审核审批的级别符合所授的管理权限，申报材料翔实完整，签字盖章齐全，用印用章符合要求，切实履行检查审核义务而非流于形式等；第三，建立相关政策，限制对现有财务报告流程进行越权操作。任何越权操作行为，必须另行授权审批后方能进行，且授权审批文件应妥善归档。

③建立日常信息核对制度。企业应当从会计记录的源头做起，建立起日常信息定期核对制度，以保证财务报告的真实、完整，防范出于主观故意的编造虚假交易、虚构收入、费用的风险，以及由于会计人员业务能力不足导致的会计记录与实际业务发生的金额、内容不符的风险。

④充分利用信息技术，采集、汇总、生成内部报告信息，构建科学的内部报告网络体系。企业内部各级次均应当指定专人负责内部报告工作，规定不同级次报告的时点，确保在同一时点上形成分级和汇总信息。

⑤建立内部报告的评估制度，对内部报告的形成和使用进行全面评估，重点关注报告信息的准确性和沟通机制的有效性。

2.3.2 全面预算控制

1. 全面预算概述

全面预算是指企业对一定期间的经营活动、投资活动、财务活动等作出的预算安排。全面预算作为一种全方位、全过程、全员参与编制与实施的预算管理模式，凭借其计划、协调、控制、激励、评价等综合管理功能，整合和优化配置企业资源，提升企业运行效率，成为促进实现企业发展战略的重要抓手。

企业应当加强对全面预算工作的组织领导，明确预算管理体制以及各预算执行单位的职责权限、授权批准程序和工作协调机制。企业设置全面预算管理体制，应遵循合法科学、高效有力、经济适度、全面系统、权责明确等基本原则，一般具备全面预算管理决策机构、工作机构和执行单位3个层次的基本架构。企业全面预算组织结构如图2-14所示。

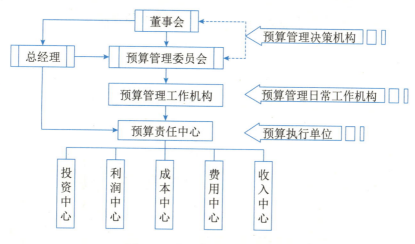

图2-14 企业全面预算组织结构

1）全面预算管理决策机构——预算管理委员会

企业应当设立预算管理委员会，作为专门履行全面预算管理职责的决策机构。预算管理委员会成员由企业负责人及内部相关部门负责人组成，总会计师或分管会计工作的负责人应当协助企业负责人负责企业全面预算管理工作的组织领导。

2）全面预算管理工作机构

企业在预算管理委员会下设立预算管理工作机构，由其履行预算管理委员会的日常管理职责。一般称之为预算管理办公室。预算管理工作机构一般设在财务部门，其主任一般由总会计师（或财务总监、分管财会工作的副总经理）兼任，工作人员除了财务部门人员外，还应有计划、人力资源、生产、销售、研发等业务部门人员。

3）全面预算执行单位

全面预算执行单位是指根据其在企业预算总目标实现过程中的作用和职责划分的，承担一定经济责任，并享有相应权利和利益的企业内部单位，包括企业内部各职能部门、所属分（子）公司等。企业内部预算责任单位的划分应当遵循分级分层、权责利相结合、责任可控、目标一致的原则，并与企业的组织机构设置相适应。根据权责范围，企业内部预算责任单位可以分为投资中心、利润中心、成本中心、费用中心和收入中心。预算执行单位在预算管理部门的指导下，组织开展本部门或本企业全面预算的编制工作，严格执行批准下达的预算。

2. 全面预算基本业务流程

企业全面预算业务的基本流程一般包括预算编制、预算执行和预算考核三个阶段。

其中，预算编制阶段包括预算编制、预算审批、预算下达等具体环节；预算执行阶段涉及预算指标分解和责任落实、预算执行控制、预算分析、预算调整等具体环节。预算考核阶段涉及考核标准制定、考核结果分布等环节。这些业务环节相互关联、相互作用、相互衔接，并周而复始地循环，从而实现对企业全面经济活动的控制。全面预算的基本业务流程如图 3-15 所示。

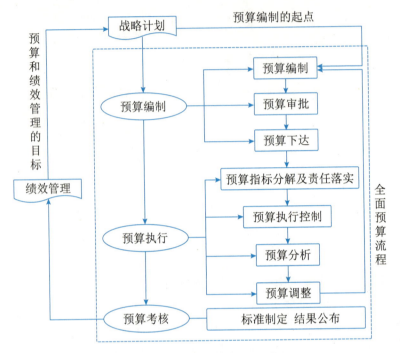

图 2-15　全面预算的基本业务流程

3. 全面预算的主要风险

全面预算的风险概括为：①不编制预算或预算不健全，可能导致企业经营缺乏约束或盲目发展；②预算目标不合理、编制不科学，可能导致企业资源浪费或发展目标难以实现；③预算缺乏刚性、执行不力、考核不严，可能导致预算管理流于形式。

4. 风险控制措施

企业在加强全面预算工作的组织领导、明确预算管理体制以及各预算执行单位的职责权限、授权批准程序和工作协调机制的基础上，着重做到以下几点：

（1）建立和完善预算编制工作制度。明确编制依据、编制程序、编制方法等内容，确保预算编制依据合理、程序适当、方法科学，避免预算指标过高或过低。

（2）加强预算编制的过程控制。根据发展战略和年度生产经营计划，综合考虑预算期内经济政策、市场环境等因素，按照上下结合、分级编制、逐级汇总的程序，编制年度全面预算。企业预算管理委员会应当对预算管理工作机构在综合平衡基础上提交的预算方案进行研究论证，从企业发展全局角度提出建议，形成全面预算草案，并提交董事会审核。企业全面预算按照相关法律法规及企业章程的规定报经审议批准后，应当以文件形式下达。

（3）加强对预算执行的管理。全面预算一经下达，各预算执行单位必须以此为依据，认真组织各项生产经营和投融资活动，严格预算执行和控制。企业预算工作机构和各预算执行单位还应当建立预算执行情况分析制度，定期召开预算执行分析会议，妥善解决预算执行中存在的问题。

（4）建立严格的预算执行考核制度。对各预算执行单位和个人进行考核，切实做到有奖有惩、奖惩分明。必要时，企业可实行预算执行情况内部审计制度。

2.3.3 合同管理控制

1. 合同管理概述

合同是企业与自然人、法人及其他组织等平等主体之间设立、变更、终止民事权利义务关系的协议。合同包括书面合同和口头合同。在市场经济环境下，合同已成为企业最常见的契约形式。企业加强合同业务的内部控制，旨在规范合同双方当事人的经营行为，帮助企业维护自身合法权益、防控法律风险，促进实现内部控制目标。

2. 合同管理业务流程

合同管理从大的方面可以划分为合同订立阶段和合同履行阶段。合同订立阶段包括合同调查、合同谈判、合同文本拟定、合同审批、合同签署等环节；合同履行阶段涉及合同履行、合同补充和变更、合同解除、合同结算、合同登记与合同归档等环节。由于合同规范的业务类型繁多，使得合同在内容、要求、格式等方面存在着一定的差异，但是一般合同必须具备以上规定的流程。合同业务流程中各环节之间的关系如图2-16所示。

3. 合同管理的主要风险

合同管理风险包括：①合同订立不当风险。如果企业未订立合同、未经授权对外订立合同、合同对方主体资格未达要求、合同内容存在重大疏漏和欺诈，会导致企业合法权益受到侵害。②合同履行不到位风险。如果合同未全面履行或监控不当，又可能导致企业诉讼失败，经济利益受损。③合同法律责任风险。如果合同纠纷处理不当，则会损害企业利益、信誉和形象。

4. 风险控制措施

1）企业对外发生经济行为，应当订立书面合同

企业应当根据协商、谈判结果，拟定合同文本，明确双方的权利义务和违约责任，并严格进行审核。合同文本须报经国家有关主管部门审查或备案的，应当履行相应程序。

对于影响重大、涉及较高专业技术或法律关系复杂的合同，应当组织法律、技术、财会等专业人员参与谈判，必要时可聘请外部专业人员参与相关工作；谈判过程中的重要事项和参与谈判人员的主要意见，应当予以纪录并妥善保存。

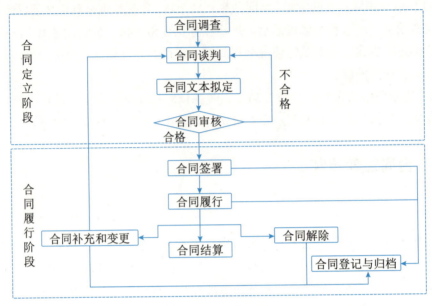

图 2-16　合同管理流程

2）建立合同管理制度

在合同管理流程中，各业务环节之间相互联系，各业务环节也对经办人提出了不同的要求，因此，企业应该建立分级授权管理制度，对合同实行统一归口管理，明确职责分工，健全考核与责任追究制度。

①企业应当按照规定的权限和程序与对方当事人签署合同。正式对外订立的合同，应当由企业法定代表人或其授权代理人签名或加盖有关印章。属于上级管理权限的合同，下级单位不得签署。

②企业应当加强合同信息安全保密工作，未经批准，不得以任何形式泄漏合同订立与履行过程中涉及的商业机密或国家机密。

③企业应当建立合同履行情况评估制度，至少每年年末对合同履行的总体情况和重大合同履行的具体情况进行分析评估，对分析评估中发现的不足或问题应及时加以改进。

3）对合同履行实施有效监控

企业应当遵循诚实信用原则严格履行合同，对合同履行实施有效监控，发现有显失公平、条款有误或对方有欺诈行为等情形，或因政策调整、市场变化等客观因素，已经或可能导致企业利益受损，应当按照规定程序及时报告，并经双方协商一致，按照规定权限和程序办理合同变更或解除事宜；存在合同纠正情形的，应依据国家相关法律法规，在规定时效内与对方当事人协商并按照规定权限和程序及时报告，协商无法解决的，根据合同约定选择仲裁或诉讼方式解决。

2.3.4 内部信息传递控制

1. 内部信息传递概述

内部信息传递是企业内部各管理层级之间通过内部报告形式传递生产经营管理信息的过程。信息资源是一个企业赖以生存的重要因素之一，企业在制定决策和日常运作中需要各种形式的信息。企业的内部控制活动离不开信息的沟通和传递。信息在企业内部进行有目的的传递，对贯彻落实企业发展战略、执行企业全面预算、识别企业生产经营活动中的内外部风险具有重要作用。

2. 内部信息传递流程

企业应当加强内部报告管理，全面梳理内部信息传递过程中的薄弱环节，建立科学的内部信息传递机制，明确内部信息传递具体要求，关注内部报告的有效性、及时性和安全性，促进内部报告的有效利用，充分发挥内部报告的作用。

企业在实际操作中，应当充分结合自身业务特点和管理要求，构建和优化内部信息传递流程，一般情况下，企业内部信息传递流程包括建立内部报告指标体系、收集整理内外部信息形成内部报告、审核报告、内部报告的流转、内部报告的利用、保管和评价等环节。各环节的关系如图 2-17 所示。

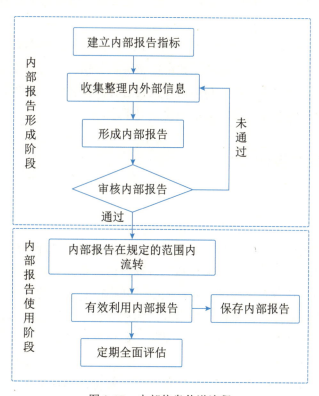

图 2-17 内部信息传递流程

3. 内部信息传递的主要风险

内部信息传递流程中各环节的业务内容和要求有所不同，企业应该根据各业务环节不同，识别各业务环节的风险点及设计不同的应对措施。企业内部信息传递总体应关注的风险包括：①内部信息体系缺失风险。如果企业内部报告系统缺失，功能不健全，内容不完整，可能会影响生产经营有序运行。②内部信息传递管理风险。如果内部信息传递不通畅、不及时，则可能导致企业决策失误、相关政策措施难以落实。③泄密的风险。如果内部信息传递中泄露商业秘密，则会削弱企业核心竞争力。

4. 风险控制措施

针对上述重要风险，企业应建立科学的内部信息传递机制，明确内部信息传递的内容、保密要求、传递方式以及各管理层级的职责权限等，促进内部报告的有效利用，充分发挥内部报告的作用。

（1）企业应当根据发展战略、风险控制和业绩考核要求，科学规范不同级次内部报告的指标体系，采用经营快报等多种形式，全面反映与企业生产经营管理相关的各种内外部信息。

（2）企业应当制定严密的内部报告流程，充分利用信息技术，强化内部报告信息集成和共享，将内部报告纳入企业统一信息平台，构建科学的内部报告网络体系。

（3）企业应当拓宽内部报告的渠道，通过落实奖惩措施等多种有效方式，广泛收集合理化建议。

（4）企业应当重视内部报告的使用。企业各级管理人员应当充分利用内部报告管理和指导企业的生产经营活动，及时反映全面预算执行情况，协调企业内部相关部门和各单位的运营进度；企业应当有效利用内部报告进行风险评估，准确识别和系统分析企业生产经营活动中的内外部风险，确定风险应对策略。

2.3.5 信息系统控制

1. 信息系统内部控制概述

信息系统是指企业利用计算机和通信技术，对内部控制进行集成、转化和提升所形成的信息化管理平台。信息系统内部控制的目标是促进企业有效实施内部控制，提高企业现代化管理水平，减少人为操纵因素；同时，增强信息系统的安全性、可靠性和合理性以及相关信息的保密性、完整性和可用性，为建立有效的信息与沟通机制提供支持保障。信息系统内部控制的主要对象是信息系统，由计算机硬件、软件、人员、信息流和运行规程等要素组成。

企业应当重视信息系统在内部控制中的作用，根据内部控制要求，结合组织架构、业务范围、地域分布、技术能力等因素，制定信息系统建设总体规划，加大投入力度，有序组织信息系统开发、运行与维护，优化管理流程，防范经营风险，全面提升企业现代化管理水平。

2. 信息系统控制业务流程

虽然信息系统的开发方式有自行开发、外购调试、业务外包等多种方式，但控制流程大体相似，通常包含项目计划、需求分析、系统设计、编程和测试、上线等环节。

3. 信息系统控制的主要风险

企业信息系统内部控制以及利用信息系统实施内部控制也面临诸多风险，具体包括：①信息系统缺乏或规划不合理，可能造成信息孤岛或重复建设，导致企业经营管理效率低下；②系统开发不符合内部控制要求，授权管理不当，可能导致无法利用信息技术实施有效控制；③系统运行维护和安全措施不到位，可能导致信息泄漏或毁损，系统无法正常运行。

4. 风险控制措施

鉴于信息系统在实施内部控制和现代化管理中具有十分独特而重要的作用，加之信息系统本身的复杂性和高风险特征，《企业内部控制应当指引第 18 号——信息系统》规定，企业负责人对信息系统建设工作负责。企业应当重视信息系统在内部控制中的作用，根据内部控制要求，结合组织架构、业务范围、地域分布、技术能力等因素，制定信息系统建设总体规划，加大投入力度，有序组织信息系统开发、运行与维护，优化管理流程，防范经营风险，全面提升企业现代化管理水平。具体而言：

（1）企业应当根据信息系统建设整体规划提出项目建设方案，明确建设目标、人员配备、职责分工、经费保障和进度安排等相关内容，按照规定的权限和程序审批后实施。

（2）企业开发信息系统应当将生产经营管理业务流程、关键控制点和处理规则嵌入系统程序，实现手工环境下难以实现的控制功能。

（3）企业应当加强信息系统开发全过程的跟踪管理，组织开发单位与内部各单位的日常沟通和协调，督促开发单位按时保质完成编程工作，对配备的硬件设备和系统软件进行检查验收，组织系统上线运行等。企业还应当组织独立于开发单位的专业人员对开发完成的信息系统进行验收测试，并做好信息系统上线的各项准备工作。

（4）企业应当加强信息系统运行与维护的管理，制定信息系统工作程序、信息管理制度以及各模块子系统的具体操作规范，及时跟踪、发现和解决系统运行中存在的问题，确保信息系统按照规定的程序、制度和操作规范持续稳定运行。

（5）企业应当重视信息系统运行中的安全保密工作，确定信息系统的安全等级，建立不同等级信息的授权使用制度、用户管理制度和网络安全制度，并定期对数据进行备份，避免损失。对于服务器等关键信息设备，未经授权，任何人不得接触。

2.4 案例讨论

2.4.1 SG集团销售业务的内部控制

SG 集团于 2006 年成立,是由国家科技部、信息产业部、中国科学院联合推动,为实现民族高性能计算机产业的历史跨越而成立的。其以中科院计算所、国家智能计算机研究开发中心和国家高性能计算机工程中心为技术依托,拥有强大的技术实力,是中国高性能计算、服务器、云计算、大数据领域的领军企业。2014 年,SG 集团作为中国高性能计算行业第一股成功在 A 股上市,发行了 7 500 万股,募资总额 39 675 万元。

1. SG 集团销售业务经营状况

(1) 现金流分析(见表 2-32)。SG 集团目前需要举债运营,通过募集资金进行规模扩张;2016 年和 2018 年前 3 季度经营现金流量净额为负,完全靠借债维持生产经营和生产规模的扩大,财务状况不稳定。近五年公司经营性现金流整体表现欠佳,公司上下游结算周期不甚匹配,主要因为随着经营规模的扩大,经营性应收账款加大以及销售环节收到的银行承兑汇票增加,年末应收账款规模大幅增加所致。

表 2-32 2014—2018 年现金流分析表　　　　　　　　　　　　　　单位:万元

年　度	2014	2015	2016	2017	2018 前 3 季度
经营活动产生的现金流量净额	3 075.23	2 986.91	−24 110.56	4 193.80	−10 415.21
投资活动产生的现金流量净额	−22 654.87	−20 121.15	−116 744.35	−76 830.31	−53 030.85
筹资活动产生的现金流量净额	18 361.41	83 174.51	148 580.92	175 233.12	80 588.02

(2) 存货周转率分析(见表 2-33)。从 2016 年到 2018 年,存货周转率呈下滑趋势。因服务器销售周期性明显,大量订单的验收集中于第 4 季度,导致前 3 季度存货周转率较低,每年的存货都会在 3 季度末达到峰值。2018 年第 3 季度主要是因为中国移动、北京字节跳动、国家气象中心等重大项目发出商品尚未验收结算所致。

表 2-33 2014—2018 年存货周转率分析　　　　　　　　　　　　　　单位:万元

年　度	2014	2015	2016	2017	2018 前 3 季度
营业成本	219 826.74	292 790.47	345 078.55	519 814.50	444 068.33
期初存货	40 489.01	31 543.58	55 889.70	63 077.14	128 572.48
期末存货	31 543.58	55 889.70	63 077.14	128 572.48	281 956.22
存货周转率	6.10	6.70	5.80	5.42	2.16

(3) 应收账款周转率分析(见表 2-34)。SG 集团的应收账款周转期从 2015 年开始下滑,这一方面是因为为扩大市场,SG 集团在销售业务信用方面较为宽松。另一方面是因为近 5 年来收入规模增长较快,但企业内部流程和管理模式却仍然停留在几年前

的水平，管理相对落后。

表 2-34　2014—2018 年应收账款周转率分析　　　　　　　　　单位：万元

年　　度	2014	2015	2016	2017	2018 前 3 季度
销售收入	279 675.11	366 211.39	436 014.85	629 422.34	545 760.46
期初应收账款余额	32 790.74	57 066.35	118 808.18	136 938.18	205 140.64
期末应收账款余额	57 066.35	118 808.18	136 938.18	205 140.64	205 519.51
应收账款周转率	6.22	4.16	3.41	3.68	2.66

（4）资产总额周转率分析（见表 2-35）。SG 集团的总资产周转率处于下滑的趋势，从 2014 年至 2017 年，资产周转率平均每年下滑 8.82%。总资产周转率较低与 SG 集团所处的行业有关，项目工期较长，项目验收前发出商品较多，期末存货余额和应收账款余额都较大。随着近年来 SG 集团销售收入的增长，资产周转率反而下行。

表 2-35　2014—2018 年资产总额周转率分析　　　　　　　　　单位：万元

年　　度	2014	2015	2016	2017	2018 前 3 季度
营业收入	279 675.11	366 211.39	436 014.85	629 422.34	545 760.46
资产总额年初数	351 203.78	292 077.49	462 142.88	613 160.44	1 008 745.42
资产总额年末数	292 077.49	462 142.88	613 160.44	1 008 745.42	1 224 141.88
总资产周转率（次/年）	1.03	0.97	0.81	0.78	0.49

2. SG 集团销售业务流程

SG 集团是制造销售高性能计算机的企业，截止到 2017 年公司共有员工 2 226 名，其中销售人员 554 名。企业将销售划分为信用审批、销售发货以及收款这三个重要环节，目的是促使销售行为合乎规范，消除销售过程中产生的差错与舞弊，为销售业务的顺利进行提供有力保障，同时保证销售业务会计记账的真实性、完整性和合法性。涉及的部门主要有销售部门、营销支持部门、工厂、仓储部门、财务部门。目前 SG 集团销售流程如表 2-36 所示。

表 2-36　销售流程表

步　　骤	发现商机	分析机会	落实机会	合同评审
涉及部门（人员）	销售人员 客户	销售人员 营销支持部	销售人员 客户 解决方案中心	销售人员 财务部 法务部 营销支持部
步　　骤	安排生产	发货	客户收货验收	货款收回
涉及部门（人员）	营销支持部工厂	仓储部 财务部	销售人员 客户 财务部	销售人员 客户 财务部

3. SG 集团销售业务内部控制存在的问题

1）客户信用审批存在的问题

信用管理是销售业务中十分重要的一环，SG 集团对不同客户区分了固定信用额度和临时信用额度。其中固定信用额度的客户可一年申请一次，在其发货应收和账载应收款之和小于其固定信用额度时，可正常发货。临时信用额度则为一单一审制度，需为每个合同单独申请。根据 SG 集团现有流程，销售人员在发现商机至与客户谈判，商议解决方案时因合同金额等信息暂未确定暂不申请信用额度，但在合同评审时突击申请信用额度，留给财务审批时间极少。甚至会出现客户已将合同盖章完毕而公司信用额度尚未审批，因交货期等原因销售人员或者销售经理催促财务部审批信用的情况，财务部在此方面十分被动，失去了信用审批作为事前控制的意义。

2）发货阶段存在的问题

SG 集团销售收入大部分由赊销实现，正常的发货流程由销售人员发起，如在信用额度内则自动发货，否则则需财务部手工放单。一方面现有 SAP 系统中针对应收账款逾期的计算日期仅为发货后 × 天，而实际签订的合同大多需要验收后客户方可回款。在录入合同时需销售人员预估发货后多少天可以验收完成回款，但因其他原因验收一旦推后，系统便无法对该客户正常放单，需财务部人工复核情况后手工放单，这样既加大了财务部工作量，又产生了额外的风险，即财务部有权在不经过领导审批的情况下进行发货。

3）客户收货验收阶段存在的问题

根据所处行业和一般合同规定，大部分合同需要取得客户出具的终验单作为确认收入记账的依据。因 SG 集团销售业务遍布各地，在多个省份设立有分公司或营业部，验收单通常由销售人员负责联系客户取得，但无法及时送到北京总部。故通常使用扫描件或者照片的形式发送到财务部，但财务部因人手缺乏的原因，验收单管理混乱，缺乏必要的验收单审批程序。部分销售人员与客户提前填写验收单，甚至出现验收日期早于发货日期的情况，还有伪造客户印章自制验收单的情况发生，后期被审计部门查出，给公司带来不必要的损失。

4）开具发票中存在的问题

SG 集团北京分公司平均每月对外开具发票近千张，天津、盘锦、江苏、青岛等地的分公司每月对外开票也近千张。据不完全统计，每月冲红、重开、作废的发票占据了近五分之一，这大大浪费了财务部的人力。究其原因，一方面是合同签订时没有对如何开具发票进行明确说明，另一方面是销售人员与客户缺乏沟通。部分发票是交到客户手中后发现税号、商品名称等信息不符导致退回，由于发票原因也导致货款延期收回。

5）应收账款管理中的问题

销售货款是公司重要的资金来源，虽然 SG 集团有专门的应收账款管理人员，但有关制度尚未规范统一，催款工作尚未流程化。催款形式也限于定期邮件通知销售人员，没有有效的反馈管理机制。虽然会根据部门欠款计算资金占用费进入考核，但计算方式仅根据应收总额而不与账期相联系导致小额长期应收难以得到重视。另外销售人员流动性高，部分长期欠款跟催困难，根据 2017 年的审计报告来看，集团一年以上的应收账款高达 2.7 亿元，严重影响集团的现金流。另外因 SAP 系统中应收款的到期日与合同偏差较大，导致系统表格与实际不符，需财务部根据合同内容以及销售人员反馈合同进度手工调整。

2.4.2 案例启示

1. SG 集团销售业务内部控制存在问题的原因

1）控制环境有待改善

内控与风险管理过程中，建立良好的内部控制环境是最根本的因素之一。SG 集团以"振兴民族信息产业，为信息化社会提供优质的产品服务"为使命，在成立之初就建立了一整套内部控制体系。随着公司的迅速发展，集团的销售额已经从 2014 年的 28 亿元迅速增长到 2018 年预计的 100 亿元，但内部流程和架构未得到相应的调整。首先系统较为单一，已无法满足目前复杂的市场形势，导致许多工作依赖人工处理。其次，人员流动性大，以财务部为例，集团 2017 年底共有财务人员 66 人，2018 年已离职 10 人之多。销售人员亦是如此，销售人员对于已离任员工的应收账款往往是事不关己的态度，不会加以重视。再次，SG 集团缺乏独立的信用管理部门，仅把信用管理工作分派到了财务部不同的人员身上，在 2015—2017 年快速扩张期间为了抢占市场份额大量赊销授信。没有专业的人员对客户资质进行审查，对客户公司运营情况没有充分掌握。也没有专门的部门负责应收账款的催收以及对客户的预警，导致只注重销售业绩的增长而忽视回款，不利于公司的长期发展。

2）沟通与信息共享不畅

信息与沟通是内控实施的关键条件，不仅限于公司内部部门之间的沟通，还包括与客户的沟通等。公司虽然建立了 OA 审批系统、SAP 管理系统、SPM 销售订单管理系统等，但系统之间也缺乏信息的共享。例如销售对账、账龄分析、部门绩效等工作仍然需要人工调整，手工维护数据。销售人员与财务部的沟通一般也仅限于开票、回款，导致信用管理工作缺乏预见性，流于形式，也无法提前识别风险。

3）应收账款管理机制不完善

销售回款作为企业资金的重要来源，一直是公司运营的重点工作。就目前来看，SG 集团虽然设立了专门人员负责应收账款，但催款形式往往仅停留在口头和邮件提醒上，不能发挥出应有的作用。销售人员的业绩考评中销售额仍是主要目标，回款奖励（惩罚）没有起到实质性的作用，没有调动销售人员的积极性。针对逾期款项，财务部门也仅仅停留在询问销售人员逾期的原因这一表面工作上，未能做具体分析，同时，也不能有效辨别销售人员传递信息的真实性。对于部分经营不善陷入困境的客户，也没有有效的甄别预警机制，导致不能及时催收而产生坏账损失，甚至在客户陷入困境时仍按原信用额度发货。

2. 建立销售业务全过程管理体系

遵循管理过程的事前预防、事中监控和事后处理，采取对风险的主动控制，建立全方位管理体系（见图 2-18），将销售业务中的信用风险管理工作落实。

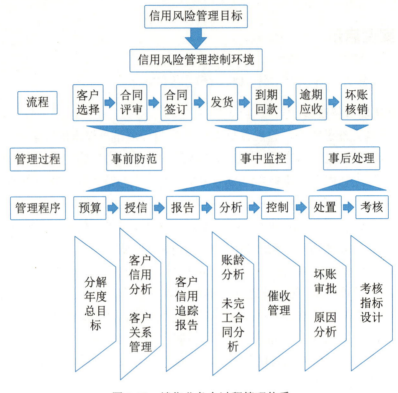

图 2-18　销售业务全过程管理体系

1）事前防范

事前防范是指在合同签订前，甚至商机发现时及时地对客户做出信用评价，提前拒绝不良客户，增强信用管理的主动性。根据客户财务报表、历史交易记录、行业风险、同业竞争力等信息进行客户评级，根据评级结果来决策是否赊销以及赊销账期，强化公司授信管理。此外，制定标准合同条款，对验收日期以及开票内容作出提前规划，尽可能避免后期可能发生的风险。

2）事中监控

事中监控是指合同完全发货之后到货款全额回款之前的监控，目前公司针对这一环节管理较为薄弱，应加强对发出商品以及应收账款的分析和管理。对于长期发货未完工的合同应给予更多的关注和管理，及时和销售人员沟通了解项目进展情况。健全应收账款管理机制，定期举办应收账款管理会议，与销售人员共同探讨历史遗留问题进展和目前客户履约情况，对于无理由逾期的，提交法务部门协助。对于经营情况不稳定的授信企业进行按时复核，一旦发现其出现经营情况恶化的趋势，立即重新评估其信用并提前催收款项。

3）事后处理

完善绩效考核指标，除销售业绩外，加大客户是否按时回款所占的比重。并且根据逾期时间的长短制定不同的权重。发现问题后及时分析原因，总结经验。

延伸思考问题及指引

企业内部控制规范及应用指引已经颁布十年有余，上市公司均建立了内部控制自我评价制度，为什么在内部控制强迫接受外部审计的制度背景下，市场上仍然有部分上市公司被曝出内控缺失导致巨大的财务舞弊案件，如2019年曝光康美药业在2017年虚增货币资金300亿元，2018年继续财务造假，2020年初曝光的瑞幸咖啡，也以伪造编造销售凭证虚增营业收入、高估存货等恶劣手段大肆进行盈余管理，给投资者带来了巨大的损失。究其原因就是高管层丧失责任道德底线，在市场监管压力下，仍将利益凌驾在公司内控制度之上。那么上市公司应如何创建企业内部控制环境及风险管理文化？如何发挥上市公司内部控制的真正作用？这应该引起上市公司、社会监管机构以及社会投资者的深度思考。

参考文献

[1] 企业内部控制编审委员会.企业内部控制基本规范及配套指引案例讲解[M].上海：立信会计出版社，2012.

[2] 中国注册会计师考试委员会.风险管理·注册会计师2019年考试教材[M].北京：经济科学出版社，2019.

[3] 中国注册会计师考试委员会.审计·注册会计师2019年考试教材[M].北京：经济科学出版社，2019.

[4] 杨有红.企业内部控制[M].北京：北京大学出版社，2019.

[5] 李荣梅，陈良民.企业内部控制与审计[M].北京：经济科学出版社，2019.

[6] 刘红霞，杨芳.基于人员、制度、流程的企业内部控制三维体系研究[J].中央财经大学学报，2010，（11）：86-90.

[7] 刘志远，刘青.集体决策能抑制恶性增资吗——一个基于前景理论的实验研究[J].中国工业经济，2008，（4）：13-20.

[8] 李焰，陈才东，黄磊.集团化运作、融资约束与财务风险——基于上海复星集团案例研究[J].管理世界，2007，（12）：117-135.

[9] 李国忠.企业集团预算控制模式及其选择[J].会计研究，2005，（04）：47-50+95.

[10] 吕敏康，许家林.企业内部控制专家系统研究——以GLNT集团采购成本控制为例[J].会计研究，2012，（12）：61-67+95.

第 3 章　企业内部控制评价

> **教学目标**　通过本章学习，使学生了解企业内部控制评价报告的基本内容，理解内部控制缺陷的内涵及评价标准，对我国企业内部控制评价报告的规范编制有清晰的认识。
>
> **内容摘要**　本章重点介绍了《企业内部控制评价指引》的主要内容，包括内部控制评价的主体、客体及其评价程序，内部控制评价基本内容，内部控制缺陷的认定标准以及企业内部控制自我评价报告的披露内容。此外，本章还介绍了《企业内部控制审计指引》的相关内容，介绍了注册会计师对企业内部控制审计结果披露报告的四种形式。最后，本章以万福生科为例，介绍了该企业内部控制缺陷认定标准方面存在的问题，并在此基础上对财务报告内部控制、非财务报告内部控制的内部缺陷认定标准提出了相关建议。

内部控制评价，是指由企业董事会或者类似权力机构实施的，对企业内部控制的有效性进行全面评价、形成评价结论、出具评价报告的过程。企业应当根据国家有关法律法规和《企业内部控制基本规范》的要求，结合企业自身的实际情况，针对企业在内部控制设计和实施中存在的问题，对战略目标、经营管理的效率和效果目标、财务报告及相关信息真实及完整性目标、资产安全目标、合法合规目标等单个、多个或整体控制目标的实现程度和效果进行评价，进而通过评价—反馈—再评价的动态循环，实现内部控制的持续改进和自我完善。我国《企业内部控制基本规范》明确要求："企业应结合内部监督情况，定期对内部控制的有效性进行自我评价，出具内部控制自我评价报告。"内部控制评价不仅有利于企业优化内部控制自我监督机制，促进内部控制有效性的持续提升，而且对实现企业管理与政府监管的协调互动，提高企业运行的透明度、满足利益相关者需要等均具有重要意义。

3.1　内部控制评价主体、客体与程序

3.1.1　内部控制评价主体

内部控制评价主体的确定是内部控制评价体系构建的一个关键因素。内部控制评价的定义已经指出，董事会是内部控制评价的最终责任主体。董事会对内部控制评价报告的真实性负责。实际工作中，一般是董事会通过审计委员会来承担对内部控制评价的组织、领导和监督职责，企业管理层具体负责组织实施内部控制评价工作。因此在实际操作中，内部控制评价的具体工作可由受董事会和管理层授权的内部审计机构或外部的审计机构负责。内部控制评价主体主要有企业管理层、外部中介机构和企业的内部审计人员三类。

1. 企业经营管理人员

内部控制评价的目标是实现内部控制的持续改进和自我完善，需要全体员工共同努力，而不是企业某个部门或者某个员工的事情。在传统的评价模式下，往往是将评价主体与内部控制的执行人员相互独立，内部控制评价的实施会使得评价者和被评价者之间有抵触情绪甚至产生矛盾。我国《企业内部控制基本规范》的内部控制评价模式是内部控制自我评价模式，内部审计人员的角色由单纯的监督者变为协调者，公司管理层和员工也成为内部控制自我评价的主体。实施内部控制评价时，通过公司管理层和员工共同参与的模式，共同对内部控制进行评估。企业管理层了解企业日常经营的全部信息，部门员工是日常经营活动的参与者，在进行内部控制自我评价时，通过内审人员的协调和指引，管理层和员工可以更好地理解内部控制中的问题，了解组织其他职能部门的工作状况，更好地完善企业的内部控制体系。为此，管理层应结合日常掌握的信息，具体负责组织实施内部控制评价工作，担负起运行和维持内部控制的主要责任，为内部控制评价方案提出应重点关注的业务或事项，审定评价方案和听取评价报告；对于评价中发现的问题或报告的缺陷，应按董事会或审计委员会的整改意见，积极采取有效措施予以整改；并且员工和内部审计部门也要与管理层一起承担对内部控制评估的责任。

2. 外部中介机构

外部中介机构（会计师事务所和专业咨询公司）为企业进行的内部控制评价业务有鉴证和咨询两种类型，其中鉴证类内部控制评价是由会计师事务所予以实施，其关注的重点是企业的财务报告内部控制，其目标是鉴证企业是否能有效实施内部控制以保障财务报告的真实性；咨询类内部控制评价，由企业内部审计外包给会计师事务所或专业咨询公司，其评价的目标与企业内部审计人员的评价目标是一致的。

外部中介机构受企业董事会或管理层的委托对企业实施内部控制评价，相对于企业内部审计机构，具有独立性强的优势，可以客观公正地发表意见；相应地企业不再设置专门的内部控制评价岗位，可以节约费用。但毕竟外部中介机构因评价工作需要才临时进入企业，工作时间短、不完全了解企业的实际情况，再加上对公司的发展目标、组织架构、公司治理、内部环境等了解不够全面等因素的影响，对内部控制的评价难以保证评价结果准确、恰当。因此，对企业而言，在参考外部中介机构的内部控制评价结论的同时，还要结合内部审计人员的内部控制评价结论做出相关整改措施。

3. 企业内部审计人员

企业内部审计机构根据授权承担内部控制评价的具体工作，为了保证评价的独立性，在组织设立上独立于其他业务部门。企业内部审计机构通过复核、汇总、分析内部监督资料，结合管理层的要求，拟定评价工作方案并认真组织实施；对于评价中发现的重大问题，应及时与董事会、审计委员会或管理层及时沟通。只有在这种情况下，内部审计人员才能独立客现、公正地对企业内部控制进行评价，其所站的角度和立场才可能与企业总体发展目标相一致。

内部审计人员是内部审计机构的专职审计人员，一方面，由于其本身属于企业的员工，虽然在组织设立上保证了一定程度的独立性，终因其个人利益与企业利益息息相关，对企业内部控制进行评价时不能做到如外部审计人员一般保持独立，更是有动机做出符合企业总体利益的评价。另一方面，由于企业内部审计人员长期处在企业之中，对企业的发展目标和实际情况充分了解，制定的内部控制评价标准能够比外部审计人员更科学合理。同时，内部审计人员进行内部控制评价不受时间限制，根据实际工作需要定期不定期地有重点地针对某个单位、某个部门甚至某个业务流程进行专项评价，相对于聘请独立中介机构进行内部控制评价，工作成本低；并且从提高企业管理的保密性角度，内部审计人员也是最适合实施内部控制评价的主体。

内部控制评价是内部审计的核心业务，为了保证内部控制评价质量，在企业经营达到一定规模、专业人员（如审计师、信息系统审计师）充足的条件下，内部控制评价最好不要整体外包。如果缺乏专业人员，可采取内部审计人员与聘请专家联合工作的形式，将内部控制评价工作部分外包。对于一些规模较小的企业，由于管理层次较少，内部控制难度相对较低，可以不设置专门的内部审计机构，而将内部控制评价工作整体外包，根据工作需要不定期地聘请外部中介机构实施内部控制评价。

3.1.2 内部控制评价客体

由于内部控制评价主要是对企业内部控制的有效性发表意见，因此，内部控制评价的客体锁定为企业内部控制的有效性问题。

所谓内部控制有效性是指企业建立与实施内部控制对实现控制目标提供合理保证的程度，它包括：

1. 内部控制设计的有效性

内部控制设计的有效性是指为实现内部控制目标所必需的内部控制要素都存在并且设计恰当。在内部控制评价过程中，判断内部控制是否具备设计有效性的标准是内部控制过程能否为控制目标的实现提供合理保证。设计有效性至少应包括两个要点：①企业的内部控制设计对应关注的控制点是否都有健全的控制措施，即企业运营中相关控制过程和风险是否被充分识别，过程和风险的控制措施是否得到明确规定并得以保持，包括风险控制职责与权限的明确、控制策略与方法的确定、突发事件应急预案的设置等。②预留风险敞口是否妨碍控制目标的实现，即企业根据重要性水平容忍相关风险情况下，按照设计意图贯彻内部控制能否为保证内部控制相关目标的实现提供合理保证。

2. 内部控制运行的有效性

内部控制运行的有效性是指现有内部控制按照规定程序得到了正确执行。设计有效性是运行有效性的必要条件，但缺乏有效实施的内部控制也无法实现内部控制目标。因此，运行有效性至少包括两个要点：①实施控制的人员具备必要的权限和能力。企业各层级、各岗位的员工均应具备胜任能力，能够准确理解内部控制系统对自身的要求，并拥有实施内部控制所应有的权力。②不存在超过容忍度的偏差。企业内部控制实施产生了预期效果，相关控制在评价期达到正常运行标准，相关控制得到了持续一致的运行。

需要说明的是，即使企业内部控制同时满足设计有效性和运行有效性标准，受内部控制固有局限影响，也不能为内部控制目标实现提供绝对保证。换言之，不能以内部控制目标的最终实现情况和程度作为唯一依据来判断企业内部控制设计和运行的有效性。

3.1.3 内部控制评价程序

根据《企业内部控制评价指引》的规定，内部控制评价程序主要包括制定评价工作方案、组成评价工作组、实施现场测试、认定控制缺陷、汇总评价结果、编制评价报告等环节。

1. 制定评价工作方案

内部控制评价机构应根据企业内部监督情况和管理要求，分析企业经营管理过程中的高风险领域和重要业务事项，确定检查评价方法，制定科学合理的评价工作方案，经董事会批准后实施。评价工作方案应当明确评价主体范围、工作任务、人员组织、进度安排等相关内容。

2. 组成评价工作组

评价工作组在内部控制评价机构领导下，具体承担内部控制检查评价任务。内部控制评价机构应根据经批准的评价方案，挑选具备独立性、专业胜任能力和职业道德素养的评价人员实施评价。

3. 实施现场测试并认定控制缺陷

评价工作组应在充分了解被评价单位基本情况的基础上，确定评价范围和重点，根据评价人员分工对内部控制设计与运行的有效性进行现场测试。①评价人员综合运用个别访谈、调查问卷、专题讨论、穿行测试、实地查验、抽样和比较分析等方法，充分收集被评价单位内部控制设计和运行是否有效的证据，按照评价的具体内容，如实填写评价工作底稿。②评价工作组汇总评价人员的工作底稿，初步认定内部控制缺陷，形成现场评价报告。评价工作组将评价结果及现场评价报告向被评价单位进行通报，由被评价单位相关责任人签字确认后，提交企业内部控制评价机构。

4. 汇总评价结果并编制评价报告

内部控制评价机构汇总各评价工作组的评价结果，对工作组现场初步认定的内部控制缺陷进行全面复核、分类汇总，对缺陷的成因、表现形式及风险程度等进行综合分析，按照缺陷对控制目标的影响程度判定缺陷等级。

内部控制评价机构以汇总的评价结果和认定的内部控制缺陷为基础，综合内部控制工作整体情况，客观、公正地编制内部控制评价报告，并报送企业经理层、董事会、监事会，由董事会最终审定后对外披露。

3.2 内部控制评价内容

企业应根据《企业内部控制基本规范》、应用指引以及本企业内部控制制度，围绕内部控制五要素，确定内部控制评价的具体内容，对内部控制设计与运行情况进行全面评价。

3.2.1 内部环境要素的评价

企业组织开展内部环境评价，应当以组织架构、发展战略、人力资源、企业文化、社会责任等应用指引为依据，结合本企业的内部控制制度，对内部控制设计与运行情况进行全面评价。

1. 组织架构评价

组织架构评价是指按照国家有关法律法规、股东大会决议和企业章程，明确董事会、监事会、经理层和企业内部各层级组织架构设计的合理性，以及人员编制、职责权限、工作程序等制度安排的适宜性。

2. 发展战略评价

发展战略是指企业围绕经营主业，在对现实状况和未来形势进行综合分析与科学预测的基础上，制定并实施的具有长期性和根本性的发展目标与战略规划。发展战略评价应从发展战略的科学制定、有效实施和动态调整等方面进行。

3. 人力资源政策评价

人力资源是由企业董事、监事、高级管理人员和全体员工组成的整体团队的总称。人力资源政策是影响内部控制环境的关键因素，对人力资源政策评价是对企业人力资源招聘、任用、晋升、培训、考核、辞退等方面的制度健全性及运用情况的评价。

4. 企业文化评价

企业文化是指企业在生产经营实践中逐步形成的，为整体团队所认同并遵守的价值观、经营理念和企业精神，以及在此基础上形成的行为规范的总称。企业文化评价既要关注内部控制系统是否与企业文化相适应，找出阻碍内部控制有效运行的文化因素，又要梳理诚信、道德价值观、理念，为内部控制系统的完善奠定良好的人文基础。

5. 社会责任评价

社会责任是指企业在发展过程中应当履行的社会职责和义务，良好的社会责任感不仅有利于提高企业的影响力，而且对员工可以形成积极的暗示作用，促进内部控制的环境建设。社会责任评价主要评价企业对应承担的社会责任的履行，主要包括安全生产、保证产品质量、环境保护与资源节约等。

3.2.2 风险评估要素的评价

企业开展风险评估机制评价，应当以《企业内部控制基本规范》有关风险评估的要求，以及各项应用指引中所列主要风险为依据，结合本企业的内部控制制度，对日常经营管理过程中的目标设定、风险识别、风险分析、应对策略等进行认定和评价。

1. 目标设定评价

对目标设定的评价包括公司层面目标评价和业务层面目标评价两个层次。公司层面目标评价主要包括企业是否有明确的目标、企业战略是否与企业目标相匹配等。业务层面目标评价包括各业务层面目标是否与企业总体目标及战略相一致、各业务层面目标是否相互衔接、各业务层面目标是否具有操作指导性等。

2. 风险识别评价

风险识别评价主要是对事项列示的全面性、风险事项判断的准确性进行评价。一般而言，对实现目标可能产生影响的潜在事项是具有异质性的，有的潜在事项有助于目标的实现，有的则阻碍目标的实现。风险事项识别与判断就是识别与确认出将来可能对实现目标造成负面影响的潜在事项。

3. 风险分析评价

风险分析评价主要是评价风险分析技术方法的适用性、风险发生可能性判断的准确性和风险发生后负面影响判断的准确性，包括是否对所有风险事项发生的可能性及影响均采用了定量或定性分析方法，对每一风险事项的分析方法的选择是否恰当，关键风险指标的选择是否合理等。

4. 风险应对评价

风险应对评价主要是评价风险承受度与风险应对策略的匹配，包括企业风险应对策略的选择是否符合企业的风险承受度，应对策略是否受到关键人员风险偏好的不利影响，应对策略的制定是否基于执行可能性和影响程度两方面的综合平衡考虑等。

3.2.3　控制活动要素的评价

根据《企业内部控制评价指引》要求，企业应以《企业内部控制基本规范》和各项应用指引中的控制措施为依据，结合本企业的内部控制制度，对相关控制措施的设计和运行进行认定和评价。

如前章所述，控制活动是风险应对策略的具体化，包括不相容职务分离、授权审批、会计系统、财物保护、预算、运营分析和绩效考评等措施。企业控制活动贯穿于企业的各项业务活动中，包括资金管理、采购、销售、服务、研究与开发、人力资源管理、固定资产管理、工程项目管理、担保业务管理、外包业务管理、信息技术管理、生产成本管理、财务报告编制等。因此，控制活动要素评价主要评价各内部控制措施在上述业务活动中的有效性，如对上述业务涉及的控制措施、流程设计和运行有效性的评价等。

3.2.4　信息与沟通要素的评价

企业组织开展信息与沟通要素评价，应当以内部信息传递、财务报告、信息系统等相关应用指引为依据，结合本企业的内部控制制度，对信息收集、处理和传递的及时性，反舞弊机制的健全性，财务报告的真实性，信息系统的安全性，以及利用信息系统实施内部控制的有效性等进行认定和评价。概括而言，信息与沟通要素评价包括信息评价和沟通评价。

1. 信息评价

信息评价应该关注企业信息系统能否通过有关人员履行职责的形式和时机来识别、获取、加工相关信息。包括财务会计信息系统能否提供外部使用者和内部使用者所需要的信息；企业各层级是否合理筛选、核对、整合所收集的各种内部信息和外部信息，从而提高信息的有用性；能否及时根据信息使用者的需求变化和要求完善信息系统等。

2. 沟通评价

沟通评价应当关注企业与外部有关部门或人员，以及企业内部上下级之间、平行部门及相关人员之间信息传递与反馈的有效性。包括沟通渠道能否满足各岗位员工履行职责的要求，员工是否充分理解自身目标完成情况对其他岗位员工目标完成情况的影响，企业是否建立健全反舞弊机制，企业是否重视在诚信、企业文化、道德标准方面与员工、管理层及外部利益相关者的沟通等。

3.2.5　内部监督要素的评价

企业组织开展内部监督评价，应当以《企业内部控制基本规范》有关内部监督的要求，以及各项应用指引中有关日常管控的规定为依据，结合本企业的内部控制制度，对内部监督机制的有效性进行认定和评价，重点关注监事会、审计委员会、内部审计机构等是否在内部控制设计和运行中有效发挥作用。对内部监督要素的评价应当从日常监督、专项监督、报告缺陷三个方面进行。

1. 日常监督评价

日常监督评价重点关注管理层对内部控制系统持续运行的监督情况，内部审计监督的有效性以及外部信息与沟通对内部生成信息的印证。它包括管理层是否将日常经营活动中获取的有关生产、库存、销售及其他方面的信息与财务报告信息、信息系统生成的信息进行比较核对；是否定期将会计信息系统的数据与实物资产进行比较；是否将应收、应付款项与供应商、经销商的沟通结果进行验证，从而发现内部控制系统的缺陷；是否将外部监管者提出的问题进行认真分析并采取有针对性的改进策略；是否认真对待内部审计以及外部审计提出的完善内部控制系统的建议，并积极谋求改善措施；内部审计人员的工作范围、责任以及审计计划是否适合企业需要等。

2. 专项监督评价

专项监督评价重点关注专项监督的范围与频率，以及专项监督检查过程的有效性。包括：企业是否制定了有关专项监督的范围与频率制度；在企业内部控制目标、组织结构、经营活动、业务流程、关键岗位员工等发生变化情况下，是否进行有针对性的监督检查；专项监督检查人员是否具备必要的知识和经验；专项监督检查计划是否明确、方法是否得当等。

3. 报告缺陷机制评价

报告缺陷机制评价重点关注内部控制缺陷报告机制的完善性，要求对监督过程中发现的内部控制监督缺陷，分析其性质和产生的原因，提出整改方案并采取适当的形式及时向董事会、监事会和经理层报告。包括：企业是否在日常监督、专项监督或者外部监督下，均存在缺陷报告机制并有效运行；重大缺陷是否及时报告给最高管理层和董事会；是否对缺陷进行必要的跟踪，以确保采取合理的改正措施等。

3.3 内部控制缺陷认定

内部控制未能实现目标的原因可分为两类，即内部控制缺陷和内部控制局限性，正确识别内部控制缺陷的前提是厘清其与内部控制局限性的关系。

内部控制缺陷是内部控制在设计和运行中存在的漏洞，这些漏洞将不同程度地影响内部控制的有效性，影响控制目标的实现。但是反过来，无论内部控制系统设计和运行得多么好，都只能对控制目标的实现提供合理的保证而不是绝对保证，因为目标实现的可能性还受到内部控制系统存在固有风险的影响，比如，决策过程中可能出现错误判断、执行过程中可能出现错误或过失。

内部控制缺陷和内部控制局限性具有本质上的区别。内部控制缺陷是内部控制设计的漏洞，以及在运行中不按照设计意图执行而产生的运行结果偏差；内部控制局限性则是设计过程中事先预留的风险敞口，以及即使在运行中完全按照设计意图执行也无法实现控制目标的可能。

可见，内部控制缺陷是描述内部控制有效性的一个负向维度，企业开展内部控制评价，主要工作之一就是查找企业内部控制缺陷并有针对性地整改。

3.3.1 内部控制缺陷分类

一般而言，内部控制缺陷按照不同的分类标准，可以有几种分类：

1. 按内部控制失效的原因分类

内部控制缺陷按内部控制失效的原因分类，可分为设计缺陷和运行缺陷。

（1）设计缺陷。是指企业内部控制设计不科学，缺少保证企业控制目标实现的重要控制措施，或者由于控制设计不适当，即使按照原定设计正常运行，也难以实现控制目标。

（2）运行缺陷。是指企业内部控制设计比较科学、适当，但在实际运行过程中没有严格按照设计意图执行，包括由不恰当的人执行、未按设计的方式运行、运行的时间或频率不当等。

2. 按内部控制缺陷的性质分类

内部控制缺陷按其性质分类，即按其影响内部控制的有效性和控制目标实现的程度划分为重大缺陷、重要缺陷和一般缺陷。

（1）重大缺陷。是指一个或多个缺陷的组合，可能导致企业严重偏离控制目标。当存在任何一个或多个内部控制缺陷时，应当在内部控制报告中作出内部控制无效的结论。衡量内部控制有效性的关键步骤是查找内部控制在设计或者运行过程中是否存在重大缺陷，对于认定的重大缺陷应当及时采取应对策略，切实将风险控制在可承受度之内，并追究有关部门或相关人员的责任。

（2）重要缺陷。是指一个或多个缺陷的组合，其严重程度和经济后果低于重大缺陷，但仍有可能导致企业偏离控制目标。重要缺陷的影响程度和经济效果低于重大缺陷，但仍有可能导致企业偏离控制目标，企业需要关注和重视。

（3）一般缺陷。是指除重大缺陷、重要缺陷之外的其他缺陷。

3. 按内部控制缺陷的表现形式分类

内部控制缺陷按照其对财务报告目标和其他内部控制目标实现的影响的具体表现形式分类，可分为财务报告内部控制缺陷和非财务报告内部控制缺陷。

（1）财务报告内部控制缺陷。是指有关企业财务报告可靠性的内部控制制度方面存在的缺陷，这些缺陷的存在，可能使企业不能保证财务报告的可靠性，或者可能导致内部控制无法及时预防、发现或者纠正财务报表的错报。

（2）非财务报告内部控制缺陷。是指除财务报告内部控制缺陷之外的内部控制缺陷。

3.3.2 内部控制缺陷的认定标准

《企业内部控制评价指引》第十六条规定，企业对内部控制缺陷的认定，应当以构成内部控制的内部监督要素中的日常监督和专项监督为基础，由内部控制评价机构每年对内部控制的五要素相对独立地进行评价，全面地、综合地进行分析，提出认定意见，按照规定的权限和程序进行审核，由董事会予以最终确定。

内部控制缺陷的认定需要运用职业判断，在确定内部控制缺陷的认定标准时，企业应结合自身情况和关注的重点，充分考虑内部控制缺陷的重要性以及影响程度，根据其所处行业、经营规模、发展阶段以及风险偏好的不同，结合本企业的经营规模、行业特征、风险水平等因素，研究确定适合本企业的内部重大缺陷、重要缺陷和一般缺陷的具体认定标准；并且根据具体认定标准确定企业存在的内部控制缺陷，由董事会最终审定。企业在确定内部控制缺陷的认定标准时，应当充分考虑内部控制缺陷的重要性及其影响程度。

由于内部控制缺陷按其具体表现形式，可分为财务报告内部控制缺陷和非财务报告内部控制缺陷，下面分别阐述财务报告内部控制缺陷和非财务报告内部控制缺陷的认定标准。

1. 财务报告内部控制缺陷的认定标准

财务报告内部控制是针对财务报告目标而设计和实施的控制，主要的政策和程序包括：报表充分、适当地记录，准确、公允地反映企业的交易和事项；合理保证按会计准则的规定编制财务报表；合理保证收入和支出的发生以及资产的取得、使用或处置经过适当授权；合理保证及时防止或发现并纠正未经授权的、对财务报表有重大影响的交易和事项；等等。

财务报告内部控制的目标是保证财务报告的可靠性，因而财务报告内部控制缺陷主要是指不能合理保证财务报告可靠性的内部控制设计缺陷和运行缺陷。也就是说，财务报告内部控制缺陷是不能及时防止或发现并纠正财务报告错报的内部控制缺陷。根据缺陷存在可能导致财务报告错报的重要程度，可将财务报告内部控制缺陷划分为重大缺陷、重要缺陷和一般缺陷。这种重要程度主要取决于其性质和金额两方面因素：

（1）性质。该缺陷是否具备合理可能性导致企业内部控制不能及时防止或发现并纠正财务报告错报。合理可能性是指大于微小可能性（几乎不可能发生）的可能性，确定是否具备合理可能性涉及评价人员的职业判断。

（2）金额。该缺陷单独或连同其他缺陷可能导致的潜在错报金额的大小。

如果企业的财务报告中一项或多项内部控制缺陷具备合理可能性，该缺陷单独或连同其他缺陷可能导致企业不能及时防止或发现并纠正财务报告的重大错报，就应该将该缺陷认定为重大缺陷。这种合理可能性不取决于企业财务报告是否发生错报或漏报的事实，而是取决于企业是否能防止财务报告出现错报或漏报或错报或漏报能否被发现并及时纠正。即只要存在该项缺陷的合理可能性，不论企业财务报告是否出现错报或漏报，都表明财务报告内部控制存在缺陷。认定一项财务报告内部控制缺陷是否构成错报中的"重大"，关键是其重要性水平。重要性水平的确定一般可采用绝对金额法和相对比例法。绝对金额法是直接将某一绝对金额作为认定"重大"的重要性水平，如规定金额超过 100 000 元的错报被认定为重大错报；相对比例法是将某一导致错报或漏报的金额占总体金额的一定比例作为认定"重大"的重要性水平，如规定导致错报或漏报的金额超过收入总额的 1% 的错报被认定为重大错报。

如果内部控制缺陷单独或连同其他缺陷具备合理可能性，导致不能及时防止或发现并纠正财务报告中虽然未达到和超过重要水平，但仍应引起董事会和管理层重视的错报，就应该将该缺陷认定为重要缺陷。不构成重大缺陷和重要缺陷的内部控制缺陷，应认定为一般缺陷。

实际工作中，如果企业存在以下情形之一的，通常表明财务报告内部控制可能存在重大缺陷：

（1）董事、监事和高级管理人员舞弊。

（2）企业更正已公布的财务报告。

（3）注册会计师审计发现当期财务报告存在重大错报，而内部控制在运行过程中未能发现错报。

（4）审计委员会审计发现内部审计机构对内部控制的监督无效。

如果财务报告内部控制存在一项或多项重大缺陷，就不能得出该企业财务报告内部控制有效的结论。

2. 非财务报告内部控制缺陷的认定标准

非财务报告内部控制是指针对除财务报告目标之外的其他目标设计和实施的内部控制。非财务报告内部控制缺陷包括战略内部控制缺陷、经营内部控制缺陷、资产内部控制缺陷、合规内部控制缺陷等。

非财务报告内部控制缺陷的认定具有涉及面广、认定难度大的特点，特别是企业战略目标、经营目标的实现，往往会受到诸多企业外部不可控因素的影响，所以企业设计非财务报告内部控制，只能是合理保证董事会和管理层了解这些目标的实现程度。因此，在认定针对这些控制目标的内部控制缺陷时，应重点考虑企业制定战略、开展经营活动的机制和程序是否符合内部控制的要求，以及不适当的机制和程序对企业战略及运营目标实现可能造成的影响，而不应仅仅考虑企业战略目标、经营目标实现的最终结果。

依据《企业内部控制应用指引》，企业根据自身的实际经营管理状况和发展要求，参照财务报告内部控制缺陷的认定标准，合理确定非财务报告内部控制缺陷的认定标准

（定量和定性两类标准），根据其对内部控制目标实现的影响程度认定为重大缺陷、重要缺陷和一般缺陷。其中：(1) 定量标准，是按照涉及金额的绝对值或者相对比例大小认定，即根据造成直接财产损失绝对金额确定，或者根据其直接损失占本企业资产、销售收入及利润等的比率确定；(2) 定性标准，是按照涉及业务性质的严重程度认定，可根据其直接或潜在负面影响的性质、影响的范围等因素确定。

企业如果存在以下迹象，通常表明非财务报告内部控制可能存在重大缺陷：
①国有企业缺乏民主决策程序，如缺乏"三重一大"决策程序；
②企业决策程序不科学，如决策失误，导致并购不成功；
③违犯国家法律、法规，如环境污染；
④管理人员或技术人员纷纷流失；
⑤媒体负面新闻频现；
⑥内部控制评价的结果特别是重大或重要缺陷未得到整改。
⑦重要业务缺乏制度控制或制度系统性失效。

3.3.3 内部控制缺陷的报告与整改

根据《企业内部控制评价指引》第十九条规定，企业内部控制评价机构应当编制内部控制缺陷认定汇总表，结合日常监督和专项监督发现的内部控制缺陷及其持续改进情况，对内部控制缺陷及其成因、表现形式和影响程度进行综合分析和全面复核，提出认定意见，并以适当的形式向董事会、监事会或者经理层报告，按照规定的权限和程序审核后予以认定，其中重大缺陷应当由董事会予以最终认定。

1. 内部控制缺陷报告

内部控制缺陷报告应当采取书面形式，报告方式可以单独呈报，也可以作为内部控制评价报告的一个重要组成部分呈报。企业应该根据内部控制缺陷的影响程度合理确定内部控制报告的时限，一般缺陷、重要缺陷应定期报告，重大缺陷即时报告。对于内部控制的一般缺陷、重要缺陷，通常向管理层定期报告，并视具体情况考虑向董事会（审计委员会）、监事会报告；对于重大缺陷应及时向董事会（审计委员会）、监事会报告。对于重要缺陷及整改方案，应向董事会（审计委员会）、监事会或经理层报告并审定。

如果出现不适合向经理层报告的情形，例如存在与管理层舞弊相关的内部控制缺陷，或存在管理层凌驾于内部控制之上的情形，应当直接向董事会（审计委员会）、监事会报告。

2. 内部控制缺陷整改

企业内部控制评价机构应当就发现的内部控制缺陷提出整改建议，并报经理层、董事会（审计委员会）、监事会批准。企业对于已经认定的内部控制缺陷，应该及时制定内部控制缺陷整改方案，采取切实可行的措施，将风险控制在可承受度之内，并追究有关机构或相关人员的责任。内部控制缺陷整改方案一般包括整改目标、内容、步骤、措施、方法和期限等，整改期限超过一年的，应该在整改方案中明确整改的近期目标和远期目标以及相应的整改工作内容等。

3.4 内部控制的相关评价报告

3.4.1 企业内部控制自我评价报告

内部控制自我评价，指由内部审计部门独立开展的对内部控制的充足性及有效性的评价，通过设计、规划和运行内部控制自我评估程序，用结构化的方法开展评估活动，评价关注的重点是业务过程控制的成效。

按照财政部、证监会、审计署、银监会、保监会五部委发布的《企业内部控制评价指引》要求，企业应设计内部控制评价报告的种类、格式和内容，明确内部控制评价报告编制程序和要求。内部控制评价报告至少应当披露下列内容：

（1）董事会对内部控制报告真实性的声明。公司董事会及全体董事保证本报告内容不存在任何虚假记载、误导性陈述或重大遗漏，并对报告内容的真实性、准确性和完整性承担个别及连带责任。

（2）内部控制评价工作的总体情况。披露内部控制评价工作的组织安排和评价计划的落实情况。

（3）内部控制评价的依据。说明企业内部控制评价所依据的法律法规及规章制度，通常包括《企业内部控制基本规范》、各项应用指引、评价指引以及企业按上述法律法规制定的本企业内部控制制度。

（4）内部控制评价的范围。披露企业内部控制评价所涉及的下属单位范围，纳入评价范围的经营领域、业务事项，以及重点关注的高风险经营领域和重要业务事项。

（5）内部控制评价的程序和方法。描述评价中所遵循的流程，以及针对各经营领域和业务事项所采取的评价方法。

（6）内部控制缺陷及其认定情况。说明重大缺陷、重要缺陷、一般缺陷的区分及具体认定标准，并声明认定标准与以前年度是否保持一致；若认定标准作了调整，应说明调整内容及原因。还应声明本评价期末是否存在重大缺陷、重要缺陷、一般缺陷。

（7）内部控制缺陷的整改情况及重大缺陷拟采取的整改措施。对于前期存在的缺陷应表明缺陷是否得到整改，以及相关内部控制设计和运行是否有效；对于评价期末存在的内部控制缺陷，应披露拟采取的整改措施及预期效果。

（8）内部控制有效性的结论。根据内部控制有效性标准、缺陷认定标准和评价结果做出评价结论。评定结果认定企业不存在内部控制重大缺陷的，方可出具内部控制有效性的评价报告。

【例 3-1】 ××公司内部控制评价报告

一、董事会声明

公司董事会及全体董事保证本报告内容不存在任何虚假记载、误导性陈述或重大遗漏,并对报告内容的真实性、准确性和完整性承担个别及连带责任。

建立健全并有效实施内部控制是公司董事会的责任;监事会对董事会建立与实施内部控制进行监督;经理层负责组织领导公司内部控制的日常运行。

公司内部控制的目标是:保证公司经营管理合法合规,财务报告及相关信息真实完整,保证资产安全完整,提高公司经营效率和效果,促进公司稳步可持续发展,促进公司发展战略得以实现。由于内部控制存在固有局限性,故公司内部控制体系仅能对实现上述目标提供合理保证。

二、内部控制评价工作总体情况

为进一步加强和规范公司内部控制,确保公司各项工作规范、有序运行,提升公司经营管理水平和风险防范能力,促进公司可持续发展,贯彻落实《企业内部控制基本规范》及相关配套指引的相关要求,保证公司内控制度的完整性、合理性及实施的有效性,经公司第四届董事会第四十四次会议审议通过《20××年内部控制规范实施工作方案》,成立了由董事长×××任组长的《企业内部控制基本规范》实施工作领导小组和由财务总监任组长的内控建设工作组。

三、内部控制评价依据

本评价报告根据财政部等五部委联合发布的《企业内部控制基本规范》及配套指引的要求,结合本公司的《内部控制管理制度》《内部控制检查监督制度》《内部控制缺陷认定标准》等内部控制制度和评价办法,在内部控制日常监督和专项监督的基础上,对公司截至20××年12月31日内部控制的设计与运行的有效性进行评价。

四、内部控制评价的范围

本次内部控制评价的范围涵盖了公司总部及所属单位的主要业务和事项。重点关注了下列高风险领域:财务管理、采购管理、销售管理、工程项目管理、人力资源管理等。

纳入评价范围的业务和事项包括:组织架构、发展战略、社会责任、企业文化、信息传递、人力资源、资金活动、采购业务、资产管理、销售业务、研究与开发、工程项目、担保业务、业务外包、财务报告、全面预算、合同管理、信息系统等业务流程。

五、内部控制评价的程序与方法

公司内部控制评价工作严格遵循基本规范、评价指引规定的程序执行。本公司内部控制评价程序如下:制定内控运行测试工作方案,明确评价范围、工作任务、人员组织、进度安排等相关内容;实施内部控制设计与运行情况现场测试;认定控制缺陷并汇总评价结果;编报年度评价报告。

评价过程中,我们采用了现场访谈、专题讨论、穿行测试、实地查验、抽样测试和比较分析等方法,广泛收集公司内部控制设计和运行是否有效的证据,按照评价的具体内容,如实填写测试工作底稿,分析、识别内部控制缺陷,对公司内部控制的设计及运行的效率、效果进行客观评价。

在评价结束后，公司董事办综合内部控制工作整体情况，科学合理地编制内部控制评价报告，并报送公司董事会审议。

六、内部控制缺陷及其认定

公司董事会根据《企业内部控制基本规范》《企业内部控制评价指引》等相关规定，并结合公司规模、行业特征、风险偏好和风险承受度、风险发生的可能性、风险可能产生的影响程度等因素，研究确定了适用本公司的内部控制缺陷具体认定标准。

公司确定的内部控制缺陷认定标准如下：

1. 财务报告内部控制缺陷认定标准

公司确定的财务报告内部控制缺陷评价的定量标准如下：

定量标准以营业收入、资产总额作为衡量指标。内部控制缺陷可能导致或导致的损失与利润表相关的，以营业收入指标衡量。如果该缺陷单独或连同其他缺陷可能导致的财务报告错报金额小于营业收入的0.5%，则认定为一般缺陷；如果超过营业收入的0.5%但小于1%，则为重要缺陷；如果超过营业收入的1%，则认定为重大缺陷。

内部控制缺陷可能导致或导致的损失与资产管理相关的，以资产总额指标衡量。如果该缺陷单独或连同其他缺陷可能导致的财务报告错报金额小于资产总额的0.5%，则认定为一般缺陷；如果超过资产总额的0.5%但小于1%认定为重要缺陷；如果超过资产总额1%，则认定为重大缺陷。

公司确定的财务报告内部控制缺陷评价的定性标准如下：

财务报告重大缺陷的迹象包括：

①公司董事、监事和高级管理人员的舞弊行为；

②公司更正已公布的财务报告；

③注册会计师发现的却未被公司内部控制识别的当期财务报告中的重大错报；

④审计委员会和审计部门对公司的对外财务报告和财务报告内部控制监督无效。

财务报告重要缺陷的迹象包括：

①未依照公认会计准则选择和应用会计政策；

②未建立反舞弊程序和控制措施；

③对于非常规或特殊交易的账务处理没有建立相应的控制机制或没有实施且没有相应的补偿性控制；

④对于期末财务报告过程的控制存在一项或多项缺陷且不能合理保证编制的财务报表达到真实、完整的目标。

一般缺陷是指除上述重大缺陷、重要缺陷之外的其他控制缺陷。

2. 非财务报告内部控制缺陷认定标准

公司确定的非财务报告内部控制缺陷评价的定量标准如下：

定量标准以营业收入、资产总额作为衡量指标。内部控制缺陷可能导致或导致的损失与利润报表相关的，以营业收入指标衡量。如果该缺陷单独或连同其他缺陷可能导致的财务报告错报金额小于营业收入的0.5%，则认定为一般缺陷；如果超过营业收入的0.5%但小于1%认定为重要缺陷；如果超过营业收入的1%，则认定为重大缺陷。

内部控制缺陷可能导致或导致的损失与资产管理相关的,以资产总额指标衡量。如果该缺陷单独或连同其他缺陷可能导致的财务报告错报金额小于资产总额的0.5%,则认定为一般缺陷;如果超过资产总额0.5%但小于1%,则认定为重要缺陷;如果超过资产总额1%,则认定为重大缺陷。

公司确定的非财务报告内部控制缺陷评价的定性标准如下:

非财务报告缺陷认定主要以缺陷对业务流程有效性的影响程度、发生的可能性作判定。如果缺陷发生的可能性较小,会降低工作效率或效果,或加大效果的不确定性,或使之偏离预期目标,为一般缺陷;如果缺陷发生的可能性较高,会显著降低工作效率或效果,或显著加大效果的不确定性,或使之显著偏离预期目标,为重要缺陷;如果缺陷发生的可能性高,会严重降低工作效率或效果,或严重加大效果的不确定性,或使之严重偏离预期目标,为重大缺陷。

上述认定标准与以前年度保持一致。

公司结合自身的实际情况,运用定量与定性分析法将内部控制评价中发现的内部控制缺陷划分为重大缺陷、重要缺陷和一般缺陷。根据上述认定标准,结合日常监督和专项监督情况,我们发现报告期内内控建设阶段共存在19个缺陷,其中13个一般缺陷、6个重要缺陷,不存在重大缺陷。

七、内部控制缺陷的整改情况

针对报告期内的内部控制缺陷,公司采取了相应的整改措施:

(1) 针对每一项缺陷,制定具体详细的整改措施,落实每一项整改措施的整改时间进度和责任部门、责任人,并将整改完成情况与考核挂钩;

(2) 在整改过程中,公司内部控制项目组实施过程督导,并在整改结束后实施检查和测试。

自20××年11月开始,内部控制项目组按照拟订的测试工作方案,依据《企业内部控制评价应用指引》相关要求,对内控管理制度执行情况进行测试,查找内控缺陷,对其执行效果进行评价。在内部控制自我评价过程中,公司未发现新缺陷。

截至20××年12月31日,内部控制建设的内控缺陷均已整改完毕。公司既有的内控制度基本能够满足目前各项关键业务管控的需要,未发现对公司治理、经营管理及发展有重大影响的缺陷。

八、内部控制综合评价

公司通过围绕"内部环境、风险评估、控制活动、信息与沟通、内部监督"五大要素进行综合评价,具体评价结果阐述如下:

1. 内部环境

组织架构。本公司建立了由股东大会、董事会、监事会以及管理层组成的公司治理结构。其中,董事会由董事长及董事共11人组成(包括4名独立董事),监事会由监事会主席及监事组成,管理层由总经理、副总经理、财务总监、总法律顾问、总经济师、董事会秘书和总经理助理组成。

发展战略。公司管理层负责将发展战略细化,由投资发展部组织,按照上下结合、分级编制、逐级汇总的原则编制全面预算，将发展目标分解并落实到可操作层面，确保发展战略能够真正有效地指导企业各项生产经营管理活动；公司管理层建立发展战略实施的激励约束机制，将各责任单位年度预算目标完成情况纳入经济责任制考评体系，切实做到有奖有惩、奖惩分明，以促进公司发展战略的实现。

公司在董事、监事和高级管理人员中树立战略意识和战略思维，充分发挥其在战略制定与实施过程中的模范带头作用；公司通过采取内部会议、培训、讲座等多种方式，把发展战略及其分解落实情况传递到公司内部各管理层级和全体员工，营造战略宣传的强大舆论氛围；公司高管层加强与广大员工的沟通，使全体员工充分认清企业的发展思路、战略目标和具体举措，自觉将发展战略与自己的具体工作结合起来，促进发展战略的有效实施。

人力资源。公司根据企业发展战略、结合人力资源现状和未来需求预测编制了《人力资源规划》，对规划期内人力资源管理的总目标、总政策、实施步骤和总预算进行安排。建立和完善人力资源的激励约束机制，设置科学的业绩考核指标体系，成立了绩效考核的日常管理机构——公司经济责任制考评委员会，实施组织考核与个人考核相结合的方式，对各级管理人员和全体员工进行考核与评价。公司鼓励员工参加培训和学习，注重人才队伍建设，人力资源部负责制定《培训计划方案》，确定培训时间、内容、参与人员等信息，促进员工知识、技能持续更新。

社会责任。公司在实现股东财富最大化的同时履行社会责任，采取多项措施强化安全生产、产品质量（含服务）、环境保护、资源节约、促进就业、员工权益保护等各方面管理，做到经济效益与社会效益、短期利益与长远利益、自身发展与社会发展相互协调，实现公司与员工、公司与社会、公司与环境的健康和谐发展。公司管理层高度重视公司社会责任，树立社会责任意识，在公司中形成履行社会责任的企业价值观和企业文化，把履行社会责任融入企业发展战略。

企业文化。公司在"党建为魂"的企业文化建设思想下，搭建公司企业文化建设框架，多年来坚持"团结在党和政府周围，要团结协作形成强大合力，要团结广大客户共谋发展"的企业原则。公司把"取之于社会，回报于社会"作为宗旨，以"诚信为本，合作共赢"作为经营理念，把"经营企业一定要对政府有利、对企业有利、对员工有利"作为企业的价值观，并编制《员工文化手册》，明确企业形象、经营哲学、企业精神、价值观念、员工行为规范等内容。

2. 风险评估

公司结合《企业内部控制基本规范》有关风险评估的要求，以相关配套指引为依据，建立了统一规范的风险评估程序，定义了风险评估基础和风险评价标准，从风险发生可能性和影响程度两个维度，收集风险评估相关信息，通过风险识别、风险分析、风险评估等步骤，对风险进行管理。

3. 控制活动

根据《企业内部控制基本规范》及配套指引要求完成组织架构等五大要素的内部控制建设，通过手工控制与自动控制、预防性控制与发现性控制相结合的方法，如建立主要经营活动操作流程及审批控制、依据不相容职务分离原则设置资产管理岗位、实施财务预警管理发挥财务监督、制定了《应急准备与响应控制程序》《重大事故应急救援预案》、建立了安全生产事故应急预警和报告机制等，将风险控制在可承受度之内。

4. 信息与沟通

公司内部已建立运转较为顺畅的OA办公系统及网站，并由自动化部对信息系统安全进行管理，以提高公司信息流传的效率与效果；公司利用多种渠道和机制，与投资者、媒体、监管机构保持顺畅的沟通和联络，定期及不定期披露相关报告，接受中国证监会江西监管局、上海证券交易所等监管机构的问询、检查。

在日常管理中，建立了月度例会、定期经营分析报告、财务报告、专项工作报告等信息沟通渠道，便于公司各级员工及时高效地了解公司各种经营管理信息。同时坚持惩防并举、重在预防的原则，通过举报电话、举报信箱、信访、监察及内部审计等渠道建立了员工或外部相关各方与管理层、审计委员会之间的反舞弊信息沟通渠道，营造廉洁经营的氛围。

5. 内部监督

为有效发挥内部审计监督作用，公司明确审监法务部为内部控制体系运行状况测试监督的主管部门，配备专门的内部控制监督人员，通过日常监督与专项监督，对公司财务信息的真实性和完整性、内部控制制度的建立和实施有效性等情况进行检查、监督与评价。

公司在《内部控制检查监督制度》当中建立内部控制自我评价机制，并明确了内部控制自我评价的目标、原则、频率和范围。结合内部监督情况，对内部控制的有效性进行自我评价，出具或披露年度自我评价报告。

九、内部控制有效性的结论

公司已经根据基本规范、评价指引及其他相关法律法规的要求，对公司截至20××年12月31日的内部控制设计与运行的有效性进行了自我评价。

报告期内，公司对纳入评价范围的业务与事项均已建立了内部控制，并得以有效执行，达到了公司内部控制的目标，不存在重大缺陷。

我们注意到，内部控制应当与公司经营规模、业务范围、竞争状况和风险水平等相适应，并随着情况的变化及时加以调整，下一年度公司将继续深入开展内部控制建设工作，扩大内部控制体系建设覆盖范围，并使内部控制管理持续化、常态化。未来期间，公司将继续完善内部控制制度，规范内部控制制度执行，强化内部控制监督检查，促进公司健康、可持续发展。

我公司聘请的内控审计机构××会计师事务所有限公司认为：公司于20××年12月31日按照《企业内部控制基本规范》和相关规定在所有重大方面保持了有效的财务报告内部控制。

××××公司董事会
××年×月×日

3.4.2 企业内部控制的外部评价报告

为了推进主板上市公司有效实施企业内部控制规范体系,证监会和财政部发布了《关于2012年主板上市公司分类分批实施企业内部控制规范体系的通知》,要求中央和地方国有控股上市公司在披露2012年公司年报的同时,披露董事会对公司内部控制的自我评价报告,以及注册会计师出具的财务报告内部控制审计报告。非国有控股主板上市公司,且于2011年12月31日公司总市值在50亿元以上,同时2009年至2011年平均净利润在3 000万元以上的,应在披露2013年公司年报的同时,披露董事会对公司内部控制的自我评价报告,以及注册会计师出具的财务报告内部控制审计报告。其他主板上市公司,应在披露2014年公司年报的同时,披露董事会对公司内部控制的自我评价报告,以及注册会计师出具的财务报告内部控制审计报告。综上可见,自2014年开始,我国主板上市公司每年均应披露企业内部控制审计报告。此外,根据相关规定,中小板上市公司应当至少每两年要求会计师事务所对企业内部控制设计与运行的有效性进行一次审计,出具内部控制审计报告。

内部控制审计是指会计师事务所接受委托,对企业特定基准日内部控制设计与运行的有效性进行审计。建立健全和有效实施内部控制是企业的责任,对内部控制的有效性发表审计意见是注册会计师的责任。依据《企业内部控制审计指引》(财会〔2010〕11号)规定,注册会计师应当对财务报告内部控制的有效性发表审计意见,并对内部控制审计过程中注意到的非财务报告内部控制的重大缺陷,在内部控制审计报告中予以披露。

具体而言,注册会计师出具的内部控制审计报告包括四种类型,即标准内部控制审计报告、带强调事项段的无保留意见内部控制审计报告、否定意见内部控制审计报告、无法表示意见内部控制审计报告。

1. 标准内部控制审计报告

根据《企业内部控制审计指引》规定,符合下列所有条件的,注册会计师可对财务报告内部控制出具无保留意见的内部控制审计报告:

(1)企业按照《企业内部控制基本规范》《企业内部控制应用指引》《企业内部控制评价指引》以及企业自身内部控制制度的要求,在所有重大方面保持了有效的内部控制;

(2)注册会计师已经按照《企业内部控制审计指引》的要求计划和实施审计工作,在审计过程中未受到限制。

【例3-2】内部控制审计报告(一)

××股份有限公司全体股东:

按照《企业内部控制审计指引》及中国注册会计师执业准则的相关要求,我们审计了××股份有限公司(以下简称××公司)××年×月×日的财务报告内部控制的有效性。

一、企业对内部控制的责任

按照《企业内部控制基本规范》《企业内部控制应用指引》《企业内部控制评价指引》的规定，建立健全和有效实施内部控制，并评价其有效性是企业董事会的责任。

二、注册会计师的责任

我们的责任是在实施审计工作的基础上，对财务报告内部控制的有效性发表审计意见，并对注意到的非财务报告内部控制的重大缺陷进行披露。

三、内部控制的固有局限性

内部控制具有固有局限性，存在不能防止和发现错报的可能性。此外，由于情况的变化可能导致内部控制变得不恰当，或对控制政策和程序遵循的程度降低，根据内部控制审计结果推测未来内部控制的有效性具有一定风险。

四、财务报告内部控制审计意见

我们认为，××公司按照《企业内部控制基本规范》和相关规定在所有重大方面保持了有效的财务报告内部控制。

五、非财务报告内部控制的重大缺陷

在内部控制审计过程中，我们注意到××公司的非财务报告内部控制存在重大缺陷[描述该缺陷的性质及其对实现相关控制目标的影响程度]。由于存在上述重大缺陷，我们提醒本报告使用者注意相关风险。需要指出的是，我们并不对××公司的非财务报告内部控制发表意见或提供保证。本段内容不影响对财务报告内部控制有效性发表的审计意见。

××会计师事务所　中国注册会计师：×××（签名并盖章）

（盖章）中国注册会计师：×××（签名并盖章）

中国××市　××年×月×日

2. 带强调事项段的无保留意见内部控制审计报告

根据《企业内部控制审计指引》规定，注册会计师认为财务报告内部控制虽不存在重大缺陷，但仍有一项或者多项重大事项需要提请内部控制审计报告使用者注意的，应当在内部控制审计报告中增加强调事项段予以说明。该段内容仅用于提醒内部控制审计报告使用者关注，并不影响对财务报告内部控制发表的审计意见。

【例3-3】内部控制审计报告（二）

××股份有限公司全体股东：

按照《企业内部控制审计指引》及中国注册会计师执业准则的相关要求，我们审计了××股份有限公司（以下简称××公司）××年×月×日的财务报告内部控制的有效性。

一、企业对内部控制的责任

按照《企业内部控制基本规范》《企业内部控制应用指引》《企业内部控制评价指

引》的规定，建立健全和有效实施内部控制，并评价其有效性是企业董事会的责任。

二、注册会计师的责任

我们的责任是在实施审计工作的基础上，对财务报告内部控制的有效性发表审计意见，并对注意到的非财务报告内部控制的重大缺陷进行披露。

三、内部控制的固有局限性

内部控制具有固有局限性，存在不能防止和发现错报的可能性。此外，由于情况的变化可能导致内部控制变得不恰当，或对控制政策和程序遵循的程度降低，根据内部控制审计结果推测未来内部控制的有效性具有一定风险。

四、财务报告内部控制审计意见

我们认为，××公司按照《企业内部控制基本规范》和相关规定在所有重大方面保持了有效的财务报告内部控制。

五、非财务报告内部控制的重大缺陷

在内部控制审计过程中，我们注意到××公司的非财务报告内部控制存在重大缺陷[描述该缺陷的性质及其对实现相关控制目标的影响程度]。由于存在上述重大缺陷，我们提醒本报告使用者注意相关风险。需要指出的是，我们并不对××公司的非财务报告内部控制发表意见或提供保证。本段内容不影响对财务报告内部控制有效性发表的审计意见。

六、强调事项

我们提醒内部控制审计报告使用者关注，（描述强调事项的性质及其对内部控制的重大影响）。本段内容不影响已对财务报告内部控制发表的审计意见。

××会计师事务所　中国注册会计师：×××（签名并盖章）

（盖章）中国注册会计师：×××（签名并盖章）

中国××市　××年×月×日

3. 否定意见内部控制审计报告

根据《企业内部控制审计指引》规定，注册会计师认为财务报告内部控制存在一项或多项重大缺陷的，除非审计范围受到限制，应当对财务报告内部控制发表否定意见。否定意见的内部控制审计报告，还应当包括下列内容：

（1）重大缺陷的定义；

（2）重大缺陷的性质及其对财务报告内部控制的影响程度。

【例3-4】内部控制审计报告（三）

××股份有限公司全体股东：

按照《企业内部控制审计指引》及中国注册会计师执业准则的相关要求，我们审计了××股份有限公司（以下简称××公司）××年×月×日的财务报告内部控制的有效性。

一、企业对内部控制的责任

按照《企业内部控制基本规范》《企业内部控制应用指引》《企业内部控制评价指引》的规定，建立健全和有效实施内部控制，并评价其有效性是企业董事会的责任。

二、注册会计师的责任

我们的责任是在实施审计工作的基础上，对财务报告内部控制的有效性发表审计意见，并对注意到的非财务报告内部控制的重大缺陷进行披露。

三、内部控制的固有局限性

内部控制具有固有局限性，存在不能防止和发现错报的可能性。此外，由于情况的变化可能导致内部控制变得不恰当，或对控制政策和程序遵循的程度降低，根据内部控制审计结果推测未来内部控制的有效性具有一定风险。

四、导致否定意见的事项

重大缺陷，是指一个或多个控制缺陷的组合，可能导致企业严重偏离控制目标。

[指出注册会计师已识别出的重大缺陷，并说明重大缺陷的性质及其对财务报告内部控制的影响程度。]

有效的内部控制能够为财务报告及相关信息的真实完整提供合理保证，而上述重大缺陷使××公司内部控制失去这一功能。

五、财务报告内部控制审计意见

我们认为，由于存在上述重大缺陷及其对实现控制目标的影响，××公司未能按照《企业内部控制基本规范》和相关规定在所有重大方面保持有效的财务报告内部控制。

六、非财务报告内部控制的重大缺陷

在内部控制审计过程中，我们注意到××公司的非财务报告内部控制存在重大缺陷[描述该缺陷的性质及其对实现相关控制目标的影响程度]。由于存在上述重大缺陷，我们提醒本报告使用者注意相关风险。需要指出的是，我们并不对××公司的非财务报告内部控制发表意见或提供保证。本段内容不影响对财务报告内部控制有效性发表的审计意见。

××会计师事务所　中国注册会计师：×××（签名并盖章）

（盖章）中国注册会计师：×××（签名并盖章）

中国××市　××年×月×日

4. 无法表示意见内部控制审计报告

根据《企业内部控制审计指引》规定，注册会计师审计范围受到限制的，应当解除业务约定或出具无法表示意见的内部控制审计报告，并就审计范围受到限制的情况，以书面形式与董事会进行沟通。注册会计师在出具无法表示意见的内部控制审计报告时，应当在内部控制审计报告中指明审计范围受到限制，无法对内部控制的有效性发表意见。注册会计师在已执行的有限程序中发现财务报告内部控制存在重大缺陷的，应当在内部控制审计报告中对重大缺陷做出详细说明。

【例 3-5】内部控制审计报告（四）

××股份有限公司全体股东：

我们接受委托，对××股份有限公司（以下简称××公司）××年×月×日的财务报告内部控制进行审计。

一、企业对内部控制的责任

按照《企业内部控制基本规范》《企业内部控制应用指引》《企业内部控制评价指引》的规定，建立健全和有效实施内部控制，并评价其有效性是企业董事会的责任。

二、内部控制的固有局限性

内部控制具有固有局限性，存在不能防止和发现错报的可能性。此外，由于情况的变化可能导致内部控制变得不恰当，或对控制政策和程序遵循的程度降低，根据内部控制审计结果推测未来内部控制的有效性具有一定风险。

三、导致无法表示意见的事项

[描述审计范围受到限制的具体情况。]

四、财务报告内部控制审计意见

由于审计范围受到上述限制，我们未能实施必要的审计程序以获取发表意见所需的充分、适当证据，因此，我们无法对××公司财务报告内部控制的有效性发表意见。

五、识别的财务报告内部控制重大缺陷（如在审计范围受到限制前，执行有限程序未能识别出重大缺陷，则应删除本段）

重大缺陷，是指一个或多个控制缺陷的组合，可能导致企业严重偏离控制目标。

尽管我们无法对××公司财务报告内部控制的有效性发表意见，但在我们实施的有限程序的过程中，发现了以下重大缺陷：

[指出注册会计师已识别出的重大缺陷，并说明重大缺陷的性质及其对财务报告内部控制的影响程度。]

有效的内部控制能够为财务报告及相关信息的真实完整提供合理保证，而上述重大缺陷使××公司内部控制失去这一功能。

六、非财务报告内部控制的重大缺陷

在内部控制审计过程中，我们注意到××公司的非财务报告内部控制存在重大缺陷[描述该缺陷的性质及其对实现相关控制目标的影响程度]。由于存在上述重大缺陷，我们提醒本报告使用者注意相关风险。需要指出的是，我们并不对××公司的非财务报告内部控制发表意见或提供保证。本段内容不影响对财务报告内部控制有效性发表的审计意见。

　　　　　　　　　　　××会计师事务所　中国注册会计师：×××（签名并盖章）

　　　　　　　　　　　　　　　（盖章）中国注册会计师：×××（签名并盖章）

　　　　　　　　　　　　　　　　　　　中国××市　××年×月×日

3.5　案例讨论

3.5.1　万福生科内部控制缺陷的前世今生

1. 创业板造假第一案

万福生科，成立于2003年，并于2011年9月27日由平安证券保荐，成功登陆创业板上市。主营粮食收储、大米和油脂加工、大米淀粉糖和蛋白粉系列产品，是集生产销售及科研开发为一体的农业产业化企业。2011年9月27日，万福生科在深交所创业板上市，募集资金4.25亿元。

仅仅一年后，2012年，湖南省证监局在例行检查时发现公司竟然有两套账本，于9月14日下发《立案稽查通知书》。由此，万福生科"一条龙式"的财务造假浮出水面。以上市为节点，万福生科的财务舞弊可以分为前后两个阶段。

在上市前，万福生科通过自有资金体外循环加之借用农户的身份开立不同银行账户，编造下游客户、虚增营业利润。在上市后，万福生科管理层挪用企业资金还债，同时将前期虚增的收入以在建工程作为合理出口，掩盖资金漏洞。运用这种手法，万福生科在2008—2011年虚报收入7.4亿元，净利润1.6亿元。

"万福生科"被称为创业板"造假第一案"，它的出现绝非偶然，复盘这场财务舞弊大案我们可以发现，在管理者过于重视利益、当地政府推动上市、农产品收购销售不规范的行业特征、中介机构权限有限等因素之外，公司内控的失效也推动了企业实现财务大规模造假。

万福生科发生财务舞弊事件，是由于其内部控制存在重大缺陷，主要集中在以下几个方面：

（1）资金管理活动存在重大内部缺陷。在财务舞弊案例中，万福生科对其农产品加工的资金流特点进行了利用。

公司主要从事的是稻米的精深加工业务，其业务的上游多为种植并收获稻谷等农产品原材料的普通农民，而产品加工后的下游客户也大部分都是个体居民，最大规模也仅是个体的经销工商户，企业的上下游相关方均偏好进行现金支付。

现金支付较之银行存款等支付方式，缺少银行这一第三方途径，这就导致缺少了一类重要的独立第三方出具的银行相关流水核对凭证，产生了管理的漏洞，而我国在对于企业的现金管理条例中，放松了向个人收购农副产品的价款使用现金的限额，且并没有对支付做更多的规定，在这样的情况下，给现金管理带来很大的风险隐患。

而万福生科内部并没有在国家对现金松弛的管理规定情况下，针对自己的业务特点，在内部控制制度中制定更多的现金管理规定。在这样的内部控制缺陷下，万福生科借用农户身份证，开立了大量实际由自己控制的银行账户，利用现金结算原始凭证缺少或便于伪造的漏洞，擅自调整现金结算业务的记账金额，用上述农户身份证开立的账户进行调平，利用账户中的多余现金进行其他财务舞弊项目的操作。

（2）会计活动存在重大内部缺陷。在案例中，万福生科财务舞弊主要通过影响会计记账凭证和会计账簿，对收入、在建工程、预付账款等会计项目进行虚增，因此可以看出企业在控制会计活动的子要素方面存在重大内部缺陷。

首先，在原始凭证管理方面万福生科存在重大管理缺陷，一方面企业内部对于会计凭证管理的相关制度执行不到位，为了财务舞弊而伪造、随意更改粮食原材料采购发票、银行流水核对单等会计凭证现象严重。同时也可以看出，对于获取凭证、保管会计资料等人员职责并没有进行分离。另一方面，企业的财务报告对于重大数据有错报行为，且对重要停产行为缺少关键披露，需要企业进行更正公告，这些均属于万福生科在会计活动方面存在的重大内部控制缺陷。

（3）组织架构要素存在重大缺陷。根据COSO五要素，企业的控制环境中包括企业的组织架构、发展战略、人力资源、社会责任、企业文化等重要部分。在这其中，完善的组织架构，规范了组织内部资源和信息的流动，保证组织运行的有效性和稳定性，在企业的日常运行的内部控制中起到重要作用。在万福生科案例中，这一部分出现了重大的内部控制缺陷。

首先，关于治理结构，龚永福作为企业经营管理中的重要领导人员，出于IPO与维持上市的动机，对于利益过分追求，缺乏必要的商业伦理道德，主动要求下属的业务人员与会计人员进行财务舞弊，粉饰报表。其次，在万福生科上市之前，龚永福夫妇共计持有80%以上的公司股权，而上市后夫妇二人持有的股权比例也达到50%以上，企业股权高度集中，缺少股权的制衡。而且，龚永福还兼任了总经理，股东与实际管理人员未能实现相互独立，决策权、执行权和控制权同时集中于一人，公司整体实际上只受龚永福一人控制。

在万福生科治理结构存在较为重大的内部控制缺陷的基础上，公司的决策程序也存在重大内控缺陷。由于公司权力高度集中于龚永福一人，公司实际决策时相当于仅由他一人做出关键决定，关于公司经营管理重大问题决策、大额资金的使用等实际仅由他一人决定。

在机构设置方面，万福生科审计部门仅有3名员工，无法及时有效地完成日常的审计与监督工作，而龚永福将公司的财务部、融资部与证券部合并，且取消了战略管理委员会、提名委员会和薪酬考核委员会。组织架构中职能并不完善，一些当今企业生存竞争所必要的职能如发展战略管理等无法正常进行。

（4）内部监督存在重大缺陷。根据上文，万福生科审计部门仅有3人，且在公司决策权力高度集中的情况下，审计部门受到身兼董事长和总经理的龚永福的控制，权责范围狭窄且缺乏独立性，对于企业存在的财务舞弊状况未能及时有效地起到监督与管理作用。另外，在上市审计中，对于审计缺乏独立性的外部会计师事务所，没能及时进行更换，也属于万福生科在内部监督方面内部控制存在的重大缺陷。

2. 重组后的万福生科

财务丑闻并没有使得万福生科就此退市，公司甚至重新焕发活力。2014年，桃源湘晖入股万福生科，公司易主为卢建之。2016年，通过股份收购，联想集团麾下的佳沃集团成为万福生科实际控制人，万福生科在此次交易中处置了不良资产，称此举能够改善公司的持续经营能力，并且就此改名为"佳沃股份"。但是脱胎换骨后的佳沃股份仍然在内部控制方面存在问题（为便于理解，下文仍称之为万福生科）。

在公司发布2016年年报后收到证监会问询函，要求公司补充说明披露的内部控制缺陷认定标准是否符合相关规定，说明公司的标准认定存在问题，随后万福生科披露了其缺陷认定标准，如表3-1、表3-2所示。

表3-1　万福生科2016年内部控制缺陷定量认定

参考指标	重大缺陷	重要缺陷	一般缺陷
涉及利润的错报占合并财务报表利润总额的比例	大于或等于5%	大于或等于2%，但小于5%	小于2%
涉及资产的错报占合并财务报表利润总额的比例	大于或等于0.5%	大于或等于0.3%，但小于0.5%	小于0.3%

表3-2　万福生科2017年内部控制缺陷认定

内部控制评价报告全文披露日期	2018年04月26日	
内部控制评价报告全文索引	详见《佳沃农业开发股份有限公司内部控制评价报告》	
纳入评价范围单位资产总额占公司合并财务报表资产总额的比例	100%	
纳入评价范围单位营业收入总额占公司合并财务报表营业收入总额的比例	100%	
缺陷确认标准		
类别	财务报告	非财务报告
定性标准	以内部控制缺陷对财务报告的影响程度为判定依据	以内部控制缺陷对业务经营管理有效性的影响程度为判定依据
定量标准	依据缺陷所导致的的财务报表错报程度衡量	重大缺陷迹象包括：有组织的主观违反外部监管规定和公司内部章程制度的行为或舞弊行为；管理层面的决策失误或系统控制设计层面人为重大差错；特大的财务损失、声誉损害；监管机构的严厉惩戒。
财务报告重大缺陷数量（个）	0	
非财务报告重大缺陷数量（个）	0	
财务报告重要缺陷数量（个）	0	
非财务报告重要缺陷数量（个）	0	

可以看出万福生科的标准较为宽泛，特别是没有披露符合企业特征的非财务报告内部控制缺陷定量和定性具体标准，使信息使用者无法判断内部控制评价的真实性。

3.5.2 案例启示

1. 企业内部控制缺陷认定标准缺乏科学性

财政部、证监会联合山东财经大学发布了《2017年我国上市公司执行企业内部控制规范体系情况分析报告》。该报告跟踪分析了沪深证券交易所上市公司公开披露的年度内部控制评价报告、年度财务报告等公开资料,统计汇总数据如表3-3、表3-4所示。

表3-3 2014—2017年上市公司内部控制有效性

年度		整体有效	非财务报告内部控制无效、财务报告内部控制有效	非财务报告内部控制有效、财务报告内部控制无效	整体无效	其他	总计
2017	公司数量	3 177	13	33	21	1	3 245
	占比	97.9%	0.4%	1.02%	0.65%	0.03%	100%
2016	公司数量	2 898	10	18	4	0	2 930
	占比	98.91%	0.34%	0.61%	0.14%	0%	100%
2015	公司数量	2 649	7	16	6	0	2 678
	占比	98.92%	0.26%	0.6%	0.22%	0%	100%
2014	公司数量	2 538	9	16	6	2	2 571
	占比	98.72%	0.35%	0.62%	0.23%	0.08%	100%

表3-4 2014—2017年上市公司内部控制缺陷披露

年度	存在缺陷的公司数量					无缺陷的公司数量	
	重大缺陷	重要缺陷	一般缺陷	合计	占比	无缺陷	占比
2017	69	51	890	1 010	30.68%	2 282	69.32%
2016	42	40	895	977	32.94%	1 989	67.06%
2015	36	57	817	910	33.47%	1 809	66.53%
2014	39	53	455	547	21.09%	2 047	78.91%

以上我国上市公司内部控制自评报告分析结果显示,2014—2017年公司内部控制有效均值高达98%以上,大部分公司自评认为内部控制不存在重大缺陷、重要缺陷和一般缺陷,在披露内部控制缺陷的公司中,披露存在重大缺陷的公司占比极小。依据调查结果可以推断,大多企业对内部控制重大缺陷的认定门槛较高,造成企业对内部控制重大缺陷的识别度降低;许多上市公司内部控制缺陷定性标准仅是直接引用《企业内部控制评价指引》和《公开发行证券的公司信息披露编报规则第21号——年度内部控制评价报告的一般规定》中内部控制缺陷定性标准定义,并未制定符合企业特征的内部控制缺陷定性标准,内部控制缺陷认定标准不够详细,造成企业内部控制有效性评价结果缺乏真实可靠性。

因此,当务之急是,提高企业对内部控制评价的重视程度,使企业充分认识到开展内部控制评价对于完善内部控制、降低企业风险的重要意义。此外,尽快建立科学合理的财务报告内部控制缺陷和非财务报告内部控制缺陷认定指标体系,应当以日常监督和专项监督为基础,结合年度内部控制评价,完善内部控制缺陷认定标准。

2. 对标行业设计内部控制缺陷定量标准

(1)财务报告内部控制定量标准。本书收集了同属于农副食品加工行业的五家主要竞争对手的内部控制缺陷认定标准,如表3-5所示。

表3-5 5家同行业公司财务报告内控缺陷定量标准

同行业公司	财务报告定量指标	重大缺陷	重要缺陷	一般缺陷
金健米业	资产负债表潜在错报金额	资产负债表潜在错报金额大于最近一个会计年度公司合并报表总资产的0.5%	资产负债表潜在错报金额大于最近一个会计年度公司合并报表总资产的0.2%并小于0.5%	资产负债表潜在错报金额小于最近一个会计年度公司合并报表总资产的0.2%
南宁糖业	与经营成果相关	导致财务报告错报金额超过营业收入的1%	超过营业收入的0.5%但小于1%	小于营业收入的0.5%
南宁糖业	与财务状况相关	导致财务报告错报金额超过资产总额的1%	超过资产总额的0.5%但小于1%	小于资产总额的0.5%
保龄宝	公司税前利润	错报≥税前利润的5%	税前利润的1%≤错报<税前利润5%	错报<税前利润的1%
北大荒	利润总额潜在错报	错报≥利润总额的5%	利润总额的2.5%≤错报<利润总额的5%	错报<利润总额的2.5%
北大荒	资产总额潜在错报	错报≥资产总额的1%	资产总额的0.5%≤错报<资产总额的1%	错报<资产总额的0.5%
北大荒	经营收入潜在错报	错报≥经营收入的1%	经营收入的0.5%≤错报<经营收入的1%	错报<经营收入的0.5%
北大荒	股东权益潜在错报	错报≥股东权益的1%	股东权益的0.5%≤错报<股东权益的1%	错报<股东权益的0.5%
广西贵糖	营业收入潜在错报	错报>营业收入的1%	营业收入的0.5%<错报≤营业收入的1%	错报≤营业收入的0.5%
广西贵糖	资产总额潜在错报	错报>资产总额1%	资产总额的0.5%<错报≤资产总额的1%	错报≤资产总额的0.5%

从表3-5可以看出,在财务报告缺陷认定指标方面,该行业公司大多数采用潜在错报金额作为标准,参考财务报表审计方法,万福生科可围绕基准和重要性水平两项关键因素进行确定。

①基准。在确定财务报告内控缺陷认定基准时,需要基于万福生科主体报表要素、财务报表内外部使用者所关注的项目,结合基准指标的相对波动性进行综合评价。

②重要性水平。在确定财务报告内控缺陷认定标准时,可以参考财务报表审计的重要性水平进行。换言之,在执行财务报表审计时,外部审计师需要基于对财务报告内所有科目错报进行汇总考虑,确定重要性水平以获得财务报表在整体上不存在重大错报的合理保证。

设计后的万福生科财务报告内控缺陷定量指标如表3-6所示。

表 3-6 万福生科财务报告内部控制缺陷定量标准

参考指标	重大缺陷	重要缺陷	一般缺陷
涉及经营成果的错报占合并报表营业收入的比例	错报≥经营收入总额的1%	经营收入总额的0.5%≤错报<经营收入总额的1%	错报<经营收入总额的0.5%
涉及经营成果的错报占合并报表利润总额的错报	错报≥利润总额的5%	利润总额的2%≤错报<利润总额的5%	错报<利润总额的2%
涉及财务状况的错报占合并报表总资产的比例	错报≥资产总额的0.5%	资产总额的0.2%≤错报<资产总额的0.5%	错报<资产总额的0.2%

（2）非财务报告内部控制定量标准。表 3-7 为五家同行业公司非财务报告内控缺陷认定的定量标准，可以看出除了南宁糖业参照财报标准进行外，其余四家公司均采用直接财产损失金额作为指标，表明该指标具有通用性。因此本书将同样采用直接财产损失指标。鉴于万福生科近年来总资产波动幅度较大，相比于绝对数而言，采用相对数指标更能够反映出缺陷对内部控制五大目标的偏离程度。据此，设计万福生科非财务报告定量标准如表 3-8 所示。

表 3-7 五家同行业公司非财务报告内控缺陷定量标准

同行业公司	非财务报告定量指标	重大缺陷	重要缺陷	一般缺陷
金健米业	直接财产损失金额	最近一个会计年度公司合并报表净总资产的0.5%以上	最近一个会计年度公司合并报表净总资产的0.3%以上并小于0.5%	最近一个会计年度公司合并报表净资产的0.3%以下
南宁糖业	与经营成果相关	导致财务报告错报金额超过营业收入的1%	超过营业收入的0.5%但小于1%	小于营业收入的0.5%
南宁糖业	与财务状况相关	导致财务报告错报金额超过资产总额的1%	超过资产总额的0.5%但小于1%	小于资产总额的0.5%
保龄宝	直接财产损失金额	超过公司总资产的1%	超过总资产的0.5%但小于1%	其余为一般缺陷
北大荒	直接财产损失金额	500万元及以上	100万（含）～500万元	10万（含）～100万元
广西贵糖	直接财产损失金额	1 000万元以上	500万～1 000万元（含）	小于500万元

表 3-8 万福生科非财务报告内部控制缺陷定量标准

非财务报告定量指标	重大缺陷	重要缺陷	一般缺陷
直接财产损失金额	最近一个会计年度公司合并报表净总资产的0.5%以上	最近一个会计年度公司合并报表净总资产的0.2%及以上但小于0.5%	最近一个会计年度公司合并报表净总资产的0.2%以下

3. 对标 COSO《内部控制——整合框架》（2013）设计内部控制缺陷定性标准

内部控制评价标准由企业自行完成，受各行业不同、企业对内部控制评价的认知不同等因素影响，内部控制有效性评价结果的可靠性参差不齐，因此可以考虑借鉴COSO《内部控制——整合框架》（2013）的17条原则，结合行为、资产、经营和战略四方面的目标，制定非财报缺陷定性认定标准，如表3-9所示。出现以下迹象时即表明企业出现非财报重大或重要缺陷，其余缺陷为一般缺陷。

表3-9 非财报缺陷定性认定标准

要素项目	COSO 2013 17条原则	重大缺陷	重要缺陷
控制环境	1. 对诚信和道德价值观的承诺	公司严重违反国家法律、行政法规和规范性文件；企业没有给出明确的职业操守和道德规范，没有设置专门的岗位负责职业操守及道德规范相关工作；出现重大财务丑闻	企业有文化管理和人力资源管理的意识，但是相对薄弱
	2. 独立的董事会监督	治理层和管理层的权限混淆，无法形成必要的权力制衡	企业有基本的组织架构管理，但是权利划分不清晰；
	3. 架构、报告路径、权力、责任	公司组织结构混乱，汇报路径交叉或者不清晰	部门组织架构、报告路径等不清晰，但该部门业务不涉及"三重一大"；公司重大事项的决策程序不够完善
	4. 吸引、发展和留任优秀人才	没有人力资源政策，没有专门的部门或者岗位落实人力资源政策；公司关键岗位管理人员和技术人员流失严重	人力资源政策不清晰，对于组织成员的素质要求不明确；公司关键岗位业务人员流失严重
	5. 内部控制人员问责制度	未能落实关键岗位的权责统一制度	有基本的权责制度框架，但是不清晰或者未履行
风险评估	6. 制定明确的目标	没有明确的经营目标，缺乏经营建设的起点	有基本的经营目标，但是可实现性较低
	7. 识别影响目标实现的风险	无法识别行业或公司面对的潜在风险，或无法根据风险程度制定应对策略	对风险认识不足
	9. 识别并评估重大变更	内控程序没有根据企业内外部变化情况而调整，始终保持不变	内控活动发生调整，但无法完全适用于当前企业的实际情况
控制活动	10. 选择并制定控制活动	出现产品质量方面的重大事故，导致严重后果	控制活动不完善；公司违反企业内部规章制度，形成缺失。
	12. 通过政策和程序部署控制	授权体系混乱；公司未能建立有效的控制措施，包括财产保护、授权审批、绩效考评等方面。	存在但不完善，视为重要缺陷
信息与沟通	13. 获取、生成和使用高质量信息	各个岗位无法及时获得所需信息	各个岗位可以获得所需信息，但是存在时间和质量上的问题
	14. 在内部沟通内部控制信息	没有明确的信息传递制度	有明确的信息传递制度，各岗位人员缺乏信息共享
	15. 向外部沟通内部控制信息	企业不公布内控评价报告和审计报告，无法与外部进行有效沟通	企业虽然公布内部控制审计报告和自我评价报告但是不详细、不具体

续表

要素项目	COSO 2013 17条原则	重大缺陷	重要缺陷
监督活动	16. 执行持续及/或单独的评估	企业未能建立日常监督和专项监督体制	企业日常监督和专项监督体制不完善
	17. 评估并披露内部控制缺陷	已经发现并报告给管理层的重大缺陷在合理的时间内未加以改正	重要缺陷经汇报和沟通后，未在合理的期间内进行纠正

延伸思考问题及指引

　　企业内部控制与风险管理机制离不开三道防线，其中各有关职能部门和业务单位为第一道防线，风险管理职能部门和董事会下设的风险管理委员会为第二道防线，内部审计部门和董事会下设的审计委员会为第三道防线。在内部控制缺陷识别与改进过程中，这三道防线的运行机制应如何设计呢？

参考文献

[1] 企业编审委员会.企业内部控制基本规范及配套指引及案例讲解2019年版[M].上海：立信会计出版社，2019.
[2] 张俊民，企业内部控制理论与实务[M].大连：东北财经大学出版社，2016.
[3] 李晓慧.内部控制与风险管理[M].北京：中国人民大学出版社，2018.
[4] 方红星，池国华，内部控制[M].大连：东北财经大学出版社，2019.
[5] 王清刚，林小飞.内部控制与风险管理[M].北京：北京大学出版社，2019.
[6] 宫义飞，谢元芳.内部控制缺陷及整改对盈余持续性的影响研究——来自A股上市公司的经验证据[J].会计研究，2018，（05）：75-82.
[7] 顾奋玲，解角羊.内部控制缺陷、审计师意见与企业融资约束——基于中国A股主板上市公司的经验数据[J].会计研究，2018，（12）：77-84.
[8] 谢凡，曹健，陈莹，李颖.内部控制缺陷披露的经济后果分析——基于上市公司内部控制强制实施的视角[J].会计研究，2016，（09）：62-67.
[9] Brown, T., Fanning, K..The Joint Effects of Internal Auditors' Approach and Persuasion Tactics on Managers' Responses to Internal Audit Advice[J].The Accounting Review，2019，94（4）：173–188.

中篇
风险管理理论

第 4 章　企业风险管理框架及发展

▶ **教学目标**　通过本章学习，使学生了解COSO企业风险管理的发展及其主要框架的内容，了解我国风险管理规范的主要内容，并在此基础上，对我国企业全面风险管理机制的进一步完善有深入的思考。

▶ **内容摘要**　本章介绍了COSO《企业风险管理——整合框架》（2004）的4个目标和8个要素，阐述了COSO内部控制与风险管理框架的区别；介绍了COSO《企业风险管理——战略与绩效的结合》（2017）的5个要素和20条原则，并分析了该框架的演变特点；同时，本章还重点介绍了我国国资委2006年发布的《中央企业全面风险管理指引》的主要内容。最后，本章以獐子岛集团为例，剖析了集团内部控制和风险管理存在的问题，并基于COSO风险管理框架及我国相关规范，对獐子岛集团的内部控制及风险管理进行梳理并提出了相关建议。

　　有这样一个历史小故事：魏文王曾问扁鹊，你们家兄弟三人都精于医术，但比较而言谁的医术最好？扁鹊回答说，长兄医术最好，中兄次之，自己最差。魏文王又问扁鹊，那么在你三兄弟中为什么你最出名？扁鹊回答说，我的长兄治病于病情发作之前，由于一般人不知道他事先能铲除病因，所以他的名气无法传出去；我的中兄治病于病情初始之时，一般人认为他只能治轻微的小病，所以名气不大；我治病于病情严重之时，一般人都能看到我在经脉上穿针放血、在皮肤上敷药做大手术，所以以为我医术高明。此故事暗含着这样一个道理：事后管理不如事中管理，事中管理不如事前管理。"财务风险管理"就是对企业进行的事前财务管理，力图通过对财务风险的识别与预警，有效地规避企业的财务风险。

　　"风险管理"一词，最早出现于1956年加拉格尔的调查报告《风险管理——成本控制的新阶段》，风险管理理论的产生源于企业进行风险管理实践。1948年美国钢铁业大罢工以及1953年通用汽车巨灾事件，使企业主意识到风险管理的重要意义，在1956—1970年间，风险管理重点关注危害性风险的管理，人们对风险的思维以客观实体派[①]为主。在1970—1990年间，科技灾难的发生（比如1953年联邦德国戴奥辛外泄事故等）使人们意识到，在管理中不应只注重技术与经济方面表现的财务风险，还应注重人为作业绩效与文化社会背景的影响，该阶段人们对风险的思维体现为客观实体派与主观构建派[②]并重。到了20世纪90年代以后，因衍生金融工具使用不当而引发的金融

[①] 客观实体派认为，风险是客观的不确定，是客观存在的客体，是可以预测的。此派主要以客观概率（objective probability）概念规范与测度不确定性；风险真实性的认定，则以数学值的高低为认定基础。

[②] 主观构建派的思维主要来自心理学者、人文学者的贡献。心理学是以主观概率（subjective probability）概念规范与测度不确定性，风险真实性的认定，是以个人认知为基础；人文学者认为风险不是独立于社会、文化历史因素之外的客观实证。

风暴以及后续市场上的反应，使风险管理逐渐成为席卷全球的管理学革命。人们对于风险管理的认识更加明确，对风险管理定位于：一是整合的管理方法和过程，是融合各类学科的管理方法；二是全方位的管理，它不仅面向工程风险，也面向人文风险。现代的风险管理就是在企业生产经营活动的全部可能发生的后果和后果可能出现的概率完全已知的情况下，采用最佳控制技术和最佳决策，以最小成本保证企业的最大安全和最佳经营效能。这种管理方法表现为期望值、概率、加权等数学语言的应用。风险管理的主要工作步骤是风险识别、风险衡量、风险决策、执行决策以及对实施效果的评估。企业通过风险识别可以认清它所面临的风险，通过风险衡量能掌握损失发生的频率和潜在的损失程度，通过风险决策和执行决策可避免或减少损失，而实施效果评估又能保证一切措施得以有效地贯彻执行。

4.1 COSO 企业风险管理框架

1992 年，COSO 发布了由"三目标"和"五要素"组成的《内部控制——整合框架》，基于 21 世纪初美国上市公司的系列财务丑闻，2002 年颁布的《萨班斯-奥克斯利法案》（简称《SOX 法案》）第 404 条款要求公众公司建立有效的内部控制体系，确保提供给投资者的财务报告有效可靠。尽管 1992 版内部控制框架获得世界各国的广泛认可和应用，但由于框架的局限性，即过于注重财务报告，缺少关注企业风险的战略、全局意识，2004 年 COSO 以 1992 年内控框架为基础正式颁布《企业风险管理——整合框架》，强调内部控制是企业风险管理不可或缺的部分，引入风险组合观，正式提出并形成了全面风险管理的基本概念和框架体系。2017 年 COSO 又对该框架作了进一步修订。

4.1.1 COSO《企业风险管理——整合框架》（2004）的内容

企业风险管理框架共分为两部分：第一部分为"基本框架"。基本框架定义了全面风险管理概念和原则，指出企业风险管理包括八个相互关联的组成要素，即内部环境、目标设定、事件识别、评估风险、应对风险、控制活动、信息与沟通、监控。第二部分是应用技术。全面风险管理常用技术方法包括风险坐标图、蒙特卡洛方法、关键风险指标管理、压力测试等，并举例说明在应用框架的各个要素的管理应用技术。将风险偏好分为高、中、低三类，采用定量分析方法度量企业风险偏好，反映企业成长性、收益性和风险目标，并在三者之间进行平衡。

1. COSO《企业风险管理——整合框架》的主要内容

COSO 的整合框架是一个三维立体框架模型，其中包括要素、组织和目标三个维度的内容，如图 4-1 所示。三个维度相互关联，构成了一个全面的风险管理体系。具体表现为：企业在战略、经营、报告和合规目标里包含了要素维度的八大要素和组织维度的四大层级，企业各层级都服务于企业目标并要结合八大要素对企业风险进行管理。其中要素维度中的八大要素是平行关系，没有划分明确的步骤，各要素之间相互影响。

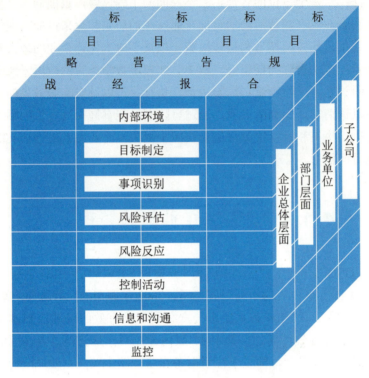

图 4-1　COSO 企业风险管理三维框架图

1）四个目标

（1）战略目标。这是最高层次的目标，它与企业的使命、愿景相协调，反映了企业管理层对如何为其利益相关者创造价值所做出的选择。战略目标具有宏观性、长期性、相对稳定性、全面性等特点。

（2）经营目标。该目标与企业经营的有效性和效率有关，包括业绩和盈利目标以及保护资源不受损失。

（3）报告目标。该目标与报告的可靠性有关，要求企业提供的对内、对外财务信息和非财务信息都必须准确和完整。

（4）合规目标。该目标与相关法律法规有关，要求企业的生产经营活动必须符合相关法律法规的要求。

2）八个要素

（1）内部环境。企业的内部环境是其他所有风险管理要素的基础，企业的内部环境不仅影响企业战略和目标的制定、业务活动的组织和对风险的识别和反应，还影响企业控制活动、信息和沟通系统、监控活动的设计和执行。其中，董事会是内部环境的重要组成部分，对其他内部环境要素有重要的影响；企业的管理者也是内部环境的一部分，职责是建立企业风险管理理念，确定企业的风险偏好，营造企业的风险文化，并将企业的风险管理和相关的初步行动结合起来。

(2)目标制定。根据企业确定的任务或预期，管理者制定企业的战略目标，选择战略并确定其他与之相关的目标并在企业内层层分解和落实。其中，其他相关目标是指除战略目标之外的其他三个目标，包括经营目标、报告目标、合规目标，其制定应与企业的战略相联系。管理者必须首先确定企业的目标，才能够确定对目标的实现有潜在影响的事项。而企业风险管理就是提供给企业管理者一个适当的过程，既能够帮助制定企业的目标，又能够将目标与企业的任务或预期联系在一起，并且保证制定的目标与企业的风险偏好相一致。

(3)事项识别。不确定性的存在使得企业的管理者需要对这些事项进行识别。而潜在事项对企业可能有正面的影响、负面的影响或者两者同时存在。有负面影响的事项是企业的风险，要求企业的管理者对其进行评估和反应。因此，风险是指某一对企业目标的实现可能造成负面影响的事项发生的可能性。对企业有正面影响的事项，或者是企业的机遇，或者是可以抵消风险对企业的负面影响的事项。机遇可以在企业战略或目标制定的过程中加以考虑，以确定有关行动抓住机遇。

(4)风险评估。风险评估可以使管理者了解潜在事项如何影响企业目标的实现。管理者应从两个方面对风险进行评估，即风险发生的可能性和影响。风险发生的可能性是指某一特定事项发生的可能性；影响则是指事项的发生将会带来的影响。对于风险的评估应从企业战略和目标的角度进行：首先，应对企业的固有风险进行评估，通过确定对固有风险的风险反应模式，就能够确定对固有风险的管理措施。其次，管理者应在对固有风险采取有关管理措施的基础上，对企业的残存风险进行评估。

(5)风险反应。风险反应可以分为规避风险、减少风险、共担风险和接受风险四类。规避风险是指采取措施退出给企业带来风险的活动。减少风险是指减少风险发生的可能性、减少风险的影响或两者同时减少。共担风险是指通过转嫁风险或与他人共担风险，降低风险发生的可能性或降低风险对企业的影响。接受风险则是不采取任何行动，而接受可能发生的风险及其影响。对于每一个重要的风险，企业都应考虑有效的风险反应方案。有效的风险管理要求管理者选择可以使企业风险发生的可能性和影响都落在风险容忍度之内的风险反应方案。选定某一风险反应方案后，管理者应在残存风险的基础上重新评估风险，即从企业总体的角度或者组合风险的角度重新计量风险。各行政部门、职能部门或者业务部门的管理者应采取一定的措施对该部门的风险进行复合式评估，并选择相应的风险应对方案。

(6)控制活动。控制活动是帮助和保证风险反应方案得到正确执行的相关政策和程序。控制活动存在于企业的各部分、各个层面和各个部门，通常包括两个要素，确定应该做什么的政策和影响该政策的一系列程序。

(7)信息和沟通。来自于企业内部和外部的相关信息必须以一定的格式和时间间隔进行确认、捕捉和传递，以保证企业的员工能够执行各自的职责。有效的沟通也是广义上的沟通，包括企业内纵向的自上而下、自下而上以及横向的沟通。有效的沟通还包括将相关的信息与企业外部相关方进行有效沟通和交换，如客户、供应商、行政管理部门和股东等。

（8）监控。对企业风险管理的监控是指评估风险管理要素的内容和运行，以及一段时期的执行质量的一个过程。企业可以通过两种方式对风险管理进行监控，即持续监控和个别评估。持续监控和个别评估都是用来保证企业的风险管理在企业内各管理层面和各部门持续得到执行。监控还包括对企业风险管理的记录，记录的程度应根据企业的规模、经营的复杂性和其他因素的影响而有所不同，适当的记录通常会使风险管理的监控更为有效果和有效率。

3）风险管理组织

风险管理组织则主要是指实现风险管理目标的组织结构，主要包括董事会及其下属专业委员会，风险管理职能部门、内部审计部门和法律事务部门以及其他有关职能部门、业务单位的组织领导机构及其职责。具备条件的企业可建立风险管理三道防线，即各有关职能部门和业务单位为第一道防线；风险管理职能部门和董事会下设的风险管理委员会为第二道防线；内部审计部门和董事会下设的审计委员会为第三道防线。风险管理组织如图4-2所示。

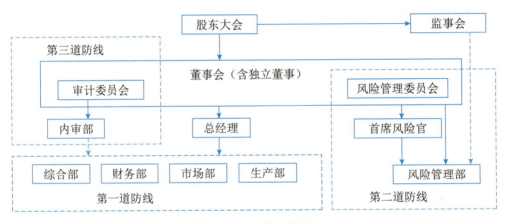

图4-2 风险管理组织

（1）董事会。董事会在风险管理方面主要履行以下职责：

①审议并向股东大会提交企业全面风险管理年度工作报告；

②确定企业风险管理总体目标、风险偏好、风险承受度，批准风险管理策略和重大风险管理解决方案；

③了解和掌握企业面临的各项重大风险及其风险管理现状，做出有效控制风险的决策；

④批准重大决策、重大风险、重大事件和重要业务流程的判断标准或判断机制；

⑤批准重大决策的风险评估报告；

⑥批准内部审计部门提交的风险管理监督评价审计报告；

⑦批准风险管理组织机构设置及其职责方案；

⑧批准风险管理措施，纠正和处理任何组织或个人超越风险管理制度做出的风险性决定的行为；

⑨督导企业风险管理文化的培育；

⑩风险管理的其他重大事项。

（2）风险管理委员会。具备条件的企业，董事会可下设风险管理委员会。该委员会的召集人应由不兼任总经理的董事长担任；董事长兼任总经理的，召集人应由外部董事或独立董事担任。该委员会成员中需有熟悉企业重要管理及业务流程的董事，以及具备风险管理监管知识或经验、具有一定法律知识的董事。

风险管理委员会对董事会负责，主要履行以下职责：

①提交全面风险管理年度报告；

②审议风险管理策略和重大风险管理解决方案；

③审议重大决策、重大风险、重大事件和重要业务流程的判断标准或判断机制，以及重大决策的风险评估报告；

④审议内部审计部门提交的风险管理监督评价审计综合报告；

⑤审议风险管理组织机构设置及其职责方案；

⑥办理董事会授权的有关全面风险管理的其他事项。

（3）审计委员会。企业应在董事会下设立审计委员会，企业内部审计部门对审计委员会负责。内部审计部门在风险管理方面，主要负责研究提出全面风险管理监督评价体系，制定监督评价相关制度，开展监督与评价，出具监督评价审计报告。

（4）总经理。企业总经理对全面风险管理工作的有效性向董事会负责。总经理或总经理委托的高级管理人员，负责主持全面风险管理的日常工作，负责组织拟订企业风险管理组织机构设置及其职责方案。

（5）风险管理职能部门。企业应设立专职部门或确定相关职能部门履行全面风险管理的职责。该部门对总经理或其委托的高级管理人员负责，主要履行以下职责：

①研究提出全面风险管理工作报告；

②研究提出跨职能部门的重大决策、重大风险、重大事件和重要业务流程的判断标准或判断机制；

③研究提出跨职能部门的重大决策风险评估报告；

④研究提出风险管理策略和跨职能部门的重大风险管理解决方案，并负责该方案的组织实施和对该风险的日常监控；

⑤负责对全面风险管理有效性的评估，研究提出全面风险管理的改进方案；

⑥负责组织建立风险管理信息系统；

⑦负责组织协调全面风险管理日常工作；

⑧负责指导、监督有关职能部门、各业务单位以及全资、控股子企业开展风险管理工作；

⑨办理风险管理的其他有关工作。

（6）企业其他职能部门及各业务单位。企业其他职能部门及各业务单位在风险管理工作中，应接受风险管理职能部门和内部审计部门的组织、协调、指导和监督，主要履行以下职责：

①执行风险管理基本流程；

②研究提出本职能部门或业务单位重大决策、重大风险、重大事件和重要业务流程的判断标准或判断机制；

③研究提出本职能部门或业务单位的重大决策风险评估报告；

④做好本职能部门或业务单位建立风险管理信息系统的工作；

⑤做好培育风险管理文化的有关工作；

⑥建立健全本职能部门或业务单位的风险管理内部控制子系统；

⑦办理风险管理其他有关工作。

2. 从内部控制框架到风险管理框架的变化特点

1）从企业内部控制五要素到风险管理八要素

COSO主席拉瑞·瑞丁伯格在探讨内部控制与风险管理之间的关系时，曾说："所有的公司都应首先关注内部控制框架，因为这是公司运营的基础。风险管理框架是内部控制框架的延伸，所有内部控制框架的要素同样适用于企业风险管理。内部控制框架由控制环境、风险评估、控制活动、信息与沟通、监控五个相互联系的要素组成。风险管理框架则扩展到了内部环境、目标设定、事项识别、风险评估、风险应对、控制活动、信息与沟通、监控八个相互关联的构成要素。从内部控制五要素到风险管理八要素实质上是一个从笃实但粗略的框架到准确且精细结构的过程。

首先，风险管理八要素审视企业的视角从企业内部向企业外部转变，它把企业放在一个更大的宏观系统中来进行思考。企业的内部控制环境只是从微观角度出发考虑企业经营活动的内部环境，因此，风险管理八要素含括了企业内部和外部因素，在日新月异的科技和社会变迁状态下更符合企业真实的生存条件。

其次，风险管理八要素把管理理念从企业经营层面提升到企业战略层面，增加了目标设定这一要素并在控制活动和监控的内涵方面进行了扩充。这是将企业的管理活动从内部控制的内省、自审行为提高到企业长期发展的战略高度。

最后，风险管理八要素更强调企业在实施过程中的可操作性，内部控制只提出需要进行风险评估，但没有涉及具体的方式也没有突出要素之间的相互联系。风险管理八要素的提出明确了风险评估所涉及的内容、评估的过程以及对评估结果的处理，以风险管理预警为核心贯穿风险管理八要素，使得各要素之间承前启后、相互贯通。

综合来看，风险管理八要素比企业内部控制五要素更具体、更全面、更具有可操作性，正因如此，COSO主席拉瑞·瑞丁伯格明确提出"当公司开始对风险和管理理念有了一定了解的时候，就该实施风险管理框架"。

2）从企业内部控制目标到风险管理目标的升华

COSO提出的内部控制目标包括3个，分别为经营性目标、报告性目标和遵循性目标。而风险管理的目标可以划分为战略目标、经营目标、报告目标、合规目标四类，这四类目标在企业内是自上而下设定的，具有一定的层次性和内部相关性。由此可以看到，风险管理目标在企业内部控制目标的基础上得到了拓展和升华。

首先，风险管理从企业发展的全局出发，增加了统领和驾驭企业长期发展的战略目标。这一目标属于企业最高层次的目标,是与企业使命紧密相联的,也是实现企业使命的有力保障。同时,风险管理目标把内部控制的3个目标规范到战略目标的各分支体系中,形成了一个完整、系统且层次清晰的目标体系。因此,COSO主席拉瑞·瑞丁伯格曾指出"内部控制框架与具体的控制目标相关,而企业风险管理则超越控制、超越财务报告,总体把握企业的战略以及同企业运营相关的风险"。

其次,从内部控制的3个目标到风险管理战略目标统领下的3个子目标,虽然它们均为具体目标,但在风险管理框架下这3个目标的内涵得到了进一步的充实和细化:①内部控制目标中的报告仅指"财务报告",而风险管理目标中所指的报告包括了"内部的和外部的报告""财务的和非财务的报告",其范围涉及企业的所有报告。②在内部控制中经营性目标强调提高经营效率和效果,而风险管理中经营目标则更注重有效和高效率地利用企业资源,这实质上是管理行为从被动经营追求盈利向主动挖掘企业资源潜能实现资产增值的转变。③内部控制的遵循性目标强调企业经营合法合规,而风险管理中的合规目标则要求企业要熟悉经营、管理活动中的法律和法规,强调企业不但要遵循这些法律和法规,并且要能够有效利用它们来帮助企业规避和降低经营风险。

3)从内部控制到风险管理内涵的传承与全面提升

内部控制是由企业董事会、监事会、经理层和全体员工实施的、旨在实现控制目标的过程。企业风险管理也是一个过程,是由企业的董事会、管理层以及其他人员共同实施的,应用于战略制定及企业各个层次的活动,旨在识别可能影响企业的各种潜在事件,并按照企业的风险偏好管理风险,为企业目标的实现提供合理的保证。从其定义中不难看出两者的内涵之间是一脉相承的。不论内部控制还是风险管理都是企业加强管理的过程,在这一过程中,它们都有明确要实现和达到的相应目标。同时,两者也都是企业规范经营管理、提高效率和规避风险的重要管理方式。但仔细深入分析后,仍可以发现风险管理对以下四方面在内部控制的基础上进行了全面提升。

首先,在人员方面,内部控制主要从企业内部出发,参与的人员主要是企业内部人员,包括企业董事会、监事会、经理层以及全体员工;风险管理把企业融入更大的产业环境、经济环境以及社会环境中加以思考,由此风险管理所涉及的人员更为广泛,不仅包括了企业所有员工,并且超越了企业的界限还涉及一些其他相关人员。

其次,在目标定位方面,内部控制强调财务报告的准确性、经营活动的高效性和相关法律法规的遵循;风险管理将企业的目标进行了层次划分,强调了企业战略目标制定的重要性并在其统领下企业由其相应子目标来指导各个层次的活动,它既重视子系统目标的实现,也关注企业总体战略目标与子系统目标的协调发展。

再次,在风险评估方面,内部控制也涉及了风险评估,但仅将其作为五要素之一提出,风险管理不仅提出企业要进行风险评估,而且详细描述了风险评估的过程至少包括三个阶段:第一阶段事项识别,对可能影响企业的各种潜在事件进行识别,并将其区分为风险和机会;第二阶段风险评估,对风险的可能性和预计可能产生的影响进行深入分析,并为下一步决策提供依据;第三阶段风险应对,管理当局根据企业的实际情况选择风险应对的方式并采取相应一系列行动把风险控制在企业的风险容忍度、风险容量之内。

风险管理更重视风险评估，更强调企业在风险管理活动中对企业内外环境产生变化的敏感性、及时性和主观能动性。

最后，内部控制并没有考虑企业的风险偏好，因此提出的框架只能是一个基础的指导性的理论和方法，而风险管理意识到企业与个人一样会有不同的风险偏好，不同的企业所能承受的风险强度是不相同的，风险管理需要根据企业的具体情况采取不同的风险管理方式和方法，因此对风险管理的过程和结果也很难做出标准的唯一评判。

COSO 主席拉瑞·瑞丁伯格在谈到内部控制框架与企业风险管理框架时曾说："两个框架是一致的。企业风险管理框架是一个更广泛的框架，同内部控制框架相比，它包含了更多的风险领域。内部控制框架是企业风险管理框架的一个分支。"因此，从内部控制到风险管理实质上是一个企业管理不断完善和提高的过程，也是一个管理视角从企业内部向外部拓展的过程。在这一过程中，企业内部控制强调企业自身苦练内功，而企业风险管理则在内部控制的基础上强调企业不仅要苦练内功，同时还应当对外部环境变化所产生的风险和机会做出灵敏反应和决策调整，也就是说要苦干加上巧干才能真正提高企业管理的效率。企业首先应该根据企业实际情况构建内部控制体系，再进一步发展风险管理框架，只有真正实现风险管理才能站在全局和系统的战略层面来指导企业具体的经营管理活动，才能促使企业更加健康成长，确保基业长青。

4.2.2　COSO《企业风险管理——战略与绩效的整合》（2017）的内容

《企业风险管理——整合框架》（2004）提出风险整合观，这是风险管理理念在实践运用上比较大的突破，但经过多年实践，也逐渐暴露出一些问题：一是 COSO 委员会在起草风险管理框架时，采用在 COSO 内部控制框架的基础上进行升级和扩充的做法，这直接导致两个理论框架虽然愿景和目标各不相同，但内容的重合度非常高。企业在实践这两个理论体系时往往认为"内部控制就是风险管理"，为企业风险管理实践埋下了隐患。二是随着经济化、信息化、全球化浪潮席卷全世界，企业经营管理面对的风险日益增加，风险的复杂性也发生了重大变化，利益相关方更加关心风险管理对企业价值的创造，尤其是在战略的制定和执行中风险管理价值的体现以及如何增强风险管理和企业绩效之间的协同关系。《企业风险管理——整合框架》（2004）已经无法满足实践需求。

2017 年 9 月 6 日，COSO 正式发布《企业风险管理——战略和业绩的整合》（2017）框架。此次更新相较于 2004 年的《企业风险管理——整合框架》（2004），在风险管理理念上是一次飞跃，此次更新注重的是风险管理战略和业绩的整合。换言之，2017 年的更新是一次思想的革新，并不涉及风险管理技巧和方法。2017 版框架的摘要中就指出，采用《企业风险管理——战略和业绩的整合》（2017）框架并不是一个强制性要求，2004 版《企业风险管理——应用技术》的内容依然被保留。

1. COSO《企业风险管理——战略和业绩的整合》（2017）的主要内容

新框架采用了五要素二十原则的表现形式，在治理与文化方面，强调董事会对风险的监督、建立运营架构、定义期望的企业文化、展现对核心价值观的承诺、吸引并留住优秀人才五项原则；在战略与目标设定方面，强调分析营商环境、定义风险偏好、评估可供选择的战略及制定业务目标四项原则；在风险管理的执行方面，强调风险识别、评估风险的严重程度、设置风险优先次序、执行风险应对方案及建立风险组合观五项原则；在审查与修正方面，强调评估重大变化、审查风险与绩效、持续改进企业风险管理三项原则；在信息沟通与报告方面，强调充分利用信息和技术、沟通风险信息、风险文化和绩效报告三项原则。具体内容如下：

1）治理与文化

凸显企业治理、文化与风险管理的关联性。在治理方面，确定了公司的基调，强调了公司风险管理的重要性和监督责任。首先是强调董事会对风险的监督，并明确了监督原则。为实现董事会的专业性、独立性职责落实，要求董事会需具备风险管理监督能力和整合风险管理能力，并能够定期自我审查机制的建立及运行情况，查找公司管理问题，克服公司管理偏见。其次是推动建立适应企业管理的运营架构，促进企业全体人员制定和实施风险管理活动，并与企业的核心价值始终保持一致。

在文化方面，强调定义期望的企业文化，反映企业的核心价值、行为和决策等企业特质。要求董事会及管理层建立一个激发企业所有员工创造力，树立正确价值观的企业文化，突出强调企业文化和风险管理、企业行为及决策以及内外部环境的关系。同时，清晰体现对核心价值观的承诺，使核心价值观贯穿企业所有的经营管理行为和决策过程，突出强调风险文化的融入、问责机制、沟通渠道和价值观偏差管理。在吸引并留住优秀人才方面，在企业人力需求评估的基础上，通过人才的吸引、发展、留住、奖励，满足企业风险管理岗位人员的实际需求。

2）战略与目标设定

突出风险管理与战略、目标设定在战略规划中密不可分。战略与目标设定可以清晰展现风险管理的目的，揭示风险、战略与目标之间的关系，其中企业风险偏好的设定以战略为基础并与其保持一致，商业目标是对战略的分解，并为风险的识别、评估以及应对奠定基础。战略与目标设定主要强调环境分析、风险偏好对公司管理资源配置的作用，所选择的战略与其风险承受能力匹配以及企业目标要根据重要性等因素设置容忍度并遵循成本效益原则。

3）绩效

强调绩效与风险的整合，其重点是对影响战略和业务目标实现的风险进行识别，用风险组合的观点对识别的风险进行评估。在评估的基础上，结合风险偏好，按照严重程度进行排序，确定不同级别风险的应对措施，突出风险识别、风险评估、风险排序和风险应对的方法技术，完善风险组合观理念，实现识别、评估、次序、应对的全流程风险管理。在执行中，需要建立风险组合观，强调风险组合观层次、风险组合观的构建以及风险组合观的调整。从全局和业务两个角度分析不同层级的风险偏好、所承担的风险类型及风险数量,将风险应用在部门间分配资源和调整业务目标上,并适时调整风险组合观。

4)审查与修正

强调对战略、商业目标、绩效和企业整体层面的动态审视与修订,通过关注内外部环境变化,评估企业管理目标和绩效完成情况,来识别发现风险管理改进的内容。包括:①评估内外部环境重大变化。强调识别内外部环境重大变化、评估其影响和针对变化的应对措施,是提高企业风险管理能力的过程。②审查风险与绩效。强调将风险审查融入企业的管理过程,需重点关注企业是否按预期执行并实现了目标。哪些风险的发生可能影响目标绩效,企业为了目标的实现是否承担了足够的风险,确保预期的风险管理目标实现。③持续改进企业风险管理。强调改进企业风险管理的效率和实用性,贯穿企业经营管理的始终。

5)信息沟通与报告

企业风险管理是一个动态的连续过程,需要不断地从组织内外获取信息以帮助风险管理发挥作用。首先,信息沟通与报告强调信息和技术应用,包括信息的范围、信息数据的来源、信息数据分类、信息数据管理等内容。要求企业明确信息管理的流程和相关控制以帮助其提高数据的质量,加强数据的可靠性。并建立数据架构的标准和规则,以便可靠地读取、分类、索引、检索数据,并实现数据共享,从而保护数据的长期使用价值。

其次,信息沟通与报告强调沟通风险信息。明确信息沟通对象主要为内外部利益相关者,信息沟通内容针对内外部利益相关者,需沟通企业风险管理的重要性及价值,企业文化及核心价值,企业战略及目标,风险偏好和容忍度,管理层和员工对企业风险和绩效管理的总体期望,管理层对与企业风险管理有关的任何重要事项的期望。

上述内容如表4-1所示。

表4-1 《企业风险管理——战略和业绩的整合》(2017)框架5要素与20项原则

5 要 素	20项原则
治理与文化	1.董事会提供战略监管,实施治理职责,以支持管理层达成战略和商业目标
	2.为达成战略和商业目标所建立的运营模式
	3.组织对期望行为的定义体现了主体所追求的文化理念
	4.组织对其核心价值观的承诺
	5.组织为协同战略和商业目标所致力培养的人力资本
战略与目标设定	6.组织关注不同商业环境对风险状况的潜在影响
	7.组织在创造、保护和实现价值时定义风险偏好
	8.组织评估可替代战略和对风险的潜在影响
	9.组织在建立支持战略实施的不同层级商业目标时考量风险
绩效	10.组织识别影响战略绩效和商业目标绩效的风险
	11.组织评估风险的严重程度
	12.组织对风险进行排序,作为选择风险应对措施的基础
	13.组织识别和选择风险应对措施
	14.组织建立一种组合视角进行风险评估

续表

5 要 素	20 项 原 则
审查与修正	15. 组织识别并评估可能对战略和商业目标影响重大的变化
	16. 组织审视主体绩效的同时考虑相关风险
	17. 组织需要不断改进和完善企业风险管理
信息沟通与报告	18. 组织运用自身的信息技术系统支持企业风险管理
	19. 组织应用沟通渠道支持企业风险管理
	20. 组织向主体报告不同层次的风险、文化和绩效

2. 风险管理框架（2017）的变化

通过以上分析，《企业风险管理——战略与绩效的整合》（2017）的主要变化体现在以下几个方面：

1）重新界定企业风险管理，强调风险与价值的关系

根据《企业风险管理——战略与绩效的整合》（2017）的定义，实施风险管理的工作目标是为股东和利益相关方创造、保持和实现价值，所以利益相关方需要明确实施风险管理工作并不是满足监管和合规要求，而需要从企业使命、愿景和核心价值出发，将风险管理定位为提升企业的价值和绩效，强调嵌入企业管理业务活动和核心价值链，满足企业更高层次的需求。这种视角同时也是一种新型的企业管理视角，对企业管理界来说是一场理念的变革，推动风险管理更好地与企业管理融合。

2）定位风险管理与战略和绩效的协同作用

《企业风险管理——战略与绩效的整合》（2017）认为企业风险管理并非静态，而是处于不断融入战略制定、日常决策直至最后的绩效评价的重复迭代过程。因此，需要在实现企业价值创造的整个过程融入风险管理，即在企业使命、愿景和核心价值观的初始阶段，战略及业务目标的执行阶段以及实现绩效提高的最终阶段，充分发挥有效的风险控制功能。

3）以原则为导向，构建新的风险管理原则

《企业风险管理——战略与绩效的整合》（2017）明确提出20个原则，每个原则都代表一个要素的基础部分，并被普遍运用于风险管理中，成为有效的风险管理实践中的一部分。这些原则为企业评判风险管理是否有效提供了标准和依据。

4）划分了风险管理和内部控制的边界

《企业风险管理——战略与绩效的整合》（2017）在第一部分应用环境中描述了风险管理和内部控制的关系："内部控制主要聚焦在主体的运营和对于相关法律法规的遵从性上。""企业风险管理的相关概念并没有包含在内部控制中。"COSO指出，风险管理和内部控制两个体系并不是相互代替或取代，而是侧重点各不相同，是相互补充的关系。但同时也强调了内部控制作为一种经历时间考验的企业控制体系，是企业风险管理工作的基础和重要组成部分。

4.2 我国企业全面风险管理的相关规范

风险意识的淡薄常常为企业发展带来巨大隐患，风险管理的落后更是阻碍了企业发展的进程。在 2004 年 COSO 委员会发布《企业风险管理——整合框架》后，国务院国有资产管理委员会借鉴了发达国家有关风险管理的思想及通行做法，2006 年 6 月制定了《中央企业全面风险管理指引》，旨在帮助中央企业建立健全风险管理长效机制，促进企业持续、健康、稳定发展。

《中央企业全面风险管理指引》阐明了风险管理所要开展的工作目标、内容等，特别要求中央企业在开展全面风险管理工作时，应当以重大风险、重大事件的管理以及重要流程的内部控制为重点。《中央企业全面风险管理指引》成为指导所有中央企业开展风险管理工作的指导性文件，其主要内容如下：

1. 总则

对基本概念、风险管理目标、工作开展的基本流程等作了规定。

企业风险是指未来的不确定性对企业实现其经营目标的影响，它一般可分为战略风险、财务风险、市场风险、运营风险、法律风险等。全面风险管理是指企业围绕总体经营目标，通过在企业管理的各个环节和经营过程中执行风险管理的基本流程，培育良好的风险管理文化，建立健全全面风险管理体系，包括风险管理策略、风险理财措施、风险管理的组织职能体系、风险管理信息系统和内部控制系统，从而为实现风险管理的总体目标提供合理保证的过程和方法。

风险管理总体目标包括：

①确保将风险控制在与总体目标相适应并可承受的范围内；②确保内外部，尤其是企业与股东之间实现真实、可靠的信息沟通，包括编制和提供真实、可靠的财务报告；③确保遵守有关法律法规；④确保企业有关规章制度和为实现经营目标而采取重大措施的贯彻执行，保障经营管理的有效性，提高经营活动的效率和效果，降低实现经营目标的不确定性；⑤确保企业建立针对各项重大风险发生后的危机处理计划，保护企业不因灾害性风险或人为失误而遭受重大损失。

风险管理基本流程包括以下主要工作：

①收集风险管理初始信息；②进行风险评估；③制定风险管理策略；④提出和实施风险管理解决方案；⑤风险管理的监督与改进。

《中央企业全面风险管理指引》要求企业将全面风险管理工作与其他管理工作紧密结合，把风险管理的各项要求融入企业管理和业务流程中。具备条件的企业可建立风险管理三道防线：各有关职能部门和业务单位为第一道防线，风险管理职能部门和董事会下设的风险管理委员会为第二道防线，内部审计部门和董事会下设的审计委员会为第三道防线。

2. 风险管理初始信息

《中央企业全面风险管理指引》要求企业广泛、持续不断地收集与本企业风险和风险管理相关的内部、外部初始信息，包括历史数据和未来预测。应把收集初始信息的职责分工落实到各有关职能部门和业务单位。

1）战略风险方面

企业应广泛收集国内外企业战略风险失控导致企业蒙受损失的案例，并至少收集与本企业相关的以下重要信息：国内外宏观经济政策以及经济运行情况、本行业状况、国家产业政策；科技进步、技术创新的有关内容；市场对本企业产品或服务的需求；与企业战略合作伙伴的关系，未来寻求战略合作伙伴的可能性；本企业主要客户、供应商及竞争对手的有关情况；与主要竞争对手相比，本企业实力与差距；本企业发展战略和规划、投融资计划、年度经营目标、经营战略，以及编制这些战略、规划、计划、目标的有关依据；本企业对外投融资流程中曾发生或易发生错误的业务流程或环节。

2）财务风险方面

企业应广泛收集国内外企业财务风险失控导致危机的案例，并至少收集本企业的以下重要信息：负债、或有负债、负债率、偿债能力；现金流、应收账款及其占销售收入的比重、资金周转率；产品存货及其占销售成本的比重、应付账款及其占购货额的比重；制造成本和管理费用、财务费用、营业费用；盈利能力；成本核算、资金结算和现金管理业务中曾发生或易发生错误的业务流程或环节；与本企业相关的行业会计政策、会计估算、与国际会计制度的差异与调节（如退休金、递延税项等）等信息。

3）市场风险方面

企业应广泛收集国内外企业忽视市场风险、缺乏应对措施导致企业蒙受损失的案例，并至少收集与本企业相关的以下重要信息：产品或服务的价格及供需变化；能源、原材料、配件等物资供应的充足性、稳定性和价格变化；主要客户、主要供应商的信用情况；税收政策和利率、汇率、股票价格指数的变化；潜在竞争者、竞争者及其主要产品、替代品情况。

4）运营风险方面

企业应至少收集与本企业、本行业相关的以下信息：产品结构、新产品研发；新市场开发，市场营销策略，包括产品或服务定价与销售渠道，市场营销环境状况等；企业组织效能、管理现状、企业文化、高、中层管理人员和重要业务流程中专业人员的知识结构、专业经验；期货等衍生产品业务中曾发生或易发生失误的流程和环节；质量、安全、环保、信息安全等管理中曾发生或易发生失误的业务流程或环节；因企业内、外部人员的道德风险致使企业遭受损失或业务控制系统失灵；给企业造成损失的自然灾害以及除上述有关情形之外的其他纯粹风险；对现有业务流程和信息系统操作运行情况的监管、运行评价及持续改进能力；企业风险管理的现状和能力。

5）法律风险方面

企业应广泛收集国内外企业忽视法律法规风险、缺乏应对措施导致企业蒙受损失的案例，并至少收集与本企业相关的以下信息：国内外与本企业相关的政治、法律环境；影响企业的新法律法规和政策；员工道德操守的遵从性；本企业签订的重大协议和有关贸易合同；本企业发生重大法律纠纷案件的情况；企业和竞争对手的知识产权情况。

3. 风险评估

企业应对收集的风险管理初始信息和企业各项业务管理及其重要业务流程进行风险评估。风险评估包括风险辨识、风险分析、风险评价三个步骤。

1）风险辨识

风险辨识是指查找企业各业务单元、各项重要经营活动及其重要业务流程中有无风险，有哪些风险。风险分析是对辨识出的风险及其特征进行明确的定义描述，分析和描述风险发生可能性的高低、风险发生的条件。风险评价是评估风险对企业实现目标的影响程度、风险的价值等。

《中央企业全面风险管理指引》要求进行风险辨识、分析、评价，应将定性与定量方法相结合。定性方法可采用问卷调查、集体讨论、专家咨询、情景分析、政策分析、行业标杆比较、管理层访谈、由专人主持的工作访谈和调查研究等。定量方法可采用统计推论（如集中趋势法）、计算机模拟（如蒙特卡罗分析法）、失效模式与影响分析、事件树分析等。

2）风险分析

风险分析应包括风险之间的关系分析，以便发现各风险之间的自然对冲、风险事件发生的正负相关性等组合效应，从风险策略上对风险进行统一集中管理。

3）风险评价

进行风险定量评估时，应统一制定各风险的度量单位和风险度量模型，并通过测试等方法，确保评估系统的假设前提、参数、数据来源和定量评估程序的合理性和准确性。要根据环境的变化，定期对假设前提和参数进行复核和修改，并将定量评估系统的估算结果与实际效果对比，据此对有关参数进行调整和改进。

企业在评估多项风险时，应根据对风险发生可能性的高低和对目标的影响程度的评估，绘制风险坐标图，对各项风险进行比较，初步确定对各项风险的管理优先顺序和策略。

4. 风险管理策略

风险管理策略是指企业根据自身条件和外部环境，围绕企业发展战略，确定风险偏好、风险承受度、风险管理有效性标准，选择风险承担、风险规避、风险转移、风险转换、风险对冲、风险补偿、风险控制等适合的风险管理工具的总体策略，并确定风险管理所需人力和财力资源的配置原则。在一般情况下，对战略、财务、运营和法律风险，可采取风险承担、风险规避、风险转换、风险控制等方法。对能够通过保险、期货、对冲等金融手段进行管理的风险，可以采用风险转移、风险对冲、风险补偿等方法。

5. 风险管理解决方案

《中央企业全面风险管理指引》要求企业根据风险管理策略，针对各类风险或每一项重大风险制定风险管理解决方案。方案一般应包括风险解决的具体目标，所需的组织领导，所涉及的管理及业务流程，所需的条件、手段等资源，风险事件发生前、中、后所采取的具体应对措施以及风险管理工具（如：关键风险指标管理、损失事件管理等）。

6. 风险管理的监督与改进

《中央企业全面风险管理指引》要求企业以重大风险、重大事件和重大决策、重要管理及业务流程为重点，对风险管理初始信息、风险评估、风险管理策略、关键控制活动及风险管理解决方案的实施情况进行监督，采用压力测试、返回测试、穿行测试以及风险控制自我评估等方法对风险管理的有效性进行检验，根据变化情况和存在的缺陷及时加以改进。

7. 风险管理组织体系

《中央企业全面风险管理指引》要求企业建立健全风险管理组织体系，主要包括规范的公司法人治理结构，风险管理职能部门、内部审计部门和法律事务部门以及其他有关职能部门、业务单位的组织领导机构及其职责。

8. 风险管理信息系统

《中央企业全面风险管理指引》要求企业将信息技术应用于风险管理的各项工作，建立涵盖风险管理基本流程和内部控制系统各环节的风险管理信息系统，包括信息的采集、存储、加工、分析、测试、传递、报告、披露等。

首先，风险管理信息系统应能够进行对各种风险的计量和定量分析、定量测试；能够实时反映风险矩阵和排序频谱、重大风险和重要业务流程的监控状态；能够对超过风险预警上限的重大风险实施信息报警；能够满足风险管理内部信息报告制度和企业对外信息披露管理制度的要求。

其次，风险管理信息系统应实现信息在各职能部门、业务单位之间的集成与共享，既能满足单项业务风险管理的要求，也能满足企业整体和跨职能部门、业务单位的风险管理综合要求。

9. 风险管理文化

《中央企业全面风险管理指引》要求企业注重建立具有风险意识的企业文化，促进企业风险管理水平、员工风险管理素质的提升，保障企业风险管理目标的实现。具体而言：

（1）风险管理文化建设应融入企业文化建设全过程。大力培育和塑造良好的风险管理文化，树立正确的风险管理理念，增强员工风险管理意识，将风险管理意识转化为员工的共同认识和自觉行动，促进企业建立系统、规范、高效的风险管理机制。

（2）企业应在内部各个层面营造风险管理文化氛围。董事会应高度重视风险管理文化的培育，总经理负责培育风险管理文化的日常工作。董事和高级管理人员应在培育风险管理文化中起表率作用。重要管理及业务流程和风险控制点的管理人员和业务操作人员应成为培育风险管理文化的骨干。

（3）企业应大力加强员工法律素质教育，制定员工道德诚信准则，形成人人讲道德诚信、合法合规经营的风险管理文化。

（4）企业全体员工尤其是各级管理人员和业务操作人员应通过多种形式，努力传播企业风险管理文化，牢固树立风险无处不在、风险无时不在、严格防控纯粹风险、审慎处置机会风险、岗位风险管理责任重大等意识和理念。

（5）企业应建立重要管理及业务流程、风险控制点的管理人员和业务操作人员岗前风险管理培训制度。采取多种途径和形式，加强对风险管理理念、知识、流程、管控核心内容的培训，培养风险管理人才，培育风险管理文化。

4.3 案例讨论

4.3.1 獐子岛的风险管理

獐子岛集团股份有限公司，于1958年成立，主营业务为水产养殖、海珍品养殖等，同时也是一家集海产品加工运输为一体的综合性的食品加工企业。自从成立后，依附于优越的自然环境，獐子岛集团成长十分迅速，集团上市后，从2007年开始，经历短短七年时间，集团的养殖规模就翻了几番，且一直保持着较高的发展势头。

2014年10月底，獐子岛声称因北海遭遇鲜见的冷水团，导致约100多万亩的扇贝绝收，3个季度损失约8亿元。在2016年初，一则《2 000人实名举报獐子岛"冷水团事件"系"弥天大谎"》的新闻引起了人们的广泛关注，这篇文章指出獐子岛涉嫌造假。2014年5月4日，獐子岛遭到了退市风险警示，更名为"*ST獐子岛"。2017年4月5日，獐子岛的退市风险警示撤销。2017年10月，獐子岛公司对其存货进行了抽样检测，而后发布公告称存货不存在任何的减值风险，但是，在2018年1月，獐子岛的扇贝又惨遭饿死，獐子岛的损失预计高达7.2亿元。2019年11月，獐子岛又发生了大规模自然死亡事件，根据公司抽样监测采捕的扇贝来看，底播扇贝在最近一段时间内出现大批死亡，甚至一些海域的贝壳死亡率超过80%，股票一字跌停。

1. 獐子岛集团内部控制现状分析

从2013年开始，獐子岛就实施了集团内部的风险控制工作，为了建设内部控制体系，集团将工作流程分为了内控启动阶段、内控建设阶段、内控自我评价阶段和内控审计阶段，并且在当年决定开始接受外部的内部控制审计，但是效果并不理想。根据研究发现，獐子岛集团的内控水平和风险管控能力急速下降，在2017年，獐子岛集团还被出具了否定意见的内控审计报告，以下将从内控的五要素分析獐子岛集团的内部控制水平。

表 4-2　獐子岛 2013—2017 年内控指数

年　份	2013	2014	2015	2016	2017
内控指数	587.98	252.15	0	0	0

资料来源：迪博公司发布的内控指数整理得出。

1）内部控制的环境不完善

控制环境是内部控制的基础，影响着企业内部控制的建立和执行，獐子岛在控制环境方面存在着较大的缺陷。

首先，人力资源现状存在严重的问题。人力资源包括董事、监事、高管和全体员工，是保证企业正常发展的重要因素，但是，公司上市后，獐子岛高级管理人员纷纷离职，比如在 2006 年，獐子岛正处于上升阶段，公司内部却出现了离职热潮，从 2010 年到 2015 年，销售总监、人力资源总监等 57 名公司高管离开集团。此外，在公司工作的员工大多是镇上的居民，彼此之间存在一定的利益和亲戚关系，因此，在原材料的采购和产成品的销售方面难免会出现一些不利于企业利益的事情。但是，在这种人员关系复杂的背景下，獐子岛集团并没有实施一系列的管控措施，致使公司形成了一种不健康的企业文化，这非常不利于企业内控的形成和实施，同时公司也没有形成良好的人力资源管理框架。

表 4-3　獐子岛 2014—2018 年离职主要人员

年　份	离职人员	曾担任职务
2014	方红星	独立董事
	冯志刚	加工事业一部总经理
2015	冯玉明	执行总裁
	何春雷	执行总裁
	占伟	总裁助理
2016	柳传芳	董事
	周延军	董事
	魏炜	独立董事
2017	曹秉才	总裁助理
2018	李金良	监事

资料来源：獐子岛集团股份有限公司 2014—2018 年年度报告。

除了离职人员偏多外，员工的受教育程度也偏低，公司 2018 年披露的年报显示，公司目前在职员工 1 670 人，受教育程度为博士 1 人，硕士 31 人，本科 351 人，其余均为高中及以下学历人员。獐子岛的员工总体受教育程度偏低，这从根本上不利于公司发展。此外，从人员构成来看，技术人员占比最低，不利于对科学技术的应用以及产品的创新和研发。

其次，政企管理风格不明确，股权比较集中。獐子岛在成立前期属于集体企业，

2006年上市后才改为股份有限公司,但是其内部管理人员仍有当地政府人员,政府的管理模式和上市企业的管理模式有很大的不同,在如此政企不分的经营状态下,公司的很多发展性战略和日常事务的执行都会受到影响。

由财务报告可以看出,獐子岛的第一大控股股东长海县獐子岛投资发展中心持股高达30.76%,在股权高度集中的状态下,会使控股股东过多地参与到公司的经营管理和决策中,从而导致公司的董监高和第三方机构缺乏独立性,在某种程度上,企业的资本集聚功能和风险规避功能也会被弱化。值得注意的是,现任董事长和总裁吴厚刚曾是第一大控股股东的法人代表,在这种情况下,公司内部制度形同虚设。

2)风险评估制度不健全

风险评估包括目标设定、风险识别、风险分析和风险应对四个过程,它是公司内控制度重要的一环,为了完善企业的内控制度,公司必须建立健全风险评估体系。

獐子岛集团作为农业企业,极度依赖自然环境,本身存在很多的意外风险,如环境变化、温度异常和政策变化等,甚至养殖品种的选择也会影响公司的发展,獐子岛却没有应对自然环境变化和以外情况的有效措施,从2014年开始,獐子岛公司神奇的几次盈亏巨变,正说明了獐子岛缺乏严密的风险控制体系。此外,獐子岛缺乏长远的发展战略眼光,虽然一直忙于增资扩股,却对市场的需求不甚了解,导致企业存货频频出现问题,事实上,以上的风险都可以通过制定有效的风险评估制度来规避或者降低。

3)控制活动失去效果

控制活动是指企业的资金活动、采购活动、销售活动、担保业务和资产的管理等,它是企业的管理层各种政策和指令都得以完成的保证。獐子岛集团在采购业务和制造销售等管理方面都有很好的规章制度,但是这些制度没有得到很好的执行。比如,在2012年,獐子岛集团负责采购扇贝幼苗的是公司某一高管的弟弟,在采购过程中出现了收受贿赂现象。而在2014年到2019年短短五年间,公司上演了三次扇贝跑路现象,这也映射出了獐子岛在资产管理活动上存在很大的问题,导致了控制活动失效。

4)缺乏信息与沟通

信息与沟通是一个公司对内对外传达公司状态的主要渠道,2014年,獐子岛发生了"黑天鹅"事件,大连市证监局经过调查指出公司总裁办公会议记录出现问题,多处的记录内容不规范、不详实,而且缺少参会人员的签名,这说明了公司对内部的信息处理不够重视和规范。此外,獐子岛集团在深海底播之前只依照往常经验进行了初步的调查,却没有进行可行性的研究和充分的海洋生态环境调查,在2014年的"黑天鹅"事件发生前,公司未在任何文件中披露相关风险,事件发生后,獐子岛集团也没有相应的控制事态的措施,这一切都说明了不管是对内或对外,獐子岛集团都缺乏相应的信息与沟通机制。

从2014年到2019年,公司共发生三次"扇贝不见了"的事件,而只有在2018年的3月,公司才披露了相关的风险,由此看来,公司的信息与沟通机制基本上完全无效。

5)内部监督未发挥作用

内部监督是对公司内部控制的建立和执行进行的全程监控,并且会根据内控发展进行改进,从而完善公司的内控制度。獐子岛集团虽然设有内审部门,但内审部门却不发挥作用。獐子岛的主要资产是存货，生物性资产是存货的重要组成部分，无论是内审部门还是独立的第三方审计部门，对存货的盘点审计都具有很大的困难，要求必须有专业的设备和经验丰富的人才，但是内审部门并未重视这个方面，也没有做好监督工作。此外，獐子岛的内控评价指数连续三年为零，但是在公司的评价报告中却没有反映内部控制存在的重大缺陷，由此看来，獐子岛的内部监督并未发挥有效的作用。

2. 獐子岛集团的风险分析

（1）外部风险。獐子岛集团的外部风险主要是环境风险和市场风险。环境风险最难控制，如海水水质变化、温度变化、自然灾害和冷水团等，都给海产品的产量带来威胁；市场风险主要表现在市场的供给和需求两个方面，从供给端来说，我国的水产养殖和加工业主要是依靠价格优势来参与市场的充分竞争，在国内，形成规模的大企业很少，主要以个体养殖为主，这也就造成了市场信息的不对称，供给市场的产能存在的极大不确定性，极易造成价格的波动。从需求端来说，人们对海产品的消费与收入有极大的关系，当宏观经济上升时，人们会增加对海产品的消费，但是，当宏观经济下行时，作为非必需品的海产品，人们对它的消费也随之减少，因此，在这种信息不对称和宏观经济波动的情况下，獐子岛集团面临的外部风险较大。

（2）内部风险。獐子岛是海产品生产加工企业，因此存在食品安全风险。近些年来，食品安全问题频频出现，已经引起了人们的高度重视，海产品面临的消费者环境更加复杂，必须保证从生产加工运输直到餐桌都要有良好的控制体系，如果出现食品安全事件，会极大地影响公司的形象，限制公司的发展。此外，根据研究发现，獐子岛的养殖品种较为单一，虾夷扇贝是其主要的利润来源（见表4-4），因此，虾夷扇贝的任何变化都会给公司带来利润的不稳定性，在这种情况下，遇到意外事件的应对能力较弱，存货的供应和保障存在极大风险。财务状况分析显示：从偿债能力方面来看，獐子岛的资产负债率自2014年至2018年一直在上升并且一直处于较高的状态（见表4-5），流动比率在逐年降低，说明其偿债能力较低；从盈利能力来看（见表4-6），2014—2018年的销售毛利率都低于20%，2018年降到了16.7%，并且在2014年、2015年、2016年的净利润为负数，这也表明了其盈利能力较低，财务状况存在极大的风险。此外，经过立案调查的獐子岛集团被爆出财务造假，通过虚增营业成本来降低利润，有评论称，獐子岛在上市时虚增资产，现在通过亏损来减少虚增的资产，也是一种造假行为，从这一方面来看，獐子岛存在着极大的财务风险。

表4-4　獐子岛2014—2018年的养殖产品收入占营业收入比例　　　　　　　　%

	2014年	2015年	2016年	2017年	2018年
虾夷扇贝	25.64	27.76	24.67	23.97	12.89
海参	7.35	6.85	6.44	5.7	7.46
鲍鱼	3.23	4.56	3.36	3.47	6.66
海螺	2.23	2.3	2.57	2.67	4.26
海胆	0.83	0.54	0.49	0.57	0.92

表 4-5　獐子岛集团 2014—2018 年偿债能力分析

年　　份	2014 年	2015 年	2016 年	2017 年	2018 年
负债总额 / 亿元	37.22	35.77	33.83	35.41	31.13
资产负债率 /%	76.30	79.75	75.61	89.78	87.59
流动比率 /%	0.91	1.12	1.09	1.00	0.71

表 4-6　獐子岛 2014—2018 年盈利能力状况分析

	2014 年	2015 年	2016 年	2017 年	2018 年
销售毛利率 /%	13.90	11.76	15.13	15.14	16.71
净资产收益率 /%	−66.44	−23.77	7.57	−9.17	8.05
净利润率 /%	−11.95	−2.45	0.76	−7.26	0.34

4.3.2　案例启示

1. 制定清晰准确的战略目标

在公司的不同的发展阶段，应根据公司的具体情况设定不同的发展目标，以完成长期的战略构想。獐子岛近些年来发生的扇贝跑路事件极大地损害了公司形象，削弱了消费者和投资者的信任，为了实现公司的正常发展，公司必须制定清晰准确的战略目标进行及时弥补。

2. 做好全面风险的事项识别

根据企业风险表现，在机制上要建立企业风险管理的三道防线。对于食品安全风险、财务风险和养殖品种单一的风险，公司可以规避和减轻，因此，獐子岛集团应该制定全面的风险管控体系，提前识别并及时规避不必要的风险；对于自然灾害风险和市场风险，应时刻保持警惕，做好安全识别，并且要有敏锐的市场触角，抓住互联网这个市场机遇，打造线上线下互通的销货平台。

3. 制定风险预警机制，构建完善的风险评估体系

有效的风险预警机制和完善的风险评估体系是增强企业内控的重要因素，风险的防范对公司的正常发展极为重要。对于风险预警机制来说，财务指标可以作为预警的依据，另外自然环境和市场环境的变化规律也可以作为其预警的分析基础；对于风险评估体系来说，应该建立完善风险严重性评级标准，积极有效地应对各种经营风险，减少公司的损失。

4. 制定完善公司的内控监督体系

有效的内控监督体系可以持续为公司的正常运作保驾护航，獐子岛集团应该以企业风险管理规范为导向，设立独立的内部审计部门，明确相关岗位的职责分离标准，保证审计部门能够具有高度独立性，能够监控到公司的所有活动，以有效地监督公司内外部

的环境变化，还要在监督活动进行的过程中，不断进行完善和细化企业的内部程序，形成一个良好的内部控制体系。

延伸思考问题及指引

从《企业风险管理——整合框架》（2004）到《企业风险管理——战略和业绩的整合》（2017），COSO 的风险管理经历了漫长的修订过程。我国国务院国有资产管理委员会于 2006 年 6 月制定了《中央企业全面风险管理指引》，旨在帮助中央企业建立健全风险管理长效机制，促进企业持续、健康、稳定发展。未来我国内部控制与风险管理应是两套独立运行的体系吗？在中国的 ERM（全面风险管理）体系构建过程中需要借鉴（摒弃）哪些内容？随着企业经营环境的不断变化以及风险管理理念的更新，我国如何基于新 COSO 风险管理框架思路，完善我国企业全面风险管理体系建设呢？

参考文献

[1] K.H. 斯宾塞·皮克特. 企业风险管理 [M]. 大连：大连出版社，2009.
[2] 刘兴云，刘红霞. 基于财务视角的内部风险控制研究 [M]. 北京：经济科学出版社，2011.
[3] 李健. 风险管理和内部控制理论与实践 [M]. 北京：经济科学出版社，2019.
[4] 国务院国有资产监督管理委员会. 中央企业全面风险管理指引 [D]. 2006.
[5] COSO 委员会. 企业风险管理——整合框架 [D]. 2004.
[6] COSO 委员会. 企业风险管理——战略与绩效的整合 [D]. 2017.
[7] 陈关亭，黄小琳，章甜. 基于企业风险管理框架的内部控制评价模型及应用 [J]. 审计研究，2013，（06）：93-101.
[8] 丁友刚，胡兴国. 内部控制、风险控制与风险管理——基于组织目标的概念解说与思想演进 [J]. 会计研究，2007，（12）：51-54.
[9] 董月超. 从 COSO 框架报告看内部控制与风险管理的异同 [J]. 审计研究，2009，（04）：94-96.
[10] 金彧昉，李若山，徐明磊. COSO 报告下的内部控制新发展——从中航油事件看企业风险管理 [J]. 会计研究，2005，（02）：32-38，94.
[11] 谢志华. 内部控制、公司治理、风险管理：关系与整合 [J]. 会计研究，2007，（10）：37-45，95.
[12] 张继德，郑丽娜. 集团企业财务风险管理框架探讨 [J]. 会计研究，2012，（12）：50-54，95.
[13] Prewett, K., Terry, A.. COSO's Updated Enterprise Risk Management Framework—A Quest For Depth And Clarity[J]. The Journal of Corporate Accounting & Finance，2018，（7）：16-23.

第 5 章　企业风险及风险偏好

▶ **教学目标**　通过本章学习，使学生了解企业风险及风险偏好等相关概念，深入理解COSO《企业风险管理——战略与绩效的整合》（2017）中战略、绩效、风险偏好之间的关系，在此基础上，对企业风险表现及其风险偏好设定进行深入思考。

▶ **内容摘要**　本章介绍了企业风险的概念及其特征，分别按照风险形成的原因、风险对企业目标实现产生的影响、风险控制的程度、企业决策要求等对企业风险进行分类，从而进一步阐释企业风险的内涵。介绍了财务风险的内容，并对财务风险与财务危机的边界进行辨析。本章还重点介绍了COSO《企业风险管理——战略与绩效的整合》（2017）中关于风险偏好与绩效关系的阐述，同时，也介绍了企业风险管理的程序。最后，以维维集团为例，对企业风险进行了剖析，并提出相关风险应对措施。

5.1　企业风险及分类

5.1.1　风险及其特征

1. 风险的内涵

风险就是指在一定条件和一定时期内可能发生的各种结果的变动程度，风险的本质特征也在于不确定性，这种不确定性包含三层含义，一是风险的不确定性暗含了事物结果的不确定性，风险是在特定情况下未来结果的客观差异；二是人们受认识客观规律能力的限制，对事物未来发展态势无法通过主观努力加以准确预计，因而风险是一种无法预料的、实际结果与预测结果之间的差异倾向；三是这种不确定性只存在于一定条件下和一定时期内，随着时间的延长和条件的改变，不确定性一旦消失，也就不能再称其为风险。在现代风险理论中，人们对于风险的认识更侧重于第一种含义，即客观性风险而非主观性风险。换言之，风险的不确定性包含获得收益和遭受损失两个方面，而且风险与收益是对等的，要想获得高收益就必须冒较大的风险。企业应适当权衡风险与收益，既不能盲目冒险，又不能过于保守。

2. 企业风险的特征

企业风险是一个广义的、综合的概念，它是在企业内外部环境以及各种难以预计或无法控制的因素影响下产生的，具有以下基本特征：

（1）客观性。企业风险是客观存在的，不以人的意志为转移。如国家政治、经济、文化等外部环境变化带来的风险，以及市场价格不稳定，汇率变动，企业内部人、财、物环境的复杂和多变等带来的风险。人们只能在一定的范围内控制这些财务风险形成和发展的条件，利用相关技术疏导财务风险，但不能完全消除财务风险。

（2）主观认知性。虽然企业风险是客观存在的，但是人们受认识客观规律能力的限制，对风险的走向以及风险的程度，难以通过主观努力加以准确预计；此外，由于人的认知能力不同，对风险的认识及其防范程度也存在着很大的差异。这就要求企业提高风险认知能力，唤起风险防范意义，建立风险管理机制。

（3）不确定性。一方面企业风险是否发生、何时发生、何地发生以及发生的范围都是不确定的，它是由风险形成过程的复杂性和随机性决定的；另一方面企业的风险结果是不确定的，它暗含事物结果包括获得收益和遭受损失两个方面，高风险可能带来高收益，高风险若没有得到很好的控制和引导，可能会给企业带来危机，甚至于失败。

（4）可控性。虽然风险具有不确定性，但还有其内在规律可循，有效认知和判别风险就可以在一定程度上控制和引导风险。在实务中，企业可以根据相关统计资料及信息，运用一定的技术方法，对风险的发生进行识别和报警，在此基础上采取各种风险管理措施来规避、转移、分散风险，降低财务风险带来的损失。

5.1.2 企业风险类别

根据不同的原则与目的，可从不同角度对风险进行分类。一般而言，按照不同的标准可对风险进行如下五种分类。

1. 按风险形成的原因分类

1）外部风险

企业要生存发展，必然要适应外部环境的变化。但如果外部环境的变化是突发性、致命性的，则会使企业措手不及，来不及做出反应就陷入危机，有时即使有时间做出反应，但由于受管理机制自身条件的限制却无法做出正确的反应，这同样也会使企业陷入危机。企业的外部风险主要有以下几点：

（1）自然风险。人类对自然灾害的预测水平受认识自然界运行规律的能力和技术手段的限制，因而洪水、雪崩、地震、海啸、飓风等自然灾害一旦发生，很可能直接给企业造成致命打击。

（2）政治风险。政局变化、战争、内乱和恐怖主义的破坏活动都会导致政局不稳，政治环境的动荡不安必然影响企业的原料供应、正常生产经营及产品销售，对企业构成生存威胁。

（3）经济风险。该风险主要表现为以下几方面：

①宏观经济政策。一个国家的宏观经济政策与该国的经济发展状况相联系，国家根据经济运行状况和发展战略选择财政政策和货币政策，当国家由扩张型财政政策或货币政策转变为紧缩型货币政策或财政政策时，这种宏观经济政策的调整可能会给某些企业带来不利的影响。

②国家产业政策与行业政策。在不同时期，国家的产业政策可能是不同的，企业则可能会由于其所处的行业不同而享受不同的"待遇"。某些优惠政策的取消或限制性措施的出台，很可能危及企业生存与发展。另外，国家每年的行业政策都有所变化，行业的利润空间也将得到调整，处于不利行业政策下的企业发展前途受到质疑，可能要考虑向国家倾斜政策的行业发展。

③市场竞争。激烈的市场竞争是企业外在的生存压力，企业活力的一个重要标志就是市场份额或市场占有率大小。市场竞争是企业针对竞争者展开的，企业与竞争者的竞争是多方面、多角度的，不仅表现为市场和资源的争夺，还包括资金、技术、人才等方面的竞争。企业只有勇于且善于和竞争者展开争夺，争取和保持市场优势地位，才能在严峻的竞争挑战中发展壮大。

（4）技术风险。技术的发展是推动社会进步的不竭动力，技术创新则是企业生存和发展的基石。企业的经营状况与企业的技术进步状况是相互作用、互为条件的。经营亏损企业的技术状况处于低水平，而企业对技术的投入、技术创新能力、技术进步状况又反过来影响企业的经营状况。没有掌握新技术的企业将面临产品被淘汰的风险，严重者将直接影响企业的生存发展。

2）内部风险

企业作为一个有组织生命体，本身应具有反馈和应变机能，这些反馈和应变能力是企业管理发挥作用的结果，也就是说，企业出色的管理应能够预测和监控风险的产生和发展。因此，企业真正的风险在于企业内部经营管理的风险，它主要包括以下两方面：

（1）企业管理体制风险。企业管理水平落后于企业经营发展的需要，其主要表现在三方面：

①管理思想落后，缺乏前瞻性和风险意识。随着市场竞争的加剧，竞争求存、质量为本、成本效益和服务意识等现代管理思想逐步渗透到我国企业中来，企业也推行了一些现代化的管理方法和手段，但还有很多企业不能站在战略全局的角度统筹考虑国家、政府和行业的发展现状和趋势，对未来的发展方向和具体规划缺乏正确的认识，对未来认识的缺乏和工作的盲目，会使企业逐步陷入严重风险而不自知。一旦企业发生危机，又因为以前对陷入危机没有足够的认识，缺乏应对危机的机制和能力，面对危机不知如何应付，使处境进一步恶化，失去了将危机转化为转机的时机，只能转让或倒闭。

②管理体制不健全，包括：企业没有建立起与法人治理结构相配套的分配和约束机制，分配不公约束不强，既不能激发经营者的干劲，又使代理费用大大提高；企业没有建立起权责明晰的组织管理制度，人事考评制度不合理，考评程序不规范，使各部门之间互相推诿，企业职工也无法得到正常培训和升迁；企业没有建立起现代企业管理必需的质量管理制度、成本管理制度、劳动管理制度、内部控制制度和财务管理制度及其他现代管理制度，等等。

③基础管理工作薄弱。定额、计量、预算、财务账目、规章制度、班组建设、职工教育等是企业管理的基础工作，也是企业开展管理活动，提高管理水平的前提基础，企业在市场经济的环境中生存发展，就要符合企业生存发展的规则，建立适应于市场经济

发展的现代管理体制和制度。而制度和体制欠缺的风险，将是企业陷入危机的真正根源。

（2）经营管理者决策失误风险。在企业管理体制存在缺陷的情况下，企业的决策成功与否很大程度上依赖于决策主体的行为能力和综合素质。国际排名前二十位的大型公司的经营管理者在谈及企业的管理时，一致认为企业的兴衰成败取决于经营管理，而管理的核心在于决策，决策的水平取决于管理者的素质。决策风险往往产生于企业经营外部环境变化和管理出现问题时，由于管理者个人决策水平低，盲目自信、缺乏管理与决策的专业知识和应变能力，就会做出错误的决策行为，致使企业目标无法实现，而且在企业管理体制不改变，经营者素质不提高的情况下，这种失误会重复发生，造成管理的不良状态，严重者必然会直接引发企业危机。

2. 按风险对企业目标实现产生的影响分类

根据《中央企业全面风险管理指引》的思想，以及对不同目标实现产生影响的因素，将企业风险分为战略风险、财务风险、市场风险、运营风险和法律风险。

（1）战略风险。它是影响整个企业的发展方向、企业文化、信息和生存能力或企业效益的不确定因素。

（2）财务风险。因公司财务结构不合理、融资不当使公司可能丧失偿债能力而导致投资者预期收益下降的风险。

（3）市场风险。未来市场价格（利率、汇率、股票价格和商品价格）的不确定性对企业实现其既定目标的影响。

（4）运营风险。企业在运营过程中，由于外部环境的复杂性和变动性以及主体对环境的认知能力和适应能力的有限性，而导致的运营失败或使运营活动达不到预期的目标的可能性及其损失。

（5）法律风险。在法律实施过程中，由于企业外部的法律环境发生变化，或由于包括企业自身在内的各种主题未按照法律规定或合同约定行使权利、履行义务，而对企业造成负面法律后果的可能性。

3. 按风险控制的程度分类

（1）可控制风险是指人们对风险形成的原因和条件认识的比较清楚，并能通过采取相应的措施，把风险控制在一定的范围。

（2）不可控制风险。这主要是由于自然因素和外界因素的影响而构成的风险，人们对这种风险形成的原因和条件认识不清，或者即使对构成这种风险的原因和条件认识比较清楚，但无力改变外界的条件，因而失去控制能力。

4. 按企业决策要求分类

（1）可接受风险。人们对某一项风险进行决策时，是否愿意承担这一风险，取决于这种风险的可能后果与决策者的主观意愿。如果这种风险可能给企业带来较大的风险收益，尽管也可能使企业蒙受风险损失，只要收益大于损失，且收益可能性较大，而损失可能性较小，那么，企业可以认为这种风险是可接受的。当然，对这种风险是否可以接受，应由企业决策者最后来决断。

（2）不可接受风险。任何人从主观上来说都不愿蒙受风险损失，这就是所谓风险厌恶倾向。人们对风险的厌恶程度是随风险损失的可能性增大而增强。当风险损失的可能性大于风险收益的可能性时，人们就不能主动承担这种风险，这种风险也就成为不可接受风险。

一般而言，可接受风险与不可接受风险的界限不是绝对的，它受时间、企业自身条件和决策者素质等因素所决定。在短时期看，属于不可接受风险，但从长时期分析，可能属于可接受的风险；在一个实力较小的企业看来是不可接受的风险，但对一个实力很强的企业却可能是可接受风险；在一个比较保守的决策者看来是不可接受的风险，而对于一个开拓精神较强的决策者却是可接受的。

5. 按风险是否可分散分类

（1）系统风险，又称市场风险或不可分散风险，是指由于政治、社会环境等企业外部因素的不确定性而产生的风险。系统风险存在于整个市场中，对所有企业都会带来影响。例如，国家宏观经济政策的变化，有关法律的修订，通货膨胀的发生等，都会导致系统风险的发生。虽然系统风险对所有企业都有影响，但不同企业受影响的程度却不尽相同。比如，产品价格较高的耐用消费品生产厂家就易受经济变动的影响，当整个经济不景气时，消费者首先削减掉的就是昂贵的耐用消费品购买计划，这进而会影响到厂家的生产和利润，使这些企业的收益发生变动；而粮食、副食品等基本消费品生产加工经营企业，无论经济是否景气，其收益均较为稳定，受系统风险的影响较小。

（2）非系统风险，又称企业特有风险或可分散风险，是指由于企业内部因素所引起的只发生在个别企业内的风险。产生非系统风险的原因主要是，一些直接影响企业经营的因素，如企业管理能力的降低、产品产量或质量的下滑、市场份额的减少，技术装备和工艺水平的老化，原材料价格的提高，以及个别企业发生的不可预测的天灾人祸等。

5.2 财务风险的内容与边界

企业的经营运作最终结果会体现在企业的财务状况上，因此企业在经营管理过程中必须重视对企业财务风险的管理。

5.2.1 财务风险的内容

财务风险有广义和狭义之分，狭义的财务风险也称举债融资风险，是指企业由于举债而给其财务成果带来的不确定性。比如由于市场行情瞬息万变，可能导致决策失误、管理措施失当，从而使筹集资金的使用效益具有较大的不确定性，由此而产生了举债融资风险。广义的财务风险是指在企业经营各项财务活动中，由于内外部环境以及各种难以预计或无法控制的因素影响，在一定时期内发生企业的实际收益与预期财务收益偏离，从而使企业蒙受损失的可能性。

由于企业的财务活动贯穿于资本运动的全过程，资本运动过程包括资本的筹集、运用及耗费、收回、分配等几个环节，而融资风险往往发生于资本的筹集过程，投资风险发生于资本运用耗费过程，信用风险发生于资本收回过程，收益分配风险发生于资本的分配过程。据此，按照资本运动过程分类，财务风险包括以下内容：

1. 融资风险

融资风险是指到期无法偿还本息以及自由资金使用效益不佳的可能性，它是资本价值经营所有财务风险的启动点。具体说，企业一般在经营过程中遇到的融资风险大体包括两类：一是借入资金的融资风险，主要表现为企业是否能及时还本付息和融资成本较高；二是自有资金的融资风险，主要表现在资金使用效益的不确定性上，比如投入资金不能满足投资者的收益目标，就会给企业今后的融资带来不利影响。

2. 投资风险

投资风险是指无法取得期望投资报酬的可能性，它概括反映了企业在购买阶段和生产阶段的资本耗费风险和资本投入与产出风险。具体说，企业一般在经营过程中遇到的投资风险大体包括两类：一是短期资金投资风险，主要表现在货币资金的安全性、存货和应收账款的周转速度等方面；二是长期资金投资风险，是指投资项目不能达到预期收益，从而会影响企业盈利水平和偿债能力的风险，主要表现为收益风险、购买力风险和变现风险。

3. 信用风险

信用风险是指企业在经营过程中无法卖出产品收回垫支资本，或不能及时偿还他人债务的可能性。具体说，企业一般在经营过程中遇到的信用风险大体包括两类：一是资金回收风险，是指企业产品进入市场后，为了搞活经营、扩大销售，使用赊销方法而大大增强了企业坏账损失的可能性；二是资金偿还风险，比如企业因偿债观念薄，而降低企业信用，限制了企业融资渠道。

4. 收益分配风险

收益分配风险是指因收益取得和分配而对企业今后的生产经营活动带来不利影响的可能性，它是企业下一资本运动循环的资金来源。在企业实务中，收益分配风险主要有两个方面：一是收益确认风险；二是对投资者分配收益的形式、时间和金额的把握不当而产生的风险。

当然，除了上述分类外，按财务风险的构成内容分类，可以分为融资风险、投资风险、现金流风险、利率风险、汇率风险等。

5.2.2 财务风险与财务危机

我国企业是在20世纪90年代以后,才开始注意到企业危机管理的重要性。财务危机(financial crisis),又称财务困境(financial distress)、财务失败(financial failure)。顾名思义,处于财务危机状态的企业必然陷入了财务困境,这类企业要么连年亏损,要么经营不畅,面临着较大的财务风险。但究竟什么是财务危机,却没有一个统一的说法,不同的学者在进行研究时也采用了不同的标准。从资产存量的角度静态来看,财务危机通常表现为企业净资产为负值。从现金流量的角度动态来看,财务危机通常表现为企业缺乏偿还即将到期债务的现金流入,现金总流入小于现金总流出,即企业现金净流量为负值。

目前大多数学者普遍认为,危机具有以下特性:

(1) 隐蔽性。潜在的危机总是隐藏得很深,一旦发作往往难以治疗。危机的这一隐藏性就要求企业一定要建立危机预警系统,及时收集整理并预报企业的危机信息,超前决策,从容应对危机的来临。

(2) 复杂性。一方面企业危机形成的原因错综复杂,各种因素之间相互影响、相互作用;另一方面企业危机的表现形式具有复杂性和多样性,危机形成的现象形式各异,它受经营环境的多样化以及企业自身发展变化多样化的影响。危机会造成复杂的管理情况,使解决危机的时间和物质成本都在增加,而对付危机最好的办法就是做好预警管理。

(3) 双重性。危机的本质在于危险性与机会性共存,换言之,危机的出现一方面会危及企业组织目标的实现,另一方面也是企业提高知名度的机会。这就需要企业汲取以往其他企业危机的经验教训,找出危机的原因和预警危机、控制危机的有效办法。

(4) 动态性。企业如果因外在大环境或内在结构而产生危机,此种危机会随着企业处理的正确性与及时性而降低或升高,企业危机变化的每一阶段,几乎都有因果连锁反应,因此,在进行危机预警分析时要时刻注意危机的动态性。

(5) 扩散性。企业危机的连锁扩散性反应,会造成一个危机引爆另一个危机,虽然这些危机是由第一个危机所引起的,可是当主要危机获得解决时,其他危机不一定会迎刃而解,而且任何一个危机在没有彻底解决之前,都有可能产生这种扩散反应,因此,只有加强企业风险管理,才能防患于未然。

企业财务风险与财务危机存在密切的联系,多数财务危机源于其所面临的财务风险,但财务风险又不同于财务危机,每一个企业由于所处社会经营环境的不确定性,都会面临这样或那样的风险,而危机却只有在内外部矛盾激化时才可能发生;企业财务风险中风险和收益是正相关的,企业面临的风险越大,将来可能获取的回报就越多,而企业财务危机中却不存在这种关系。也就是说,财务危机虽然也具有不确定性,但其更强调遭受损失的可能性大,一般而言,财务危机发生的后果往往是严重的,轻则会降低企业信誉,损害企业的形象,使企业利益受损,重则使企业从此一蹶不振甚至破产、倒闭。

根据所处阶段的不同,财务危机可以细分为三个阶段:

(1) 财务困难阶段,也称技术性无偿债能力或技术性清算阶段。在该阶段,企业盈利能力尚可，虽然企业的资产总额超过负债总额，但由于资产配置的流动性差，无法变现用于清偿当期债务；从现金流量的角度动态来看，通常表现为企业缺乏偿还即将到期债务的现金流，现金流入小于现金总流出。

（2）财务危机加剧阶段，也称破产性无偿债能力或会计破产阶段。在该阶段，企业负债总额超过其资产的公允价格，它通常会导致企业清算，对此，企业可以通过出售资产、债务重组、资产置换等方法进行有效的补救。

（3）财务危机恶化阶段，也称法定破产阶段。企业破产是指由于环境、管理、技术、市场等多方面原因，而使企业的负债总额超过企业资产的公允价格，因资不抵债而按法定程序转为破产程序的状态。应注意的是，对企业而言，进入破产程序并不意味着企业生命的终结，破产制度中的和解及整顿制度就提供给企业一个起死回生的最后契机。因此，企业破产又包括两层内容：一是最终的破产，这是企业财务危机的最终结果；二是进入破产程序，对企业来讲，濒临破产是一种最为严重的财务危机，企业要尽量抓住生机，通过和解和重整摆脱破产的阴影。

5.3 风险偏好

5.3.1 风险偏好的类别

风险偏好，是指企业承担风险的基本态度，是企业制定风险决策的重要前导因素。从理论上讲，人们对待项目投资的风险有三种态度：风险追求、风险厌恶、风险中立。

对个体而言，不同的行为者对风险的态度是存在差异的，一部分人可能喜欢大得大失的刺激，另一部分人则可能更愿意"求稳"，前者为风险追求者，后者则为风险厌恶者。风险追求与风险厌恶的关系如图5-1所示。

图 5-1　风险追求与风险厌恶的关系

风险追求者喜欢寻觅风险，他们会选择预期报酬相同但风险较高的项目，从中得到心理的满足，该选择会给他们带来更大的效用；风险厌恶者会选择预期报酬相同但风险较小的项目，使风险和报酬达到匹配，实现更大的财务效益；风险中立者通常既不回避风险，也不主动追求风险，他们选择项目的唯一标准是预期收益的大小，而不管风险状况如何。

【例 5-1】2004 年 11 月 29 日，国有控股的中国航油（新加坡）股份有限公司因误判油价走势，在石油期货投机上亏损5.5亿美元，该公司随后向新加坡高等法院申请破产，公司总裁陈久霖在事发数日后被停职并承担了刑事责任。中航油危机可归为两类问题：

（1）内部人控制。中航油（新加坡）没有建立有效的相互牵制机制以及集体决策机制，从表面看，公司也制定了一系列内部控制制度和风险管理措施，但这些业务规章只是摆设，根本得不到落实，不能起到其制约的作用。从公开披露的信息看，中航油（新加坡）基本上是被公司总裁兼CEO陈久霖一人控制，据报道，中航集团曾先后派出两任财务经理到中航油（新加坡），但陈久霖都将其调出，集团派出的党委书记更是无从知晓公司财务状况，这使得陈久霖可以随心所欲支配公司资金，违规从事投机交易。此外，按照中航油内部制度规定，如果每笔交易损失超过35万美元，应该报告公司最高层，如果每笔交易的损失达到50万美元，则应立即中止交易，以控制风险进一步扩大，但这一机制根本没有发挥作用，当中航油（新加坡）交易亏损额扩大到5.5亿美元时，公司也未按规定及时上报和纠正。

（2）管理者冒进的风险偏好。陈久霖自己也说，赌是人的天性，他经常会以某种"赌"的精神，致力于公司的发展。陈久霖在这种"赌"的心理支配下，利用手中掌握的巨额国资杀入期货交易市场再次进行豪赌，然而不料碰到了赌场高手——美国石油投机商皮肯斯，皮肯斯久经沙场，曾经在石油市场摸爬滚打六十余年，与皮肯斯交锋短短几周内陈久霖却输掉5.5亿美元，而皮肯斯赢了30亿美元。换言之，中航油（新加坡）从事的石油期权投机是我国政府明令禁止的[①]，陈久霖无视这些规定从事投机交易活动而导致中航油（新加坡）陷入危机也是一种必然。

由中航油案例可见，过度的风险追求将使企业面临失败危机，但适度的风险偏好则有利于企业的发展。对企业而言，不同风险偏好的企业其战略选择具有异质性，比如，具有较高风险偏好的企业可能愿意把它的大部分资本配置到诸如新兴市场等高风险领域。反过来，具有低风险偏好的企业可能会仅仅投资于成熟的、稳定的市场，以便限制其短期的巨额资本损失风险。因此，企业在战略制订过程中要充分考虑风险偏好，以风险偏好来指导资源的合理配置，将资源配置到业务单元和活动之中，使资源分配与组织、人员和流程相适应。

5.3.2 COSO框架下的企业风险偏好

在COSO《企业风险管理——整合框架》（2004）中，风险偏好是指企业为实现其战略目标，基于自身风险运营能力、风险管理能力以及风险承受能力，确定自己能够承担的风险类型和风险大小。其内涵包括以下几方面：

[①] 国务院1998年8月发布的《国务院关于进一步整顿和规范期货市场的通知》中明确规定："取得境外期货业务许可证的企业，在境外期货市场只允许进行套期保值，不得进行投机交易。"1999年6月，以国务院令发布的《期货交易管理暂行条例》第四条规定："期货交易必须在期货交易所内进行。禁止不通过期货交易所的场外期货交易。"

（1）企业的风险偏好就是其在实现战略目标过程中，对各种不确定性因素的种类、大小等风险特征所表现出的倾向性。它是企业在实现其目标的过程中愿意接受的风险的数量。它反映了企业的风险管理理念，进而影响到企业的文化和经营风格，比如许多企业采用诸如高、适中或低之类的分类定性地考虑风险偏好。

（2）与风险偏好紧密相关的一个概念是"风险容忍度"，它是企业在风险偏好的基础上设定的对相关目标实现过程中所出现差异的可容忍限度。在设定风险容忍度的过程中，企业要考虑相关目标的相对重要性，并使风险容忍度与风险偏好相协调。当企业在追求战略实现的过程中，对某些风险因素的可容忍度更高时，本身就可以说明企业在进行风险管理的时候有所偏颇，即所谓的"倾向性"。

（3）风险承受能力是一个公司承受风险的底线，风险偏好是公司愿意承担的风险水平，风险容忍度是公司在某个风险类别承受的最大风险水平。

（4）风险偏好的设计思路是要根据企业发展过程中能够承受风险的能力和意愿，选择一系列可以量化的指标，设立其标准值，再将风险管理体系落实于企业内部管理之中，监控企业面临的风险状况。换言之，有效的风险偏好体系可以根据企业的风险承受能力设定临界值，并将其渗透到企业的各项决策之中，包括生产经营决策、资产配置决策和资本管理决策。

在 COSO《企业风险管理——战略与绩效的整合》（2017）框架中，风险偏好则表现为风险偏好和绩效两个部分。

（1）风险偏好仍是企业承受风险的意愿，从外部来看，企业承受风险的意愿与企业市场环境、企业的行业性质等因素相关；从内部来看，风险偏好主要与企业文化、企业战略、领导人风格、企业的生命周期等因素相关。除了企业对风险的偏好以外，还需要考虑企业风险的承受能力，即承受风险的临界值，与企业经营能力或者财务能力紧密相关的，可以通过企业财务状况、信用状况、风险管理能力、风险反应能力等具体反映，它要求企业不能为了追求利益而盲目地扩大企业的风险。当然，企业风险偏好并不是固定不变的，它会随着企业的发展和市场环境的变化而有所改变，企业应该定期对企业风险偏好进行评估，修改企业风险偏好的临界值，保证企业风险管理切实有效。与之相对应的是 COSO-ERM 的审阅和修订环境。

（2）COSO《企业风险管理——战略与绩效的整合》（2017）框架坚持目标导向，用绩效的波动考量风险承受度。该理念是设计企业风险偏好的核心，也是平衡风险与绩效关系的关键一环。

①基本风险绩效曲线

图 5-2 中横轴表示的是企业的绩效（performance），纵轴表示的是风险（risk），将绩效与风险量化，画出一条平滑曲线来表示风险与绩效之间的关系。横线（A）表示为风险偏好（risk appetite），竖线（B）表示为绩效目标。c 点表示在企业设定的绩效目标下实际会面对的风险，b 点表示在企业设定的风险偏好水平下所能达到的最大绩效，a 与 c 之间的差距就表示为企业面临的实际风险与设定的风险偏好之间的差距，距离越大企业越安全，这意味着企业做出的决策往往是一些低风险的。反之，如果是比较激进

的企业,这一差距较小。

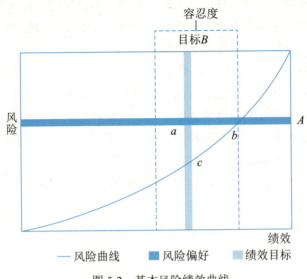

图 5-2 基本风险绩效曲线

图中虚线对应的横轴区间表示为企业所能承受的绩效波动范围,最大绩效由风险偏好与风险曲线的交点 b 决定,最小绩效由企业根据历史经验及实际情况做出决策。图 5-2 表明企业运行的短期目标是实现所设定的绩效,该目标用于支撑企业战略的实现;不同绩效目标下的风险曲线表现为绩效增长所带来的风险增量,曲线越陡说明该绩效目标设定会引致更大的风险。因此,企业在设定绩效时要对风险予以充分关注,不能割离风险去单独考虑绩效或战略目标。

②引入风险容量的风险绩效曲线

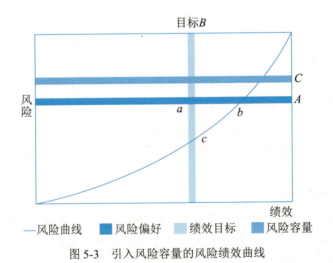

图 5-3 引入风险容量的风险绩效曲线

图 5-3 中横线(C)表示风险容量(risk capacity),即企业所能承受的最大风险,与风险偏好的区别在于,风险偏好是企业愿意承担的最大风险,而风险容量是企业能够承担的风险。企业一般应将风险偏好设置在风险容量以下,若风险容量低于风险偏好,

则表明企业将承担极大的风险去完成绩效目标，企业将面临极大的经营风险，包括承担资金链断裂、资不抵债、破产等后果。

5.4 案例讨论

5.4.1 维维集团的多元化进程

凭借一句"维维豆奶，欢乐开怀"火遍大江南北的维维集团成立于1992年，是中国500强企业之一，也是我国豆奶行业的鼻祖。1999年，维维集团改制为维维股份，2000年于上交所A股市场挂牌上市，以超过80%的市场份额位列豆奶市场榜首。在其上市后的19年间，由于日益激烈的市场竞争的客观要求，与企业不满足于单一市场的主观意愿，主业触碰天花板的维维，开始走上多元化道路。除了主营业务豆奶，维维陆续进入地产、白酒、煤炭、金融、旅游、茶饮等多领域，以求得跨界发展。然而，由于对外投资多半失利，加之企业为投资不断筹措资金，维维的财务状况逐年下行，风险不断上升，甚至形成"维维豆奶，无法开怀"的现象。

依靠豆奶起家的维维股份在千禧年上市后，于2002年收购珠海特区牛奶公司，进军牛乳行业，随后投资建设牛场与奶站，并将东方乳品、北塔乳业等奶企收入麾下。2006年收购并增持双沟酒业股权至40.6%后，以4亿元转让给江苏宿迁市政府。初入白酒行业就获得超高收益的维维决定加大投资，于2009年收购湖北枝江51%的股份，四年后增持至71%；2012年，出资3.57亿元新设酒企，股权比例为51%。2007年，维维计划与中粮地产联合成立公司，参与徐州的新城区开发项目，试图进入房地产领域。项目失败后，维维独自进军地产业，开发商用住房"维京公馆"项目，成立子公司开发"维维龙湖湾"项目，结果均由于多种原因废弃。此外，2001年维维成立六朝松面粉公司，从事面粉、麦片等相关产品的生产与销售。2003年，维维开始进入粮油贸易产业，2005年开始成立多家商贸公司。2008年参与生物制药研发项目；2011年成立能源公司，进入煤炭行业，2013年收购怡清源后涉足茶饮业。维维还是徐州淮海农商行与湖北银行等金融企业的股份持有者。维维股份多元化发展与重大投资具体情况如表5-1所示。

表 5-1 维维股份多元化发展和重大投资

年 份	行 业	公 司	出 资 额
2001	粮油业	徐州维维麦片有限公司	1.89亿元
	乳业	徐州维维乳业有限公司	1.86亿元
	乳业	徐州农牧科技有限公司	2.1亿元
2006	酒业	江苏双沟酒业股份有限公司	8 000万元
2007	房地产	中粮维维联合置业有限公司	4 000万元
	酒业	维维茗酒坊有限公司	5 000万元
	生物科技	拟成立上海佑安生物科技有限公司	拟出资1 078万元

续表

年 份	行 业	公 司	出 资 额
2008	酒业	维维川王酒业有限公司	5 000万元
	生物科技	放弃成立上海佑安生物科技有限公司	
2009	煤炭及焦炭	乌海市正兴煤化有限公司	1.96亿元
	酒业	湖北枝江酒业股份有限公司	3.48亿元
	酒业	江苏双沟酒业股份有限公司	3.98亿元
2010	煤炭及焦炭	乌海市正兴煤化有限公司	1.8亿元
	房地产	维京公馆	
2011	煤炭及焦炭	乌海市西部煤化有限公司	3.9亿元
2012	酒业	贵州醇酒业有限公司	3.57亿元
	酒业	楚天酒业有限公司	5 000万元
2013	茶业	湖南省怡清源茶业有限公司	7 650万元
	房地产	维维龙湖湾	

根据多年数据分析结果,维维股份虽然通过多元化经营涉及多领域,但其投资大多不成功,陷入"主业不精,副业不兴"的困境。在企业当局意识到前期盲目进军陌生领域所带来的问题后,退出了生物制药行业,在煤炭、房地产行业放缓了脚步,对于白酒行业的投资也在逐渐处置,重新专注于豆奶粉等食品饮料领域。企业业务调整如表5-2所示。

表5-2 维维股份2009—2018年度分产品主营业务收入构成　　单位:万元

维维股份 (600300)	食品饮料类	酒类销售	运输业	茶类	贸易收入	房地产	煤矿、焦炭	贸易商品	其他业务
2009年	196 004.13	44 270.78	0	0	14 759.47	0	10 252.15	0	156.74
2010年	232 318.63	196 300.10	0	0	7 396.65	0	23 498.98	0	218.76
2011年	237 769.14	225 539.00	0	0	0	0	51 441.12	0	9 788.77
2012年	219 438.35	185 474.04	0	0	0	0	118 578.03	0	0
2013年	245 282.46	176 707.41	0	0	0	0	48 492.80	0	0
2014年	247 117.84	141 775.49	0	14 544.99	0	0	0	0	21 597.87
2015年	222 472.83	127 164.97	0	8 029.71	16 406.69	11 604.21	0	0	208.79
2016年	222 884.10	99 383.91	0	7 927.05	105 041.91	2 000.01	0	0	5 733.17
2017年	229 275.11	65 666.08	0	7 583.05	148 467.31	0	0	0	7 460.47
2018年	419 414.70	58 286.82	4 973.11	7 094.72	0	0	0	0	7 219.96

数据来源:由年报"经营情况讨论与分析"手工整理所得。

5.4.2 企业风险暴露过程分析

1. 产业环境预判风险

维维股份自上市以来采取了多元化扩张战略,随着主业豆乳业触及天花板,其多元化脚步进一步加快,涉猎产业较广。然而,盲目多元化,是现阶段国内想要转型升级企业的通病，众多企业不是饿死的，而是在多元化的道路上撑死的。据统计，多元化战略实施成功的企业，其产业范围最多不超过六个。

维维股份以白酒与牛乳业为中心，进行相关及不相关多元化。如表5-1所示，企业先后涉足煤炭、房地产、茶饮、商贸、食品加工、生物科技等多产业，缺乏明显的主线，且对所涉足产业的环境预判不足。

譬如牛乳业。维维自上市成功后第二年就进军牛乳业，但是面对光明、伊利、蒙牛等行业龙头，始终没能成功占领市场。乳制品行业由于前期的持续扩张，至2005年产能过剩情况严重，产业进入整合期，随后发生的三聚氰胺事件更是引起了牛乳业的震荡。在重重风波中，维维股份牛乳板块受到冲击，业绩低迷。

又如白酒产业。雷军曾说"站在风口上，猪都能飞起来"。维维股份初入白酒行业的时候正值我国经济快速增长阶段，GDP年均增长率达到10%，业绩良好的白酒行业成为了整个资本市场的关注焦点。维维通过收购后转卖的方式赚取高额利润后，坚定了深入白酒产业的决心，随后收购贵州醇、枝江等酒企。然而，企业旗下的中低端地方性白酒并未获得足够的市场青睐，迟迟打不开外地市场。同时，在抑制三公消费等政策出台后，白酒产业增速放缓，以白酒作为多元化重心的维维股份受到冲击。

2. 长期战略规划风险

维维股份的多元化路径总是选择在当时较为热门且利润较高的产业，并在业绩不佳时黯然退出，不少项目从投入到退出还不到五年时间。然而，投资需要一定的建设周期，这种大跨度的进退充分体现了企业在长期战略规划方面的缺失。维维在年报中多次对更改项目资金用途进行披露，企业甚至将原计划用于主业外袋塑料彩印和纸箱生产线的新建资金，以及婴幼儿食品饮料及奶粉投资的资金，挪用于收购湖北枝江酒厂。

由于企业长期战略规划的缺失，短暂性地进退一个行业，势必会影响企业对于核心竞争力的培育。自2012年维维股份开始在年报中披露核心竞争力以来，多年里未有实质性进展。维维披露了豆奶粉、酒业及公司治理与管理能力三大项，根据核心竞争力的价值性、稀缺性、不可模仿性与难以替代性的四大特征，仅仅多年销量位居全国榜首的豆奶粉具备足够的说服力。然而，近年来，随着其他乳制品的强烈冲击，豆奶粉的市场份额整体缩减的风险，亟须得到重视。同时，维维在酒业的收入和毛利连年下降，贵州醇连续五年亏损，枝江净利润也在下降，以此作为核心竞争力，企业将面临巨大的不确定性。

常年主线不明确的非相关多元化使得企业资源相对分散，各业务间协同效应不强，对于核心竞争力的培育力度较弱，形成了维维股份"主业不精，副业不兴"的局面。企业投资需要大量资金，需要不断进行内外部融资，而企业内部造血能力的缺乏使其不得不对外举债。据统计，上市以来维维股份累计融资61.67亿元。其中，直接融资占比39.35%，间接融资占比60.65%，共进行了2次股权出质，129次股权质押，企业的偿债风险不容小觑。

3. 风险管理参与度风险

现代企业由于经营权与所有权的分离，管理层可能违背勤勉义务而侵蚀所有者的权益，这种行为可能通过较为隐性而又庞杂的风险管理行为得到体现。对管理层的约束通常分为内在与外在两部分，后者依靠制度，具有一定的强制性，而前者则主要依靠管理层的自我约束。

就维维股份来看，作为一家上市公司，其各方面规章制度较为完备，具备形式上的外在约束力。然而，多年经营业绩信息显示，管理层对于全面风险管理的重视程度较低，突出表现为对于子公司暴露已久的亏损风险不及时加以防范，仅在不得已的情况下选择退出等方式减少损失。以贵州醇为例，维维管理层粗暴地依据协议条件解雇管理团队核心成员，而在此之前，贵州醇的连年亏损并遭到政府施压，均没有引起管理层对于风险的足够重视。面对投资风险，维维管理层没有做到良好的事前预测与事中控制，没有及时参与子公司风险管理。

5.4.3 案例启示

1. 大力培育企业核心优势

多元化在分散企业投资风险的同时，也分散了企业投入主业的资源与管理层的精力。盲目进入非相关多元化的陌生领域，企业由于缺乏专业技能与知识，容易对于产业前景与决策时机的预判出现失误，在错误的时间，进入错误的领域，做出错误的决策，最后错误地退出。

企业应当时刻记得以主业为中心，以不断增强核心竞争力为主要着眼点。在保证主营业务"造血"功能的前提下，有计划，分阶段地逐步扩大战略版图。

幸而企业已经意识到了前期盲目多元化扩张给自身带来的麻烦，并正在积极调整其产业布局。同时，为应对企业多年举债而存续下来的偿债风险，维维股份与国资企业新盛集团完成了股份转让，以改善资本结构，获得足够的回笼资金，偿付银行借款。至此，新盛集团在维维股份股权占比17%，成为第一大股东，原控股股东维维集团占比降至15.91%。然而，由于前两大股东股份比例差异甚小，且二者均无法单独对董事会决议产生影响，维维股份进入了无实际控制人状态。然而国资的注入，究竟是能给企业带来新的增长机会，还是会由于股权的分散而给企业带来新的治理风险，尚不明朗。

2. 相关多元化

有人说多元化是"陷阱"，更多的人说多元化可以分散风险，维维集团案例告诫我们，走"相关多元化"道路是分散投资风险、不掉入"陷阱"的关键。一般而言，多元化经营是指企业同时向不同的市场提供二种以上具有不同经济用途的产品或服务的一种经营战略。从一般的制造业企业角度而言，企业的多元化经营的特点在于：企业不同种类产品生产所依赖的核心技术或技术体系不只一个，而是多个，它所面对的市场是不同产品种类的市场。

企业经营的多元化反映了企业经营业务领域的分散化，与专业化经营相比，多元化经营的优势体现在：（1）提高企业市场适应能力和市场弹性及降低风险。企业专业化经营的单一的产品种类，决定了其市场适应能力相对差、市场刚性相对强，一旦市场发生较大变化，就会受到很大冲击，甚至会陷入经营危机。企业多元化经营所形成的多种类的产品结构，则可以在很大程度上弥补企业专业化经营在这一方面的先天不足。企业可以通过调整产品结构，提高市场适应能力、市场弹性，降低经营风险。（2）形成协同效应。在多元化经营的企业中，企业的多个职能部门、多家子公司间的合作协调和共享资源能力的水平依赖于他们之间战略一致性价值观和使命方针的目标协同，提高企业内部资源综合利用效率，从而创造竞争优势能力。具体说，企业多元化经营能使企业技术装备的能力得到比较充分的发挥，弥补专业化经营中因设备能力富余所产生的损失；多元化经营能够使专业化经营中原材料、副产品得到进一步利用；多元化经营可以使企业技术实现内部共享，相对节约研究与开发费用；多元化经营还可以内部共享企业商标、品牌、企业形象等共同形成的无形资产，降低产品进入市场壁垒的费用等。（3）降低管理与组织费用。多元化经营总是意味着不同种类的产品在生产中对企业管理资源的共享，并由此相对降低了管理与组织费用。

但是，盲目的多元化也会削弱企业的竞争优势，比如，过度的多元化易造成企业因信息沟通不畅、企业业务过多而难以协调和控制，特别是通过兼并增加的新业务，在文化上与现有企业存在较大冲突，最终导致企业效率降低；此外，过度多元化会分散资源和精力，削弱主营业务能力和竞争优势；多元化也会使企业因进入其不熟悉的行业而加大其经营风险。

因此，企业选择多元化经营应注意几方面条件：（1）产业因素。如果企业所处的产业已是夕阳产业，发展前景余地较小，则应调整产业结构；如果企业主业竞争过度激烈，经营风险较大，通过多元化经营规避风险可能是明智选择。（2）资源因素。实行多元化经营必须考虑企业自身的资源条件，因为核心竞争力是企业集中资源从事某一领域的专业化经营，逐步形成自己在经营管理、技术、产品、销售、服务等方面与同行业的差异。也就是说，多元化经营必须具备资本、技术、管理和销售等前提条件，当企业存在吸纳不了的剩余资本时，才有资格考虑多元化问题，才能在发展自己与其他企业上述诸多方面的差异中，逐步形成自己独特的可以提高消费者特殊效用的技术、方式、方法等，而这些有可能构成今后企业核心竞争力的重要要素。（3）素质因素。没有一个强大而协调、知识结构和决策结构合理的领导班子，没有一批相应的技术和管理人才，多元化经营必然失败。

根据上述分析，结合国内外的相关研究，我们认为，企业多元化经营必须充分关注相关多元化，目前学者们在判断业务是否具有"相关"性时，主要基于两个判断标准：（1）各项业务之间在技术上是否存在相似性，如医疗诊断成像、电子游戏等，因为它们都依赖三维电脑成像技术。（2）各项业务面对的市场是否相似，如汽车维修和快餐食品等，因为它们都是通过同一个零售网点出售给消费者的。对企业而言，相关多元化是具有一定优势的,因为产品之间或业务活动之间具有相关联性,公司便可以享有,并充分利用各产品间和各业务间的相关性,实现成本优势。纵观国际大公司成长与发展的历史,无论是日本的松下、东芝、索尼,还是韩国的LG、三星,欧洲的菲利浦、西门子,它们都是实行相关产品多元化的。众所周知,企业的核心竞争力往往是与专业化经营同时出现的,如世界著名的杜邦公司,长期实行的是以化学工业为主要扩张线索的经营战略,尽管后来杜邦的业务范围扩大至摄影、胶卷、玻璃、颜料与涂料等领域,但这种多元化经营也是建立在专业化经营的基础上的,即"相关多元化"。只有依赖核心竞争力的相关多元化经营才能真正占领住市场份额,才能不断处于市场领先地位。

3. 科学的决策程序

在现实中,董事会决策在程序上也缺乏科学性,主要体现在:①决策盲目,没有建立必要的决策风险分析和控制程序;②决策实施过程失控,缺乏事中的监督和控制程序;③决策实施后不及时进行信息反馈和总结,缺少事后责任的落实制度。

如前所述,在企业活动中,董事会决策的正确与否,往往决定企业的目标能否实现,所以,决策一定要慎重、科学。一项科学的决策的形成通常要至少经过五步程序:

一是调查研究。决策的基础应该是现实,而不是决策者的凭空想象,为制定正确决策,第一步就是广泛搜集和整理与决策有关的内外部资料,充分了解和掌握企业各方面实际情况,包括企业外部环境,如宏观经济政策的变化,企业所处的市场环境、行业环境,企业在行业和市场环境中的优势和劣势等,以及内部环境,如企业产品竞争能力,企业的生命周期变化,企业内部管理制度和企业员工素质等。

二是确定决策基本目标。目标是一切行动的指南,目标可以有大有小,依据决策范围的大小而定。但不管是大目标,还是小目标,都应该与企业生存发展战略这个基本目标一致。而且目标不能"想当然地"随意选择,决策确定的目标应该是在充分了解企业内外部环境的基础上,通过内外部环境的分析和企业内部诊断,找出与企业内部条件和外部环境协调统一的决策目标。

三是制定多个决策备选方案。决策目标的实现有多种途径和方法,所谓"条条大路通罗马",企业可以根据其具体情况,制订多个备选方案,但每一个备选方案都应该具体明确,以便于决策者做出判断和选择。

四是对备选方案进行风险分析和论证。在做出决策前,决策者应指定专人或者是熟悉企业和市场状况的专家学者,对每一个备选方案进行风险分析和论证,以确定方案的风险大小和实际操作可行性,以便和企业能够承受的风险标准比较,尽量将决策的风险限制在企业能够接受的范围内,避免发生危机。

五是选定决策方案。对备选方案的充分分析和论证,是选定决策方案的基础,但有时风险分析和论证的结果是交叉的、相对的,这时就需要决策者根据自己的经验和能力,对决策结果的适用程度做出判断,从中选出最优的可行方案。

就企业内部决策控制而言,科学的决策程序至少应包括三方面内容:

(1) 决策前风险分析。做出决策时首先应该考虑与决策相联的风险,在现代市场经济条件下，环境不断变化，企业之间的竞争日趋激烈，企业所面临的风险不断增加，不但如此，风险还会随着以下环境因素而产生或变化：经营环境变化、新的行业、产品开发、融资方式、投资政策和新的员工等。其中来自企业外部的风险主要包括政治、经济、社会、文化与自然等方面，如原材料价格变动、新材料或新设备的出现等因素可能带来的供应方面的风险；消费者需求或偏好的变化、战争、经济衰退等可能影响企业的融资、资本投资与扩张；国家有关机关或部门颁布新的法律、法规、规章及科技的迅猛发展等促使企业改变经营策略与战略。内部风险主要来自决策执行不力、生产故障、员工政策等，如产品质量不合格、新产品或新技术开发试验失败、生产组织不合理、员工素质较低等因素带来的生产经营的风险。因此，企业在决策前如果没有风险分析与评估，没有通过分析和评价企业内部的优势与劣势、长处与短处、机会与威胁，就盲目做出决策，必然会成为引发风险的动因。

（2）基本程序控制。根据现代企业管理原理，任何一项重大决策的实施，一般至少应经过授权、审批、执行、会计记录和复核五个环节。企业将各项业务处理过程制定成这几个标准化程序，分别交由不同的部门或人员进行处理，这不仅有利于员工遵照执行，保证各项业务活动有条不紊地按程序进行，使其能以最短的时间、最理想的消耗获取相对满意的经济效果，而且还可以相互牵制、相互稽核、相互监督，从而达到有效控制的目的。

（3）决策实施责任落实制度。利用经济系统反馈的信息对企业的决策实施进行总结和报告，一方面能够及时发现并解决决策执行过程中存在的问题，避免下一次决策犯同样的错误；另一方面任何决策都是由人来做出并执行的，可以根据决策实行的结果，明确每个责任人的贡献和应负担的责任，便于进行激励和惩罚，否则，以前的控制就会失去效力。所以，在决策实施后，考核其信息反馈系统和责任落实情况，同样也会起到发现风险，进行预控的目的。

延伸思考问题及指引

坚持目标导向，用绩效的波动考量风险承受度，将风险与企业绩效紧密相联是COSO《企业风险管理——战略和业绩的整合》（2017）的核心内容之一，企业运行的短期目标是实现所设定的绩效，用可接受的绩效波动范围考量风险承受度是平衡风险与绩效关系的关键一环。具体而言，企业应如何将风险和企业绩效联结，合理确定风险阈值呢？

参考文献

[1] K.H. 斯宾塞·皮克特. 企业风险管理 [M]. 大连：大连出版社，2009.
[2] 宋常. 财务风险防范 [M]. 北京：中信出版社，2012.
[3] 刘兴云，刘红霞. 基于财务视角的内部风险控制研究 [M]. 北京：经济科学出版社，2011.

[4] 国务院国有资产监督管理委员会. 中央企业全面风险管理指引 [D]. 2006.

[5] COSO 委员会. 企业风险管理——整合框架 [D]. 2004.

[6] COSO 委员会. 企业风险管理——战略与绩效的整合 [D]. 2017.

[7] 白云涛, 郭菊娥, 席酉民. 高层管理团队风险偏好异质性对战略投资决策影响效应的实验研究 [J]. 南开管理评论, 2007, （02）: 25-30, 44.

[8] 乔坤元. 我国上市公司风险厌恶程度——基于因子模型的理论与实证分析 [J]. 金融研究, 2014, （01）: 180-193.

[9] 朱荣恩, 贺欣. 内部控制框架的新发展——企业风险管理框架——COSO 委员会新报告《企业风险管理框架》简介 [J]. 审计研究, 2003, （06）: 11-15.

[10] 张应语, 李志祥. 基于管理风险偏好量表的管理风险偏好实证研究——以大型国有企业管理人员为例 [J]. 中国软科学, 2009, （04）: 175-184.

[11] Calandro, J. and Lane, S. An Introduction to the Enterprise Risk Scorecard[J]. Measuring Business Excellence, 2006, 10（3）: 31-40.

[12] Kraeussl, R., Lucas, A., Siegmann, A.. Risk Aversion under Preference Uncertainty[J]. Finance Research Letters, 2012, （9）: 1-7.

[13] Tsai, H.F., Luan.C.J.. What makes firms embrace risks? A risk-taking capability perspective[J]. Business Research Quarterly, 2016, 19（3）: 219-231.

第6章 风险识别方法

▶ **教学目标** 通过本章学习，使学生了解风险识别和预警方法，学会运用相关技术手段对企业风险状况进行分析，提升学生的综合分析和应用能力。

▶ **内容摘要** 本章介绍了企业财务风险风险识别的相关技术方法，包括主观识别方法如风险调查法、A记分法、风险坐标图法等，还包括客观识别方法如指标分析法以及多元回归分析、多元判别分析、主成分分析等模型分析方法。最后，本章以2018年业绩大幅下滑的ZNWH公司为案例，通过运用指标分析法、模型分析法对ZNWH公司的财务风险进行识别并分析其原因，并在此基础上提出相关控制对策。

根据企业风险管理部门所使用风险识别方法中主客观成分的多少，我们可以将风险识别方法简单地划分为主观风险识别法与客观风险识别法。当然，这里的主观与客观并非是绝对的，因为几乎每种风险识别方法都包含主观与客观的成分，只不过是有的风险识别方法较多地依赖于风险管理者的主观判断，有的则较多地依赖于客观因素（如企业的各种数据，行业数据、风险临界值以及数学模型等）。在这里，我们将主要依赖于主观因素的预警方法称为主观风险识别法，而将主要依赖于客观因素的风险识别方法称为客观风险识别法。

早在19世纪末，古典经济学家在研究企业利润形成原因时，指出风险是利润的由来，由此开始将风险范畴引入经济领域并加以考察。受限于数理经济方法的发展，早期的财务预警方法主要是主观的、定性的。传统主观预警方法主要包括资产负债表透视法、经理观察法、事件推测法和企业股市跟踪法；现代主观预警方法主要包括流程图分析法、标准化调查法、"四阶段"分析法和管理评分法。目前，国内外对于企业财务风险识别的研究大量运用了数学、统计学以及运筹学等方面的知识，集中于识别变量的选择和财务危机预警模型的构建，力求通过对财务数据的加工处理和数学计算来提高风险预警的准确性。

近年来，针对财务风险预警的研究呈现出一些明显的趋势：①伴随着经济数学、统计学、运筹学的发展，财务预警研究的重心已经转移到定量分析，主要运用统计分析方法构建模型，利用历史财务数据进行财务危机的预警。②在预警模型的构建方面，从最初的单指标变量预测，到一元线性分析、多元线性分析，再到人工神经网络，呈现出从简单的线性分析向复杂的多元非线性分析的跳跃。模型的构建方法势必会更加复杂和高级，并会随着数理方法在经济、会计领域应用的深化而不断发展。③在模型变量的选择方面，研究者们不断尝试选择新的财务变量作为预警指标，并利用企业的财务数据进行实证检验。财务变量的选取范围变得更为宽广，不同类别财务指标的组合也产生了众多的组合变量，而且一些学者也在尝试将非财务的公司治理变量引入模型。④财务模型要在实务中发挥作用，还要更为准确地确定临界值和最优分割点。本章选取了3个经典的主观预警方法和 4 类主流的客观风险识别方法进行详细介绍，并利用实证的案例研究来介绍其基本应用。

6.1 主观风险识别方法

就主观风险识别法而言，由于其主要依赖于风险管理者的主观努力和个人经验及判断力，因此具有简便易行的优点，但是，由于不同的风险管理者在面对相同的风险时，可能会得出不同的识别结果，甚至出现比较明显的差异，因此，主观风险识别法还存在着识别结果因人而异的缺陷。一般而言，主观风险识别方法包括风险调查法和 A 记分法等。

6.1.1 风险调查法

风险调查法是通过调查推测方法进行风险识别的方法，主要包括文献法、访谈法、问卷法、观察法和事件推测法等，一般需要组合应用这些方法。

1. 文献法

文献法是搜集和分析研究各种现存的有关文献资料，从中选取信息，以完成对企业风险调查研究目的的方法。它所要解决的是如何在大量文献中选取适用于风险调查目标的资料，并对这些资料做出恰当分析和使用。

2. 访谈法

访谈法是指通过访谈员和受访人面对面地交谈来了解受访人对企业风险状况认知的研究方法。因研究问题的性质、目的或对象的不同，访谈法也具有不同的形式。根据访谈进程的标准化程度，可将它分为结构型访谈和非结构型访谈，前者的特点是按定向的标准程序进行，通常是采用问卷或调查表，后者是没有定向标准化程序的自由交谈。

3. 问卷法

问卷法是通过由一系列问题构成的调查表收集资料以测量被调查者对企业风险状况认知的研究方法。问卷是调查人员按照一定目的编制的，对于被调查的回答，调查人员可以不提供任何答案，也可以提供备选的答案，还可以对答案的选择规定某种要求。调查人员根据被调查者对问题的回答进行统计分析，从而得出企业风险管理状况的相关结论。

4. 观察法

观察法是指老练的经验丰富的企业经理根据自己的经营经验，从一个企业的生产经营现象上就可以察觉出企业的问题之所在以及风险程度的大小。这种方法不需要等待企业的年度账目计算结果出来，也不需要具体的的资产负债数据，而只需要对实际工作环境的观察和一些微弱的生产经营运转迹象的采集，加上分析者的直觉和经验，就可以测定出企业经营风险的大小。

5. 事件推测法

这种方法首先利用企业中更为具体的内部和外部环境的信息，对于当前影响企业的重要事件做出一定时期内（如一年）发展上的推测，并且在此基础上确定企业风险的大小。事件推测法所依据的信息可以是多种多样的，只要是与企业有关的都可以作为推测依据；推测的重要事件则主要包括企业的增长情况、企业市场份额、企业利润率变化等；推测的结果通常分为乐观性推测结果与悲观性推测结果，它们可以分别代表企业所处的风险地带的上限和下限。

6.1.2 A记分法

"A记分"法是现代主观分析法的典型代表。在该方法下，企业的风险因素被分为三类：一类是企业经营的缺点，一类是企业在经营上犯的错误，还有一类是企业破产的征兆。这三类风险因素反映了企业风险的如下特点，即企业的经营失败并不是一下子突然发生的，而是会经历一个经营上逐渐滑坡的过程：企业在经营时难免会出现一些经营上的缺点或不足，如果管理者未对这些缺点或不足及时加以克服，那么这些缺点就会导致企业产生经营上的错误，如果这些错误还得不到纠正，企业中就很可能会出现明显的破产前征兆，而这时假如企业还不能悬崖勒马，则下一步必然是企业的破产。

"A记分"法之所以是现代主观风险判定分析方法的典型代表，就是因为它将传统主观分析方法的定性分析特征转到了定量分析上，即对企业风险因素进行赋值，并通过简单的数值计算来反映企业所面临风险的大小。但各风险因素赋值的大小以及临界值的确定仍是主观判断的结果，因此在该方法中，主观因素仍然发挥着比较大的作用。这也是我们将其归入主观风险判定方法中的原因。各风险因素及其赋值如表 6-1 所示。

表 6-1 "A记分"法的因素构成及其风险值

风险因素	记 分 值	临 界 值
1.经营缺点：		
管理活动不深入	1	
管理技能不全面	2	
被动的经理班子	2	
财务经理不够强	2	
无过程预算控制	3	
无现金开支计划	3	
无成本监督系统	3	

续表

风险因素	记分值	临界值
董事长兼任总经理	4	
总经理独断专行	8	
应变能力太低	15	
小计	43	10
2. 经营错误：		
高杠杆负债经营	15	
缺乏过头生意的资本	15	
过大风险项目	15	
小计	45	15
3. 破产征兆：		
危急财务信号	4	
被迫编造假账	4	
经营秩序混乱	3	
管理停顿	1	
小计	12	0
分值加总	100	25

表 6-1 中各因素的含义如下：

（1）管理活动不深入，指管理主要停留在作决策、发命令、提号召等表面活动上，而没有考虑如何落实决策，如何调动企业的各方面力量执行决策。

（2）管理技能不全面，指在企业领导班子中缺乏某些管理人才（如会计人才和营销人才），因而没有形成一个技能全面的管理人员队伍。

（3）被动的经理班子，即整个企业领导层在管理风格上消极被动，不是主动地创造各种盈利和发展的机会，而是总想等待着机会被送上门。

（4）财务经理不够强，即财务经理在业务上不能透彻掌握企业的真实财务力量，把握不住企业究竟能承担多大风险，或者在领导地位上不能成为总经理作决策的制衡力量，无法以有力的根据说服总经理不要卷入太大风险的业务活动。

（5）无过程预算控制，指企业缺乏动态的收支预算监督，企业每一步活动结果以及下一步活动的内容没能反映到一个完整和不断更新的企业预算表上。

（6）无现金开支计划，即企业的现金支出是随意的，这种没有事先安排的现金开支会造成现金管理的混乱。

（7）无成本监督系统，指企业没有建立有关生产成本的结构及来源的动态分布监督体系，从而无法掌握成本的形成和成本的贡献。

（8）董事长兼任总经理，在这种情况下，总经理得不到董事长的必要的监督。

（9）总经理独断专行，比上面的缺点更进一步，即总经理不但没有来自上面的监督，而且在企业中不听信其他管理人员的任何劝告和建议，一切事物均按个人的意志去办。

（10）应变能力太低，指企业在总体上不能适应周围的市场环境，面对市场状况的各种变化企业不能做出相应的调整和改革，而总是落在形势的后面。

（11）高杠杆负债经营，即企业对外部债务的按期归还没有把握和保证。

（12）缺乏过头生意的资本，指企业的自有资金和支撑资金所构成的资本难以支持企业与其他公司签订的大规模生意合同或者销售合同，因而，过头生意中的合同很可能兑现不了，企业就会面临因违约而遭其他企业指控和起诉的危险。

（13）过大风险项目，指企业一次卷入或实施太大的生产或经营项目，这个项目不仅超过了企业的资金和生产等方面的实力，而且如果该项目不成功，企业将会面临破产的结局，过大的风险项目既可指企业自己经营的项目，也指企业出面担保其他企业从事的项目。

（14）危急财务信号，指企业的会计账目上出现各种危险信息，如亏损、债务到期偿还困难、流动资金瓶颈等。

（15）被迫编造假账，即企业为了保持市场声誉、股价稳定或贷款信用等原因，不得不隐瞒企业经营不善、亏损、资产损失等事实，同时编造假账以用于对外公布会计信息。

（16）经营秩序混乱，指企业往常的经营秩序已被打乱，正常信息渠道发生堵塞，如企业工资发不出，人心涣散，各种不利于企业的传闻蔓延等。

（17）管理停顿，即企业中的任何事都无人管、无人负责，生产可能处于瘫痪或半瘫痪状态。

从表6-1可以看出，各风险因素的分值是有区别的。经营错误类的风险因素虽然只有三项，但每项都是15分，三项风险因素的分值的合计数也是最大的（45分）。可见，经营错误是企业走向失败的关键，当企业出现这三项风险因素中的任何一项时，都应该引起管理者的高度重视。另外，破产征兆类的风险因素之所以所占比重较小，是因为当企业出现此类风险因素时，企业要想持续经营已非常困难，走向经营失败已是大势所趋，除非有奇迹出现。因此，企业的风险管理者应对经营错误和经营缺点给予足够的重视，争取做到防患于未然，否则等企业出现破产征兆后再来挽救已是相当困难。这也是经营错误与经营缺点类风险因素所占分值比重较大的一个主要原因。

企业在运用该方法进行风险识别时，应注意以下问题：①临界值的总分为25分，即如果企业的记分值大于25分，则表明企业正面临着比较大的风险，企业应进一步明确风险因素，并采取相应的防范措施；如果记分值小于25分，但是大于18分，则表明企业目前已出现面临风险的迹象，应该引起企业的警戒；若记分值小于18分，则表明企业处于安全区域。②由于该方法是由外国学者针对国外企业的情况而提出，因此其中的某些风险因素并不适合我国企业的实际情况，比如"高杠杆负债经营"，我国企业由于过去体制上的原因，造成了大多数国有企业的高负债经营，因此，"高负债"的标准不能过多地参照国外企业的情况；还有"被迫编造假账"，对我国企业而言，由于会计信息造假的普遍性，使得该风险因素已不是企业破产的征兆，因此，企业应根据自身的实际情况，对"A记分"法进行改进，使其能够准确反映出企业所面临风险的大小。

6.1.3 风险坐标图法

风险坐标图是把风险发生可能性的高低、风险发生后对目标的影响程度,作为两个维度绘制在同一个平面上(即绘制成直角坐标系)。对风险发生可能性的高低、风险对目标影响程度的评估有定性、定量等方法。定性方法是直接用文字描述风险发生可能性的高低、风险对目标的影响程度,如"极低""低""中等""高""极高"等。定量方法是对风险发生可能性的高低、风险对目标影响程度用具有实际意义的数量描述,如对风险发生可能性的高低用概率来表示,对目标影响程度用损失金额来表示,如表6-2所示。

表6-2 风险发生可能性及对目标影响程度的对应关系

	评分	1	2	3	4	5
风险发生的可能性	一定时期发生的概率	10%以下	10%~30%	30%~70%	70%~90%	90%以上
	文字描述一	极低	低	中等	高	极高
	文字描述二	一般情况下不会发生	极少情况下才发生	某些情况下发生	较多情况下发生	常常会发生
	文字描述三	今后10年内发生的可能少于1次	今后5~10年内可能发生1次	今后2~5年内可能发生1次	今后1年内可能发生1次	今后1年内至少发生1次
风险对目标影响程度	评分	1	2	3	4	5
	企业财务损失占税前利润的百分比	1%以下	1%~5%	6%~10%	11%~20%	20%以上
	文字描述一	极轻微的	轻微的	中等的	重大的	灾难性的
	文字描述二	极低	低	中等	高	极高

对风险发生可能性的高低和风险对目标影响程度进行定性或定量评估后,依据评估结果绘制风险坐标图。

【例6-1】某公司对9项风险进行了定性评估,风险①发生的可能性为"低",风险发生后对目标的影响程度为"极低";风险②发生的可能性为"高",风险发生后对目标的影响程度为"低";风险③发生的可能性为"中等",风险发生后对目标的影响程度为"中等";风险④发生的可能性为"低",风险发生后对目标的影响程度为"中等";风险⑤发生的可能性为"中等",风险发生后对目标的影响程度为"低";风险⑥发生的可能性为"极高",风险发生后对目标的影响程度为"高";风险⑦发生的可能性为"低",风险发生后对目标的影响程度为"极高";风险⑧发生的可能性为"高",风险发生后对目标的影响程度为"极高";风险⑨发生的可能性为"极低",对目标的影响程度为"高",则绘制风险坐标图如图6-1所示。

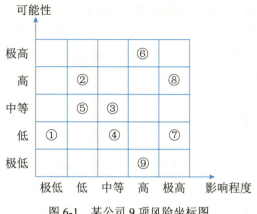

图 6-1 某公司 9 项风险坐标图

【例 6-2】某公司对 7 项风险进行定量评估,如表 6-3 所示,则绘制风险坐标图(如图 6-2 所示)。

表 6-3 某公司 7 项风险评估表

风险事项编号	①	②	③	④	⑤	⑥	⑦
风险发生的可能性	83%	40%	62%	62%	86%	17%	55%～62%
风险发生可能造成的损失(亿元)	0.21	0.38	0.41	0.18	0.52	0.71	0.75～0.91

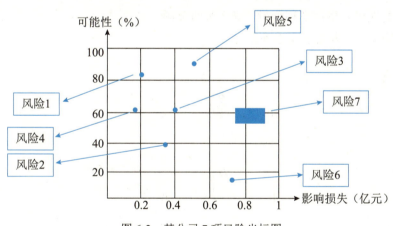

图 6-2 某公司 7 项风险坐标图

6.2 客观风险识别方法

客观风险识别法一般是指以反映企业经营活动的实际数据和事先确定的风险临界值为分析基础的风险识别方法。这类方法大量运用了数学、统计学以及运筹学等方面的知识,力求通过对历史经验数据的加工处理和精密的数学计算来提高风险识别的准确性。换言之,由于客观风险识别法主要以反映企业经营活动的实际数据和据此推导出的数学模型为识别风险的手段,而且不同的人运用相同的数据和模型应该能够得出相同的结果,所以从某种意义上来说,这种方法包含着更多的"科学"成分,但这也不是绝对的,因为数据并非总是能够恰当地反映企业所具有的全部特征和企业未来的发展趋势；同时，我们也不能得出客观因素要优于主观因素的结论，因为风险管理者在选择数据和确定风险标准时都离不开主观判断。此外，由于企业历史数据和行业数据的收集、整理工作需要耗费一定的人力、物力和财力，这使得客观风险识别法的使用成本成为风险管理者不得不考虑的一个因素。

6.2.1 指标分析法

指标分析法是指根据企业财务报表和其他财务资料中的数据计算出财务比率，然后将其与行业指标值或本企业历史平均指标值进行比较，并在此基础上对企业所面临的风险状况进行识别分析，从而发出警报的方法。具体而言，这类方法主要包括如下几种：

1. 企业安全率法

该方法是指首先计算企业的经营安全率与资金安全率，然后再利用象限分析法对企业的财务风险进行识别。该方法通过计算经营安全率与资金安全率而进行。

$$经营安全率 = 1 - 损益平衡点销售额 / 销售额$$

其中，损益平衡点销售额 = 固定成本 / (1 - 单位变动成本 / 单价)。

$$资金安全率 = 资产变现率 - 资产负债率$$

其中，资产变现率 = 资产变现金额 / 资产账面金额。

运用象限进行分析如图6-3所示。

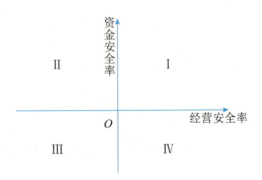

图6-3　企业安全率分析图

若企业当前处于第一象限，则说明企业的财务状况和经营状况都比较好，企业发生危机的可能性比较小，此时企业可采取有计划的扩张性策略。若企业处于第二象限，则说明虽然企业当前的财务状况良好，但营销能力不足，长此以往企业将会出现亏损，以至于会影响到企业的生存。因此，企业应采取相应的对策以扩大销售，提高利润。当企业处于第三象限时，说明企业在经营上和财务上均陷入窘境，随时有破产的可能性，在此种情况下，企业应采取紧急的应对措施，对企业进行全面的整顿和调整，争取及时走出困境。如果企业位于第四象限，说明企业的财务状况已呈现出危险之兆，企业应优化其财务结构，并加强对现金流的管理，以避免财务状况的进一步恶化。

风险管理者运用该方法能够同时掌握企业的经营状况和财务状况。对这两方面的比较分析便于决策者抓住企业所面临的主要矛盾,从而及时地化解危机。但该方法所选用的指标过于单一,经营安全率与资金安全率是否能够准确反映企业的经营状况与财务状况还是一个值得考虑的问题。

2. 野田式企业实力测定法

与企业安全率法相类似的一种预警方法便是野田式企业实力测定法。该方法由日本学者野田武辉所设计,可用于对中小企业财务风险的识别,其主要特点是,根据企业的财务资料和非财务资料计算出能够分别反映企业增长性、综合收益性、短期流动性和长期安全性的4个指标,风险管理者通过对这四个指标进行分析来判定企业的危险度。这四个指标分别是:

(1)反映企业"增长性"的指标——人均销售额

$$人均销售额 = 年销售额 / 职员人数$$

随着企业的不断成长,其人均销售额会得到相应的增长。但是,当企业过了成熟期后,人均销售额就会逐渐降低,企业此时就进入了危险期。

(2)反映企业"综合效益性"的指标——总资本经常利润率

$$总资本经常利润率 = 经常利润 / 总资本$$

该指标体现了企业所取得的收益与其所使用的资金之间的关系,反映了企业运用一定量的资金获取收益的能力。

(3)反映企业"短期流动性"的指标——流动比率

$$流动比率 = 流动资产 / 流动负债$$

流动比率越高,说明企业的安全性越大,但应注意存货在流动资产中所占的比率。

(4)反映企业"长期安全性"的指标——固定长期适合率

$$固定长期适合率 = 固定资产 / (自有资本 + 长期贷款)$$

该指标检查了企业对固定资产的投资与其资金来源是否相配合。在运用此指标时还应考虑长期贷款的偿还期限是否与固定资产的耐用年限和投资预期利润相吻合。通常情况下,该指标值越低,则说明企业的安全性越高。

企业在运用该方法时应按如下步骤进行风险的识别与管理:

(1)计算该四项指标的数值;

(2)对上述四项指标进行 5 分法测评,如表 6-4 所示。

表 6-4 5 分法测评

		增长性	综合收益性	短期流动性	长期安全性
监测企业					
判定	安全				
	警戒				
	危险				

注 ①测算方法为 5 分 ×(预警企业指标值 / 标准值),固定长期适合率的测算方法为 5 分 ×(标准值 / 预警企业指标值),得分超过 5 分时按 5 分计算。
②4 分~5 分为安全,2 分~4 分为警戒,2 分以下为危险。

（3）根据上述判定结果做出"野田式企业实力测定"如图6-4所示。

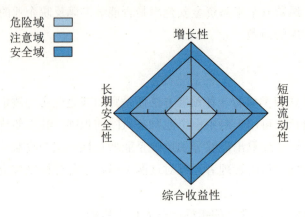

图6-4　野田式企业实力测定

如图6-4所示，企业的财务状况可分为安全、注意和危险三种类型。企业将其在增长性等四个方面的得分情况绘入图表后，便可观察其各项指标分别位于哪个区域，属于何种类型。同企业安全率法相比，该方法选取了四个有代表性的指标来反映企业的财务状况，这有助于风险管理者更加全面地掌握企业的财务状况，有利于其发现影响企业生存的症结之所在，便于管理者"对症下药"，及时做出调整。

3. 财务比率分析

对企业风险识别主要从五个维度进行分析，即偿债能力、资产管理能力、盈利能力、成长能力与现金流量。

1）反映偿债能力指标

偿债能力可以分为短期偿债能力和长期偿债能力。其中短期偿债能力是企业偿付下一年到期的流动负债的能力，如流动比率、速动比率等，是衡量企业财务状况是否健康的重要标志。企业债权人、投资者等通常都非常关注企业的短期偿债能力。长期偿债能力是企业按期支付长期债务本息的能力，如资产负债率、产权比率等。在正常的生产经营情况下，企业一般将长期负债所得的资金投入到回报率高的项目中，用取得的利润偿还长期债务。长期偿债能力主要从保持合理的负债权益结构的角度出发，来分析企业偿付长期负债到期本息的能力。主要偿债能力指标如表6-5所示。

表6-5　主要偿债能力指标

指　标	公　式	指标说明
流动比率	流动资产/流动负债	该指标值越大，企业短期偿债能力越强，企业因无法偿还到期的流动负债而产生的财务风险越小。但是，该指标过高则表示企业流动资产占用过多，可能降低资金的获利能力
速动比率	（货币资金＋短期投资＋应收票据＋一年内到期应收账款）/流动负债	流动资产中的存货可能由于积压过久等原因无法变现或者变现价值远远低于账面价值；待摊费用一般也不会产生现金流入。因此，仅以流动资产中变现能力最强的部分与流动负债的比值计算速动比率。该指标越高，表明企业未来的偿债能力越有保证

续表

指　标	公　式	指标说明
现金比率	（货币资金＋短期投资）/流动负债	现金比率是在速动比率的基础上进一步修正而得，在速动资产的基础上扣除了应收账款和应收票据。这是最保守的短期偿债能力指标
资产负债率	负债平均总额/资产平均总额	该指标反映了企业总资产来源于债权人提供的资金的比重，以及企业资产对债权人权益的保障程度。这一比率越小，表明企业的长期偿债能力越强
产权比率	负债总额/股东权益	该指标反映所有者权益对债权人权益的保障程度，与资产负债率、股东权益比率两个指标可以相互印证
股东权益比率	股东权益/总资产	该指标反映了企业总资产中权益资产占的比例。该指标越高，一方面反映了企业偿债风险越小，但是另一方面也反映了企业没有充分利用负债资金，存在利用财务杠杆的空间
有形资产债务率	负债总额/（总资产－无形资产及其他资产－待摊费用－待处理流动资产净损失－待处理固定资产净损失－固定资产清理）	企业资产变现时，无形资产存在难以变现或者减值的危险。待摊费用并不能转变成为现金。待处理财产损失和固定资产清理科目，往往是企业悬而未决不愿处理的种种损失，并不能转变成为可以带来未来收益的资产。这是一个保守的衡量长期偿债能力的指标
债务与有形净值比率	负债总额/（股东权益－无形资产）	该指标反映公司债权人的权益由所有者提供的有形资产的保障程度，这是一个保守的衡量长期偿债能力的指标
利息保障倍数	税息前利润/当期利息费用	该指标是衡量企业偿付到期利息能力的指标。企业生产经营所获得的息税前利润相对于本期所需要支付利息费用越多，说明企业支付到期利息的能力越强，债权人的利益就越有保障。该指标通常越高越好

2）反映资产管理能力的指标

该类指标反映企业经营管理、利用资金的能力。通常来说，企业生产经营资产的周转速度越快，资产的利用效率就越高。主要资产管理能力指标如表 6-6 所示。

表 6-6　主要资产管理能力指标

指　标	公　式	指标说明
应收账款周转率	主营业务收入净额/应收账款平均余额（期初/2+期末/2）	该指标反映本企业免费使用供货企业资金的能力。指标值越高，说明应收账款回收越快
存货周转率	主营业务成本/存货平均余额	存货周转率高，说明存货的流动性较好，存货的管理也具有较高的效率，销售形势也好
不良资产比率	（三年以上应收账款＋待摊费用＋长期待摊费用＋待处理流动资产净损失＋待处理固定资产损失＋递延资产）/年末资产总额	该指标反映公司变现能力差、未来价值小的资产占总资产的比重。该指标通常越小越好
营业周期	存货周转天数＋应收账款周转天数	该指标反映了企业正常经营周期所经历的天数。从购进原材料开始，经历了生产过程中从原材料到半成品到产成品的过程，之后产品售出，直到应收账款收回为止的周期。通常来说，营业周期越短，企业的运作效率越高

续表

指标	公式	指标说明
流动资产周转率	主营业务收入净额/平均流动资产	在一定时期内,流动资产周转次数越多,表明以相同的流动资产在一定时期内可以完成更多的销售,流动资产的利用效果越好。通常来说,这个指标越大,企业的经营越高效
总资产周转率	主营业务收入净额/平均资产总额	该指标用来分析企业全部资产的运用效率。资产管理的任何一个环节都会影响指标值的高低。通常来说,这一指标也是越大越好
固定资产周转率	主营业务收入净额/平均固定资产净值	该指标越高,公司固定资产利用效率越高。这一指标通常是越大越好

3)反映盈利能力的指标

盈利能力是企业获取利润的能力。利润是投资者取得投资收益,债权人收取本息的资金来源,是衡量企业长足发展能力的重要指标。主要盈利能力指标见表6-7。

表6-7 主要盈利能力指标

指标	公式	指标说明
主营业务毛利率	(主营业务收入-主营业务成本)/主营业务收入	该指标反映了主营业务收入的获利能力。通常,这个指标越高越好
主营业务利润率	净利润/主营业务收入	该指标反映主营业务收入带来净利润的能力。这个指标越高,说明企业每一元的金融业务收入所能创造的净利润越高。这个指标通常越高越好
净资产收益率	利润总额/平均股东权益	该指标表明所有者每一元钱的投资能够获得多少净收益。该指标通常也是越高越好
每股收益	利润总额/年末普通股股份总数	该指标表明普通股每股能分得的利润。每股收益越大,企业越有能力发放股利,从而使投资者得到回报。通常这个指标越大越好
总资产利润率	利润总额/平均资产总额	该指标反映企业总资产能够获得利润的能力,是反映企业资产综合利用效果的指标。该指标越高,表明资产利用效果越好,整个企业的获利能力越强,经营管理水平越高。该指标越高越好
股票获利率	普通股每股现金股利/普通股股价	该指标反映现行的股票市价与所获得的现金股利的比值。反映了投资者从股利发放中所能够得到的资金回报。该指标通常要视公司发展状况而定
成本费用利润率	成本费用利润率=净利润/(主营业务成本+销售费用+管理费用+财务费用)	该指标反映企业每投入一元钱的成本费用,能够创造的利润净额。这个指标越高,说明企业的投入所创造的利润越多。这个指标也是越高越好
非经常性损益比率	本年度非经常性损益/利润总额	由于非经常利润通常对未来年度的贡献较小,不具有延续性,因此不能用来预测企业未来的获利能力。该指标通常不宜过高

4)反映成长能力的指标

成长能力指标是对企业的各项财务指标与往年相比的纵向分析。通过成长能力指标的分析，我们能够大致判断企业的变化趋势，从而对企业未来的发展情况做出准确预测。主要成长能力指标见表 6-8。

表 6-8　主要成长能力指标

指　　标	公　　式	指标说明
主营业务增长率	（本年主营业务收入－上一年主营业务收入）/上一年主营业务收入	主营业务增长率指标反映公司主营业收入规模的扩张情况。一个成长性的企业，这个指标的数值通常较大。处于成熟期的企业，这个指标可能较低，但是凭借其已经占领的强大的市场份额，也能够保持稳定而丰厚的利润。处于衰退阶段的企业，这个指标甚至可能为负数。这种情况下通常是危险信号的红旗。该指标能反映公司未来的发展前景
经营活动产生的现金净流量增长率	（本年经营活动产生的现金净流量－上年经营活动产生的现金净流量）/上年经营活动产生的现金净流量	经营活动产生的现金净流量增长率指标反映了经营活动现金流量的增长能力。该指标越高越好
净利润增长率	（本年净利润－上一年净利润）/上一年净利润	净利润增长率指标反映企业获利能力的增长情况，反映了企业长期的盈利能力趋势。该指标通常越大越好
总资产扩张率	（本年资产总额－上一年资产总额）/上一年资产总额	总资产扩张率反映了企业总资产的扩张程度。通常来说，处于成长期的企业会运用各种渠道（权益性筹资，例如新股发行，配股等；债务性筹资，发行债券，举借各种借款等）来扩张资本规模，从而进行更多的投资项目获得回报。该指标较高反映了企业积极扩张，但是过高就包含了一些风险。该指标需要综合分析
每股收益增长率	（本年每股收益－上一年每股收益）/上一年每股收益	每股收益增长率指标反映了普通股可以分得的利润的增长程度。该指标通常越高越好

5）反映现金流量的指标

现金流量指标反映现金流量信息。由于按照权责发生制原则计算的盈利能力指标难以全面反映企业的真实财务状况，用现金流量表示的指标能够与之相互补充。主要现金流量指标见表 6-9。

表 6-9　主要现金流量指标

指　　标	公　　式	指标说明
每股营业现金流量	经营活动产生的现金净流量/年末普通股股数	该指标反映了利用权益资本获得经营活动净流量的能力。该指标通常越高越好
现金流动负债比	经营活动产生的净现金流量/流动负债	该指标衡量公司产生的经营活动净现金流量对流动负债的保障程度。该指标越大越好
主营业务现金比率	经营活动产生的现金净流量/主营业务收入	该指标反映主营业务收入中获得现金的能力，它排除了不能回收的坏账损失的影响，因此较为保守。该指标通常越高越好
现金股利支付率	本年度发放的现金股利和/净利润	该指标反映公司的股利政策，每一元钱的净利润中有多少以现金股利方式发放给股东。该指标应具体确定

续表

指　　标	公　　式	指标说明
现金自给率	近三年经营活动产生的现金净流量之和/近三年固定资产、无形资产、购买存货所支付的现金、现金股利之和	该指标反映了企业通过自己的经营活动流入的现金，满足企业固定资产、无形资产投资，存货规模扩大以及发放股利需要的能力。指标越高，说明企业现金自给能力越强，企业的资金实力就越强。该指标通常越高越好

4. Beaver 单变量指标分析法

美国的财务分析专家威廉·比弗（William Beaver）于 1968 年 10 月提出该分析方法。他在对 1954—1964 年间出现失败迹象（出现破产、拖欠偿还债券、透支银行账户或无力支付优先股利四项中的任何一项）的 79 家企业进行分析后发现，当这些企业面临生存危机时，一般会发生以下情况：①企业的现金越来越少，而应收账款却越来越多；②由于企业的速动资产和流动资产同时包括现金和应收账款，因此企业所面临的危机被掩盖了；③企业的存货总量越来越少。

然后，比弗又将这 79 家失败企业与另外 79 家相同行业、相同规模的正常企业进行比较研究，得出了如下结论：通过研究个别财务比率的长期走势可以预测企业所面临的危机状况，按照各指标预测能力的大小进行排序，下面几个指标的预测能力最强：

（1）债务保障率=现金流量/债务总额。该比率越高，企业承担债务的能力越强。

（2）资产收益率=净收益/资产总额。该指标是把企业一定期间的净利与企业的资产总额相比较，表明企业全部资产利用的综合效果。该指标值越高，表明企业对资产的利用效率越高，意味着企业在增加收入和节约资金使用等方面取得了良好的效果，否则相反。同时，资产收益率又是一个综合指标，企业的资产是由投资者投入或企业举债形成的，净利的多少与企业资产的多少、资产的结构、经营管理水平有密切关系。影响资产收益率的因素主要有：产品的价格、单位成本的高低，产品的产量和销售的数量、资金占用量的大小等。

（3）资产负债率=债务总额/资产总额。该比率主要衡量了企业利用负债进行经营活动的能力，并反映出企业对债权人投入资本的保障程度。通常情况下，该比率应视企业的实际情况而定：当企业的经营前景比较乐观时，可适当提高资产负债率，以获取负债经营带来的收益；若企业经营前景不佳时，应降低资产负债率，从而降低企业的财务风险。

比弗在对企业的大量历史数据进行经验研究的基础上得出上述指标，它给企业风险管理者进行企业风险的识别与管理提供了新的思路，即通过长期观察关键性的财务比率指标，企业便可以在其出现危机之前发现一些不良的征兆，从而有利于风险管理者及时采取预控措施，防范危机的出现。

综上所述，Beave 单变量指标分析法的缺陷体现在：一是采用单一的比率进行风险识别往往并不能反映其财务状况的全貌，且分别运用多个单个比率进行风险识别可能会出现不同的结果；二是指标之间相互独立，指标体系不能综合反映各指标的相关性，使其预测精确度无法保证。

【例 6-3】 B 企业是国有大型企业集团，经多年实践和不断完善，其风险预警管理方法逐渐走向成熟，具体方案如下：

（1）预警指标的选择。从现实情况看，企业集团发生财务危机的主要原因可以归结为以下几方面：负债总额过高，利息负担沉重；企业长期亏损或获利能力较低，银行信誉下降；企业资产运营效率低下，不良资产比例偏大；企业缺乏固定资产更新改造能力，业务日益萎缩；企业现金流入长期不足以弥补现金流出等。据此，集团选择如下财务预警指标：流动比率、速动比率、资产负债率、长期资产适合率、利息保障倍数、借款依存度、净资产收益率、主营业务毛利率、总资产周转率、应收账款周转率、主营业务收入增长率、总资产周转率、现金流动负债比、经营活动现金流入比重、担保比重。

（2）指标权重的确定。指标权重的确定是风险预警中的一个重要环节，直接关系到财务预警的结果。处于不同行业、不同发展时期的企业对于各财务预警指标的侧重点也不尽相同，但对于绝大多数企业来讲，财务指标的权重也并非无规律可循。为了避免随意性，B 集团采用九分位法作为标度构成判断矩阵，来确定各财务预警指标的权重。甲指标与乙指标相比的重要性如表 6-10 所示。

表 6-10　甲、乙指标标度

甲指标与乙指标相比	极重要	很重要	重要	略重要	相等	略不重要	不重要	很不重要	极不重要
甲指标评价值	9	7	5	3	1	1/3	1/5	1/7	1/9
备注	取 8，6，4，2，1/2，1/4，1/6，1/8 为上述评价值的中间值									

该集团采取专家调查法对各预警指标的相对重要性进行判断，根据对高等院校、会计师事务所和集团内财务专家发出的 60 份调查问卷，经过统计整理后得到矩阵，最终计算得出各指标的组合权重，如表 6-11 所示。

表 6-11　指标权重表

指　　标	各指标相对权重	调整后权重（×100）
流动比率	0.119 392	12
速动比率	0.137 029	14
资产负债率	0.063 305	6
长期资产适合率	0.010 131	1
利息保障倍数	0.021 491	2
借款依存度	0.028 273	3
净资产收益率	0.083 47	8
主营业务毛利率	0.027 823	3
总资产周转率	0.015 837	2
应收账款周转率	0.047 512	5

续表

指　　标	各指标相对权重	调整后权重（×100）
主营业务收入增长率	0.026 93	3
总资产周转率	0.013 465	1
现金流动负债比	0.284 715	28
担保比重	0.094 905	9
对外担保占净资产比重	0.025 722	3
合计	1	100

（3）单项预警指标评价标准的确定。

首先，对预警指标分型。上述预警指标根据其特点可以分为四类：指标越大越好的称为极大型指标，如总资产增长率、净资产收益率、总资产周转率、应收账款周转率、主营业务毛利率、主营业务收入增长率、利息保障倍数、经营活动现金流入比重、现金流动负债比；指标越小越好的称为极小型指标，如借款依存度、对外担保比重；指标数值稳定在某一点最好的称为稳定型指标，如流动比率、速动比率、长期资产适合率；对于指标处在某一区间最好的称为区间型指标，如资产负债率。

其次，确定预警指标满意值、不允许值、上下限值。满意值体现着人们对该指标的满意程度，指标处于满意值时，企业发生财务风险的可能性较小或为0。不允许值是指被评价指标中可以接受的最低值（下限值）或最高值（上限值）。满意值的确定遵循以下原则：许多指标都有标准值，应该尽可能使用该指标的标准值作为满意值。比如根据公认的评价标准，流动比率的满意值取2，速动比率满意值取1等；若无标准值，可采用同行业的平均水平为满意值（因为考虑到财务预警需要，并不要求达到同行业良好水平）。同行业平均水平可以参考财政部企业效绩评价标准值中同行业同规模企业的平均值。不允许值可以按照企业效绩评价标准值中同行业同规模的较差水平来确定。计算公式如下：

$$极大型指标值 = \begin{cases} 0, （实际值 \geqslant 满意值） \\ \dfrac{实际值-满意值}{不允许值-满意值}, （不允许值 < 实际值 < 满意值） \\ 1, （实际值 \leqslant 不允许值） \end{cases}$$

$$极小型指标值 = \begin{cases} 0, （实际值 \leqslant 满意值） \\ \dfrac{实际值-满意值}{不允许值-满意值}, （满意值 < 实际值 < 不允许值） \\ 1, （实际值 \geqslant 不允许值） \end{cases}$$

$$区间型指标值 = \begin{cases} 1, （实际值 \leqslant 下限允许值） \\ \dfrac{下限值-实际值}{下限值-下限允许值}, （下限允许值 < 实际值 < 上限值） \\ 0, （下限值 \leqslant 实际值 \leqslant 上限值） \\ \dfrac{实际值-上限值}{上限不允许值-上限值}, （实际值 > 上限值） \end{cases}$$

最后，调整预警指标的评价标准值。考虑到上述计算标准不一定完全适合企业集团的实际情况，因而采取加权平均的方法做进一步调整。比如要测算第 t 年的评价标准值，首先计算出集团所属子公司近三年（第 $t-1$ 年、$t-2$ 年、$t-3$ 年）的各预警指标实际值，对分年数值给予一定的权重（比如 2 : 3 : 5 的权重），求和后即可作为第 t 年该指标的满意值，再按照上述原则，确定该指标的上下限值即可。实践证明这是一种确定预警指标评价标准值的行之有效的方法。

（4）作出财务风险警情判断。为更直观形象地表达被评价单位的财务风险情况，根据上述计算结果，可以按警情将企业的财务风险划分为安全区（绿灯区）、预警区（黄灯区）、危机区（红灯区），并针对所处的不同区域采取不同的对策。

6.2.2　多变量统计模型分析法

自从美国的奥特曼（Altman）教授于 1968 年开发出"Z 记分法"模型以来，多元统计模型分析便以其较强的辨别能力和简单、容易操作等特点受到人们的青睐。由于这类模型采用多个财务指标作为自变量，所以，同单变量指标分析相比，它们能够更全面地反映出企业的财务状况，从而具有更强的辨别能力和实用性。这类模型还有一个共同的特点，那就是都是根据企业已有的历史数据作为样本来建立等式，而且在选取样本时一般是先选取一定数量的失败企业作为"失败组"，然后再选取与这些失败企业在行业和规模以及已生存年限上相匹配的相同数量的非失败企业作为"非失败组"。但是，这些模型在区分失败企业与非失败企业所使用的方法上存在着差别，根据建模时所使用的统计方法的不同，多变量统计分析模型可分为如下几种类型：

1. 多元回归分析（multiple regression analysis，MRA）模型

这类模型主要是运用现代统计学中回归分析的方法来建立财务指标变量与企业危机之间的因果联系。该类模型的数学表达式通常为：

$$Y = a + b_1 X_1 + b_2 X_2 + b_3 X_3 + \cdots + b_n X_n$$

其中，$X_1 \cdots X_n$ 为自变量，在预警模型中代表各项财务指标；$b_1 \cdots b_n$ 为各变量的系数，通常是根据样本数据求得；Y 为因变量，在预警模型中代表企业所处的类别。此时，Y 是名义变量，由于企业所处的类别只有两种：失败和非失败，因此，Y 可以取值为 1 和 0，分别代表失败与非失败。

回归分析研究的主要对象是客观事物变量之间的因果关系，它是建立在对客观事物进行大量试验和观察的基础上，用来寻找看上去并不确定的现象中的统计规律性的数理统计方法。企业出现危机可被看作一种客观现象，而企业的财务指标则是一种客观存在的事物。由于财务指标反映了企业在某个特定时点的财务状况或某段时期内的经营状况，因此，从理论上来说，运用财务指标应该能够分析出企业当前是否存在危机。但是，各项财务指标与企业危机之间是否在数量上存在必然的因果联系，则可通过多元回归分析法进行检测。

在运用回归方法建立模型时,作为自变量的财务指标的选取一般是按照逐步回归的方法进行,而不像传统的客观预警法那样依据的是德尔菲法。逐步回归的基本思想就是"有进有出",具体做法是将指标变量一个一个地引入,每引入一个变量就要对已选入的变量进行逐个检验,当原引入的变量由于后面变量的引入而变得不再显著时,就要将其剔除。引入一个变量或从回归方程中剔除一个变量,为逐步回归的一步,每一步都要进行 F 检验,以确保每次引入新变量之前回归方程中只包含显著的变量。反复进行该过程,直到既无显著的自变量选入回归方程,也无不显著的自变量从回归方程中剔除为止。这样就保证了最后得到的回归子集为"最优"的回归子集。

当运用回归方法筛选出指标变量并建立等式后,应该对所筛选出的指标变量和所建立的等式进行显著性检验(通常为 t 统计值和 F 统计值),其中,t 检验检测的是单个指标变量的解释能力,而 F 检验检测的则是整个等式的解释能力。只有经过检验表明指标变量以及整个等式显著,才说明所建立的等式是有意义的,才可以用来进行企业风险的识别与预警。

在运用线性回归分析法建立预警模型时,由于因变量 Y 的观测值要么为 0,要么为 1,所以模型的误差项也只能相应地取两个值,这违背了误差项应该满足正态分布的要求,出现了异方差性,使得模型的解释能力被削弱。另外,当因变量为 0、1 时,回归方程实际上代表了概率分布,所以,因变量的均值应受到如下限制:$0 \leqslant E(Y) \leqslant 1$,但根据回归模型所得到 Y 的预测值并不满足这种限制,而是很可能落在区间 [0, 1] 之外,因此,该模型在实际使用时是存在缺陷的,为了解决上述非线性问题,便有学者提出了运用 Logistic 回归分析法来建立预警模型,简称为逻辑模型。

Logistic 模型是解决 0-1 回归问题的一种行之有效的方法,它假设企业失败的概率为 p,并在此基础上构建了一个方程:令 $Q=\ln[p/(1-p)]$,同时假定 Q 能够被财务指标加以解释,即以 Q 为因变量,以财务指标为自变量,建立回归模型。当对 p 进行上述 Logit 变换后,因变量的取值范围就从 [0, 1] 扩展到了 [$-\infty$, $+\infty$],这样就克服了变换前所存在的困难,使得我们依据回归分析方法所建立的模型能够更加符合企业的实际情况。

2. 多元判别分析(multiple discriminant analysis,MDA)模型

判别分析作为一种统计分析方法,可用于对研究对象所属的类别进行判别。由于企业可分为两类——"失败"企业与"非失败"企业,所以,当失败企业与非失败企业在财务比率上的差异比较显著时,我们就可以运用判别分析法建立判别模型来对企业是否出现危机进行预警。

通常情况下,判别模型的数学表达形式与回归模型相似,也为

$$Y=a+b_1X_1+b_2X_2+b_3X_3+\cdots+b_nX_n$$

但是,这里的因变量 Y 不再是名义变量,而是用于判别企业所属类别的判别分值。判别模型与回归模型最大的区别就是这两种模型在区分企业类别时所使用的方法不同。回归模型的分类标准是企业失败的概率是否大于或小于 0.5,而判别模型的分类标准则是企业的判别分值是否大于或小于根据经验数据和统计方法计算出的临界值。

在运用判别分析法时，应首先对样本（即观测对象）进行分类，即先把样本企业分为失败企业与非失败企业两大类；然后，还要预先确定出一些能够表明观测对象特征的变量值，即选取一些能够反映企业财务状况和经营情况的财务指标；最后，要运用判别分析法从这些指标变量中筛选出能够提供较多信息的变量，即对企业所处类别解释能力最强的财务指标，并利用这些变量（财务指标）建立判别分析函数，使推导出的判别函数对观测样本进行分类时的错判率最低或损失最小。

判别分析法又可分为如下三种具体的判别方法：

（1）距离判别。该方法的主要思想就是根据观测对象到两个总体的距离的不同来判定其归属。设有两个总体，即"失败组"与"非失败组"，这两个组的特征向量分别为该组中所有样本企业的财务指标的平均值，如果某个企业到"失败组"的距离比到"非失败组"的距离近，则可判定该企业属于失败企业。该方法虽然符合人们的思维习惯，容易被理解，但也容易发生误判。当两个总体之间的差异不显著，即出现交叉的情况比较多时，如果采用单一的临界值，则会出现较高的误判率，因此，为了减少发生误判的机率，可以采用区域性临界值，即把两个总体相交叉的部分作为待判区域。

（2）费歇尔（Fisher）判别。费歇尔判别的思想则是通过将多维数据投影到某个方向上，投影的原则是将总体与总体之间尽可能分开，然后再选择合适的判别规则，将待判的样品进行分类判别。因此，费歇尔函数是使得判别效率达到最大的判别变量线性组合。这里的判别效率是指两组的组间差与组内差之比。判别的临界点一般是两个总体在投影方向上的中点。

（3）贝叶斯（Bayes）判别。前面两种判别方法虽然计算简单，结论明确，很实用，但没有考虑总体出现的概率与错判之后所造成的损失，贝叶斯判别法正好可以弥补上述缺陷。贝叶斯判别法则所要满足的条件就是在该法则下，将某个样品误分类为其他类别的总平均损失达到最小。

3. 主成分分析（principal components analysis，PCA）模型

主成分分析是由 Hotelling 于 1933 年首先提出来的，它是一种利用降维的思想，把多项指标转化为少数几个综合指标的多元统计分析方法。

在回归模型与判别模型中，自变量均为多个财务指标，这些财务指标虽然能够较好地解释企业是否会出现危机，但由于指标之间或多或少会存在一定的相关性，因此，利用这些指标所反映出的信息在一定程度上有重叠，而且，模型中所包含的指标变量越多，计算和分析起来就会越复杂，这并不符合人们的愿望。主成分分析法恰好可以解决这一问题，其主要思想就是：通过对原始指标（即财务比率）相关矩阵内部结构关系的研究，找出影响某一经济状况（即企业是否会出现危机）的几个综合指标，使综合指标为原始财务指标的线性组合，综合指标不仅保留了原始财务指标的主要信息，彼此之间又完全不相关，同时又比原始财务指标具有某些更优越的性质，使得我们在研究复杂的经济问题时能够轻易抓住主要矛盾。

主成分分析模型的数学表达式一般为如下综合评价函数：

$$F=\alpha_1 y_1+\alpha_2 y_2+\alpha_3 y_3+\cdots+\alpha_m y_m$$

其中，y_1、y_2、y_3、…、y_m分别代表主成分，主成分又是由若干个指标变量（这里为财务指标）组成的线性组合，每个主成分的权数α为该主成分的方差贡献率。在利用样本企业的数据建立主成分分析模型后，我们便可利用其来对企业危机进行预警。一般是先计算出每个主成分的得分，然后再根据主成分模型计算出综合评价函数的得分，再将该得分与根据样本数据求得的临界值进行对比，便可发现企业的风险程度。用主成分分析法构建模型的一般步骤为：

（1）选取研究样本。即选取一定数量的失败企业和与之同等数量的非失败企业作为研究总样本，并将总样本随机分为两组，一组为估计样本组，用于构建模型，另一组为测试样本组，用于检验已构建的模型的有效程度。

（2）选择财务指标。入选的财务指标应具有全面性、有效性与同趋势性。所谓同趋势性，就是无论对哪个财务指标而言，当财务指标值增大时，均表明企业的财务状况得到改善。

（3）将样本数据进行标准化处理。

（4）求标准化矩阵的相关系数矩阵，以及该项关系数矩阵的特征值和特征向量。

（5）计算累计贡献率，确定主成分。

（6）构建主成分模型。

（7）用估计样本组企业的数据确定出临界值。

（8）用测试样本组企业检验模型的有效程度。

上述多变量统计分析模型一般具有较高的预测准确率和较广泛的实用性，但这些模型所要求的条件也比较高，因为建立多元统计分析模型离不开大量的企业历史数据和一定程度的数理统计分析方法。因此，要想建立一个比较实用的统计分析风险管理模型，必须长期收集和整理各类企业的数据，而且要保证这些数据的可靠性。

4. 几种典型模型介绍

为更好地说明多变量统计分析模型的特点，以下将重点介绍几个典型模型。

1）Z记分法及修正的Z模型

爱德华·奥特曼（Edward Altman）教授是最早使用多元统计分析法构建企业失败预测模型的学者，他于1968年对1946—1965年间提出破产申请的33家企业进行了观察，并将这些企业与另外33家与之在行业、规模及经营年限上相匹配的非破产企业进行了比较研究，经过数理统计分析，他最终从22个财务比率中筛选出了其中的五个比率，并以此为基础建立了著名的Z记分法模型。模型如下所示：

$$Z=1.2X_1+1.4X_2+3.3X_3+0.6X_4+1.0X_5$$

其中：X_1 = 营运资金/总资产，该指标反映了企业全部资产的变现能力，当企业的财务状况不断恶化时X_1应该是不断减少的；

X_2 = 留存收益/总资产，该指标反映了企业的累积获利能力，指标值越大，说明企业抵抗风险的能力越强；

X_3= 息税前利润 / 总资产，该指标反映了企业当期的盈利能力水平，从各指标的权数来看，这一指标的预警能力最强；

X_4= 权益市价 / 负债总额，该指标衡量了企业的资本结构状况，从所有者的角度反映了权益市价与企业所承担的债务之间的关系；

X_5= 销售总额 / 总资产，该指标反映了企业对全部资产的管理和利用能力，也反映了企业在市场竞争条件下的有效经营能力。

奥特曼教授将上述模型回代至事先选取的由 33 家失败企业和 33 家正常企业所组成的样本组，经过观察各企业的 Z 记分值，他得出了一组用于区分失败企业与正常企业的临界值（也称阈值），即 Z=1.8、Z=2.9。若某个企业的 Z 值小于或等于 1.8，说明该企业发生破产的可能性非常大，虽然企业此时仍未破产，但其实际上已经无药可救了；若某个企业的 Z 值大于 2.9，则说明该企业在短期内一般不会出现危机，是一家正常企业；若某个企业的 Z 值小于 2.9 但大于 1.8，则说明该企业在短期内存在破产的可能性，具体而言，这又分为两种情况，如表 6-12 所示。

表 6-12 Z 值判别标准

Z 记分值	短期内出现失败的概率	分组情况
$Z \leqslant 1.8$	非常大	失败组
$1.8 < Z \leqslant 2.7$	很大	非失败组
$2.7 < Z \leqslant 2.9$	有可能	非失败组
$Z > 2.9$	很小	

由于奥特曼教授在构建该模型时运用的是企业失败前最后一年的数据，因此，当用该数据对模型的风险预警能力进行检验时，模型的正确分类率达到了 95%。但是，当用企业失败前两年和三年的数据进行检验时，模型的正确分类率则分别为 72% 和 48%。一般说来，由于随着时间间隔的延长，企业发生变化的可能性也越来越大，所以模型的风险识别与预警能力很可能是越来越差。

1977 年，Altman，Haldeman 与 Narayanan 对 Altman 原来建立的 Z 记分法模型进行了修正，并将修正后的模型称为 ZETA 模型。他们之所以要对原来的模型进行修订，主要是出于以下两方面的考虑：①原来的模型是在对 1946—1965 年间的失败企业进行经验研究的基础上得到的，所建立的模型难免会受到当时宏观经济环境和企业发展状况的影响，而到了 1977 年，当时的宏观经济环境同 10 年前相比已大不一样，同时企业内部的微观经济环境也有了较大的改变，因此，这就要求建立新的模型来反映企业目前的情况；②如果运用企业 1969—1975 年间的数据来建立模型，那么就要考虑新的会计政策对模型的影响，因为在此期间，大部分企业已开始采用新的会计政策，这可能会影响到某些财务指标。

在修订的过程中，他们增加了样本企业的数量，其中有 53 家破产企业与 58 家非破产企业，这些企业均为制造企业以及零售企业。经过统计分析，模型最终共包含如下 7 个变量：息税前利润 / 总资产，盈利的稳定性，利息保障倍数，留存收益 / 总资产，流动资产 / 流动负债，以往五年权益市价的平均数 / 总资本，总资产（代表规模）。

经证明，该模型在判别能力上比 Z 记分法模型更强，在失败前一年的正确分类率达到了 90%，在失败前 4 年的正确分类率也达到了 70%。另外，他们成功地运用 Jackknife 方法，对支持样本进行了检验（即将样本中的企业一个接一个地拿出来，然后利用剩余的个体来建立模型，再用拿出来的企业的数据对模型进行验证）。虽然模型的正确分类率比较高，但随着时间的前推，其正确分类率呈不断下降的趋势（如用模型对企业失败前一年的数据进行处理时，其对失败企业与非失败企业的正确分类率分别为 96.2% 和 89.7%，当对企业失败前 4 年的数据进行处理时，模型对失败企业与非失败企业的正确分类率分别下降到 69.8% 和 82.1%）。奥特曼教授后来在 1993 年的研究中发现，虽然有 20% 的样本公司被确认为只是"存在风险"（即不能断定是否一定会失败），但是 Zeta 模型对在 1975—1991 年间失败的 150 家美国公司的正确分类率还是达到了 94%，这再次证明了该模型强大的判别能力。然而，该模型对非失败企业的正确分类率却没有失败企业那样高。尽管如此，该模型还是被许多企业所采用。

2）小企业风险识别管理模型

1972 年，埃德米斯特（Edmister）专门针对小企业建立了风险识别管理模型，该模型假定所有变量均服从 $N(0,1)$ 分布，以标准值为界限进行判别，变量只能为 1 或 0，模型如下所示：

$$Z=0.951-0.423X_1-0.293X_2-0.482X_3+0.277X_4-0.452X_5-0.352X_6-0.924X_7$$

其中：

$X_1=$（税前净利 + 折旧）/ 流动负债

若该比率小于 0.05 则取值为 1；否则取值为 0。

$X_2=$ 所有者权益 / 销售收入

若比值小于 0.07，则取值为 1；否则取值为 0。

$X_3=$（净营运资金 / 销售收入）/ 行业平均值

若比值小于 -0.02，则取值为 1；否则取值为 0。

$X_4=$ 流动负债 / 所有者权益

若该比值小于 0.48，则取值为 1；否则取值为 0。

$X_5=$（存货 / 销售收入）/ 行业平均值

若该比值有上升趋势（根据连续三年的数据判断），则取值为 1；否则取值为 0。

$X_6=$ 速动比率 / 行业平均速动比率趋向值

若该比值有下降趋势并同时该值小于 0.34，则取值为 1；否则取值为 0。

$X_7=$ 速动比率 / 行业平均速动比率

若该比值有上升趋势，则取值为 1；否则取值为 0。

由于埃德米斯特一直未向外界公布该模型中 Z 值的最佳分界点，这使得该模型未被广泛用于小企业中。

3）奥尔森（Ohlson）的逻辑模型

奥尔森于 1980 年利用 1970—1976 年失败的 105 家美国破产企业与 2000 家生存企业组成的样本构建了逻辑（logistic）模型。他所使用的比率有 7 个：资产规模；总负债 /

总资产；营运资本/总资产；流动负债/流动资产；净收益/总资产；营运资本/总负债；虚设变量；净收益的变化/当前和以前年度净收益的总额等。模型表达式如下：

$$y = -1.32 - 0.407X_1 + 6.03X_2 - 1.43X_3 + 0.0757X_4 - 2.37X_5 - 1.83X_6 - 0.521X_7$$

$$+0.285 \begin{cases} 1 & (最后2年净收益为负数时) \\ 0 & (最后2年净收益为非负数时) \end{cases}$$

$$-1.72 \begin{cases} 1 & (总负债超过总资产时) \\ 0 & (总负债未超过总资产时) \end{cases}$$

其中，X_1 = 资产规模

X_2 = 总负债/总资产

X_3 = 营运资本/总资产

X_4 = 流动负债/流动资产

X_5 = 净收益/总资产

X_6 = 营运资本/总负债

X_7 = 净收益的变化/当前和以前年度净收益的总额

奥尔森确定的企业失败可能性为：$1/(1+e^{-y})$，该模型的判别能力并不如我们以前所介绍的 MDA/MRA 模型那样高，可能是与这些方法之间在一些重要方面有差别有关，其中最明显的差别就是奥尔森运用了相对无偏的抽样方法，这表明以前的研究可能夸大了其模型的判别能力。

Logistic 模型的优点是不需假设变量服从多元正态分布，而且可以应用于非线性的拟合。尽管它们能够解决判别分析不能给出企业概率的缺陷，但是计算复杂，样本的选择受到对总体的概率估计的限制，而且应用中需要相当的数学基础，不便于理解和操作；此外，它们同样有先验概率估计和误差估计的问题，分析成本也较高。

6.2.3 人工神经网络模型分析法

人工神经网络（atificial neural network，ANN）是一种从神经心理学和认识科学的研究成果出发，应用数学方法发展起来的并行分布模式处理系统。该系统利用大量非线性并行处理关系来模拟众多的人脑神经元，用处理其间错综复杂但灵活的关系来模拟人脑神经元的突触行为。由于它具有大量可调整的参数，因此具有较强的容错能力，对数据的分布没有严格的要求。该系统最为可贵的一点是具有学习能力，它可随时依据新准备的数据资料进行自我学习、训练，调整其内部的储存权重参数以适应多变的企业运作环境，而传统的统计方法并不具备此学习能力。常见的神经网络模型主要有以下几种：

1. BP 神经网络模型

BP（Back-Propagation，反向传播）神经网络模型是比较常用的一种，它通常由输入层、输出层和隐藏层组成，其信息处理分向前传播和向后学习两步进行，网络的学习是一种误差从输出层到输入层向后传播并修正数值的过程，学习的目的是使网络的实际输出逼近某个给定的期望输出。该系统与一般指标预警系统非常相似，输入量对应警兆指标，隐藏层节点对应警情指标，输出层即为警度。有学者对该系统进行了实例验证，结果证明该模型具有较强的辨别能力。三层 BP 网络结构如图 6-5 所示。

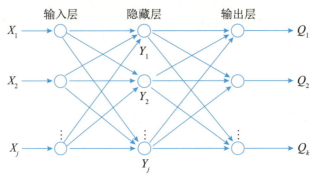

图 6-5　三层 BP 网络结构

2. ID3 协助神经网络模型

它是通过 ID3（Iterative Dichotomiser 3，迭代二叉树 3 代）方法选出输入变量来运行的模型，ID3 法导出了一个通过使用平均信息量方法对训练样本进行分类的决策树，其目的是通过分离子集合，从而使平均信息量最小化，ID3 协助神经网络模型将试图以 ID3 作为预处理机制进行测试。换言之，ID3 形成了一个决策树，并在熵度量属性的基础上，正确地对所有输入数据进行分类，ID3 法用 Pascal 语言进行编码。

3. SOFM 协助神经网络模型

它是把指导性神经网络模型（如 BP 模型）与非指导性神经网络模型（如 SOFM 模型）连接起来的模型，因此有两种以神经网络为基础的训练：指导性的训练和非指导性的训练。在指导性训练中，神经网络实际输出与期望输出进行比较，然后结合权数将两者的误差调整为最小化。在非指导性训练中，仅仅给出输入而没有任何期望输出的信息，神经网络通过其权重进行自我调整。其中 SOFM（self-organizing feature map，组织特征映射图）模型由 Kohonen（1990）提出，该模型是一个由输入层和竞争层组成的两层神经网络模型：（1）输入层所有的神经元和竞争层中的神经元是完全连接的，在具体运行中，将输入模式连续地提供给输入层，然后最佳配对神经细胞，通过训练在竞争层中被发现，以后最佳配对神经细胞"激活"它们邻近细胞，对同样的输入模式去分类。（2）竞争层中的每个神经元我们称之为量子神经元，它计算量子向量和输入向量的运行程度。

从理论上来讲，同传统的统计方法相比，神经网络方法具有许多优点，如容错功能、学习功能等，但在实际运用中其辨别能力是否一定强于多元判别模型和 Logit 模型，则是一个值得探讨的问题。Altman（1995）在对神经网络方法和判别分析法的比较研究中得出结论：神经网络分析法在信用风险识别和预测中并不比判别模型具有更好的辨别能力。Odom（1990）以 1975 年至 1982 年间 64 家失败企业和 64 家正常企业作为样本，并将样本区分为训练样本与保留样本两组，选取了 Altman 在 1968 年研究中的 5 个财务比率作为输入变量，比较了 BP 神经网络模型和判别分析法在企业失败前 1 年的判别能力。研究结果表明，在训练样本方面 BP 神经网络模型的正确率高达 100%，而判别模型的正确率为 86.84%，在保留样本方面，BP 神经网络模型的正确率为 81.18%，判别分析的正确率为 74.28%，表明 BP 神经网络模型的预警效果较佳。由于神经网络系统在工作时具有很强的随机性，因此，要想得到一个较好的神经网络结构，需要人为地去进行调试，非常耗费人力和时间，这使得其应用受到了一定的限制。

6.3 案例讨论

6.3.1 ZNWH公司的风险状况

ZNWH 集团股份有限公司的前身是传统的制造业企业，该企业在 2010 年成功实现上市，并在 2016 年正式宣布转型为文化企业，实现了从传统制造重工业向新兴文化行业的惊险一跃。

而 ZNWH 公司在转型之后采用并购的多元化发展战略，先后掷巨资投资进军多家影视、传媒甚至页游等行业，如以 10 亿元收购大唐传媒、6.68 亿元控股上海极光网络等，而大规模的并购也为 ZNWH 公司带来了巨大的效益，尤其是在 2014 与 2015 年影视行业快速发展，ZNWH 公司仅 2015 年就获取净利润 1.39 亿元，ZNWH 公司也一度成为从传统行业转型文化产业后的成功典型。

但转眼到了 2018 年 6 月，公司突然被曝出对外作出 12 次违规担保行为以及 ZNWH 公司的控股股东非法占用公司现金资产，随后公司又陷入各种诉讼缠身的困境当中，股价一直跌停，而公司质押出去的将近 2 亿股的股票价值跌至平仓线之下，公司只得宣布暂时停牌，又因为种种原因公司的股票停牌时间超过了 2 个月。然而事与愿违，在公司股票复牌后短短 3 天内 ZNWH 公司的股价累计下跌 26.94%，市值蒸发近 20 亿元。更为雪上加霜的是公司公告又曝出公司实际控制人陈少忠亲自下令开具假商业承兑汇票，来缓解因为公司内部近年来大规模持续并购而造成的资金紧张状况，除此之外多位高管集体辞职出走。2019 年 10 月 31 日，ZNWH 公司被证券市场戴帽处理，从最初上市的总市值 24 亿元一路涨到 200 亿元，再一路跌停直至市值 21 亿元，整个公司的业绩大起大落，从最初的转型典范独角兽企业最终跌落神坛。而 ZNWH 公司整个经营的过程也暴露出整个企业内部控制制度严重失灵，企业的整体风险始终未能被正确认识。

6.3.2 ZNWH公司的财务风险识别

本案例将通过以下三个方法来识别 ZNWH 公司的财务风险，采用指标分析法来评价 ZNWH 公司的各项财务比率，通过各项客观数据分析它的各项能力；结构分析法中则通过选取 ZNWH 公司的三大财务报表来分析企业的资产结构、盈利结构、现金流结构来定性评价 ZNWH 公司的整体财务状况；最后将采用模型分析法，通过建模的办法对 ZNWH 公司的整体风险进行定量分析。

1. 指标分析

采用指标分析法对 ZNWH 公司近三年的财务报表中的数据进行分析，从以下五个维度来分析 ZNWH 公司近三年的各项能力以及变化趋势。

（1）偿债能力分析。使用流动比率、资产负债率来衡量 ZNWH 公司的具体偿债能力。

从流动比率分析，通过查询 ZNWH 公司近三年度财务报表可知，2016 年 ZNWH 公司的流动比率为 1.4113，在 2017 年公司资产的流动比率稍微提高变成 1.5269，偿债水平得以提升，但到 2018 年却风云突变，流动比率急剧下滑到 0.9518，流动负债首次超过流动资产。总的来说，2016 年与 2017 年流动比率保持了较良好的短期偿债能力。纵观上市后的 ZNWH 公司财务报表，流动比率在 2018 年之前始终是大于 1 的，但 2018 年却首次跌落到 1 以下，这为企业敲响了警钟，企业短期偿债能力面临危机。

从资产负债率这个考察长期偿债能力的指标来看，2016 年至 2018 年 ZNWH 公司的资产负债率从 41.67% 上升到 57.2%，虽然变动幅度较大，但总体指标较为稳健，长期偿债有保障，但是有些过于保守，没有充分发挥财务杠杆作用。

最后发现从长期来看，ZNWH 公司财务风险暂时较小，有足够的应对负债的能力，但短期的流动资产较少，流动性不足，短期债务压力大。

（2）营运能力分析。本案例分析将抽取 ZNWH 公司的应收账款周转率与总资产周转率来对它的整体营运能力进行分析评价。

应收账款周转率从 2016 年的 1.38 先是短暂上升至 2017 年的 1.5，随后又大幅下降至 2018 年的 1.1，应收账款的周转能力较差，很可能 2018 年出现较多坏账，而且应收账款营运能力还在逐年下降。

总资产周转率更是乏善可陈，从 2016 年的 0.269 快速下降至 2018 年的 0.151，这充分说明了企业营运能力比较差，没有充分利用好各项资产来获取经济效益。

（3）盈利能力分析。本案例分析将选择净利润率与基本每股收益两个指标来进行相应分析。由于各个行业的利润率各不相同，所以本案例分析主要从近三年 ZNWH 公司的财务数据变动来分析它的盈利能力变化趋势。

2016 年基本每股收益为 0.3，2017 年略有上涨，为 0.36，但 2018 年业绩大幅下滑跌至 -1.5，基本每股收益不仅变为负数，而且亏损远超前两年的盈利，企业的盈利能力受到了严重削弱。

净利润率在 2016 年与 2017 年分别是 17.07% 和 19.2%，净利润率基本保持平稳，甚至是上市后的最高水平，但 2018 年净利润率暴跌至 -216.56%，它的变动基本上对应了基本每股收益的变动，从财务报表上看营业收入大幅减少，而成本费用激增是 ZNWH 公司 2018 盈利水平极低最直接的原因。

（4）成长能力分析。本案例分析将主要从总资产扩张率与净利润增长率来分析 ZNWH 公司成长能力。

总资产扩张率在 2016 与 2017 年分别是 72.49%、23.20%，2016 年资产扩张较快，在 2017 年也有较大幅度的增长，但在 2018 年 ZNWH 公司全面萎缩，资产扩张率为 -33.70%，总资产大幅下降，而其中一个重要原因就是公司大股东非法占用大量流动货币资金被曝出，而且企业盈利能力降低，总资产扩张率下降是必然的。

净利润增长率在 2018 年出现了 -816.29% 的较大倒退，2016 年的增长率为 37.86%，2017 年增长率为 52.08%，2016 年与 2017 年都在维持较快成长，而 2018 年突然出现了较大幅度的下降，企业的成长能力堪忧。

（5）现金流能力分析。本案例分析会从现金流动负债比与主营业务现金比率这两个指标来分析 ZNWH 公司的整体现金流运营管理能力。

现金流动负债比：2016 年至 2018 年 ZNWH 公司的现金流动负债比始终在 0.05～0.07 之间，ZNWH 公司的现金流管理能力仍有待提高。

主营业务现金比率在 2016—2018 年之间逐年上升，从 2016 年的 0.085 逐步升至 2018 年的 0.1545，ZNWH 公司在主营业务现金比率上有小的进步但还是有进步空间。

综上，运用指标分析法对 ZNWH 公司的各项能力进行了综合考量，发现 ZNWH 公司在 2018 年之前除了短期偿还债务能力、营运能力外其他的指标都较为良好，但到了 2018 年企业的各项财务管理能力急转直下，尤其是 ZNWH 公司的盈利能力与成长能力倒退较多，财务风险急剧增加。

2. 模型分析

利用 Z 记分模型与 F 记分模型两种方法来对 ZNWH 公司的财务风险加以识别，并对公司的财务风险进行定量分析，借以支持上文对公司作出的定性分析。

（1）Z 记分模型是预测企业失败的一种模型，其公式为：

$$Z=1.2X_1+1.4X_2+3.3X_3+0.6X_4+1.0X_5$$

其中：X_1 代表营运资金/总资产；X_2 代表留存收益/总资产；X_3 代表息税前利润/总资产；X_4 代表权益市价/负债总额；X_5 代表销售总额/总资产。

通过对 2016—2018 年三年的 Z 分数做比较来推断出 ZNWH 公司近三年的财务风险与经营状况，经过计算得出表 6-13，将表 6-13 的结果代入 Z 公式中得到表 6-14 的结果。

表 6-13　ZNWH 公司 2016—2018 年 X 变量表

变　量	2018	2017	2016
X_1	0.1359	0.1914	0.1792
X_2	−0.2297	0.1235	0.1090
X_3	−0.3614	0.0388	0.0381
X_4	0.9372	3.1353	4.6334
X_5	0.1884	0.1980	0.2125

表 6-14　ZNWH 公司 2016—2018 年 Z 值表

年　份	2018	2017	2016
Z	−0.6003	2.6098	3.4858

而 Z 记分模型认为 Z 的记分小于等于 1.8 时，属于失败组，短期内出现失败的概率非常大；当 Z 值大于 1.8 时统称为非失败组，而 Z 值分布在 1.8～2.7 之间时，短期内出现失败的概率很大但离失败还有很长一段距离，当 Z 分布在 2.7～2.9 时，是有可能出现失败，但当 Z 大于 2.9 时，出现失败的概率变得很小。

而观察表 6-14 会发现，2016 年和 2017 年 ZNWH 公司都是处于非失败组，Z 值与失败标准 1.8 的距离很大；但当观察 2018 年的 Z 值时，发现 Z 值不仅已经小于 1.8，还是负数状态，ZNWH 公司的财务风险已经非常严峻，失败的概率已经非常大，随时会有破产的可能。通过 Z 记分模型我们了解到 ZNWH 公司已经面临非常大的挑战，财务状况极度紧张。

（2）F 记分模型也是财务风险识别预警模型的一种，它是在 Z 模型的基础上加以改进的，其公式为：$F=1.1091X_1+0.1074X_2+1.9271X_3+0.0302X_4+0.4961X_5-0.1774$

其中各个 X 变量与 Z 记分模型中的 X 变量含义相同。F 模型与 Z 模型不同之处在于 F 模型对企业现金流的变动做了充分考虑，并将其体现在新的公式中。而在 F 记分模型中，衡量一个企业是否有失败的风险是看 F 值的临界值 0.0274，企业的整体风险小时，F 值会远远大于临界值，反之则小于临界值。

表 6-15　ZNWH 公司 2016—2018 年 F 值表

年　份	2018	2017	2016
F	−0.6259	0.3158	0.3518

由表 6-15 可知，与 Z 记分模型呈现的结果基本相同，ZNWH 公司在 2016 年与 2017 年的 F 值均大于 0.0274，经营运行正常，但进入 2018 年后，企业面临的风险迅速增加，同 Z 记分结果一样 F 值也是负数，代表着 ZNWH 公司的财务风险较高，目前状况不乐观。

通过两个模型方法，最终得出结论，ZNWH 公司目前的财务风险非常大，很可能会濒临破产的边缘。无论是之前的定性分析还是这节的定量分析，都佐证了这一点。

6.3.3 案例启示

1. 建立完善的财务风险识别制度

财务风险识别制度作为企业内部控制制度中必不可少的组成部分,其他上市公司应当引以为鉴,建立一套相对完善运行良好的风险识别制度,要将它的建设放在公司的重要议程上。ZNWH 公司即是一个反例,其内部控制制度流于形式,一系列疯狂的购买掏空了企业的流动资金,然而它却没有对并购风险作出合理评价,最终赶上了文化业整顿业绩下滑,公司的地位一落千丈。一套完善的财务风险识别机制最大的作用就在于能够让企业在风险到来之前发现自己身上的潜在风险,对该风险可能带来的损失有较为合理的估计,及时纠正自己的行为,或者是做好相应的准备方案来规避或应对风险,做到未雨绸缪。

同时一套良好的财务风险识别机制必须要做到定性识别分析与定量分析相结合,在出具风险评估报告时既要有相应的数据支撑,也要有对风险的各种性质划分。只有风险识别做好,才能为风险管理提供风险的原始信息数据,提高后续的风险管理工作质量。

2. 加强对企业内部相关人员培训

首先,企业要招聘或培训一批对财务风险识别有经验的人才,一项制度在设计完成之后要想长久有效地良好运行需要人才队伍建设跟进。在该机制里需要有搜集外部环境信息的人才,也需要有对企业财务管理相关知识有深刻了解的分析型人才,最后还要有报告撰写者,在将搜集的信息加工处理后形成报告,完成一次风险识别。

其次,战略决策层必须要对企业的各方面信息有深刻了解,尤其是对于企业现在面临的风险要清楚。公司应定期开展相关培训,对企业的高层进行教育,可以整理一些案例如 ZNWH 公司的风险案例来让高层管理者充分认识到财务识别的重要性,从而让公司的财务风险识别工作不再是一件摆设,从思想上树立起风险意识。

3. 加强公司内部监管机制与财务风险识别机制的合作

ZNWH 公司也有监事会机制与独立董事做监督,但终究没有发挥它们应有的作用。ZNWH 公司曝出的一系列问题,内部监管不力是其中一个不可忽视的原因,ZNWH 公司违规担保、大量股权质押、侵占资产、关联交易等,如果公司内部有一套行之有效的监管管理机制,则完全可以将相应的财务风险消灭在萌芽状态。

在加强财务风险识别机制与公司的监管机制的相互协作过程中,财务风险识别机制出具的风险报告应当送交监事会与独立董事,首先让他们对于公司的整体财务风险有清楚的认知;其次对于哪些项目有着重大财务风险加以标注,提醒相关监督机构对风险较大的财务指标与项目予以关注,这样会加强公司整体应对财务风险的能力,也使公司内部监管机制在行使监督权时更具有针对性,客观上提升公司治理的整体水平。

延伸思考问题及指引

1. 目前已有很多理论和实证研究表明,利益相关者行为对企业财务状况有很大影响,不应将其视为局外人、救火队,而应将这一重要因素内化于财务危机预警框架内。那么,应如何嵌入利益相关者行为进行财务风险识别和预警呢?

2. 由于企业个体具有异质性,因此风险识别和预警也应是个性化的,风险识别指标设计不仅包括财务指标,还应该包括反映企业个性特征的非财务指标。事实上,大数据技术对海量非结构化数据的处理能力,决定了财务预警模型在引入非财务指标的过程中,指标属性方面会发生根本性变化。那么,企业该如何以大数据技术为支撑,引入基于大数据的非财务信息指标,构建企业财务预警模型呢?

参考文献

[1] 刘红霞. 企业财务危机预警方法及系统的构建研究 [M]. 北京:中国统计出版社,2005.

[2] Fitzpatrick. A Comparison of Ratios of Successful Industrial Enterprises With Those of Failed Firms[M]. New York:Certified Public Accountant,1932.

[3] 郭玉清. 逾期债务、风险状况与中国财政安全——兼论中国财政风险预警与控制理论框架的构建 [J]. 经济研究,2011,46(08):38-50.

[4] 梁琪,过新伟,石宁. 我国中小上市公司财务失败预警研究——基于财务指标和公司治理指标的综合考察 [J]. 经济管理,2012,(03):123-132.

[5] 宋彪,朱建明,李煦. 基于大数据的企业财务预警研究 [J]. 中央财经大学学报,2015(06):55-64.

[6] 王海林. 企业内部控制缺陷识别与诊断研究——基于神经网络的模型构建 [J]. 会计研究,2017,(08):74-80,95.

[7] 吴世农,卢贤义. 我国上市公司财务困境的预测模型研究 [J]. 经济研究,2001(06):46-55,96.

[8] 吴星泽. 财务危机预警研究:存在的问题与框架重构 [J]. 会计研究,2011,(02):59-65.

[9] 杨保安,季海,徐晶,温金祥. BP神经网络在企业财务危机预警之应用 [J]. 预测,2001,(02):49-54,68.

[10] 周首华,杨济华,王平. 论财务危机的预警分析——F分数模型会计研究 [J]. 1996(08),8-10.

[11] Altman E.I.. Financial Ratios,Discriminant Analysis and the Prediction of Bankruptcy[J]. Journal of Finance,1968,23(4):589-609.

[12] Beaver, W. Financial Ratios as Predictors of Failure[J]. Journal of Accounting Research,1966(4):71-102.

[13] Edmister, R.. An empirical test of financial ratio analysis for small business failure prediction[J]. Journal of Finance and Quantitative Analysis,1972(5):1477-1493.

[14] Ohlson, J.S.. Financial Ratio and the Probabilistic Prediction of Bankruptcy[J]. Journal of Accounting Research,1980,18(1):109-131.

[15] Shin, K.S., Lee, T.S., Kim, h.j.. An application of support vector machines in bankruptcy prediction model[J]. Expert Systems with Applications,2005,28,127-135.

[16] Taffler, R.J.. Forecasting Company Failure in the UK Using Discriminant Analysis and Financial Ratio[J]. Journal of the Royal Statistical Society,1982,145(3):342-358.

[17] Tam, K.Y., Kiang, M.. Managerial application of neural networks:the case of bank failure predictions[J]. Management Science,1992,38(7):926-947.

第 7 章　企业风险管理策略

▶ **教学目标**　通过本章学习,使学生了解企业风险管理的内容、假设、程序及基本策略,并在不同的风险环境下正确选择风险管理策略。引导学生结合《中央企业全面风险管理指引》的内容,对我国企业全面风险管理机制设计有更为深入的思考。

▶ **内容摘要**　本章介绍了企业风险管理的基本策略,包括风险规避策略、风险控制策略、风险分担策略、风险分散策略、风险转换策略、风险对冲策略、风险承担策略、风险补偿策略等。本章以 ZG 集团为例,介绍了该集团在担保风险规避制度体系建设方面的管理经验。该集团在指标体系建设和监控机制方面对中国企业风险管理实践具有借鉴意义。

7.1　企业风险管理基本理论

7.1.1　企业风险管理的内容

根据 COSO《企业风险管理——整合框架》(2004) 的定义,企业风险管理是一个由企业董事会、管理层和其他员工共同参与的,应用于企业战略制定和企业内部各个层次和部门,用于识别可能对企业造成潜在影响的事项并在其风险偏好范围内管理风险,为企业目标的实现提供合理保证的过程。

这是一个广义的风险管理定义,适用于各种类型的组织、行业和部门。该定义直接关注企业目标的实现,并且为衡量企业风险管理的有效性提供了基础。该定义强调:

(1) 企业的风险管理是一个过程,其本身并不是一个结果,而是实现结果的一种方式。企业的风险管理是渗透于企业各项活动中的一系列行动,且这些行动普遍存在于管理者对企业的日常管理中,是企业日常管理所固有的。

(2) 企业风险管理是一个由人参与的过程,涉及一个企业各个层次员工。

(3) 企业风险管理过程可用于企业的战略制定。企业的战略目标是企业最高层次的目标,它与企业的预期和任务相联系并支持预期和任务的实现。一个企业为实现其战略目标而制定战略,并将战略分解成相应的子目标,再将子目标层层分解到业务部门、行政部门和各生产过程。在制定战略时,管理者应考虑与不同的战略相关联的风险。

(4) 该风险管理过程应用于企业内部每个层次和部门,企业管理者对企业所面临的风险应有一个总体层面上的风险组合观。一个企业必须从全局、从总体层面上考虑企业的各项活动。企业的风险管理应考虑组织内所有层面的活动,从企业总体的活动(如战略计划和资源分配)到业务部门的活动(如市场部、人力资源部),再到业务流程(如生产过程和新客户信用复核）。

（5）企业风险管理过程是用来识别可能对企业造成潜在影响的事项并在企业风险偏好的范围内管理风险。

（6）设计合理、运行有效的风险管理能够向企业的管理者和董事会在企业各目标的实现上提供合理的保证。

（7）企业风险管理框架关乎一类或几类相互独立但又存在重叠的目标，目的在于企业目标的实现。

总之，企业风险管理是一个过程，企业风险管理的有效性是某一时点的一个状态或条件。一个企业的风险管理是否有效是对风险管理要素设计和执行是否正确的评估基础上的一个主观判断。有效的企业风险管理的设计必须包括所有的要素并得到执行。企业风险管理可以从一个企业的总体来认识，也可以从一个单独的部门或多个部门的角度来认识。即使是站在某一特定的业务部门的角度来看待风险管理，所有的要素也都应作为基准包含在内。

7.1.2 企业风险管理的基本假设

对客观现象存在条件的规范总结要有一定的假设才能进行演绎推理，得出一定的分析结论，进而按这些结论指导具体行动。也就是说，企业的风险管理是在一定的假设条件下进行的，如果不具备这些假设条件，企业也就无须实施风险的识别与管理了。

1. 信息不对称假设

信息不对称是指市场交易双方中某一方拥有一些另一方不能完全观测或了解的，将影响交易决策的非公共信息知识。从公平博弈的角度看，市场可分为三类：

（1）强式效率市场。在这个市场上，投资者能根据所有公开和非公开的信息来预计未来价格，市场具有完全效率。

（2）弱式效率市场。在这个市场上投资者只能根据历史信息来预计未来价格，市场无效率，没有投资者能够以历史信息为基础而赚取超额报酬。

（3）半强式效率市场。在这个市场下，投资者能根据所有目前公开信息来预计未来价格，市场具有半效率，没有投资者能够以公开信息为基础来赚取超额报酬。信息不对称产生于弱势和半强式效率市场，只有在信息不对称的前提下，管理者才会想办法尽量获取充分信息，从而作出正确决策。从另一角度说，正是由于市场不具有完全效率，交易的一方不具有完全信息，才存在管理的必要性。

企业不是独立的个体，它处在整个社会大环境中，政治、经济、法律、同业竞争、行业变化等许多不确定因素的变化会影响着企业经营者决策的结果，因此，充分考虑外部环境因素的影响，综合识别和判断企业面临的风险是企业经营者作出有效决策的保证。但是由于信息不对称，加之经营者受认识客观规律能力的限制，对企业面临的风险没有充分准确的信息，这就需要根据已有的内部信息，借助于风险识别技术，结合外部环境分析进行综合判断，从而正确预计风险程度，加强企业风险管理。

2. 风险可控假设

如前所述，风险包括可控风险与不可控风险两类。可控风险是指风险是人为因素造成的，在一定程度上可以预测和控制，或者是可以部分控制。这类风险形成时，人们对企业管理规律已经有足够的认识和较好把握，或者是随着科学技术突飞猛进的发展，人们已经找到有效的方法进行预测和控制。不可控风险是指形成风险的因素是经营者无法左右和控制的，经营者对这类风险是无法预料和防御的，比如由于自然灾害而对企业的财产造成巨大的经济损失；由于国家产业和行业政策的改变而使原来盈利性的行业利润空间缩小，甚至无利可图，企业的相关业务发展受到限制。

企业在进行风险管理研究时，是以可控风险为研究对象的。当然，可控风险和不可控风险在很大程度上是相对的，风险的管理者不同，风险发生的时间、条件不同，风险的严重程度不同，风险的可控程度也就不同。比如说大多数由于管理失误而形成的风险，对于企业经营者来说，可能由于自身的原因而无法克服，而对于企业所有者来说，就可以通过制定必要的监督约束机制，及时发现经营者的失误，降低风险造成损失的程度。

3. 风险厌恶假设

先看一道测试题：某人投资 1 元钱进行生产经营，几天后得到投资报酬也是 1 元。对这项投资行为，有三种态度可供选择：一是无所谓，因为投资报酬等于成本支出，此项投资不赔不赚；二是 1 元投资报酬带来的过程中的"愉快"大于支出 1 元带来的"痛苦"；三是 1 元投资报酬带来的"愉快"不能抵偿支出 1 元带来的"痛苦"。你会选择哪种态度呢？在正常情况下，测试结果应是选择第三种答案，因为从成本效益原则看，此项投资是零收益。

我们研究风险管理的前提是，将投资者界定为风险厌恶者。因为在风险厌恶假设下，企业风险管理将充分关注风险与报酬的均衡关系，加强控制风险的同时，提高投资报酬。对于风险追求者而言，任何风险管理制度都是无效的摆设。

依据风险厌恶假设前提可知：风险越大，风险厌恶者要求得到更高的风险报酬作为补偿，从而产生风险与报酬的均衡要求。对具体项目投资而言，投资者的决策将遵循以下考虑：①如果风险项目的预期净收益低于无风险项目，投资者会选择无风险项目；②如果风险项目的预期净收益高于无风险项目，投资者会选择风险项目；③在风险与报酬均衡的前提下，项目风险越大，得到的风险报酬应更高。

7.1.3 企业风险管理程序

风险管理程序是为了达到企业风险管理目标而必须进行的一系列管理过程，在实践中，企业风险管理一般经过风险监测、风险识别、风险控制和控制效果评价等程序。

1. 风险监测

从是否可预测的角度看，企业风险大体可以分为两类，一类是依靠企业自身的努力能够预测的，如经营管理原因导致的风险；另一类则是预测主体受自身能力限制，根本无法感知和了解的不可预测风险，如自然灾害造成的风险等。对于企业来说，绝大多数风险向危机转化的过程都是可以预测的，它有一个从潜伏到爆发，从量变到质变的转化阶段，风险的监测程序就是对转化过程中的风险表现和关键要素进行连续追踪，以便及时掌握企业风险变化的第一手材料。需要指出的是，监测并不是对企业现象包罗万象的检测，它的目标应该非常明确，监测的终极对象就是企业风险；监测选用的程序和方法应当及时而灵敏地反映出企业风险的变化；监测获得的信息并不是越多越好，因为监测信息越多，越易使主要问题不突出，并且信息越多越复杂，获取信息的费用就越高，筛选和处理信息的费用也会越多，所以监测系统应该讲究成本效益原则，以尽量小的支出获取最有用的信息。

2. 风险识别

该程序可以帮助管理者对监测得到的信息进行鉴别、分类和初步分析，使其更有条理、更突出地反映出企业风险程度的变化。风险识别程序运行有赖于以下两方面：

（1）确定预报风险程度的指标体系，按信息与风险程度变化的关系进行分类，找出能够反映风险程度的显著性指标。风险识别依赖于监测，监测离不开指标。由于企业监测到的大量的基础信息，既包含有用的真实信息，同时又不可避免地混杂着大量的误导性的错误信息和失真信息。通过鉴别程序可以对信息进行检查过滤，剔除其中的误导性信息，找出能反映企业风险程度的有用的显著性指标。

（2）根据指标的变化来预报风险警情、确定风险程度。该程序的基本任务：①分析风险警兆。企业在风险警情爆发之前，总有一定的先兆，即风险警兆。我们要借助于预警指标的变化趋势分析，结合一定的经验和方法，确定是否出现风险警兆，从而作出下一步决策方案。警兆有隐性与显性、单一与综合之分，要分析风险识别指标的变化趋势，并结合一定的经验和方法，确定可能发生危机的临界值，从而明确是否出现风险警兆。②预报风险程度。根据风险警兆的变化状况，联系风险警情的警界区间，参照风险程度评价标准，并结合实际或未来情况来修正，从而确定风险警情的严重程度。这个过程是一个非常复杂的过程，它不仅需要严密的计算分析和逻辑论证，更需要各部分工作之间的相互配合、协调一致。③寻找风险产生原因。这是企业实施风险控制对策的前提，企业在进行风险原因分析时，应注意根据监测对象的特点和变化规律，结合相关环境因素的综合分析准确判断风险产生根源。

3. 风险控制

在识别风险并找出风险缘由之后，企业将根据风险控制目标运用合理的办法来有效控制各种风险。该阶段主要包括以下程序：

（1）制订企业风险控制目标。风险管理的目的是有效控制风险并通过建立风险防范预案防患于未然，因此，它是一种有计划、有步骤、有目标的行动，它有预知和计划，有明确的行动目标和方向。

（2）针对已经识别的各类风险，科学选择风险控制技术。风险控制手段包括风险规避、风险转移、风险分散、风险对冲、风险承担、风险补偿、风险分担等，企业要根据风险控制目标，选择上述各种风险管理策略，并进行最佳组合，以便用最经济合理的方法处理风险。

（3）针对风险产生的真正原因，找出相应的预控方案。预控是在树立风险意识的基础上，在企业预先制订好的各种风险处理计划和方案中，构造好风险管理框架结构，对任何风险警兆信号，能及时从备选方案中选出适用的方案和对策。企业应认识到风险隐含的危机与机遇，通过得力的风险管理预案，使风险成为企业发展的动力。

4. 控制效果评价

风险控制策略是否有效需要通过实践才能作出评价和发现，尤其是随着企业环境的变化，新的风险因素将会产生而原有的风险可能会消失，因此，企业应不断修正和调整原有控制方案；通过对风险控制策略执行效果进行检查和评价，根据风险策略实施情况的进展，及时发现问题，从而进一步调整风险管理策略。

7.2 风险管理策略类别及其选择

7.2.1 风险管理策略的类别

风险管理基本策略是在风险识别、分析和评估基础上，根据风险偏好和风险承受度，围绕风险对企业战略目标实现的影响程度而采取的风险防范策略。

1. 风险规避

风险规避是事先预测风险发生的可能性，分析和判断风险产生的条件和影响程度，对那些风险程度超过企业风险承受能力，而且是很难掌握的财务活动予以回避。例如，在博彩行动中，如果不具备较高的博彩技巧，对某种彩票的性质、特点、发行状况、市场行情没有一定了解，就不要匆忙购买，特别是不要碰风险性较大、面额较高的彩票，应该等情况熟悉后再做主张，也可以先从娱乐型小额彩票开始练起。

具体而言，风险规避策略具体有两种情况：一是在风险决策时，尽可能选择风险较小或基本上没有风险的方案，这实际上降低了风险发生的可能性及风险损失的程度；二是在风险方案的实施过程中，如果发现不利情况，应该及时调整方案或中止方案的实施。选择放弃某项具有高风险的财务活动，同时也丧失了相应的投机收益，尤其是在终止已实施的项目时，会给企业带来极大的不便和昂贵的费用。因此，一般来说，企业最好是在选择决策方案或方案实施的早期阶段，考虑是否选用规避策略。

总之，企业在风险无法回避或是在从事某项财务活动必然会面临某些风险时，首先考虑到的应是采取事前的预防措施，即企业事先从制度、决策、组织和控制等方面来提高自身抵御风险的能力，并采取相应的措施，防止风险损失的发生。例如，在融资决策过程中，企业首先应根据生产经营情况合理预测资金需要量，然后综合考虑资本成本及各种融资方式的风险等因素，选择正确的融资方式，确定合理的资本结构，并在此基础上作出正确的融资决策，以降低融资成本，减少财务风险。

2. 风险降低

风险降低是指企业本着成本效益原则采取适当的控制措施来降低风险，将风险控制在企业风险承受度范围之内。当企业从事某项经济活动时，不可避免地要面对某些风险，在此情形下企业要考虑采取措施进行风险控制，换言之，风险降低是企业为了避免危机发生而采取的一种主动避免风险的策略，它可以是事前对风险根源的消除，降低风险发生的概率，也可以是事中或事后对风险影响程度的降低。

在企业经营过程中，多元化经营、流程再造、有效的监督程序等内部管理手段都是风险控制的具体方法。需要注意的是，风险降低并非消灭所有的风险，这是不经济、不科学的。风险控制是将风险发生的影响程度和发生频率控制在容忍范围之内。企业运营承受一定风险也就意味着具有获得经济利益的机会。因此，风险降低需要考虑在风险承受度和经营绩效之间实现一种平衡。

3. 风险分担

风险分担策略是借助他人力量，采取业务分包、购买保险等方式和适当的控制措施，将风险控制在风险承受度之内的策略。具体有以下三种方法。

（1）保险法，即企业事先向保险公司定期交纳一定的保险费，当发生风险损失时，被保险企业可以从保险公司取得一定的经济补偿。

（2）合同法，即在企业的财务活动中，通过签订有关合同，明确合同双方在一定期限内的权利和义务，以便将一定的财务风险转移出去。

（3）转包法，即企业将一些风险较大的项目交给一些专业的机构或部门去完成，尤其是一些具有专业知识和丰富经验技能，拥有专门人员和设备的专业公司。如在企业融资活动中，股票的发行可以采用承销方式，即发行公司将股票销售业务委托给证券经营机构代理。

4. 风险分散

风险分散是指通过多样化的投资来分散风险的策略。"不要把所有的鸡蛋都放在一个篮子里"，这是一条基本的投资原则，形象地说明了进行多元化投资与经营对分散风险的作用。比如，从融资的角度看，短期融资方式的转换能力强，但期限短，风险较大；而长期融资方式（如发行债券、股票）融资较为困难。因此，企业需要考虑建立多元化融资渠道，不能过多依赖于一个或几个渠道。

多元化投资分散风险的策略经过长期实践证明是行之有效的，但其前提条件是要有足够多的相互独立的投资形式。此外，要认识到风险分散策略是有成本的，一是分散投资过程中产生的交易费用，二是可能产生的机会成本如投资失败损失等。

5. 风险转换

风险转换是通过战略调整或利用衍生产品，将企业面临的风险转换成一个可控的风险，从而达到控制风险的目的。比如，企业改变销售策略，通过让利销售或放宽信用标准，将积压产品清货，其结果是将面临的产品积压风险转化为盈利水平降低风险，或者转换为坏账风险。

6. 风险对冲

风险对冲是指通过分担多个风险使相关风险能够相互抵消的风险控制策略。该方法不是对单一风险进行规避控制，而是进行风险组合。比如，在企业投资时，风险对冲主要是通过投资或购买与标的资产收益波动负相关的某种资产或衍生品，来对冲标的资产的潜在风险损失。风险对冲是管理利率风险、汇率风险、股票风险和商品风险非常有效的办法。

假如你在10元价位买了一支股票，这支股票未来有可能涨到15元，也有可能跌到7元。你对于收益的期望倒不是太高，更主要的是希望如果股票下跌也不要亏掉30%那么多。你要怎么做才可以降低股票下跌时的风险？

风险对冲策略是：你在买入股票的同时买入这支股票的认沽期权（一种在未来可以实施的权利），假如该认沽期权是以0.5元价格购买"在一个月后以9元价格出售该股票"的权利，这意味着如果到一个月以后股价低于9元，你可以用9元的价格出售，期权的发行者必须照单全收；如果股价高于9元，你将不会行使这个权利，而是选择市场价格出售这支股票。由于给了你这种可选择的权利，期权的发行者会向你收取一定的费用，这就是期权费。在这个例子中，期权费为0.5元。

假设这支股票能给你带来50%的收益或者30%的损失。当你同时买入执行价为9元的认沽期权以后，损益情况如下：

可能的收益＝（15元－10元－0.5元）/10元＝45%，即盈利45%

可能的损失＝（10元－9元＋0.5元）/10元＝15%，即损失15%

可见潜在的收益和损失都变小了。通过买入认沽期权，你付出了一部分潜在收益，换来了对风险的规避。

7. 风险承担

如果企业遇到了不可避免的风险，企业经过风险识别和评估程序后，认为该风险是在企业可承受范围之内的，在权衡成本效益之后，企业认为自身有足够能力承担风险的话，则不采取控制措施来降低风险，这种应对策略即为风险承担。

风险承担并不是放任风险或不作为的态度，而是基于对风险的评估和成本效益原则做出的决策，它承认风险的存在，容忍一定量风险的存在，对风险产生的后果有着充分估计，是一种不对风险过多控制的主动行为。比如，当企业既不能避免风险的发生，也无法分散或转移财务风险时，企业以自身的财力来承担风险所造成的损失，采取风险自留策略，即按照稳健性原则，平时在企业内部分期建立起各种风险基金，当特定的财务风险发生并由此造成损失时，就用这些风险基金予以补偿。目前企业建立的风险基金主要包括偿债基金和各种准备金等。

8. 风险补偿

风险补偿是指事前（损失发生以前）对风险承担的价格补偿。对于那些无法通过风险分散、风险对冲或者风险转移等方式，不能采用规避策略但又不得不承受的风险，通常可采用风险补偿的策略。比如，投资者在交易价格上附加风险溢价，通过这种提高投资回报率的方式，来获得承担高风险的价格补偿。再如，商业银行在贷款定价中，对于那些信用等级较高，而且与商业银行保持长期合作关系的优质客户，可以给予优惠利率，而对于信用等级较低的客户，可以在银行贷款利率的基础上进行上浮。

7.2.2 风险管理基本策略的选择

1. 单项风险控制策略的选择

一般而言，风险的严重程度是通过风险发生可能性得分乘以风险影响程度得分计算而形成的。风险管理策略的选择将依据风险发生的可能性和影响程度进行综合判断，如图 7-1 所示，横轴从左至右表示风险发生的可能性越来越高，纵轴从下到上表示风险一旦发生其影响程度越来越高。

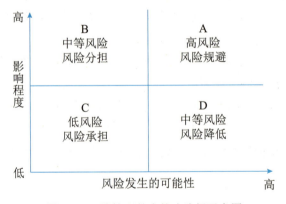

图 7-1　风险管理基本策略选择示意图

A 区，风险发生的可能性和影响程度均较高，是一种高风险的情境，企业在风险管理策略上可以考虑风险规避策略。

B 区，风险发生的可能性相对较低，但风险发生的影响程度较高，是一种中等风险的情境,企业在风险管理策略上可以考虑风险分担策略。

C区,风险发生的可能性和影响程度均较低,是一种低风险的情境,企业在风险管理策略上可以考虑风险承担策略。

D区,风险发生的可能性相对较高,但风险发生的影响程度较低,是一种中等风险的情境,企业在风险管理策略上可以考虑风险降低策略。

【例7-1】某公司9项风险发生的可能性及其影响程度如表7-1所示。同时绘制了风险坐标图,从而可以对多项风险进行直观的比较,继而确定各风险管理的优先顺序和策略,如图7-2所示。

表7-1 某公司9项风险评估

风险事项编号	①	②	③	④	⑤	⑥	⑦	⑧	⑨
风险发生的可能性	低	高	中等	低	中等	极高	低	高	极低
风险发生的影响程度	极低	低	中等	中等	低	高	极高	极高	高

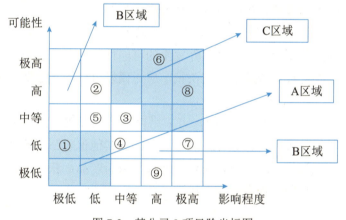

图7-2 某公司9项风险坐标图

将该图划分为A、B、C三个区域,董事会决定承担A区域中的各项风险且不再增加控制措施;严格控制B区域中的各项风险且专门补充制定各项控制措施;确保规避和转移C区域中的各项风险且优先安排实施各项防范措施。

上述风险策略的选择过程中,评估可能的应对策略是重要环节。管理层要考虑这些风险应对措施对风险的可能性和影响的效果,使剩余风险水平与企业的风险可接受程度相协调。

(1)要评估一项风险是不是可接受。一般而言,可接受的风险有两个特点:①是企业经营模式或未来的正常业务活动中所固有的风险;②企业能够有效地度量和控制这类风险。

(2)要结合固有风险和剩余风险选择应对策略。企业的固有风险是指管理层没有采取任何措施来改变风险的可能性或影响程度的情况下,该企业所面临的风险;剩余风险是指在管理层采取风险应对策略之后所剩余的风险。

具体而言,图7-1中,C区意味着现有风险应对方案不能把风险的影响和可能性降低到一个可接受水平，故而选择风险规避策略；B 区意味着企业选择风险分担和风险降低策略，旨在把剩余风险降低到与期望的风险容忍度相协调的水平；A 区意味着企业的固有风险已经在风险容忍度范围内，故而选择风险承担策略。

2. 风险策略的实现方式

（1）企业拟选择风险规避策略时，可采用以下实现方式：①通过公司政策、限制性制度和标准，阻止高风险的经营活动及其交易行为；②通过重新定义经营目标，调整企业战略及政策，或重新分配资源，停止某些特殊的经营活动；③紧密围绕企业战略来确定业务发展和市场扩张目标；④审查投资方案，避免投资于低回报、偏离企业战略项目，避免承担企业不可接受的高风险；⑤通过撤出现有市场或区域，或者通过出售、清算、剥离某个产品组合或业务规避风险。

（2）企业拟选择风险承担策略时，可采用以下实现方式：①不采取任何行动，将风险保持在现有水平；②根据市场情况许可等因素，对产品和服务进行重新定价，从而补偿风险成本；③通过合理设计的组合工具抵消风险。

（3）企业拟选择风险降低策略时，可采用以下实现方式将风险降低到可接受的水平：①借助内部流程及制度，将不良事件发生的可能性降低到可接受的程度；②通过提供支持性的证明文件并授权合适的人做决策，应对偶发事件；③定期对企业计划进行检查，边检查边执行。

（4）企业拟选择风险分担策略时，可采用以下实现方式：①在明确的风险战略的指导下，与资金雄厚的独立机构签订保险合同；②与其他保险公司签订再保险合同，以减少投资风险；③通过结盟或合资，投资于新市场或新产品，获取回报；④通过与资金雄厚的独立机构签订风险分担合同补偿风险。

3. 多项风险控制策略的选择

（1）各项风险控制策略的协调。风险组合观要求公司层面和各业务层面的管理者及员工必须从企业整体的角度考虑风险应对策略。因为从某一部门或某一业务单元看，选择的风险控制策略可能是最优的，但从企业整体角度看可能不符合成本效益原则，即在企业风险承受度范围内选择的该项策略所产生的效益远低于实施该控制策略所带来的成本。因此，企业还要从应对策略组合角度来考虑选择风险控制策略，做好应对策略之间的协调。比如，销售部门愿意选择放宽信用条件的策略来实现销售规模的扩大，而财务部门愿意选择严格信用条件来降低企业坏账损失，因此从企业风险组合的角度看，需要做好两者的协调，以企业整体可接受风险来谋求整体利益的最大化。

（2）各项风险控制策略的结合使用。风险应对策略并非是唯一排他选择，可以根据具体情况结合使用。比如，对井下作业，可选择风险控制策略，通过内部流程和制度设计将不良事件发生的可能性降低到可接受程度；同时，也应选择风险分担策略，通过获取足够的保险赔偿金来分担一部分剩余风险。

7.3 案例讨论

7.3.1 ZG集团财务风险控制策略

ZG 集团是集勘察设计、施工监理、施工承包、科研咨询、工业制造、远洋运输和外经外贸于一体的国有大型企业集团，下辖十几个全资子公司，在国外拥有许多分支机构。该集团从 2002 年开始建立财务风险管理系统，经多年实践和不断完善，其风险预警管理方法逐渐走向成熟，特别是在担保风险规避制度体系建设方面具有可借鉴的管理经验。《ZG 集团财务风险控制及其财务预警制度》主要内容摘要如下：

1. 财务风险控制指标体系

财务风险控制指标体系以企业偿债能力指标为基础，分为主要指标和辅助指标共 10 项指标。主要指标包括：现金流动比率、速动比率、流动比率、短期借款占流动负债的比重、长期债务与营运资金的比率、资产负债率、已获利息倍数 7 项指标。辅助指标包括：净资产收益率、应收账款周转率、对外担保占净资产的比重 3 项指标。计算公式如下：

现金流动比率 =（货币资金 + 有价证券）÷ 流动负债

速动比率 =（流动资产 - 存货）÷ 流动负债

流动比率 = 流动资产 ÷ 流动负债

短期借款占流动负债的比重 = 短期银行借款 ÷ 流动负债

长期债务与营运资金的比率 = 长期债务 ÷（流动资产 - 流动负债）

资产负债率 = 负债总额 ÷ 资产总额 ×100%

已获利息倍数 =（利润总额 + 利息支出）÷ 利息支出

净资产收益率 = 净利润 ÷ 平均净资产 ×100%

应收账款周转率 = 营业收入净额 ÷[（年初应收账款 + 年末应收账款）÷2]

对外担保占净资产的比重 = 对外担保额 ÷ 年末净资产 ×100%

集团各子公司可以结合实际情况，根据需要增加财务风险控制指标，建立健全本单位的财务风险控制指标体系，但指标体系应包含以上各项指标。总公司根据各子公司近三年各项指标完成情况，参考同类企业和行业平均水平，结合市场情况和金融环境等宏观因素，定期下达各单位的财务风险预警线。财务风险预警线分为安全区、预警区、危机区三个区域。指标在安全区，表示发生财务危机的可能性较小；指标区在预警区，表示存在发生财务危机的可能性；指标在危机区，表示发生财务危机的可能性较大。示例如表 7-2 所示。

表 7-2　ZG 集团某子公司风险评分原则框架

	权重 /%	ZG 集团某子公司		
		安全区	预警区	危机区
一、主要指标	80			
现金流动比率	20	>0.20	0.15～0.20	≤0.15
速动比率	16	>1.00	0.80～1.00	≤0.80
流动比率	12	>1.25	1.10～1.25	≤1.10
短期借款占流动负债比重	8	≤0.24	0.24～0.31	>0.31
长期债务与劳动资金比率	8	≤1.50	1.50～3.00	>3.00
资产负债率	8	≤70%	70%～75%	>75%
已获利息倍数	8	>2.00	1.50～2.00	≤1.50
二、辅助指标	20			
净资产收益率	7	>2.50%	1.60%～2.50%	≤1.60%
应收账款周转率	7	>3.00	2.00～3.00	≤2.00
对外担保净资产的比重	6	≤50%	50%～70%	>70%
合计	100			

2. 风险识别思路

各子公司定期（季、年）计算本企业各项财务风险控制指标，并于季度终了10个工作日内，年度决算20个工作日内编制财务风险评分表报总公司备案。区别处理以下情形：各子公司分析本期与上期的变动差异，对变动异常（幅度超过10%）的指标要进行专项分析，查明原因并做出说明。对同时有三项以上（含三项）主要指标处于预警区以上的单位，视为存在发生财务危机的可能性，应进行财务诊断，做出专题分析，限期消除风险因素。对于同时有三项以上（含三项）主要指标处于危机区的单位，视为发生财务危机的可能性较大，总公司将进行专题调研，提出解决问题的措施和方法。

财务风险控制指标出现上述所列情形之一的，或财务风险评分结果在 40 分以上的，还应附财务风险分析报告。财务风险分析报告主要报告以下内容：①本单位财务风险所处的级次；②指标当期值与上期变动情况以及发生异常变动（10% 以上）的原因；③指标处于预警区或危机区的原因分析；④降低财务风险和改善财务状况拟采取的措施和建议。

各子公司的财务风险评分表以及财务风险分析报告应经财务负责人和企业主要负责人签字。

3. 财务风险控制

各子公司应对本企业的财务风险实行动态控制，建立重大事项报告制度。对于同时有五项指标处于危机区或财务预警评分结果在 70 分以上的单位，应限期整改，改善财务结构，降低借贷规模和负债比例。若在规定时间内又达不到整改要求的，总公司将采取限制其银行借款、不予审批投资项目、不予提供借款担保、核减当年工资总额等措施。此外，财务风险控制情况同企业经营者年薪制考核挂钩，作为兑现奖惩的重要依据。

7.3.2 案例启示

1. 预警指标的理性选择

预警指标的选择影响着财务预警的预测能力和效果。根据指标的灵敏性、先兆性、关联性，通过借鉴实证分析筛选出符合实际的财务预警指标，是建立高效的财务预警方法体系的重要环节。一般而言，财务指标的选取应与集团财务风险成因密切相关。换言之，指标的选择是在综合考虑导致企业财务失败的各种可能原因的基础上，力求有效地规避集团企业的短期风险、长期风险、突发风险以及经营风险、市场风险。

从现实情况看，企业集团发生财务危机的主要原因可以归集为以下几方面：

（1）负债总额过高，利息负担沉重，企业无法偿还到期的银行债务本息。这些因素可以由偿债能力指标来判别。目前实务中运用最为普遍的偿债能力指标为流动比率、速动比率、资产负债率等。

（2）企业长期亏损或获利能力较低，银行信誉下降，导致财务风险发生。这由获利能力指标进行预警。净资产收益率指标是反映企业获利能力的综合指标，目前也是我国判断股份公司是否可以上市发行股票、增发或配股的最重要的测试指标。

（3）企业资产运营效率低下，不良资产比例偏大，导致企业陷入财务危机。这可由企业经营（运营）能力指标进行预警。考虑到集团应收账款问题比较突出，应收账款管理的纰漏会直接导致企业资金链条出现问题，因此选择应收账款周转率指标作为企业经营能力预警指标。

（4）企业现金流入长期不足以弥补现金流出，只能通过借债维持企业存续，出现资金恶性循环，导致企业出现财务风险。企业现金流入流出的变异性，对判别企业是否发生财务危机具有显著性。该集团选择了现金流动负债比对企业现金流风险进行预测。

（5）由于长期对企业潜在的风险不够重视，企业以对外担保为主的或有负债转变为现实负债，可能会给企业带来突如其来的致命打击，这种例子在国有企业中不胜枚举。考虑到集团内母子公司之间、兄弟单位之间相互担保以及对集团外担保总额较大的实际情况，选择对外担保比重这一表外指标作为预警指标。

2. 建立完善的分析监控机制

该机制运行主要是分析风险的成因，评估风险可能造成的损失。在风险分析清楚后，启动相应的预防、转化措施，尽可能减少风险带来的损失。完善的风险分析与监控机制应具备以下条件：有效的风险预警分析、风险报告制度的建立、完善的监控机制等。

（1）有效的风险预警分析。风险预警的分析迅速与否、准确与否关系到风险的预防处理方法。企业风险管理制度若要能够有效运作，就必须有正确、及时且合乎企业所需要的各种管理资讯系统，提供及时而完整的经营结果数据，当超出指标数据预警线时，表示企业管理将有不健全的症状产生，风险管理机构应早日依数据所代表的风险内涵做进一步深入研究，把握重点，分析风险的成因，估计可能损失；同时，还要对预警指标选取是否恰当，风险识别模型是否适合本企业变化，风险管理机制会产生什么样的影响等进行通盘考虑和分析,从而作出准确的判断。

(2)风险报告制度的建立。企业应该建立定期和不定期的风险报告制度,定期风险报告是指企业各个部门、各子公司定期报告是否存在风险,如果存在风险是何种原因造成,已经或准备采取何种措施等;不定期报告是指企业各部门、各子公司在有关风险预警指标发生重大变化时,对超过企业有关预警指标警戒线,可能存在风险的状况,单独向风险管理机构报告。

(3)完善的监控机制。风险监控机制的实现,需要通过以下条件:一是双向监控。一方面需要企业风险识别与管理机构每隔一定时期对有关预警指标及数据进行分析、监控,发现问题及时上报企业高层领导;另一方面企业领导根据风险预警信息,督促内部有关部门尽快采取有效手段和措施积极处理问题,并有目的、有重点进行定向监控。二是监控结果与奖惩挂钩。风险监控的目的之一就是真实考核企业内部治理状况,考核与奖惩密切挂钩可以促使企业有关部门加深对防范风险的认识,不断提高管理水平。此外还须特别注意的是,风险管理是一项长期的系统工程,企业应注意风险管理运行机制与企业其他管理制度的协调和配合。

延伸思考问题及指引

(1)从《企业风险管理——整合框架》(2004)、《企业风险管理——战略和业绩的整合》(2017)以及相关学术文献可知,目前研究更多讨论风险评估与风险应对策略的关系。那么,在风险严重性和风险类型等风险信息得到分享的情况下,如何使企业战略选择以及目标制定更加科学化呢?特别是在市场环境日趋复杂化的条件下该如何利用大数据科学选择风险管理策略呢?

(2)从理论上讲,人们对待项目投资的风险有三种态度:风险追求、风险厌恶、风险无偏好。风险追求者喜欢寻觅风险,他们会选择预期报酬相同但风险较高的项目,从中得到心理的满足;风险厌恶者会选择预期报酬相同但风险较小的项目,使风险和报酬达到匹配;风险无偏好者不关心所选择的项目风险,将项目的报酬与其他因素但不是风险去比较。然而在现实中,企业风险偏好并不是固定不变的,它会随着企业的发展和市场环境的变化而有所改变,而且不同企业风险偏好也具有异质性。那么,风险厌恶与风险追求的边界何在?

参考文献

[1] 国务院国有资产监督管理委员会.中央企业全面风险管理指引[D].2006.
[2] 陈维,吴世农.我国创业板上市公司高管和大股东减持股份的动因及后果——从风险偏好转向风险规避的"偏好逆转"行为研究[J].经济管理,2013,35(06):43-53.
[3] 崔蓓,王玉霞.供应网络联系强度与风险分担:依赖不对称的调节作用[J].管理世界,2017(04):106-118.

[4] 段文斌，袁帅.风险分担与激励合同：对委托-代理论的进一步检讨[J].南开经济研究，2004，（05）：19-25.
[5] 何威风，刘巍.EVA业绩评价与企业风险承担[J].中国软科学，2017，（06）：99-116.
[6] 胡国柳，胡珺.董事高管责任保险与企业风险承担：理论路径与经验证据[J].会计研究，2017，（05）：32-38，88.
[7] 李彬，郑雯.母子公司距离、风险承担与公司效率[J].经济管理，2018，40（04）：50-68.
[8] 李海霞.CEO权力、风险承担与公司成长性——基于我国上市公司的实证研究[J].管理评论，2017，29（10）：198-210.
[9] 李文贵，余明桂.所有权性质、市场化进程与企业风险承担[J].中国工业经济，2012，12：115-127.
[10] 李小荣，张瑞君.股权激励影响风险承担：代理成本还是风险规避？[J].会计研究，2014，01：57-63，95.
[11] 刘志远，王存峰，彭涛，郭瑾.政策不确定性与企业风险承担：机遇预期效应还是损失规避效应[J].南开管理评论，2017，20（06）：15-27.
[12] 吕文栋，刘巍，何威风.管理者异质性与企业风险承担[J].中国软科学，2015，（12）：120-133.
[13] 毛其淋，许家云.政府补贴、异质性与企业风险承担[J].经济学（季刊），2016，15（04）：1533-1562.
[14] 苏坤.管理层股权激励、风险承担与资本配置效率[J].管理科学，2015，28（03）：14-25.
[15] 王栋，吴德胜.股权激励与风险承担——来自中国上市公司的证据[J].南开管理评论，2016，19（03）：157-167.
[16] 杨瑞龙，章逸然，杨继东.制度能缓解社会冲突对企业风险承担的冲击吗？[J].经济研究，2017，52（08）：140-154.
[17] 余明桂，李文贵，潘红波.管理者过度自信与企业风险承担[J].金融研究，2013，（01）：149-163.
[18] 余明桂，李文贵，潘红波.民营化、产权保护与企业风险承担[J].经济研究，2013，（09）：112-124.
[19] 叶飞，林强.风险规避型供应链的收益共享机制研究[J].管理工程学报，2012，（01）：113-118.
[20] 张三保，张志学.区域制度差异，CEO管理自主权与企业风险承担——中国30省高技术产业的证据[J].管理世界，2012，（04）：101-114，188.
[21] 祝继高，叶康涛，严冬.女性董事的风险规避与企业投资行为研究——基于金融危机的视角[J].财贸经济，2012，（04）：50-58.
[22] Buyl, T., Boone, C., Wade, J.B.. CEO Narcissism, Risk-Taking, and Resilience: An Empirical Analysis in US[J]. Commercial Banks. Journal of Management，2019，45（4）：1372-1400.

下篇

内部控制与风险管理专题

第 8 章　内部治理风险识别与控制

▶ **教学目标**　通过本章学习，使学生了解内部控制与内部治理、公司治理与内部治理等概念的关系，理解内部治理风险的内涵及其风险识别指标体系，旨在帮助学生对我国企业的公司治理特征及其机制有更深刻的了解。

▶ **内容摘要**　本章介绍了公司治理、内部治理等相关概念，阐释了内部治理风险及其风险识别指标体系，包括股东治理风险、董事会治理风险、监事会治理风险、经理层治理风险等。在此基础上介绍了风险控制策略，包括优化内部治理结构、规制治理主体行为、建立高管激励与约束机制、完善信息传导机制等。最后，本章以康得新为例，围绕大股东的利益侵占行为，对康得新大股东损害中小股东利益的手段、影响及动机进行分析，据此提出风险控制对策。

8.1　基本概念

8.1.1　公司治理、内部治理与内部控制

1. 公司治理的概念

"治理"一词在希腊文中与"舵手"是同义词。无论是一个国家，还是一个社区，也无论是一个团体，还是一家企业，都需要治理。治理就是运用权力去指导、控制以及用法律来规范和协调影响人们利益的行为。

公司治理是利益相关者通过一系列的内部、外部机制来实施共同治理，治理的目标不仅是股东利益最大化，而且要保证公司决策的科学性，从而保证公司利益相关者价值的最大化。具体而言，公司治理可以从狭义和广义两方面去理解，狭义的公司治理是指所有者，主要是股东对经营者的一种监督与制衡机制，其主要特点是通过股东大会、董事会、监事会及管理层所构成的公司治理结构进行的内部治理；广义的公司治理不局限于股东对经营者的制衡，而是涉及广泛的利害相关者，包括股东、债权人、供应商、雇员、政府和社区等与公司有利害关系的集团。

2. 内部治理的概念

内部治理是建立在所有权与经营权相对分离基础之上的一种分权与制衡机制，其主要目的是要解决两权分离之后所产生的委托代理问题。从企业组织结构上来说，它包括四部分：股东大会、董事会、管理层和监事会。其中，股东大会是公司的最高权力机构，决定着公司的重大事项（其中包括选举董事组成董事会，审议董事会的工作报告和其提交的财务报表，审议公司的利润分配方案，等等）；董事会是股东大会的常设机构，代

表全体股东的利益,全权负责公司的经营和管理,是公司的最高管理当局,享有最高的决策权。同时,董事会还有权任命经理人员,并委托其开展生产经营。管理层(也称职业经理人)则接受董事会的委托,负责贯彻董事会的决策和从事公司的日常管理工作,其与董事会之间是一种委托代理关系。监事会是公司的监督机构,代表股东监督董事与管理层的行为(在英美等国,公司法人治理结构中并没有监事会,监督职能由董事会行使)。在一个完善的法人治理结构中,各机构之间应体现出如下关系:

1) 股东大会与董事会之间的信任托管关系

在公司制企业中,股东是企业财产的最终所有者,但由于股东人数分散,单个股东的投资项目众多,以及股东专业素质有限等方面的因素,股东不可能对所投资的每一个企业都亲自进行管理,这就需要股东找出利益代言人(即董事)来代替其行使对企业的管理权。此种情况下,在由股东所组成的股东大会与由董事所组成的董事会之间便产生了一种信任托管关系,即股东出于"信任"而委托董事代为管理企业。这种关系一旦产生,股东就再也不能去干预公司的管理事务,个别股东如对董事会的管理绩效不满或认为某位董事有违股东所托,则可通过召开股东大会改选董事会或否决董事会决议等"用手投票"的方式来行使自己的权利,当然也可以利用"用脚投票"的方式实现对公司的外部治理。这样就实现了股东大会与董事会之间的相互制衡。

2) 董事会与管理层之间的委托代理关系

董事会作为股东大会的常设机构,是代表股东利益并负责公司的经营与管理的。但是,股东在选举董事时,一般是以候选人的社会声誉、受教育背景以及工作经历为标准。所选出的董事首要要诚信可靠,而其是否具有丰富的经营管理经验则位居其次。另外,由于董事会是以一个团队的名义来实现对公司的管理,因此,当涉及具体的日常管理工作时,则需要由一个专门的管理者(即管理层)去负责,该管理者可以是董事会的成员,也可以是并不持有公司股份的职业经理人,但有一点必须落实,那就是他(她)应该是经营管理方面的专家,负责贯彻执行董事会所做出的决策,在董事会所授权的范围内行使职权,完成既定工作。因此,董事会对企业的经营管理一般仅限于对影响公司长远发展的战略性问题进行决策,而将决策的执行以及企业日常的管理工作委托给企业的管理层去完成。董事会在选择管理层时,不再像股东选举董事那样把诚信作为首要标准,而是以经营管理者的知识、经验与创利能力为标准,并通过一系列激励措施与约束手段来实现对经营管理者的制衡。这样,在董事会与管理层之间就形成了一种委托代理关系,在这种关系下,管理层的权利受到了董事会委托范围的限制,并且受董事会所制定的激励与约束措施的制约。

3) 监事会对董事会与管理层的监督

企业在股东大会、董事会与管理层之间合理划分权责后,便实现了企业所有权、决策权与执行权的相互制衡,但是,如果从股东和员工的角度考虑,企业则还应设立能够代表其利益的监督机构,即监事会,负责监督董事和管理层的工作。根据《中华人民共和国公司法》的规定,监事会是由股东大会选举的监事以及由公司职工民主选举的监事组成的,是对公司业务活动进行监督和检查的法定必设和常设机构。由此,在股东大会、董事会、管理层与监事会之间便形成了一系列制衡机制，该机制的根本目的，则是保护企业各利害关系方的利益不受到侵害。

3. 公司治理与内部控制的关系

从利益相关者的视角来看，公司治理本质上是使企业缔结契约的各方——股东、经营者、员工、债权人和政府等利益相关者获得有效保护，并实现其利益最大化的一种制度安排，是约束和管理经营者行为，解决股东、董事会、经理层以及监事会之间的权责划分的企业基本制度。内部控制是企业董事会、监事会、经理层及全体员工为确保企业财产安全完整、提高会计信息质量、实现经营管理目标，而在企业内部采取的自我调整、约束、规划、评价和控制的一系列方法、手续与措施的总称。

公司治理是内部控制的起点，是保证内部控制功能发挥的前提和基础，不同的公司治理机制会对内部控制产生不同影响。

4. 内部治理与内部控制的关系

如图 8-1 所示，左边区域是内部治理主体，包括股东、董事会、监事会、经理层，其中股东委托董事会、监事会行使决策和监督职能，董事会委托经理层行使决策执行职能，监事会对董事会和经理层行使监督职能；右边区域是内部控制主体，反映企业董事会、监事会、经理层和全体员工实施的、旨在实现控制目标的过程。董事会、监事会、经理层是交叉重叠区域，充分显示了内部治理与内部控制之间相互依存、相互制约的关系。

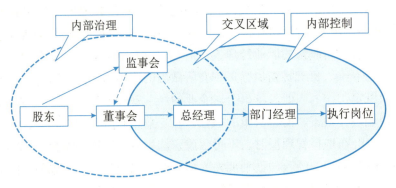

图 8-1　内部治理与内部控制的关系

8.1.2　公司治理风险与内部治理风险

1. 公司治理风险的概念

基于公司治理内涵的定义，可将公司治理风险界定为：在对公司所有权、控制权及剩余索取权配置进行制度安排过程中，由于内外部环境变化以及事前未能预料因素的影响,导致在一定时期内发生公司治理目标偏离的可能性。从广义的角度看,公司治理风险内容不仅涉及股东、董事会、经理层,还涉及债权人、供应商等相关者。

在企业经营实践中,公司治理风险应由四个维度组成:治理环境变化风险、公司内部治理风险、公司外部治理风险、信息披露风险。治理环境变化如法律法规变更、市场竞争格局的改变、国家政治及经济政策的变化、企业规模的改变、企业管理层的更迭、组织结构变化等,公司要健康持续发展,必然要适应内外部环境的变化。治理环境的复杂性与不确定性使公司面临着极大的风险,尤其是突发性、致命性的治理环境变化,往往会使公司陷入治理危机。公司治理风险如图8-2所示。

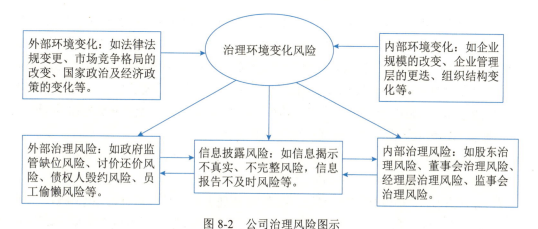

图 8-2 公司治理风险图示

2. 内部治理风险的概念

公司内部治理风险主要是指在股东会、董事会、监事会、经理层通过权力划分达到相互制衡目的的过程中,由于内外部环境变化以及事前未能预料因素的影响,导致在一定时期内发生内部治理目标偏离的可能性。换言之,内部治理风险主要是由于股东大会、董事会、监事会和高层经理的多层委托-代理关系断裂而造成的,其风险包括股东治理风险、董事会治理风险、经理层治理风险、监事会治理风险等,它们之间以多层委托-代理关系为主线贯穿于公司内部治理风险之中,彼此相互影响、相互制约,如图8-3所示。

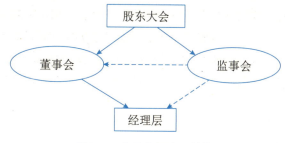

图 8-3 公司内部治理结构

注 "──→"表示委托关系;"----→"表示监督关系。

8.2 内部治理风险识别

8.2.1 股东治理风险

股东治理风险是指股东层由于内部结构和股东自己的道德行为导致在一定时期内股东治理目标发生偏离的可能性，它主要表现为股权结构风险和股东运作风险两方面。

1. 股权结构风险

公司的股份由哪些股东所持有，这决定公司股权结构的质；各股东所持有的股份占公司总股份的比例结构情况，这决定公司股权结构的量。由于股权结构比例不合理，比如股权过度集中、股权过度分散，可能会给公司造成控制不力风险、垄断股东大会风险等。股权方面的另外一个问题就是股权的流通性问题。我国公司的股份分成流通股和非流通股两大部分，而且非流通股占有的比例又相对较高，给公司治理带来很多问题，比如非流通股比例过大风险、目标函数不一致风险等。

（1）控股比例风险。股权比例应该控制在一定的范围内，股权过度分散和过度集中都会影响公司运行效率和公司绩效。

首先，股权过度分散使得单个股东从主客观条件上对公司的影响力逐渐减弱，使得股东失去了参与公司经营的积极性和动力。一方面，小股东不具备或者较少具备影响或者控制经营层的能力；另一方面，出于个人利益考虑，股东直接出席股东会的成本过高，因此个人股东对公司经营的参与与监督极少，这样就产生普遍的"搭便车"现象。股东无法对董事会和执行人员进行有效的监督，必然带来内部人控制，委托代理问题凸显风险，公司运行低效率。

其次，若股权过度集中于控股股东，则控股股东对公司有绝对控制权。股东都有最终剩余的索取权，但对于控股股东来说，不仅有最终剩余的控制权，他们还因为对股权的绝对控制，而拥有对经营层的控制权，并通过控制经营层，获得董事会与经理层的决策权，因此控股股东获得的是扩大的控制权，进而大股东的意志能够得到充分体现。但是，在大股东的意志得到体现的同时，小股东的利益失去了保障。控股股东会为了自身的利益最大化，可能会损害小股东的利益，给公司治理结构造成损害，影响公司绩效。

（2）非流通股比例过大风险。非流通股比例过大，则流通股比例小。若股票市场上大量的股票是非流通的，根据经济学上的供求关系原理，最直接的影响就是股票市场的股价严重扭曲，股价无法真实反映公司的绩效，加大了公司投资成本与投资风险。

2. 股东运作风险

每个人都是"经济人"，都要追求自身利益的最大化，而在这个过程中，如果与其他利益相关者存在了利益冲突，占有信息优势的一方就会损害其他利益相关者的利益。众多中小股东由于其参与公司经营的成本较高，再加上其影响公司经营的权力有限，使得中小股东参与公司决策的积极性与能力不高。因此从严格意义上说，大股东（控股股东）与小股东之间是一种代理委托的关系，小股东委托大股东经营管理公司，大股东有绝对的信息优势，而大股东也不例外于"经济人"的人性本质，因此，大股东从其出资、到上市、到公司经营过程中，都可能损害利益相关者利益。而这种公司治理结构上的不合理，势必影响公司绩效及公司的长期发展。股东运作风险，又分为资金操纵风险（融资操纵风险）和经营操纵风险，具体风险表现如下：

（1）资金操纵风险。顾名思义，这部分风险是和资金有关的风险，从股东出资到股东融资的过程中，都存在股东操纵的风险，具体表现为：大股东虚假出资风险、高溢价发行股票风险、上市圈钱风险、发行大规模可转债风险等。

（2）经营操纵风险。此风险是指股东操纵经营过程以满足自己私利、损害中小股东及公司利益的风险。具体表现为：关联交易风险、无形资产评估风险、长期占用资金风险、利润操纵风险、股利分配操纵风险等。

依据上述风险表现设计风险识别指标如表 8-1 所示。

表 8-1 股东治理风险识别体系

一级维度	二级维度	三级维度	四级维度	指标说明
股权结构风险	控股比例	股权过度分散	对经营层的控制力度	股权控制度 = 公司被控制的其他股东的持股比例 / 控股股东的持股比例
			前两大股东争夺权力（前两大股东持股比例接近程度）	Z 指数 = 第一大股东持股比例 / 第二大股东持股比例
		股权过度集中	对股东大会的垄断情况	股东大会出席率
			股东层对董事会和经理层的控制程度（关键是对董事会的控制程度）	来自第一大股东的董事人员人数 / 董事总数
	非流通股比例过大			前十大非流通股股东持股比例
股东运作风险	资金操纵（融资操纵）	大股东虚假出资		虚拟变量描述是否存在大股东虚假出资情况
		高溢价发行股票	新股溢价发行情况	高溢价发行率 = 市净率 -1，市净率 = 发行价格 / 每股净资产
		上市圈钱	上市募集资金的使用状况	用于主营业务上的筹集资金金额 / 筹集资金总额
		发行大规模可转债	（1）发行的可转债能否转化成股票（2）不能转股时对公司造成的负担大小	（1）股价稳定性（2）发行可转债的金额 / 公司净资产

续表

一级维度	二级维度	三级维度	四级维度	指标说明
股东运作风险	经营操纵	关联交易	关联恶意担保情况	（1）关联担保金额/公司净资产 （2）受担保公司的资产负债率
			无形资产交易	无形资产评估机构定价/关联交易定价
			长期占用资金	（1）关联控股股东占用资金/公司总资产 （2）占用时间
		利润操纵	不良资产对每股净资产的影响状况	调整后的每股净资产=年度末股东权益-不良资产/年度末普通股总数
		股利分配	高派现的程度	每股现金分红

8.2.2 董事会治理风险

董事会在公司法人治理结构中处于十分重要的地位，发挥着重要作用。一方面，董事会是股东利益的忠实代表，是保护股东合法权益、体现股东意志的制度依托，是实现出资人职责到位的最终体现。另一方面，董事会负责企业的重大决策，对企业进行战略性监控，并负责选聘、评价、考核、激励经理人员，是企业内部深化改革、加强管理、提高效率的重要保证，是企业市场竞争力的制度基础。

董事会治理风险是指董事会在其自身建设、协调运作以及履行职责的制度安排中，由于董事会治理机制不合理而引发的，导致在一定时期内董事会治理目标发生偏离的可能性。董事会治理风险表现可分为董事会构成风险、董事会运作风险和董事履职风险三大方面。

1. 董事会构成风险

1）董事会规模不当风险

有效地发挥董事会的作用，最重要的取决于董事会的人员构成。现行《公司法》虽然对董事会人数做出了规定，即董事会成员为5～19人，但由现实经验可知，规模过小的董事会往往缺乏足够的专业服务，董事会的工作事务过多，负荷过大，工作质量下降。董事会规模大了有一定的好处，比如董事会人数较多会使得董事会内部的专业知识、管理知识得以较好地达到互补的效果；大的董事会往往有代表多方利益的代表参与，如代表少数民族、妇女、劳工、社区乃至环境保护者等的代表，因而有利于协调各方利益；另外大的董事会有利于吸引各种不同的意见，减少公司的经营风险。

但董事会中董事人数太多，对于董事会作用的较好发挥与公司的治理可能具有不利影响。首先表现为董事会规模太大会出现董事会成员间沟通与协调的困难。董事会一般要承担对公司重大问题进行筹划与决策的职能。由于沟通和协调上的问题，会使很多好的策略与思路因理解的偏颇而遭流产，同时在讨论问题时效率会较低，无法及时通过创新的思路或策略,将会影响董事会的作用发挥,进而影响公司的经营与绩效。规模较大的董事会中存在的另一个问题是会出现一定程度的机能障碍,即董事会成员倾向于不再坦率地批评总经理的错误做法,或者对总经理的工作绩效进行直率的评价。董事会中人数太多的再一个不利于公司治理的问题是董事会成员们会产生搭便车的动机。这种情况在董事会成员所持有股份较少,公司项目失败或经营亏损但对董事们而言实际损失不大的情况下更为明显。综上所述,若董事会规模不当,会给公司带来较大的经营失败风险。

2)董事会权力过大风险

董事会的权力过大,不受限制,甚至滥用董事权,夺取了股东应有的权力,使股东大会应行使的权力不能行使,且容易导致董事会与经理权的制衡机制失衡。会阻碍其他有关利益人的知情权,包括阻碍信息的沟通和对外的披露,侵害其他利益相关人的利益。

3)执行董事与独立董事间的比例失衡风险

在董事会人员结构方面,若独立董事过少,无法对执行董事们起到有效监督。但是应当看到,由于非独立董事属于公司"外部人",在"信息不对称"等客观条件约束下,董事会在非执行董事占多数情况下所做出的财务决策并不能完全保证其合理性,特别是非执行董事投入到公司事务中时间、精力有限时,董事会财务治理效应就会相应有所削弱。

2. 董事会运作风险

1)董事会效率风险

一是董事会基本上由第一大股东控制,很难体现中小股东的参与意识,董事会效率低下,董事会会议流于形式。二是"挂名"董事进入董事会,使董事会就形成了"会而不议,议而不决,决而不行"的局面,这种局面造成了董事会的运作效率极为低下,很难对经理层形成有效的监督,容易形成"内部人控制"的局面;同时,也没有办法形成一个对公司长远发展高度负责的决策机制。

2)董事会战略决策风险

董事会的战略决策风险具体表现为能力风险、道德风险和风险追求三种。其中能力风险是指董事会在经营管理和战略决策过程中,因董事会成员的知识、素质和能力达不到企业新时代业务的要求,而造成决策失误的发生。道德风险是指董事会成员利用自己的信息优势,通过减少自己的要素投入或采取机会主义行为来达到自我效用最大化。风险追求是指董事会在进行战略决策时,为谋求经营政绩,对企业经营风险具有较高的偏好,缺乏合理的谨慎性,倾向于高风险的选择,使企业经营风险加大,甚至导致企业发生巨额损失的可能性。

3)专业委员会风险

董事会内部专业委员会一般常设执行委员会、审计委员会、薪酬委员会和提名委员会等,这些专业委员会对企业财务决策权、财务监控权及部分财务收益分配权进行具体分享和配置,并专门负责某一治理方面,这对加强董事会财务决策监督能力、提高董事会治理效率具有重要意义。比如,执行委员会和审计委员会对公司财务治理非常重要,前者享有主要财务决策权,后者享有财务监控权,同时薪酬委员会还享有部分财务收益分配权。执行委员会的决策效率直接决定了企业财务治理效率，审计委员会财务的监控有效性，直接决定了企业财务监控权配置效率发挥。当然，其他专业委员会治理行为也会对公司财务治理产生一定影响，如提名委员会的人事治理，往往在人事调整的同时相伴随着企业财务战略转变和财权重新配置。

虽然专业委员会的存在有助于实现职责分明、团队协作、客观独立、专业优势互补、相互制约。而现实中，我国仍有部分公司董事会下设专业委员会流于形式，只是满足监管的空架子。

3. 董事履职风险

1）董事人选不当风险

董事人选不当风险表现为董事不尽职风险，比如企业的董事会成员不具备应有的经营管理能力，不能发挥自己作为一名董事应有的职责。此外，独立董事不独立风险也是较为突出的问题。独立董事是指与公司及其管理层没有重大关联关系、在公司中除董事一职外无其他任职、能进行独立客观判断的董事。独立董事最大的特点是它的独立性，独立董事设立的初衷则是为了对管理层进行有效监督，保障所有者权益，缓和内部人控制问题。大部分国家都把设立独立董事作为完善公司治理结构的一项重要举措，独立董事制度已经成为了现代公司治理中重要的组成部分。如果独立董事缺乏独立性，则公司治理中董事会的监督作用便失去了效力。

2）独立董事履职受阻风险

由于制度方面的原因，独立董事可能面临如下处境：要么做"摆设"，甘愿为大股东所利用；要么"用脚投票"，无力抗争时为个人声誉而辞职；要么尽其职责，坚持发表独立意见被公司罢免。无论出现哪一种结局，都与建立独立董事制度的初衷相悖。

依据上述风险表现设计风险识别指标如表 8-2 所示。

表 8-2 董事会治理风险识别体系

一级维度	二级维度	三级维度	指标说明
董事会构成风险	董事会规模		董事会人数
	董事会权力	两职分离情况	董事长与总经理是否一人兼任
		控股股东在董事会中的权力	控股股东提名的董事比例
	董事会组织结构		内部董事比例 独立董事比例
董事会运作风险	董事会会议情况	董事会效率	董事会会议次数 会议出席率
		董事会决策参与状况	合理建议采纳率
	专业委员会运作状况		专业委员会会议现场召开次数

续表

一级维度	二级维度	三级维度	指标说明
董事履职风险	董事人员情况	董事能力状况	董事选聘程序方面的指标（①董事的任职条件是否符合规定；②在股东大会召开前是否披露董事候选人的详细资料；③董事的提名、任命程序是否公开、透明；④董事选聘是否采用累积投票制；⑤是否公开披露对选拔、考察的结果）
	独董监督情况	独立董事独立性状况	独立董事独立性指标（①独立董事及其近亲属没有持有影响其独立、客观判断的股份；②没有为上市公司提供过财务、法律、咨询等服务；③没有在上市公司担任过任何职务）
		独立董事进行有效监督状况	独立董事兼职率 独立董事津贴 独董监督情况指标（独立董事在任期内的查账次数、对上市公司重大事项独立发表意见的次数、独立聘请外部审计机构和咨询机构的次数）

8.2.3 经理层治理风险

经理层治理风险是指由于外部体制的不健全，公司股东与经理层利益不一致，董事会对经理层的任免、激励不当以及经理层制衡机制不健全、经理层个人能力风险和执行风险等方面所引起的公司危机，即经理层从自身利益出发使股东的未来资产与收益蒙受损失的可能性。

在公司的治理结构中，经理层是公司的经营者，由董事会聘任，对董事会负责并拥有聘任经理层其他各级经理，组织实施董事会决议、年度经营计划和投资方案等多项权利。在实际经济运行中，由于股东治理和董事会治理所存在的缺陷，经理层实际的控制力比《公司法》中规定的权力要大，为经理层治理风险埋下了伏笔。一般认为，当管理层与股东的利益关系一致时，即经理层也拥有剩余索取权时，经理层将从维护共同利益的角度出发，努力提高公司经营绩效。但当公司面临失败风险时，由于经理层承受风险的后果与股东不同，其决策的出发点将与股东不同：股东一般持有多样化的投资组合，比较关心公司系统风险和长期风险；经理层则因为个人财富的关系，比较关心公司近期风险。在公司的经营管理实践中，经理层作为公司治理结构链条上的中心环节，其特殊地位决定了他们是公司内外部信息的接收中心和过滤、发送中心，经理层比公司治理结构中其他任何主体都更了解公司整体的资源使用情况、经营业绩情况。因此，虽然在大多数国家的《公司法》中董事会是公司真正的战略决策制定者，经理层只是战略的执行人，但是由于上述特点的存在，很多具体的经营战略决策最终要由经理层来做出，一些重大的决策也是董事会与经理层协商并共同制定。除了进行经营管理决策之外，公司经理层还是所有决策具体的实施者以及风险控制者。特别是职业经理人，不仅是公司的经营者、管理者，同时还是公司文化、道德、价值观的代表者和领导者，经理层的风格往往会左右公司的发展目标和战略方向。由此可以看到，经理层在公司经营管理和绩效实现过程中具有重要地位。

根据委托代理理论，由于两权分离的特点，企业股东是以获得最大的投资回报，即最大的正现金流为投资目标，而经理人员在进行企业经营决策时还要考虑个人权力、个人经济利益、社会地位、个人成就感以及个人的工作保障程度等因素。在委托代理理论有限理性和经济人自利的假设前提下，经理层在进行经营决策时可能并不是围绕股东利益最大化的目标，而是选择有利于实现个人目标的战略，有可能损害股东和其他利益相关者的利益，影响企业业绩和长期发展。例如，经理人员为实现自身利益过度增加自己的报酬；为提高个人社会地位、权力和工作成就感而盲目进行购并以扩大企业规模；为保障自己的工作而拒绝实施有风险的经营决策等。在委托代理理论的假设前提下，经理层的机会主义倾向几乎不可避免。一般而言，经理层治理风险表现为以下几方面：

1. 经理层能力风险

这是指由于经理层的整体教育水平以及年龄、资历、政治面貌和社会地位等对公司绩效产生的风险。公司经理层不仅是公司的经营者、管理者，同时还是公司文化、道德、价值观的代表者和领导者，经理层的教育水平和个性特征（年龄、学历、资历、政治面貌和社会地位）会对公司绩效产生极大的影响。如果经理层决策水平低，盲目自信，缺乏管理与决策的专业知识和应变能力，就会做出错误的决策行为，致使公司经营目标无法实现。

2. 经理层任免风险

如果上市公司的人事选择存在浓厚的行政色彩，将对上市公司持续发展和业务转型产生不利影响。合理的任免政策及任免制度，对于选拔合格经理人员及促进上市公司持续良性发展至关重要。

3. 权力制衡风险

该风险包括兼容制衡风险及经理层控制风险两类。其中兼容制衡风险是指当经理层各个权力层责、权、利不能达到均衡时所产生的风险。在这种情况下，他们之间各自代表不同的要求，可能导致经理层互不信任、互相割裂，管理决策效率低下，管理投入衰减，引发公司危机。经理层控制风险源于上市公司的所有权与经营控制权相分离，股东往往没有经营管理者掌握的信息多，无法全面了解企业的真实状况，而经营管理者与广大股东的利益往往不是在任何时候都完全一致，这就造成了经营管理者经常侵犯股东利益，形成经理层控制。

4. 激励风险

经理层作为企业的经营成员，他对企业的日常经营决策拥有"自然"的控制，从而在给定经理层行动难以监督和不能写入合同时，他必须有剩余分享权以促使其努力工作。特别是为了促使经理层提高企业的长期生产能力而不仅仅是提高总销售收入和短期利润，经理层的报酬应当与公司股票价格密切相关。最好让作为企业内部人的经理层持有一定股份，成为内部股东，这样，可以使经理层的利益与外部股东的利益更好地一致起来。经理层激励风险是经理层对股东激励行为不满而最大限度地增进自身效用时做出不利于股东的行为的可能性。

5. 道德风险

道德风险是指股东因公司经理层隐藏行动、隐藏信息谋求自身利益最优化而承受的利益损害风险,其实质是信息分布不对称情况下收益同成本的不匹配而引发的非道德的经理层行为。当企业的剩余索取权和经营控制权不对应时,经理层将倾向于以私利对企业的经营目标进行替代,利用其内部控制权谋求私利,导致经理层对股东权益的损害。

比如,道德风险可直接体现在信息披露方面。在现代资本市场中,对上市公司信息披露的要求源于经理层和外部股东之间的信息不对称和利益冲突。股东和经理层关于公司的生产、经营、技术发展等信息是极不对称的,经理层是公司的生产、经营、技术发展等实际工作的参加者和决策者,又是公司管理方面的专家。经理层运用股东对经理人员日常财务经营决策不得干涉的要求,误导投资者和债权人财务决策,加大股东的投资风险,通过增加其在职消费或与其他人进行合谋行为谋取自身利益而损害股东利益;或者因玩忽职守作出错误的财务决策,损害公司的利益。

依据上述风险表现设计风险识别指标如表 8-3 所示。

表 8-3 经理层治理风险识别体系

一级维度	二级维度	三级维度	指 标 说 明
经理层能力风险	知识能力	学历、资历、政治面貌和社会地位	学历比率=大学本科及以上学历经理层人数/经理层总人数 高级职称比率=高级职称经理层人数/经理层总人数 工作经验比率=有过 5 年及以上经理层工作经验的经理层人数/经理层总人数
	工作能力	经营失误风险	决策失误率=经理层决策失误个数/决策个数
经理层任免风险	任职		经理层控股股东委派率=控股股东委派经理层人数/经理层总数 经理层任免的标准是否公开、透明
	离职		经理层辞职率=经理层辞职人数/经理层总人数 近三年是否发生过公司高级管理团队集体辞职(占 30% 以上)的事例
权力制衡风险	经理层控制		经理层控制度=董事会中董事兼任经理的人数/董事会总人数
激励风险	对经理层的薪酬激励		经理层报酬利润率=上市公司前三名高管人员报酬总额/本年度公司净利润 总经理薪酬比例=总经理薪酬/经理层薪酬总额 薪酬敏感系数=经理层薪酬变化率/公司业绩变化率
	经理层持股		总经理持股比例=总经理的持股份额/上市公司所发行的总份额 经理层持股比例=经理层持股份额/上市公司所发行的总份额 经理层持股率=经理层持股人数/经理层人数
道德风险			信息披露是否真实、及时、完整

8.2.4 监事会治理风险

中国的监事会是独一无二的,是德日模式的监事会与英美模式的监事会的混合体。首先,在处于国际主流地位的英、美为代表的"一元模式"公司治理结构中,没有设置监事会,内部监督机制是通过在董事会内部引入独立董事制度来实现的。而大陆法系的"二元模式"是在股东大会之下设立与董事会相独立的监事会履行监督职能,不再设计独立董事机制。监事会与独立董事的双重监督机制在强化公司治理的监督作用的同时,也会因为重复监督而造成监督的效率低下。具体而言,监事会治理风险表现为以下几方面:

1. 监事会规模结构风险

从监事会规模看,《公司法》规定监事会成员不得少于 3 名,监事会由股东代表和一定比例的职工代表组成,其中职工代表不得少于 1/3,监事会规模过小是其发挥监督职能的桎梏。从监事会结构看,《公司法》规定监事会是否设外部监事以及外部监事的产生方式,由公司章程规定。我国上市公司的监事会构成中,有一种明显的情况,即公司的监事会大多来自股东和内部职工,没有外部监事的结构设计,可能会导致监事会的独立性不足,必将影响其监督职能的有效发挥。

2. 制度设计风险

1)监事会的职权行使

从监事的任免机制上看,监事由股东大会任命和职工民主选举产生,但如果股东大会流于形式,加上非职工监事多由控股股东决定,看似独立的监事会与控股股东间有着千丝万缕的联系。在这种情况下,监事及监事会很难保持独立性,有效履行其监督职责。此外,多数职工监事由经理层提名。被监督者选择监督者,就决定了监事会成员不可能保持独立,从而影响其有效发挥监督职能。

2)获取监督信息的机制

信息来源渠道少,导致以财务监督为核心的监管工作难以做到全面、深入。监事会信息来源渠道不够广泛,信息报送质量有待提高,都影响了监事会监督的及时性、准确性、深入性和广泛性。

3. 监事会运作风险

从大多数股份公司监事会的构成来看,监事大部分是兼职,专职的监事很少。这种情况的问题在于,一方面由于监事的职务是兼职,会使监事将大部分时间与精力投入到原来的职位上,而使监事会的工作退而求其次,监事的日常调研相对减少,使得对日常生产经营状况不了解,从而影响监事会工作的开展;另一方面,监事大多是公司的内部人员,兼任公司的其他职务,在行政关系上是董事长或总裁下属的人员,其薪酬、职位等都由董事长或总裁决定,处于被领导、被指挥的地位。因此,监事投入到监事会工作的精力和时间得不到保证,在独立工作方面存在一定的困难,从而影响监事会的运作效率。

4. 监事会人员胜任能力不足导致风险

我国企业对监事会重视程度远不如董事会，许多公司监事会缺乏专业人士。监事会从人员素质上就已经失去了发挥法定职权作用的基础，尤其是小公司的监事会该风险表现更为明显。

5. 监事会激励与约束机制缺陷导致风险

我国《公司法》只规定"监事应当依照法律、行政法规、公司章程，忠实履行监督职责"，以及"不得泄露公司秘密"义务，"给公司造成损害的，应当承担赔偿责任"。由于缺乏激励机制，企业无法调动监事积极性；由于监事会采取会议式的集体监督方式，无法将责任落实到个人，约束机制无法实施。

依据上述风险表现设计风险识别指标如表 8-4 所示。

表 8-4　监事会治理风险识别体系

一级维度	二级维度	指标说明
监事会规模结构风险	监事会规模	监事会规模
		监事会和董事会总人数之比 = 监事会总人数 / 董事会总人数
	监事会结构	控股股东提名的监事比例 = 控股股东提名的监事人数 / 监事会总人数
		职工监事比例 = 职工监事人数 / 监事会总人数
		外部监事比例 = 外部监事人数 / 监事会总人数
制度设计风险		监事会是否独立于董事会、经营管理层
		监事是否由股东大会和职工民主选举产生
		监事会信息获取机制是否畅通
监事会运作风险	监事出席会议情况	提议率 = 实际提议次数 / 应提议次数
		提议成功率 = 成功提议次数 / 实际提议次数
		会议出席率 = 出席监事会会议的监事 / 监事会总人数
	会议质量及效果	董事、经理列席会议比率 = 实际列席会议的人数 / 应该列席会议的人数
		重大问题反应率 = 发现公司重大问题时召集过临时股东大会的次数 / 发现公司重大问题的次数
		记录完整率 = 记录完整的次数 / 会议记录的次数
	监事履职保障	监事知情权
		经费充足率 = 实际获得的经费 / 监事会运作所需经费
		监事会人员变动率 = 年变动的监事会人员 / 年监事会人员平均数
监事会成员的胜任能力风险		监事会成员的专业素质和工作经验
		监事职业道德素质
监事会激励与约束机制风险		监事薪酬与业绩评价的公正、透明度
		监事选聘的公正、透明度
		持有本公司股份的监事比例

8.3　内部治理风险控制

8.3.1　内部控制制度

1. 股权结构

股权结构包括三个方面：一是指公司的股份由哪些股东所持有；二是指各股东所持有的股份占公司总股份比重有多大；三是指股权流通的情况。第一是说明股份持有者的性质，是股权结构在质上的体现，而后两者则是说明股权集中或分散的程度以及股权在股票市场上的流通比例，是股权结构在量上的体现，具体而言包括：（1）股权属性方面，股权主体多样化，真正落实所有权。（2）控股比例方面，将控股股东的持股比例控制在适当的范围内。

2. 治理结构

内部治理结构的完善可理顺股东、董事会、监事会之间的制衡关系，为企业开展风险控制工作提供保障。

（1）企业要根据国家有关法律法规的要求，建立企业制度，划分党委会、董事会、监事会、管理层的任职条件、议事规则、工作程序等，对重大问题决策、重要干部任免、重大项目投资决策等方面，要建立完善的集体决策机制，确保企业战略得到切实有效实施。

（2）建立董事、监事、经理层任职资格和履职制度，保证董事会、监事会、经理层的运行符合现代企业制度的要求。现代企业的发展历程证明，高管应该职业化，通过市场影响高管升迁和社会地位，促使其尽职尽责。为了提高经营管理的职业化程度，应完善董事、监事、经理层的任职资格和履职条件，进一步提高决策的专业化程度，增加经营决策的透明度和公平与公正性。

3. 经理层职责划分制度

现代企业上市公司的所有权与经营控制权相分离，而且大多数企业的股权越来越分散，股东往往没有经营管理者掌握的信息多，无法全面了解企业的真实状况，而经营管理者与广大股东的利益往往不是在任何时候都完全一致，为了追求自身的利益，其行为可能会偏离股东的要求，给企业带来不利的影响。另外经理层内部各个权力层的责、权、利也需要均衡，否则可能引发经理层内部关系紧张，管理人员互相不信任、互相割裂，造成管理效率低下，引发公司危机。

我国《公司法》对经理层的职责权限进行了具体的规定，企业应该参照《公司法》结合自身情况，通过公司章程明文规定，从而真实地反映出符合自己企业的各权益主体与经理层之间的委托代理关系。由董事会决定经理层的职责权限，有利于各自权利职责边界的清晰划分，有利于明确经理层应该向董事会负责的事项。

对经理层内部各个权力层的责、权、利制度安排，应从控制环境入手，建立符合现代企业制度的组织结构，对公司内部各项具体业务和具体管理部门制定规章制度，从而强化内部管理、提高工作效率、增加经营效益。

8.3.2 治理主体行为

1. 股东运作

每个人都是"经济人"，都要追求自身利益的最大化，而在这个过程中，如果与其他利益相关者存在了利益冲突，占有信息优势的一方就会损害其他利益相关者的利益。众多中小股东由于其参与公司经营的成本较高，再加上其影响公司经营的权力有限，使得中小股东参与公司决策的积极性与能力不高。因此从严格意义上说，大股东（控股股东）与小股东之间是一种委托代理的关系，小股东委托大股东经营管理公司，大股东有绝对的信息优势，而大股东也不例外于"经济人"的人性本质，因此，大股东从其出资、上市，到公司经营过程中，都可能损害利益相关者利益。如何解决大股东侵害中小股东利益的状态，除了上面所说的在股权结构方面进行各种优化之外，还应该从各种法律和法规方面进行约束，增加大股东侵害中小股东利益的成本，而不能仅仅从道德上对大股东进行约束和限制。

（1）建立严格的股东出资核查机制，保证股东出资的真实性。若股东以实物出资，要认真核准，并由相关的政府职能部门对股东出资情况进行登记和统计，以防止股东借实物资产多次出资；由工商行政管理部门或者独立的会计师事务所或者独立的资产评估机构对公司资产的产权过户程序进行监督和审计，作为工商年检和年度审计的重点，以督促公司资本金在规定期限内切实足额到位。

（2）严格规范上市公司股票的发行与配售行为。控股股东通过高溢价发行新股、增股、配股，发行大规模可转换公司债券，还有高派现等方式，来增加公司的每股净资产，进而提高股票价值。但实践证明，公司过度增发新股反而使公司绩效下降。因此要严格规范上市公司的上述行为。以市盈率为考察标准，对市盈率过高的股票发行与配售行为进行严格限制，这样不仅可以限制违规发行股票与配售，也可以改变上市公司在股票发行方面的错误认识，是长期规范经营的保证。

（3）对上市公司的关联交易做出相应的严格规定。"代理大股东"追求控制权收益的主要途径是首先通过粉饰利润来保住上市公司的配股资格，使其进行再融资（配股），然后再对事先提出的融资用途进行改变达到为其所用的目的，而达到上述目的的手段就是关联交易。因此，对关联交易及其相应的信息披露必须做出严格的规定。对于关联方无形资产交易，要有独立的第三方对无形资产进行严格的评估，并出具价格证明；对于关联担保，要披露控股方与上市公司双方的经营报表，以证明控股方的经济实力，并确保上市公司有担保的能力；对于控股方长期占用上市公司资金，应由相关部门确定上市公司可被占用的资金比例，根据公司的资产规模确定上市公司可被占用的资金数量。

2. 董事会运作

（1）完善专业委员会的运作机制。现代公司面临的复杂市场环境使企业董事会需要越来越专业化的运作，为了确保董事会高效运作，应建立主要由独立董事组成的董事会下属的各种专门的职能委员会，尤其是完善审计委员会制度。

根据国外经验，提名委员会、薪酬委员会和审计委员会是股份公司所必需的，有些还设立了战略委员会。这些委员会的成员主要由股东董事和独立董事组成，专门负责细节性监控、咨询和监督任务以及推荐合适的董事。一个强有力的审计委员会、薪酬委员会和提名委员会，将可以对董事长或总裁的权力形成强有力的制约，对董事会高质量地履行职责、胜任其职责起到重要作用。

上市公司必须规范董事会专门委员会制度，保证专门委员会的独立性、权威性和专业性，委员会的职责、功能、权限、成员构成和议事规则等内容都必须形成明确的书面的制度规范，做到既符合国家有关《公司法》《证券法》等法律规定，又能够体现设立专门委员会的初衷，还要适合我国国有企业的现实情况。

（2）改善董事会知识结构。美国、英国、德国、法国和澳大利亚均明确强调，有效的董事会所需要的董事应具有多样性，要包罗多种专业、经验、经历、视角和背景的人才，董事会每个成员首先应是某一方面的专门人才，唯贤是举。同时，董事会是一个集体，要发挥出董事会作为一个集体的力量，需要各种董事的多种知识、专长、经验、经历、背景能够形成互补，从而形成一个最优的董事会知识结构。因此在组建董事会时，要考虑各成员的特长，使其在专业上得到合理的配置，明确各自的职责，要求各司其职，恪尽职守，避免出现有了问题无人问津、有了责任无人承担的被动局面。

3. 经理层运作

财务舞弊大多是由熟悉公司内部情况的高管所为，具有手段多样、隐蔽性强等特点，并经常与内幕交易错综交织在一起。因此必须建立有效的经理层约束机制，既充分调动经理人员的积极性，使其享有充分的经营管理权，又促使其尽职尽责地履行义务，最大限度地落实董事会决议，实现股东利益。首先，要切实保证经理人员依据《公司法》《公司章程》和董事会决议行使法定的权利，制定高管人员行为准则，以细化高管人员勤勉尽责和诚信忠实等方面的法定义务；其次要建立一套动态、科学的考核体系，对高管的考核不能仅仅停留在静止的、孤立的财务指标上；最后要完善责令整改、通报批评、公开批评或谴责、责令暂停履行职责、暂缓受理申请等一整套处罚性措施，对市场的失信和其他违规行为作出迅速快捷的反应，使监管措施立即作用于被监管人，能够提高监管效率和效果。

4. 监事会运作

（1）程序监督与实体监督相结合，完善监事会监督体系。程序监督主要是对公司投资、融资、产权转让、贷款担保、资金调拨等重大经营活动的程序进行的监督。实体监督是要从公司高层决策开始，将监督贯穿于企业经营管理活动的全过程之中，搞好事前、事中和事后的多环节、全方位的有效监督，避免监督工作的盲点和死角。首先，对决策类事项力求同步预防、事前监督。企业重大决策事项主要包括公司上市、融资、投资、资产处置、贷款担保、大额资金调度、财务预决算、重大物资采购招标、重大工程项目招标投标、收入分配等。监事会人员应参加企业重大事项的研究和论证，监督决策是否合法，是否符合公司章程、制度载明的程序，是否公平公正，并从是否符合市场经济规律、是否有资产关联、是否符合国家产业政策、是否符合公司发展战略等方面判断决策的正确性，及时发现问题，提出意见，防患于未然。其次，对执行类事项要跟踪检查、同步监督。监事主要监督公司财务和会计活动，监督董事、经理的行为是否诚实履行和遵守有关董事、经理职责及回避制度，财务上是否挪用敛财、违章拆借、违章炒股、转移资财、逃漏税款、伪造业绩、篡改会计信息等。通过同步监督，及时纠正不利于公司利益行为和违法乱纪行为。最后，对结果类事项要做好科学评价、事后监督。对已暴露的损害公司利益行为和违法乱纪行为，监事会要掌握事项的真实情况，分析事项产生的主客观原因，制止不良事态发展，力争将损失降低至最低程度并按照相应制度和渠道进行报告。

（2）保障监事地位的独立性。一是完善公司监事的身份保障制度，提高监事的解任门槛，比如应将监事的解任决议列为股东大会特别决议事项，赋予被解任的监事在股东大会上以口头或书面方式陈述意见的权利，并且应该规定监事在任期届满前被解任的有权请求公司赔偿其损失，从而间接强化监事地位的独立性。二是设立外部监事。外部监事是指由公司外部人充任的监事。其设立的目的在于通过形式上的"外部"性，保证监事监督的独立性、客观性。这里的"独立"，主要指与公司业务的"非关联"。因此，在外部监事的选用上，应强调其在与公司管理层的关系中和公司商务活动中的利益独立性和较高的专业素质，并让其享有与其他监事同样的法律地位和职权。

5. 监事会和独立董事职责的协调

为了使公司内部有一个良好的监督系统以弥补监事会所存在的不足，我国颁布的《关于上市公司建立独立董事制度的指导意见》（以下简称《指导意见》），赋予独立董事以监督之责。从独立董事和监事会的职权来看，二者之间存在明显的重叠和交叉。所以，公司治理的制度安排首先就要对二者的关系进行重新定位，使监事会和独立董事协调起来共同行使监督职能。监事会的首要职能就是检查公司的财务和是否有违规行为，而独立董事中正好有监事会所没有的各方面的专家，如财务审计专家，纪检人员等。目标的一致性是独立董事和监事会协作配合的基础。因为二者在本质上是没有利害冲突的。二者的配合能有效地监督董事会和经理层，从而有可能提高公司的业绩，这也有利于提升独立董事的声誉，从而提升其人力资本价值。

8.3.3 高管激励与约束制度

1. 高管股权激励与约束机制

研究发现高管持股比重与每股净资产存在正的相关关系，且在统计上显著，显著水平为10%，说明高管持股数量的增加有利于公司每股净资产的增加。企业经营者的剩余索取权与控制权的不对称，可能会导致经营者的激励机制扭曲。应该建立薪酬水平与企业绩效及企业价值的动态性关系，制定股权激励要素（包括价格确定、有效审批机制、股票来源、独立财务顾问的聘请以及信息披露等方面）的确定标准，通过适当增加高管持股比例，使股东利益与管理层自身利益一致，从而达到双赢的目的。

2. 独立董事的薪酬管理与约束机制

目前在我国缺乏对独立董事责权利方面明确规定的可操作细则，独立董事的权益在制度上尚缺乏保障，处境尴尬艰难，执业风险很大。大多上市公司聘请独立董事主要是为了"达标"而已，独立董事的风险与收益的不对称性在加大。同时，独立董事往往都是素质较高的专门性人才，其参与董事会工作所付出的时间和精力应当得到物质上的补偿，否则不利于吸引和留住人才，因此有效的激励机制必须建立。但同时也要加强对独立董事的约束机制，应当对独立董事建立专门的考核制度和标准，如对其参加董事会会议的次数、在董事会上发表意见的次数和质量、建议被采纳的次数等进行统计，作为对其考核和决定是否继续聘任或解聘的依据。另外，应该积极推动独立董事人才的市场化进程，将独立董事的工作绩效真正置于市场评价和社会监督之下，为社会公众和中介机构评价独立董事的业绩提供条件，逐步培育起竞争有序的独立董事市场，这是促进独立董事勤勉尽责，有效发挥其应有作用的重要条件，有助于提高董事会的独立性，改善董事会质量。

3. 监事的激励与约束机制

建立有效的监事人员管理、奖惩制度。监事会应定期将监督情况进行总结，对公司重大业务活动提出意见。监事会的决议应由监事记名表决，监事对董事、经理的职务行为的监督和评价意见应记录在案，由本人签名，监事的报酬应与其工作业绩挂钩。在激励机制方面，给予监事足够丰厚的薪酬并推行股票期权制度，使其拥有所任职公司股息红利和剩余财产的分配权，将其长期利益与公司经营情况挂钩，从而激励其发挥监督上的主观能动性，积极行使监督权。在约束机制方面可考虑进一步强化监事的义务和责任。监事不能对董事会及董事、经理的违法、违反章程的行为实施有效监督，怠于履行职责，给公司和股东造成损害的，连续持有公司股本总额一定比例的股份并达到一定期限的股东有权要求监事会代表公司提起诉讼，也可以直接以股东身份提起诉讼，要求监事与董事、经理承担连带赔偿责任，赔偿公司或股东的直接和间接损失。

8.3.4 信息披露与传导机制

1. 信息披露制度

控股股东以其处于信息优势的地位，会损害中小股东的利益，比如操纵利润，因此要完善上市公司的信息披露制度，严格规范其信息披露的标准及内容，及时准确地向广大投资者，尤其是广大中小股东，提供上市公司的财务状况、运营情况等相关信息，使中小股东能与控股股东一样掌握公司的真实情况，从而降低其利用信息优势谋求私利的可能。

2. 董事会决策权的信息保障

信息不对称理论告诉我们，信息不对称是一个事实，它表明某些人就可以利用信息牟取私利，损害公共利益或者不拥有信息的投资者的利益。履行好董事会决策职责必须有充分信息作支撑。要建立网络信息系统，使董事会通过工作网络能及时准确地了解企业实时动态。同时，针对不同经营主体，设置分析和监控指标，通过系统的数据分析处理，了解重要财务指标的变化，及时预警，并迅速作出决策方案。

3. 监事会的知情权

由于监事（除职工监事外）并不直接介入公司经营活动，因此，为了保证监事会及时了解公司有关情况，掌握有关信息，正常开展工作，充分发挥其职能和作用，公司应制定有关规章制度以确保监事会的知情权，包括会议制度、企业文件和资料送达制度、企业财务报表制度、监事会咨询回应制度等。公司主要经营、财务、统计报表以及重大经营活动的法律文本等资料、文件，在报送董事会的同时，必须报送监事会，公司董事会、经营班子有责任和义务向监事会提供必要和真实的信息。监事会定期检查、审阅公司财务报告、会计凭证、账本等相关资料，发现问题及时调查核实。必要时，可以聘请有法定资格的社会中介机构协助调查。

8.4 案例讨论

8.4.1 康得新大股东利益侵占行为

1. 公司概况及关联企业

康得新成立于 2001 年，公司成立 10 年后于深交所上市，是一家材料高科技企业，主要从事高分子材料的研发、生产和销售，致力于"打造先进高分子材料平台"。

表 8-5 康得新公司概况

成立时间	2001/08/21
注册资本	35.41 亿元
上市日期	2010/07/16
法定代表人	冯文书
实际控制人	钟玉
所属行业	基础化工—化学制品—塑料制品
主营业务	上市前主要为预涂膜及其相关原材料的研发、生产与销售；上市后，产品以光学膜为主，后进入碳纤维、新能源汽车、3D 裸眼等多个领域

1988 年，钟玉创办北京市康得机电发展总公司（现"康得集团"前身），后公司发展成为美国 GBC 公司的办公设备产品代理商。意识到 GBC 公司发明的新型覆膜材

料预涂膜产品对印刷行业的重要作用后，钟玉决定与外企合作并实现预涂膜产品的自主研发，以填补国内的市场空白。2000 年，钟玉以个人名义在澳大利亚珀斯设立了澳中技术发展有限责任公司，并顺利完成预涂膜生产技术的研发。一年后，康得机电与澳中技术共同出资设立合资企业北京康得新印刷器材有限公司（现"康得新"前身），注册资本为 400 万美元（见表 8-6）。创立初期，外方投入的技术是康得新从事预涂膜生产的主要技术来源。

在康得新上市之前，预涂膜是公司的主要产品。2010 年，预涂膜产品对公司营收贡献超过 80%，经历了将近 10 年的发展，公司的预涂膜生产工艺在上市前已基本成熟。

表 8-6　康得新成立时的股权结构情况

出资人名称	实际控制人	出资额（亿元）	出资占比
北京市康得机电发展总公司	钟玉	300	75%
澳中技术发展有限责任公司	钟玉	100	25%
合计	—	400	100%

自 2001 年成立至 2011 年上市，康得新经历了三次重要增资。第一次增资是在 2003 年，为购买新的生产线、扩大预涂膜生产规模，中、外双方以原持股比例对公司进行现金增资，公司注册资本翻倍。同时，在这一年康得新的控股股东康得机电更名，其主营业务也发生了实质性变化，由传统制造业转为投资管理业务，公司由集体所有制转为有限责任公司。可以推断，康得集团多元业务版图的雏形已经形成。康得新成为预涂膜研发、生产及销售的主体，康得集团通过所持股权分享收益。康得集团历史沿革见表 8-7。

表 8-7　康得新控股股东康得集团历史沿革

年份	注册资本	所有者/股东	相关事件	经营范围
1988	50 万元	钟玉	50 万元系 1998 年 8 月由钟玉向北京西城现代电子仪器经营部借入并由其分期归还	主营机械通用设备、电机、输配电及控制设备、仪器仪表的技术开发、转让、咨询；兼营电动车（除汽车、摩托车）技术开发及销售
1993	120 万元	钟玉	企业所有者增资 70 万元	增加"现代办公设备用品的技术开发、转让、咨询"
1994	500 万元	钟玉	康得机电更名为"北京市海淀区康得机电技术总公司"	1997 年、2000 年主营业务分别增加了清洁设备的租赁业务、物业租赁业务
2002	9 367 万元	钟玉、韩于、那宝立、韩珠、李力楠	由集体所有制变更为有限责任制，钟玉转让所持 20% 股权，最终形成 5 名股东；注册资本增加系房地产评估增值 8 867 万元所致	2002 年，"北京市海淀区康得机电技术总公司"更名为"北京市康得机电发展总公司"，后于 2003 年更名为"北京康得投资有限公司"；经营范围变更为投资管理
2006	9 367 万元	钟玉、韩于、那宝立、韩珠、李力楠	公司更名为"康得投资集团有限公司"；2006 至 2009 年，公司股权结构未再改变	经营范围变更为：投资及投资管理；预涂膜、印刷材料的技术开发；技术服务；技术咨询；销售仪器仪表、机械电器设备、五金交电

虽然康得新在预涂膜领域取得重大突破，但预涂膜属印刷包装行业，市场总量有限，行业天花板明显。因此，康得新开始将发展的目光转向光学膜领域。虽然都为"膜"产品，但两者性质用途差异显著。光学膜是技术水平要求极高、用途广泛的光学介质材料，而预涂膜则仅是一种包装材料。

2007年，康得新进行第二次增资，主要用于张家港基地的基建与厂房建设，公司生产中心开始从北京向张家港转移。与北京相较，张家港可为公司提供更为广阔的土地及其他资源，利于其规模扩大，并为后续光学膜的生产提供条件。

康得新对于光学膜生产的准备计划实际早在两年前便已启动。2005年，康得集团与其股东那宝立创立公司张家港康得菲尔。之后几经股权转让，在顺利融资、基本满足扩厂需求后，康得新于2007年对康得菲尔持股98%，成为其控股股东（见图8-4）。因此，本次增资的资金实则投入到康得菲尔的建设之中，并未实质流入康得新。一方面，是巩固公司预涂膜生产龙头的地位；更为重要的是，为光学膜的生产及研发注入资金。

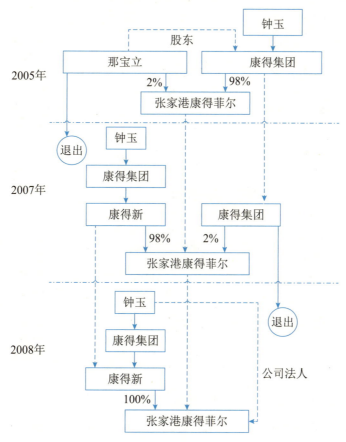

图 8-4　康得新全资控股康得菲尔

2008年，康得新变更公司性质为股份制，开始为上市做准备。同时，康得菲尔成为康得新的全资子公司。2008年年初，康得新预涂膜年产能达0.67万吨，而其中0.6万吨由康得菲尔贡献。至此，我们可以将康得新看作康得集团的预涂膜"生产车间"，而康得菲尔则是康得新的预涂膜"生产车间"。第三次增资发生于2009年，公司引入新投资者,规模进一步扩大。2010年,公司顺利上市。康得新成立至上市前的三次增资情况见图8-5。

结合公司的频繁增资、生产重心转移、新股东进入等行为与其光学膜项目的进展来看,公司的预涂膜项目在历经5年左右的高速发展后达到巅峰,2006年起公司便探索进军技术要求更高、国内发展迟缓、市场更为广阔、利润更为丰厚的光学膜领域。康得新光学膜项目进展见表8-8。

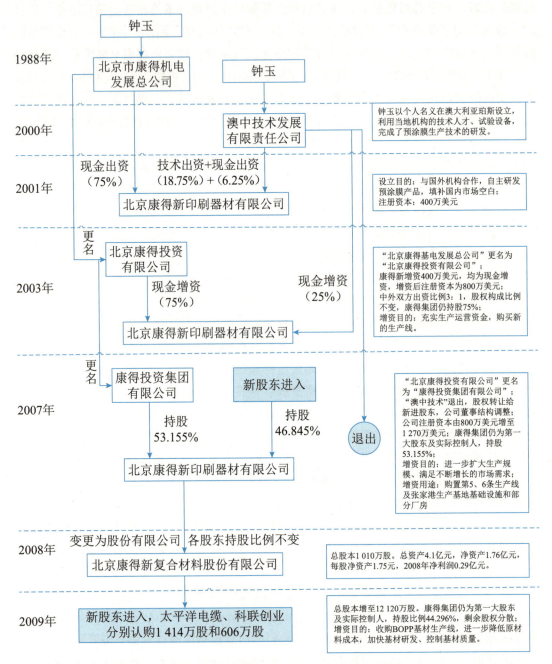

图8-5 康得新成立至上市前的三次增资情况

表 8-8 康得新光学膜项目进展

时间	进度
2006 年	开始进行光学膜产品的前期准备工作
2010 年上市后	启动光学膜产业化进程，组建国际化高水平技术团队，与台湾大昱光电合作获得成套技术，就地寻求配套企业
2011 年 7 月	成立子公司康得新光电材料，确立了公司未来成为国际高分子复合材料领军企业的发展方向
2011 年 8 月	与张家港保税区签订投资协议，建设 4 000 万平方米光学膜生产示范线，公司公告中第一次出现"光学膜"产品
2011 年 9 月	张家港项目进入试生产，2011 年内正式投产
2011 年 9 月	公告增发预案并投资 29.8 亿元
2013 年 11 月	2 亿平方米光学膜产业集群项目在张家港正式投产，公司的大部分资产、项目、团队均布局在张家港

公司通过引入新股东、公开发行上市、借款与发债等多途径融得大量资金，也为之后光学膜的研发成功与迅速发展奠定了基础，而从后续公司上市后的业务构成中也可看出，预涂膜产品逐渐被康得新所"冷落"。上市后康得新业务构成变化见图 8-6。

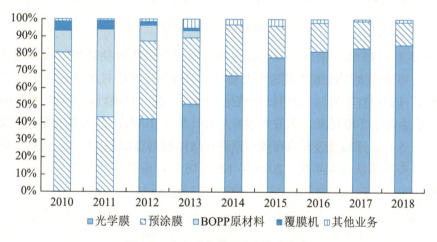

图 8-6 上市后康得新业务构成变化

上市前，2007—2009 年公司毛利率分别为 19.9%、20.64%、26.05%，与预涂膜毛利率基本一致。上市后，光学膜领域的快速布局使得康得新毛利率迅速攀升，经过不到 5 年的发展，公司整体毛利率控制在 40% 左右，与光学膜产品基本保持一致。净利率维持在 20% 左右（见图 8-7）。

2014 年，康得新公告中第一次出现"碳纤维"产品，之后便在该领域开始了规模庞大的持续投资。康得集团共拥有 3 家以碳纤维为主要产品的子公司，其中，中安信总投资为 50 亿元，康得碳谷总投资为 22 亿元，康得复材总投资为 30 亿元。

碳纤维是一种含碳量超过 90% 的微晶石墨材料纤维，具有高强度、轻质量、不易腐蚀、耐高低温等优越性能，是军民用重要基础材料。近年来，国家鼓励和支持碳纤维领域的发展，将其列入基础性战略新兴产业，行业发展前景广阔，市场空间大。然而，碳纤维行业的重资产、高技术特质突出，不同发展阶段的公司成本结构存在明显差异。国外碳纤维行业起步较早，目前龙头企业已实现全产业覆盖，集中发展高端领域，投入规模庞大。不同品质的产品价格悬殊，我国目前碳市场呈现低端产能过剩、高端技术薄弱的局面，能在该领域首先获得技术突破、占据高端市场的企业将实现重大收益。但该行业投资风险高，投资回报期长，投资效益不确定性极高。

图 8-7 康得新主要产品毛利率情况

2019 年 1 月 15 日，康得新发布公告称受宏观金融环境及销售回款缓慢等诸多因素影响，公司的资金周转出现暂时性困难，无法按期足额偿付所发短融债券"18 康得新 SCP001"的本息。当日，公司股价跌至 6.06 元/股，已接近发行价。而此时，公司账面货币资金超过 100 亿元，大股东股权质押比例近 100%，公司被证监会立案调查。2019 年 7 月 5 日，证监会公开宣布康得新存在虚增利润总额 119 亿元，隐瞒关联交易、关联担保等多项违法违规事实。2019 年 12 月 16 日，康得新实际控制人钟玉因涉嫌犯罪被逮捕。

2. 大股东利益侵占的手段

康得集团有四家主要子公司：康得新、康得复材、中安信及康得碳谷。其中，上市公司康得新参股了康得复材与康得碳谷，持股比例分别为 14.40% 和 14.29%。四家子公司中，仅康得新为上市公司，在上市公司业绩变脸前后，康得集团通过子公司之间的关联交易、股权质押、财务造假、选择性信息披露等多种手段，对上市公司进行了利益侵占，中小股东利益受到严重侵害。康得集团重要子公司、主要产品及现状见图 8-8。

1）通过关联交易侵占上市公司资产

（1）通过"归集账户"划转上市公司资金。

2014 年，康得集团委托北京银行为其提供现金管理服务，对集团下属公司账户进行统一管理。其下属公司的收款可直接通过该账户划转至集团名下，待子公司需要付款时由集团统一支付。康得新及其子公司共 5 个银行账户资金可以被实时划转至康得集团。同时现金管理协议中规定，北京银行的流水单中并不公开母子公司之间的资金归集与划转的具体信息，仅显示账户余额。

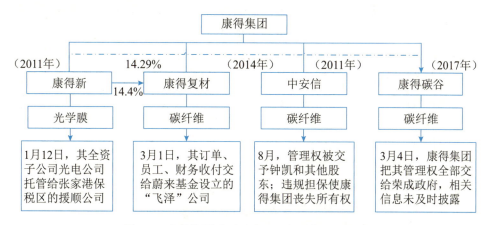

图 8-8 康得集团重要子公司、主要产品及现状

现金管理协议签订年份与康得集团宣布开始布局碳纤维的时间一致，协议也为康得集团抽取上市公司资金以加大碳纤维投资提供了便利。虽在调查阶段，对康得新账面上凭空消失的 119 亿银行存款去向未公布官方调查结果。但公众通过后续康得集团对康得新进行的一系列股权质押、资产转移、大规模融资等行为，加之在碳纤维领域几近疯狂的押注，可以判断上市公司已经沦为集团的融资工具，成为集团最大的"债权人"。

（2）通过"低价拍卖"转移上市公司资产。

康得复材是蔚来汽车 ES6 核心部件碳纤维底盘供应商，是康得集团重要子公司之一，康得新对其持股比例为 14.4%，公司总投资 30 亿元，但拍卖听证会上首次拍卖价格为 3.95 亿元，与公司实体价值相差悬殊，首次拍卖决议未通过。康得复材原本运营正常，盈利状况良好，多数股东一致同意对康得复材进行破产重组以恢复其造血功能。但控股股东康得集团与第四大股东"长江蔚来"坚持拍卖，并对康得复材的部分租赁资产进行剔除，仅拍卖剩余部分，二次拍卖价值 2 亿元。此次拍卖结束后，未出售的租赁资产部分价值也大为缩水。

蔚来基金成立了飞泽公司，业务性质与康得复材一致，而且已经对康得复材进行了接管，因此本次拍卖实则为"自买自卖"，飞泽公司便名正言顺地低价获得康得复材大部分资产的所有权，并可以对康得复材进行实质控制。从股权构成来看，康得集团持股康得复材 45.6%、康得新持股康得复材 14.4%、长江蔚来持股康得复材 6%。同时，长江蔚来与康得集团互为关联方，康得集团持有蔚来基金 16.4% 股份，为公司的第三大股东。

拍卖结束后，康得复材"表面"脱离康得集团，日后即使康得新的债权人追债，也无法利用该部分碳资产以资抵债，因为其所有权已不属于康得集团，碳纤维资产被雪藏。但实质上，该公司的控制权及其资产的所有权，不过是转移至康得集团的另一个"口袋"，却与康得新没有任何关联了。

2）为集团提供大额关联担保

经证监会调查，2016 年康得新的一致行动人与厦门国际银行签订了 3 份《存单质押合同》，上市公司为集团担保金额总计15亿元。一方面，集团通过关联担保损害上市公司利益，增加其或有负债；另一方面，康得新并未对该事件进行对外披露，利用信息不对称性向二级市场投资者隐瞒该重要信息。

此外，康得集团的另一子公司中安信也出现为集团进行非正规大额担保事件。中安信成立于2011年，总投资50亿元，康得集团对其持股38%。公司主营业务为碳纤维，公司法人为钟凯，而钟凯与康得集团实际控制人钟玉为父子关系。2019年7月24日，中安信部分股东通过《说明函》称钟玉在未召开股东会的情况下，多次以中安信为主体为康得集团违规提供对外担保，造成中安信或有负债高达81.5亿元。而中安信净资产不足30亿元，康得集团拥有其资产不足10亿元。利用杠杆八倍担保套现后，对中安信造成了极为恶劣的影响，实质上康得集团已丧失对中安信的控制权。

2019年8月，中安信法人公开宣布中安信与康得集团已解除关联关系。中安信彻底脱离康得集团后，自然与康得新的关联关系也不再存在，日后康得新的股东将无权对中安信进行资产侵占的追偿与索赔。

3）质押上市公司股权提前变现

康得集团作为康得新的控股股东，自康得新成立起便对其所持股份进行持续质押。截至2010年末，即康得新上市后半年，康得集团的股权质押率已经达到67.06%。截至2018年末，其质押比例将近100%，通过股权质押贷款约80亿元。

2016年4月，康得新发布公告称康得新与康得集团一同注资碳纤维产业，具体用于新能源汽车所需碳纤维产品的生产。而后，集团大比例股权质押2.94亿股，单次质押比例约占总持股10%。康得集团实则在诱使投资者做出错误判断，认为质押上市公司股权融资是为了孵化碳纤维产业，前期风险由集团承担，待成功后再将碳纤维产品注入上市公司。但从集团后续行为来看，其将碳资产注入上市公司的可能性基本为零，而高比例股权质押融资则严重损害了上市公司中小股东利益。截至2018年12月31日康得集团股权质押情况见表8-9。

表8-9 截至2018年12月31日康得集团股权质押情况

质押方	质押方类型	质押股数（万股）	质押起始日期
南京银行北京分行	银行	2 250	2011-09-28
南京银行北京分行	银行	450	2011-09-28
南京银行北京分行	银行	350	2011-10-13
南京银行北京分行	银行	350	2011-10-13
中国金谷国际信托	信托公司	1 940	2012-11-19
重庆国际信托	信托公司	2 000	2012-11-26
重庆国际信托	信托公司	5 230	2012-12-13
平安信托	信托公司	2 230	2012-12-17
中国进出口银行	银行	3 000	2010-11-26
南京银行北京分行	银行	2 750	2012-09-17
上海兴瀚资产管理	一般公司	29 411.76	2016-11-01
中泰信托	信托公司	2 850	2017-05-02
中泰信托	信托公司	2 850	2017-06-13

续表

质押方	质押方类型	质押股数（万股）	质押起始日期
中原信托	信托公司	2 585	2018-03-01
四川璞信产融投资	一般公司	900	2018-09-10
张家港保税区企业管理	一般公司	5 800	2018-12-27
华福证券-华福兴盛132号定向资产管理计划	一般公司	3 000	2017-03-24
东民75号定向资产管理计划	一般公司	2 000	2017-04-07
东吴-中信-涌金119号定向资管计划	一般公司	1 800	2017-04-17
东民75号定向资产管理计划	一般公司	2 400	2017-04-18
招商证券	证券公司	1 327	2018-04-27
东吴-中信-涌金119号定向资管计划	一般公司	2 200	2017-07-07
东吴证券-上海银行-东吴汇智33号集合资产管理计划	一般公司	1 300	2017-07-11
东吴证券-上海银行-东吴汇智33号集合资产管理计划	一般公司	2 900	2017-07-20
华西证券	证券公司	1 750	2018-10-30

4）大额财务造假，掩盖上市公司真实状况

从公司提供的数据来看，康得新收入从上市当年的5.2亿元增长到2017年的117亿元，8年间年收入复合增长率达48%。同期净利润也从0.7亿元增长至25亿元，年净利润复合增长率达56%。2017年，其净利润在75家橡胶及塑料制品业A股上市公司中排名第1位，而第2名的利润仅为其1/2。上市后至2017年，公司的营业收入与净利润始终保持直线上升，在市场环境较差的年份仍保持了逆经济周期的增长趋势。康得新收入及归母净利润变动情况见图8-9。

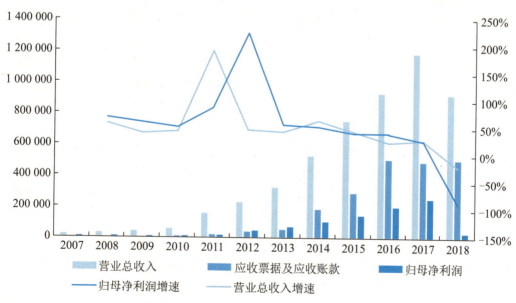

图8-9 康得新收入及归母净利润变动情况

经证监会调查，康得新在2015年至2018年间共虚增利润总额119亿元，四年的利润虚增额分别为 23.81 亿元、30.89 亿元、39.74 亿元和 24.77 亿元。同期利润总额只有 72 亿元，扣除虚假部分后四年实际共亏损 47 亿元。康得新通过财务造假营造自身的行业龙头形象，在证券市场被打上了多个"龙头"标签，"预涂膜龙头""光学膜龙头""高分子材料龙头"，甚至"新材料龙头"。而"龙头股"能够占据市场主要资源，获得强议价能力、融资能力，龙头企业带来的优势刺激大股东进一步造假以获更大利益，最终形成恶性循环，公司连续四年进行造假，利润虚增规模持续扩大。

公司虚增利润后根据借贷相平原则，需要同时虚增资产科目金额。公司利用惯性思维与审计漏洞，进行财务造假，掩盖了上市公司的真实情况。康得新利用银行存款难以造假的固有认知设置圈套，通过操纵银行存款报表金额来配合收入和利润的虚增。截至 2017 年末，康得新总资产为 343 亿元，其中货币资金占比 54%，金额达 185 亿元，同期应收票据及应收账款、固定资产、存货、在建工程分别只有 48 亿元、35 亿元、6 亿元和 2 亿元。

5）选择性信息披露

康得集团的另一子公司康得碳谷成立于 2017 年，其中康得新投资 20 亿元，占比 14.29%，康得集团投资 2 亿元，占比 1.43%。2019 年 3 月 4 日，康得集团将接近 100% 的管理权移交给荣成政府，康得新却未对此进行信息披露，但也正是本次管理权转移导致了后续康得新所持股份被强制收回。

2019 年 7 月 19 日，康得碳谷召开临时股东会，审议了《关于解除康得投资集团有限公司、康得新复合材料集团股份公司股东资格的议案》等议案。9 月份，康得新发布公告称康得集团连同荣成政府将康得集团与康得新同时踢出康得碳谷。

至此，康得新与康得碳谷彻底成为非关联方，不再对其持股，后续也无法对其追讨侵占资产或接受收益分配；而康得集团名义上被踢出康得碳谷，但实质上依旧是其"隐形控制人"。荣成碳谷的后续发展仍需依靠康得集团在碳纤维产业上的技术、人员及管理，而中安信的股东、董事兼副总裁王永生已经成立中碳科技公司，地址就在荣成碳谷附近，主营业务恰为碳纤维，新公司在碳纤维领域的技术来源便是中安信。

3. 大股东利益侵占行为的影响

大股东的利益侵占行为将直接损害上市公司及其中小股东利益。对上市公司来说，大股东的利益侵占对其盈利能力、营运能力、偿债能力等各方面均将产生负向影响，公司将难以维持正常运营。偿债能力方面，如图 8-10 所示，公司自上市以来负债规模持续扩大，资产负债率一直保持在较高水平，截至 2018 年末约为 50%。若从资产中扣除财务造假虚增的部分，公司实际资产负债率则远高于 50%。盈利能力方面，大股东为维持上市公司经营良好的假象，以获得更高的信用额度与融资规模，因此采用财务造假的手段虚构利润，而 2015—2018 年，公司实则为连续亏损状态。

对投资者来说，公司价值大幅缩水，中小股东遭受投资损失。2017 年 11 月，康得新达到 948 亿元的最高市值。自 2018 年 1 月起，公司股价便开始一路下跌，管理层所采取的应对策略是对公司股票进行停牌。2018 年 2 月 26 日，公司第一次停牌，理由为重大资产重组,本次停牌前公司市值为 700 亿元,两个月后复牌。再次经历连续下跌后,公司又以相同理由停牌,直至 2018 年 11 月。在 2019 年 1 月公司债券违约前,其市值已跌到 254 亿元,较其最高市值缩水近 700 亿元。上市以来康得新股价变动率见图 8-11。

图 8-10　上市至今康得新资产负债结构变动

图 8-11　上市以来康得新股价变动率

8.4.2　案例启示

1. 大股东利益侵占行为的诱因

1)公司业务跨界幅度大且急于求成

康得新实则经历两次业务跨界,第一次为从预涂膜领域转至光学膜领域,第二次为从光学膜领域转至碳纤维领域,三个行业之间关联度几乎为零,相应所需的技术、人员、设备等方面均存在重大差异。两次跨界相似之处在于融资后集团对上市公司仍保持绝对控制权,不同之处在于所需资金规模及集团将新产品注入上市公司的意愿。康得新第一次业务转型资金绝大部分来源于公司首次公开发行，公司表面以预涂膜为故事上市，实则将大部分所融得资金投入光学膜的研发中，幸运的是所融资金基本满足发展需求，公司后续光学膜事业发展顺利，且集团同意将光学膜产品注入上市公司。

而在首次转型还未站稳脚步时，集团便急于进行第二次业务转型，尝试进入市场规模更大、利润更为丰厚的碳纤维领域。在意识到碳纤维重资产行业所需资金规模更为庞大后，集团便开始从上市公司中抽取资金，并通过股权质押、关联担保等多种方式"榨干"上市公司，本质是将其提前"变现"，成为集团的融资工具，并将所获资金押注于碳纤维产品。

2）股权过于集中，大股东强势控制

自成立以来，康得新便受到大股东康得集团的绝对领导，康得集团及其利益相关方持股比例高，股权的过度集中为集团的专制统治提供便利，上市公司成为集团完成战略部署的工具。在前期集团有意愿将所融资金及主要产品（预涂膜、光学膜）注入上市公司时，康得新呈现快速发展，营造了良好的公司形象。而后期，出于对碳纤维产业风险收益双高的考虑，集团再无意愿将重点产品碳纤维注入上市公司，而是通过掏空上市公司为碳纤维注资。一方面，碳纤维的生产需要大量资金投入，公司难以通过自筹达到该规模，而一旦引入战略投资，大股东将受到约束和监督，同时存在股权稀释风险，因此强势的大股东并未引入战略投资，而是铤而走险多途径加倍提前变现上市公司价值，从而获得碳纤维产品所需资金。另一方面，如果碳纤维投资失败，大部分损失将由早已被集团"抛弃"的上市公司承担，而一旦投资成功，集团将实现巨额收益，不仅可以填补上市公司漏洞，同时中小股东可以分走的收益数额也将十分有限。

3）违法成本远低于预期收益

从该案例来看，大股东通过财务造假、违规担保、大额股权质押等行为侵占大量资产，其规模远远高于当前监管机构作出的处罚金额。证监会于2019年7月5日公布对康得新及主要责任人员的顶格处罚决定，对康得新罚款60万元，实际控制人钟玉终身证券市场禁入。规模悬殊的违法成本与违法收益难以对上市公司起到震慑作用，对大股东行为的约束力也微乎其微。

2. 监管机构应加强处罚及责任人追责力度，同时建立赔偿机制

在本案例中，与上市公司35.41亿元注册资金以及集团注入碳纤维产业的近百亿资金相比，60万元的罚款及终身禁入威慑力极弱，难以约束大股东的违法行为。此外，目前我国对于大股东侵占资产事件发生后的追责与赔偿机制建立并不完善，康得新事件中上万名中小股东利益遭受了极大损失，而就其后续能否继续追责康得集团、康得复材、康得碳谷及中安信，相关机构目前还未公布相应处理决定。康得集团利用当前投资者保障机制的薄弱环节，在业绩爆雷后迅速割断集团与其他子公司的关联关系，以保护其资产价值，阻止投资者追偿。

因此，监管机构应通过加强处罚力度，并建立相关责任人与公司间的连带责任关系，根据情节恶劣程度制定对责任人的刑罚制度，从而约束大股东行为。另一方面，建立事

件发生后的赔偿机制，对大股东的利益相关方进行清晰定义，以明确追责对象，从而最大程度地保护投资者利益。

3. 企业自身完善内控机制，避免股权过度集中

企业内部应避免股权过度集中，建立股权制衡机制，以制约大股东的绝对控制与利益侵占行为。同时，应建立完善的内部控制流程，从而为企业的健康运作提供保障和监督。另外，企业应保证信息披露的及时性与真实性，形成良好的企业作风与企业文化。

延伸思考问题及指引

中共中央、国务院《关于深化国有企业改革的指导意见》〔中发2015（22）号〕指出，主业处于充分竞争行业和领域的商业类国有企业，原则上都要实行公司制股份制改革，积极引入其他国有资本或各类非国有资本实现股权多元化，国有资本可以绝对控股、相对控股，也可以参股，并着力推进整体上市。从公司治理角度看，影响企业危机的因素不仅包括来自于股东、董事会、监事会、经理层的内部治理风险，还包括其他利益相关者。尽管不同利益相关者影响企业的路径不一样，但影响方向一般都是两个，即正面和负面影响。因此，在国有企业分类改革过程中，如何设计多元利益主体参与的公司治理机制是亟待解决的一个重要问题，那么，应如何防范基于利益相关者的国有混改公司治理转型风险呢？

参考文献

[1] 李维安.公司治理评价与指数研究[M].北京：高等教育出版社，2005.
[2] 刘红霞，孙宝文.国有企业内部治理风险预警研究[M].北京：中国财政经济出版社，2007.
[3] 宋光磊，刘红霞.董事会治理风险预警研究——COX模型的构建[J].山西财经大学学报，2010，32（04）：76-84.
[4] 唐跃军，李维安.大股东对治理机制的选择偏好研究——基于中国公司治理指数（CCGI～(NK)）[J].金融研究，2009，（06）：72-85.
[5] 唐齐鸣，张云.基于公司治理视角的中国股票市场非法内幕交易研究[J].金融研究，2009，（06）：144-160.
[6] 张峰，杨建君.股东积极主义视角下大股东参与行为对企业创新绩效的影响——风险承担的中介作用[J].南开管理评论，2016，19（04）：4-12.
[7] 钟宁桦.公司治理与员工福利：来自中国非上市企业的证据[J].经济研究，2012，（12）：137-151.
[8] Faccio, M., Marchica, M., Mura, R.. Large Shareholder Diversification and Corporate Risk-Taking [J]. Review of Financial Studies, 2010, volume 24（11）: 3601-3641.
[9] John, K., Litov, L., Yeung, B.. Corporate Governance and Risk-Taking..Journal of Finance[J]. 2008, 63（4）: 1979-1728.

第 9 章 企业资金运营风险识别与控制

▶ **教学目标** 通过本章学习，使学生了解企业现金流、投资、融资风险识别的相关理论与实践经验，掌握企业资金运营风险控制方法与策略，旨在帮助学生综合运用所学理论知识进行深入思考，提高学生分析问题和解决问题的能力。

▶ **内容摘要** 本章介绍了企业资金运营中的风险与控制，针对现金流风险从内部结构、现金流与利润的关系两方面对风险进行识别，并从现金预算、现金流结构安排以及现金活动控制等方面介绍了相关风险管理策略；针对投资风险从企业外部环境、内部经营管理等方面对风险进行识别，并从投资约束控制、投资程序控制制度等方面介绍了相关风险管理策略；针对融资风险从不同融资方式、投资与融资来源组合方式等方面对风险进行识别，并从融资前分析、融资结构制度安排、融资程序控制制度等方面介绍了相关风险管理策略。本章以 H 集团为例，从企业经营活动现金流量角度对公司产业园业务进行分析，通过对存货规模、存货结构、产业园存货资金占用情况、存货投资对未来盈利的贡献潜力增加以及经营现金流入质量等方面进行分析，证明企业战略目标得以实现的条件。

资金运营是企业融资、投资和资金营运等活动的总称，它具有以下特征：①资金是有时间价值的，一定量的资金在不同时间具有不同的价值，资金运营具有流动性；②企业资金运营的目的是实现资本增值；③企业的资金运营结果具有不确定性，风险与收益共存。资金运营的上述特征就要求经营者在进行与资金运营相关的决策时，必须平衡资金的增值性和存在的风险，站在企业长远发展角度去识别风险并采取有效措施控制风险。

企业资金运营管理至少应当关注下列风险：①融资决策不当，引发资本结构不合理或无效融资，可能导致企业融资成本过高或债务危机；②投资决策失误，引发投资失败，可能导致资金链断裂或资金使用效益低下；③资金调度不合理、营运不畅，可能导致企业陷入财务困境或资金冗余；④资金活动管控不严，可能导致资金被挪用、侵占、抽逃或遭受欺诈。

9.1 现金流风险识别与控制

9.1.1 现金流风险识别

现金流风险的识别是企业财务风险管理的核心。首先，现金流是财务风险预警的重要指标。据案例资料记载，1975 年 10 月，美国最大的商业集团之一 W.T.Grant 公司破产了，美国公众哗然，因为 Grant 公司在人们心目中一向业绩不错，比如在 1974 年营业净利润近 1 000 万美元，经营活动提供的营运资金为 2 000 多万美元。然而，如果关注公司现金流状况，则不难发现公司利润业绩是一种"虚假的繁荣"，因为在公司破产前 5 年，Grant 公司的现金净流量就已出现负数，换言之，现金流早就给人们发出了危机警报。其次，现金流是综合的评价指标，它涉及企业营运资本管理、筹资管理、投资管理等方方面面，能够识别企业真实盈利状况。会计利润是按照权责发生制确定的，而现金流量是根据收付实现制确定的。正因为在会计上不以款项是否收付作为确认收入和费用的依据，利润才会有比较大的操纵空间。企业通过虚假销售、提前确认销售或有意扩大赊销范围调节利润时，这些销售无法取得现金，因此应收账款的占用就会增加。为调整利润进行的关联交易通常也不使用现金，同样会导致应收账款及其他应收款的增加。而现金流量以是否收到或支付现金为标准，对它而言一切调节利润的手法毫无意义。具体而言，现金流风险识别思路如下：

1. 企业现金流结构

从现金流结构分析入手，可以从总体上把握现金流风险状况，对企业现金流风险程度有一个概括的认识。企业的现金流主要来源于三部分：经营活动产生的现金流量、投资活动产生的现金流量、融资活动产生的现金流量。

1）经营活动产生的现金流量

经营活动是指企业投资和融资活动以外的所有交易和事项，包括销售商品或提供劳务、经营性租赁、购买货物、接收劳务、制造产品、推销产品、缴纳税款等。经营活动产生的现金流量是企业通过运用所拥有或控制的资产创造的现金流量，通过经营活动产生的现金流量，可以说明企业的经营活动对现金流入和流出的影响程度，判断企业在不动用对外筹得资金的情况下，是否足以维持生产经营、偿还债务、支付股利和对外投资等。

健康的公司应能够从经营活动中产生现金流量，在实践中，影响企业经营活动现金流量的主要项目因素有存货、应收账款、支付给职工和供应商的现金、折旧、税款等。其中存货直接关系经营活动现金流量的大小，如果因生产线问题或产品不符合要求而导致存货大量积压，将会引致经营活动现金流量下降。此外，要提高经营活动现金流量，除计划存货减少外，最应研究的是应收账款的减少，因为实际现金流入始于应收账款的现金回收，较短的现金回收期会增加企业的经营活动现金流入量。

2）投资活动产生的现金流量

投资活动是指企业长期资产的购建和不包括在现金等价物范围内的投资及其处置活动。这里的长期资产是指固定资产、在建工程、无形资产、其他资产等持有期限在一年或一个营业周期以上的资产。投资活动产生的现金流量主要包括取得或收回投资，购建和处置固定资产、无形资产和其他长期资产等。投资活动产生的现金流量中不包括作为现金等价物的投资，作为现金等价物的投资属于现金内部的增减变动，如购买 1 个月到期的债券等，都属于现金内部各项目转换，不会影响现金流量净额的变动。通过投资活动产生的现金流量，可以判断投资活动对企业现金流量净额的影响程度。

3）融资活动产生的现金流量

融资活动是指导致企业资本及债务规模和构成发生变化的活动，包括发行股票或接受投入资本、分派现金股利、取得和偿还银行借款、发行和偿还公司债券等。通过融资活动产生的现金流量，可以分析企业的融资能力，以及融资产生的现金流量对企业现金净流量的影响程度。

4）现金流内部构成关系

一般而言，经营活动产生的现金流量、投资活动产生的现金流量、融资活动产生的现金流量三者构成不同，反映企业不同的经营状况。

（1）当经营活动现金流为"正"，投资活动现金流为"正"，融资活动现金流为"正"时，说明企业主营业务在现金流方面不仅能够自给自足，而且还有现金净流入，企业的产品有比较好的市场反应，有一定的竞争力。同时，该企业还有一定的投资项目，如果投资活动的现金流主要来自投资收益，说明公司有一定的多元化经营，而且已经取得了较好的效果。这样的企业有正的融资活动现金流，说明它可以继续融入资金。一般来讲，一个企业融资的目的是进行投资，所以这时我们需要着重了解公司的投资计划，并考察其投资的前景。

（2）当经营活动现金流为"正"，投资活动现金流为"负"，融资活动现金流为"正"时，说明企业同样有良好的主营业务活动，企业仍然在融入资金，用于企业的投资活动，但投资的方向和前景应成为投资者需要格外关注的问题。投资决策对于企业的长期盈利乃至生存都是至关重要的，投资的方向可以是原有的主营业务，也可以是新的投资领域。对于一个主业经营状况不错的企业来说，适当扩大规模，增强在原有产业上的竞争力，不失为一个好的投资方向；另一方面，任何业务总有衰落的时候，企业提前对市场的变化做出反应，寻找其他的盈利方式，也不能说不是一个明智的决策。

（3）当经营活动现金流为"正"，投资活动现金流为"负"，融资活动现金流为"负"时，对该企业而言，维系现金正常周转的纽带是经营活动现金流，也就是说，企业的命运在一定程度上决定于企业的经营活动现金流。众所周知，任何企业的经营活动都可能面临意外情况的打击，当遇到这种情况时，对企业来说最为关键的就是在财务上是否有足够的灵活性，是否能够在短期内得到必要的资金支持，帮助企业渡过难关，继续顺利发展。因此，对于这样的企业，我们除了要关注其投资方向和投资前景以外，还需要特别关注的就是企业的经营活动应付意外事件的能力。

（4）当经营活动现金流为"负"，投资活动现金流为"负"，融资活动现金流为"正"时，一般判断有两种类型的企业会产生这类状况，一是在一个企业发展的初期，由于产品还没有被市场广泛接受，而且生产经营活动还没有步入正轨，往往会出现经营活动现金流为负的局面；二是企业的主营业务已经走向衰退，整个行业的利润率越来越低，由于替代产品的出现，原有的产品在市场上的竞争力越来越弱。这就需要企业不断地进行投资，所以往往会有负的投资活动现金流，企业的运行主要靠正的融资活动现金流维持。

（5）当经营活动现金流为"负"，投资活动现金流为"负"，融资活动现金流为"负"时，这是任何企业都不愿意看到的局面，它表明企业将陷入严重的财务危机，甚至走向死亡。所以对于这样的企业来说，当务之急是迅速筹集到足够的资金，帮助企业暂时渡过难关,但是,最终解决问题的不是靠融资继续维持经营,而是要从根本上扭转企业的主营业务情况,要让主营业务能够为企业带来丰富的现金流。

从上述分析可见,在设计现金流风险识别指标时,要关注经营活动产生的现金流量、投资活动产生的现金流量、融资活动产生的现金流量的结构变化,从而全面判断企业的现金流状况。在这三种现金流量中,要特别关注经营活动产生的现金流量,从某种意义上说,它是识别企业现金流风险的重要指标之一。

2. 现金流与净利润的平衡

利润是公司盈利水平的外在表象,它是以权责发生制为基础,反映企业在一定时期内获取利润能力的一种评价结果;而现金流量是公司盈利水平的内在揭示,是在盈利能力评价的基础上,以收付实现制为计算基础,对企业盈利水平的进一步修复与检验。如果企业净利润没有现金流量的支持,就无法揭示那些靠不良应收款支撑以及关联交易等手段而造成的利润虚增、资产浮肿、盈利能力指标泡沫严重的现象。因此,分析企业盈利能力要充分关注现金流指标,让二者有效结合使用,科学透视企业的盈利质量。

1)自由现金流量

自由现金流量(free cash flow,CF)最早是由美国西北大学拉巴波特(Alfred Rappaport)、哈佛大学詹森(Michael Jensen)等学者于20世纪80年代提出的一个全新的概念。詹森教授认为,自由现金流量是超过所有根据相关资本成本折现后有正值净现值的项目投资所需要资金的那一部分现金流量。他认为从效率的角度看,这些资金应回报给股东,比如增加分红或购回股份等,而不是留存起来。但他认为这种情况很少见,因为企业管理当局之所以保留现金而不分发给股东,是为了增加现金储备而提高他们面对资本市场的自主性,扩大他们所管理的公司的规模。麦肯锡公司(McKinsey & Company,Inc.)的资深领导者科普兰(Tom Copeland)教授(1990)则从计算方法上明确了自由现金流量的内容,认为自由现金流量等于企业的税后净营业利润(net operating profit less adjusted Tax,NOPAT)加上折旧及摊销等非现金支出,再减去营运资本的追加和物业厂房设备及其他资产方面的投资[1]。自由现金流量是公司所产生的税后现金流量总额,可以提供给公司资本的所有供应者,包括债权人和股东。美国FinEcon咨询公司的总裁康纳尔(Bradford Cornell)教授(1993)认为自由现金流量是由公司所创造的现金流入量减去公司所有的支出,包括在工厂、设备以及营运资本上的投资等,所形成的净现金流量[2]。这些现金流量是可以分配给投资者的。可见,不同的学者对自由现金流量的理解是有差异的,但他们有一个共同点,即认为自由现金流量是指在不危及公司生存与发展的前提下可供分配给股东的最大现金额。结合学者们对自由现金流量的概念界定,可得自由现金流量定义为:它是扣除营运资本投资与资本投资之后的经营活动所带来的现金流量。自由现金流量暗含这样一个道

---

[1] 公式为:自由现金流量=(税后净营业利润+折旧及摊销)-(资本支出+营运资本增加)
[2] 公式为:自由现金流量=(营业利润+股利收入+利息收入)×(1-所得税率)+递延所得税增加+折旧-资本支出-营运资本增加

理:企业必须具有不断产生现金流量的持续经营能力,如果企业不对产生持续经营现金流量的资产进行再投入,必然会导致竞争能力下降,主营出现萎缩,最后直至破产倒闭。

2)企业利润结构

将企业利润表分成 6 种类型,利润表的结构分析如表 9-1 所示。

表 9-1 利润表结构

利润表类型	A 型	B 型	C 型	D 型	E 型	F 型
经营收益	+	+	+	+	-	-
经常收益	+	+	-	-	-	-
当期收益	+	-	+	-	+	-
说明	正常	视亏损而定		风险较大		接近破产

注 ①经营收益=经营收入-(经营成本+经营费用)
其中:经营费用=管理费用+销售费用+销售税金及附加
②经常收益=经营收益-财务费用
③当期收益=经常收益-营业外收支净额
④"+"代表盈利,"-"代表亏损

分析表 9-1 得出结论:

(1) A 型利润表表示企业目前处于正常经营状态,三个层次的收益均为正。

(2) B 型利润表则表明企业当期可能发生了较大的非常损失,若亏损额不大,则不会对企业的持续经营造成巨大的影响;反之则表明企业目前正面临比较大的风险。

(3)利润表呈 C 型或 D 型的企业虽然其经营收益为正,但经常收益已出现亏损,这说明企业的举债规模过大,利息负担过重,在此种情况下,企业若不及时采取对策,则必将陷入更加被动的境地。

(4) E 型或 F 型利润表则表明此时企业的经营收益已亏损,经常收益与当期收益的亏损额不断扩大,企业被推到了破产的边缘。

9.1.2 现金流风险控制

1. 现金预算管理

众多企业危机案例表明,单纯运用非现金流量指标进行财务预测、决策和编制预算是导致决策失误乃至企业危机的重要原因。由于企业理财的对象是现金及其流动,就短期而言,企业能否维持下去并不完全取决于是否盈利,而取决于有没有足够的现金流量用于各种支付。因此,企业现金预算的编制是财务管理工作极为重要的一环,准确的现金预算能够反映企业现金流入和流出的全貌,可以为企业提供预警信号,使企业管理者及早采取行动。比如,通过编制现金预算可以揭示企业特定期间潜在的现金多余或不足,使企业能够及时针对多余或不足进行相应处理;可以预测未来时期企业对到期债务的直接偿付能力。可见,现金预算在全面预算管理中处于核心地位,它是企业在预算期内全部经营活动有效运行的重要保证。在现金预算管理过程中,要根据企业的生产经营计划,按照先自下而上,再自上而下的程序,通过对现金流入、流出的预测,进行综合平衡。在实践中,现金预算管理包括以下内容:

1)以市场预测为出发点编制现金预算

编制现金预算的目的在于加强预算期内现金流量的预算控制,使管理人员对预算期内需要多少经营资金做到心中有数。为能准确编制现金预算,企业应根据生产部门预测的商品资源量,及时与销售部门进行信息沟通和市场分析,预测销售数量及价格水平。在此基础上,企业将具体目标(如销售量、生产量等)、预期的未来收益、现金流量、财务状况、融资及投资计划等,以数量化方式加以表达,建立企业的全面预算。具体而言,编制现金预算要以以下各项预算为基础:①销售预算。销售预算的主要内容包括销售量、单价、销售收入。销售预算中还包括预计现金收入,其目的是为编制现金预算提供必要的资料。②生产预算。生产预算是在销售预算的基础上编制的,其主要内容有销售量、期初和期末存货、生产量等。生产预算在实际编制时是比较复杂的,因其产量要受到生产能力的限制,存货支出成本要受到季节性生产量的影响等。③直接材料预算。直接材料预算是以生产预算为基础编制的,其主要内容包括直接材料的单位产品用量、生产需用量、期初和期末存量等。为了便于以后编制现金预算,通常要预计材料采购各季度的现金支出,作为编制现金预算的基础资料。④直接人工预算。直接人工预算也是以生产预算为基础编制的,其主要内容包括单位产品工时、人工总工时、每小时人工成本和人工总成本等。由于人工工资都需要使用现金支付,所以不需要另外预计现金支出,可直接参加现金预算的汇总。⑤制造费用预算。制造费用预算通常可分为变动制造费用预算和固定制造费用预算,其中变动制造费用以生产预算为基础来编制,如果企业有完善的标准成本资料,用单位产品的标准成本与产量相乘,即可得到相应的预算金额;固定制造费用需逐项进行预计,与产量无关,按实际需要的支付额预计。为了以后编制现金预算,企业需要预计现金支出。⑥产品成本预算。产品成本预算是生产预算、直接材料预算、直接人工预算、制造费用预算的汇总。⑦销售及管理费用预算。销售费用预算是为实现销售预算所支付的费用预算,它应和销售预算相配合,应有按品种、地区、用途的具体预算数额;管理费用预算是搞好管理业务所必要的费用,它应以过去的实际开支为基础,按预算期的可预见变化来调整。⑧资本支出预算。资本支出预算是根据经审核批准的各个长期投资决策项目所编制的预算,它要详细列出该项目在其生命周期内各个年度的现金流入量和现金流出量的明细资料,其支出额参加现金预算的汇总。⑨其他财务预算。如企业筹措资金预算、投放资金预算、发放股利预算等,这些预算发生的现金收入或支出额参加现金预算的汇总。

需要说明的是,上述预算指标作为事前制定的预期控制指标,在实际执行过程中难免出现偏差,对于偏差(特别是不利偏差)的控制,应坚持防范与调节相结合的原则。防范即在编制和分解预算指标过程中,应充分估计预算执行过程中有关环境因素的变化,分析预算指标对环境变化的敏感程度,对可能出现偏差的情况或事项制定相应的防范措施;调节则是当偏差实际发生后,在分析偏差原因的基础上,制定相应措施,纠正和消除偏差。

2）现金预算管理要以科学地控制现金流出量为原则

现金流量预算必须严格控制资金支出，合理调度资金，保证企业生产、建设、投资等资金的合理要求，提高资金使用效益。在编制现金流量预算时，要十分注意资金支出的细化管理。首先，各基层单位根据逐级管理原则，制订本单位的预算方案，呈报部门财务；然后，部门财务在审查各下属单位预算方案的基础上，制订本部门的预算方案；最后，企业财务主管部门根据所属部门测算的现金流入量，进行综合平衡、分析，编制企业现金流量预算，报企业领导审批。财务部门对支出预算进行总量集中控制，资金统一调配，按预算严格管理。

2. 现金活动风险控制

1）加强现金收支控制

现金收支控制首先应当尽可能加快现金收回速度，推迟现金支付，使企业的现金流量同步，即尽可能使现金流入与流出发生的时间趋于一致，从而使企业交易性现金余额降到最低水平，最大限度地减小现金支付困难。它一般从收支两方面控制：

（1）现金收入控制。现金收入控制的关键点是如何加速收款问题，即如何尽可能缩短从顾客汇款或开出支票到企业收到顾客汇款或将其支票兑现的过程。为了加速收款，企业一般可以采取下列具体措施：如果经济上可行，尽量采用现金折扣销售，以鼓励顾客提前付款；大额款项，应派专人跟踪催收；收到票据立即存入银行。

业务规模比较大、销售地区相对集中的企业，可参照西方国家的两种方法：

第一，建立集中银行。这是根据顾客地理位置的分布情况及收款额的大小，设立多个收款中心来收款，以加速账款回收速度的一种做法。这种方法以设在企业总部所在地的收款中心为集中银行。企业通知其顾客将货款或支票送到距其最近的收款中心。收款中心收款后立即存入当地银行或委托银行办理支票兑现，当地银行在进行票据交换处理后立即将现金转存到企业总部的集中银行。

第二，设立邮政信箱系统。邮政信箱系统是企业在各主要城市通过承租多个邮政信箱，通知顾客把其付款邮寄到指定的信箱。企业授权邮政信箱所在的开户行每天数次收取邮政信箱的汇款并存入企业账户，以缩短从收到顾客付款到存入当地银行的时间的一种现金控制方法。与建立集中银行相比，邮政信箱系统由于是委托银行从邮政信箱直接收取支票并办理结算手续，更能缩短收款时间。但设立邮政信箱系统要求企业在各地区银行保持一定的存款余额，还需支付委托银行一定的服务费。是否经济可行，还需经过权衡得失来确定。

（2）现金支出控制。现金支出控制包括从金额和时间两个方面进行控制。常用的方法有：

①使用现金浮游量。所谓浮游量，是指企业从银行存款户上开出的支票总额超过其银行存款账户的余额。它是由企业与银行双方出账与入账的时间差造成的。但在使用现金浮游量时，必须预先估计好差额并控制好使用时间，否则会发生银行存款的透支。

②推迟应付款的支付。企业在不影响自身信誉的前提下，尽可能地推迟应付款的支付期限，充分利用供货方所提供的信用优惠。若企业急需资金，可放弃对方提供的现金折扣，在信用期的最后一天支付款项。是否享用对方提供的现金折扣，应通过比较得失，权衡利弊来确定。

2）制定现金安全性控制制度

一般来说，现金的安全性控制制度应包括以下控制要点：现金收支与记账的岗位分离；现金收入、支出要有合理、合法的凭据；全部收支及时准确入账，并且支出要有核准手续；控制现金坐支，当日收入现金应及时送存银行；按月盘点现金，编制银行存款余额调节表，以做到账实相符；加强对现金收支业务的内部审计。其中现金收支与记账的岗位分离是现金活动预控的要点，具体而言：

（1）现金实物的收付及保管只能由经被授权批准的出纳员来负责处理，其他职员不得接触支付前的任何现金。

（2）规模较大的企业，出纳员应将每天收到和支出的现金数登记现金出纳备查簿。现金日记账及现金总分类账户应由其他职员来编制或登记。规模较小的企业，可用现金日记账替代现金出纳备查簿，由出纳员登记，但现金总分类账的编制和登记工作必须由其他职员承担。

（3）负责应收账款的职员不能同时负责现金收入账的工作；负责应付账款的职员不能同时负责现金支出账的工作。

（4）保管支票簿的职员不能同时负责现金支出账和调整银行存款账。

（5）负责调整银行存款账的职员应同负责银行存款账、现金支出账、应收账款、应付账款的职员分离。

（6）现金支出的审批人应同出纳员、支票保管员和记账员分离。

3. 存货与应收账款风险控制

存货和应收账款等因素都是影响企业经营活动现金流量的主要因素，而经营活动产生的现金流量又是评价企业现金流风险的重要指标，因此，存货和应收账款是现金流风险管理的两个关键点。

1）对存货的控制

一般而言，存货积压必然会提高企业资金占用水平，造成企业资金流转不畅或资金短缺，因此加强对存货的分析与管理，加速存货的流转是十分重要的。

（1）定期对存货结构进行分析，找出存货增加动因。企业应定期对连续几期的存货结构进行动态的计算分析，将在存货中所占比重最大和增加数占存货增加数比重最大的存货项目，作为分析和管理的重点，分析存货快速增加的原因，以便及时调整有关政策，减少库存。同时还要及时处理积压存货，降低存货的资金占用水平和存货的相关成本，加速资金周转，增加企业的现金流量。

（2）建立科学的市场预测和决策机制，制订准确的产品销售与生产计划。企业应在以销定产的基础上，制订企业的生产计划，然后根据每种产品原材料的消耗情况及每种产品的计划产量，考虑原材料的期初、期末库存情况，合理确定原材料的采购计划，确定原材料的最优经济订货量。通过保持购销平衡、产销平衡，使存货数量既满足企业生产经营的需要，又不会过多地占用资金，从而使企业的净利润与现金流量同步增长。

（3）加速存货周转，减少资金占压。ABC 就是将存货的各个品种，按照一定标准，将存货划分为 A、B、C 三类分别进行管理的方法。其中 A 类存货的特点是资金占用金额巨大，但品种数量较少；B 类存货资金占用金额一般，品种数量相对较多；C 类存货品种数量繁多，但资金占用金额却很小。

当存货的品种、数量占全部存货的品种、数量的 10% 左右，但其占用的资金累计约为全部存货占用资金的 70% 时，这类存货应划为 A 类存货，作为存货管理的重点。一般要求采用科学的方法来确定该类存货的经济订货量、最佳订货期等项指标，以保持合理的存货水平。

$$Q^* = \sqrt{\frac{2KD}{K_C}}$$

其中，Q^*：每次订货最佳批量；K_C：单位储存变动成本；K：每次订货的变动成本；D：存货年需要量。

$$N^* = \frac{D}{Q^*} = \sqrt{\frac{DK_C}{2K}}$$

其中，N^*：每年最佳订货次数。

$$t^* = \frac{1}{N^*}$$

其中，t^*：最佳订货周期。

$$I^* = \frac{Q^*}{2} \times U$$

其中，I^*：经济订货量占用资金；U：单价。

当存货的品种、数量占全部存货品种、数量的 20%～30% 左右，其占用的资金累计约为全部存货占用资金的 20% 时，这类存货应划为 B 类存货，应按类别确定其订货数量和安全存量、再订货点等项指标。

安全存量 =（预计每天最大耗用量 - 平均每天正常耗用量）× 订货提前期

再订货点 =（平均每天正常耗用量 × 订货提前期）+ 安全存量

对 C 类存货可不同情况采取不同的管理办法：对需求影响不大、容易采购的品种，可少储备，根据需要适时采购；对规格复杂，需求少、价格低的品种，可根据实际情况适当加大采购量。

2）对应收账款的控制

加快应收账款回笼是企业现金流管理的重要内容，要做好这项工作企业必须建立应收账款的事前监控机制、动态的信用管理模式以及风险管理互动模式。

（1）应收账款的事前监控机制。从时间角度看，信用管理过程分为三个阶段，即事前控制、事中控制和事后控制。事前控制机制就是要将企业信用管理涉及的销售管理和财务管理等有机地联系在一起,在管理上通过设计信用管理机构,建立相应的配套制度来予以支持。

①建立合理的信用管理机构。为适应市场经济发展的需要,企业应把信用管理作为一项基本管理职能列入企业的管理体系,建立一个在总经理或董事会直接领导下的独立的信用风险管理机构,将信用管理的各项职责在各业务部门之间重新进行合理分工,使信用部门、销售部门、财务部门、采购部门各自承担不同的信用管理工作。企业信用管理机构应按照不同的管理目标和特点进行科学的设计,使其承担对企业经营过程中信用的事前、事中、事后控制,推动企业信用管理体制的建立。

②建立客户资信管理制度。客户是企业最大的财富来源,也是风险的最大来源,强化信用管理,企业必须做好客户的资信管理工作,如客户信用信息的收集调查、客户资信档案的建立与管理、客户信用分析管理、客户资信评级管理等。客户的资信管理关键在于制定和选择企业信用标准,在制定过程中需要考虑两个基本因素:一是同行业竞争对手的情况。面对竞争对手,企业首先考虑的是如何在竞争中处于优势地位,保持并不断扩大市场占有率。如果企业的竞争对手实力很强,企业欲取得或保持优势地位,就需要采取较低(相对于竞争对手)的信用标准;反之,其信用标准可以相应严格一些。二是企业承担违约风险的能力。企业承担违约风险能力的强弱,对信用标准的选择也有着重要的影响。当企业具有较强的违约风险承担能力时,就可以以较低的信用标准提高竞争力,争取客户,扩大销售;反之,如果企业承担违约风险损失的能力比较脆弱,就只能以稳健的策略,即选择严格的信用标准以尽可能降低违约风险的程度。企业在对客户的资信程度进行调查、分析的基础上,判断客户的信用等级并决定是否给予客户信用。客户资信程度的高低通常决定于五个方面,即客户的信用品质(Character)、偿付能力(Capacity)、资本(Capital)、抵押品(Collateral)、经济状况(Condition)等,简称"5C"系统。

③建立应收账款监控制度。通过专门的客户信用审核部门,对信用额度进行科学的审查和控制,因为企业在客户开发、接受订单、签订合同、货物发出后应收账款就正式成为企业的一项投资,信用额度等信用政策限定了应收账款的数量规模,并通过有效的内部控制制度将其下放到不同业务层次,实现了对应收账款的事前控制。在销售过程中,应加强对客户的资信管理,企业的客户信息应由"客户网络中心"统一进行管理监控,实施对客户集中、统一、规范化的数据库管理方式。建立应收账款总量控制制度、账龄监控与货款回收管理制度等,对形成的应收账款实行严格的监控制度,一旦出现逾期,立即采取强有力的追讨措施。

(2)动态的信用管理模式。企业依据信用政策和市场竞争的需要,要作出应否改变信用标准、信用条件,可否接受客户的信用订单以及应当采取怎样的收账方案的决策选择等。一般来说,信用标准与信用条件的改变,必然会对收益与成本两个方面产生影响,因此,企业必须通过比较信用标准、信用条件调整前后的收益与成本的变动,遵循边际收入应当大于边际成本的原则,作出方案的优劣选择。但需要指出的是,企业信用政策的制定还必须考虑下列因素:①企业自身状况。比如,企业自身生产和经营能力、产品特点、生产规模、资金实力、销售利润率等。②企业客户方面的因素。企业现有客户的质量和数量也和信用政策的制定密切相关。③企业产品生命周期的不同。比如，在产品生命周期的投入期一般采取宽松信用政策以促进销售，扩大市场份额；在衰退期则要采取紧缩的信用政策，防止过高应收账款坏账损失、机会成本和管理成本。④客户的类别。比如，对老客户在适当优惠条件以外，要有严格信用额度审批制度，超过规定信用期限也要坚持收款付清才可继续供货；对小客户一般不能赊账供货，如果要求立即供货必须采取现金付款；对大客户必须进行信用状况跟踪调查，关注其异常变化和经营趋势。实施动态的信用管理，企业应特别注意：在对信用标准、信用条件等变动方案进行优劣选择时，除视净收益孰高外，更应针对竞争市场对手的具体情况而相机决定。当客户提出赊购订单时，企业必须对此作出拒绝或接受的选择。根据成本效益原则充分考虑该订单所取得收益能否补偿相应的成本代价，包括坏账成本、机会成本、管理费用等。当客户违反信用条件，拖欠或拒付赊购账款时，企业就必须依据收账方针的基本原则，制订有效的收账方案，以尽可能低的代价促使呆账的收回，最大限度地减少坏账损失。

（3）风险管理互动模式。企业信用状况差是当前影响企业正常经营和国民经济健康运行的一个突出问题。因为企业不守信用，有约不遵，相互拖欠，造成经济运行质量下降，经济秩序混乱，风险增大，现在已经到了非常严重的程度。企业信用状况差是制约我国企业走向世界、参与国际竞争的一个严重障碍；企业信用状况差也是造成经济犯罪的一个重要根源。造成企业信用状况差的原因是多方面的，这里既有历史的原因，也有现实的原因，既有宏观的因素，也有微观的因素，既有体制方面不健全、不完善的地方，也有企业管理、运作方面的漏洞。企业必须从多方面入手，采取有效措施。从企业内部信用管理看，做好风险管理互动工作应特别注意各部门的协调管理，因为内部控制不当是应收账款管理的一大弊端，比如因内部沟通不畅而发生的客户抱怨不能及时传递给服务部门、产品质量出现问题不能及时传递给生产和质检部门、业务员供货后不关心客户付款事宜、财务部门不能及时告诉业务人员客户付款状态等现象。众所周知，决策层制定出良好信用政策只有不断落实到个人才能保证其有效实施。销售部门和财务部均是实施信用政策的主要部门，二者必须在信用政策的实施过程中协调一致，从业务员到经理，要严格执行企业的信用政策。企业还要定期召开销售部门和财务部门人员共同参加的会议，讨论制订新的行动方案。对客户发货也要及时控制，超过信用期限一定时期的客户要停止发货并取消信用额度，货款到账发货指令应由财务部门通知发货部门，财务部门向业务部门有关人员提前预警即将到期款项，包括发货时间、品种数量、客户联系方式等情况。此外，信用政策实施不只是企业高层领导的工作，还要渗透到与客户接触的每一个人，只有这样才能保证企业信用管理的有效实施。

4. 现金流内部结构比例制度安排

合理安排经营活动现金流量、投资活动现金流量、融资活动现金流量三者之间的比例关系，这是企业现金流量达到最优化的前提。由于经营活动是企业重要的经济活动，所以经营活动产生的现金流入量首先要满足经营活动产生的现金流出量，也就是说，一一般情况下，只有在企业经营活动产生的净现金流量为正数时，企业才有可能进行投资活动。可见，企业经营活动现金净流量的多少直接决定了企业用于投资活动的现金流出量的多少。就实行内部发展战略的企业而言，通过开拓市场、挖掘内部潜力、提高产品的技术含量等途径，可以提高企业抵御风险的能力，因此其现金流量主要取决于经营活动获取现金的能力；就对外扩张的企业而言，由于投资活动在企业活动中占的比重较大，所以投资项目效益的好坏，在企业净现金流量中占有举足轻重的地位。当经营活动现金流量相对不足而企业又必须进行投资活动时，企业的资金来源只能是融资。一方面成功的融资活动有助于企业投资活动的进行，使其抓住机会扩大经营规模，提高企业自身的竞争力；合理的投资活动又会促进企业经营活动的顺利进行。另一方面经营活动现金流量充足且相对稳定，既有利于企业进一步进行投资活动，又有利于企业成功地筹集到资金。可见，企业的经营活动现金流量、投资活动现金流量、融资活动现金流量三者之间紧密相关、相互影响，而且不同的企业、同一企业在不同时期各有其特点。企业要根据自身的实际情况，合理分析和适当调整三者的比例关系，使企业的现金流量满足企业战略发展需要，实现企业净利润与现金净流量的同步增长。

9.2 投资风险识别与控制

9.2.1 投资风险识别

从风险来源看，我国企业投资风险主要来自于内部和外部两方面。

1. 外部环境风险

企业投资所面临的外部环境是由各种市场因素和社会因素等构成的，一般包括企业、竞争者、利益相关者、产业结构、技术水平、政府行为、社会背景等多种因素，这些因素的变化将不同程度地影响并带动整个环境的变化。换言之，环境的复杂性及不确定性使投资企业产生外部环境风险，企业要在一定的范围内控制和影响这些风险形成和发展的条件，利用相关技术疏导这类风险。具体而言，我国企业投资外部环境风险主要包括以下几方面：

（1）经济、法律和政策环境风险。经济环境是指构成企业生存和发展的社会经济状况及国家经济政策，它是由社会经济结构、经济发展水平、经济体制和经济政策四个要素构成的。企业的投资活动在很大程度上受所在国家经济状况和经济实力的影响，受利率、汇率、经济增长速度和通货膨胀等指标的制约。比如，在宏观经济持续增长的情况下，市场需求不断扩大，投资增加，企业资金充足且盈利能力高，此时，即使投资过程中遇到一些问题，企业也会在持续发展中克服障碍，保障投资的顺利实施；反之，在宏观经济发展减缓乃至衰退的局面下，企业经济效益下降，参与投资的各方将会面临较大的风险，企业投资的结果也将具有很大的不确定性。

影响企业投资的法律和政策因素主要包括税法的改变、反垄断及不正当竞争方面法律的制定以及相关法规政策的变化等。一般而言，国家法律和政策对企业投资行为的影响主要表现在两个方面：一是企业投资活动可能被国家法律或政策限制，比如为保护中小企业的发展，国家会制定反垄断法对某些可能导致垄断的企业投资行为加以约束；二是国家政策及法规对企业投资的约束会提高企业的投资成本，增大企业投资风险，比如，企业在投资过程中一旦违反了有关规定，就要接受行政处罚并承担民事赔偿责任。

目前我国的法律法规尚不完善，还需进一步规范投资行为的法律和法规，加强立法对投资、破产、债权人权益、劳动力补偿等相关规章制度的明确界定。此外，还需要进一下完善反垄断法、社会保障法等投资的配套法律体系等，这在一定程度上增大了企业投资的风险。

（2）产权风险。从制度经济学的观点来看，任何一个合约本质上是一个产权安排，一个企业就是一个契约的集合，或者说是一个产权的组合，企业投资就是在要素所有者之间达成合约的交易。产权是一种财产权，但它更多地从动态的角度和法律的角度来揭示财产关系，其目的是更好地建立一种财产约束关系的机制，以实现社会资源的最优配置。以产权为依托，对财产关系进行合理有效的组合。如果产权制度是以一元的财产所有权与多元的经营权，有控制的分配权、有限制的财产处置权并存为主要特征，说明企业尚未成为真正意义上的法人，这种产权制度显然不适应市场经济的要求，它不可避免地对企业投资带来多方面的阻碍，既有经济方面的因素，也有非经济方面的因素，都能加大投资风险。

（3）市场缺陷风险。企业投资本身也是资本市场运作的一部分，发达的资本市场对企业投资具有重要的推动作用，一方面资本市场融通资金的功能为企业投资方迅速筹措资金创造了条件；另一方面资本市场的价格定位功能为企业投资主体的价值评定奠定了基础。因为企业投资成功的先决条件是投资双方达成合理价位，被投资的价格确定是企业投资的关键。资本市场上同类上市公司的价格则是投资价格的极好参照。比如，在企业投资中，不论是吸收目标企业的部分资产，还是收购整个目标企业的全部资产，都不能回避资产评估的问题。如果对一个目标企业的估计涉及预期收益的实现，预期收益值和预期收益时间都是不确定的，这会给企业投资带来估计风险，这种风险的大小取决于投资企业获得目标企业的信息的质量和价值，也间接地取决于花费在投资准备和投资前的审计以及投资后整合时间的长短。

（4）政府干预风险。政府行为作为投资环境中企业的主要外部因素，有时对投资的成败起着决定作用。在市场经济条件下，投资无疑是一种追求规模和效益的市场行为和企业行为，企业投资应以企业为主体，政府不应越俎代庖。另外，政府与企业的目标往往不一致，企业追求的目标往往是经济利益的最大化，而政府行为的目标是多元的，既包括政治目标、社会目标，又包括经济目标（即弥补市场缺陷，国有资产保值增值）。在这一含有多重变量的目标函数下，政府显然无法单一地从效率原则出发来指导或策划企业特别是国有企业的投资行为，比如从社会目标出发，政府将不得不考虑因企业投资而引起的诸如工人失业等被称为"社会不安定因素"的一些问题，在此情境下将导致企业投资成本膨胀和不可控。

2. 内部财务风险

这里的财务风险是投资企业对目标企业价值评估中预计投资后在资金融通、经营状况等方面产生的风险。具体而言，企业在投资过程中产生的内部财务风险主要包括以下几方面：

（1）资金融通风险。企业投资往往需要大量的资金，企业投资的资金融通风险主要指企业能否及时足额地筹集到投资资金以及筹集的资金对投资后企业的影响。投资资金通常是通过内部融资和外部融资两条渠道获得。内部融资是企业利用内部留存的自有资金来形成投资资金。由于我国企业普遍规模小，盈利水平低，依靠自身积累很难按计划迅速筹足所需资金；此外，如果大量采用内部融资，大量占用企业的流动资金，将降低企业对外部环境变化的快速反应和调适能力，危及企业的正常营运，增加财务风险。外部融资是指企业通过外部渠道筹集投资资金，包括股票融资和债务融资。股票融资会改变企业的股权结构，稀释大股东对企业的控制权，也可能会产生主并方大股东丧失控股权的风险。通过举债来筹集投资所需资金同样具有较大的财务风险，尤其是企业本身资产负债率比较高，再借款能力有限的情形下，投资后企业极易因负债过多、资本结构恶化、财务负担较重等原因而陷入财务危机。

（2）战略选择风险。企业在做出投资时，如果盲目地进行经营领域的扩展，特别是进入一些非相关性的新领域，就有可能导致范围不经济。这种风险主要表现在：一方面企业在向不熟悉、与现有业务无关新领域扩展时，要承受着技术、业务、管理、市场等不确定因素的影响，企业对新进入的行业不熟悉，这将会给企业带来极大经营风险。另一方面，企业将过多的资源投入到非相关业务中，会削弱企业原主营业务的发展、竞争和抵御风险的能力。如果主营业务遭遇风险，而此时新的业务未能发展成熟或其规模太小，就有可能危及企业的生存。从财务角度看，企业通过混合并购实施多元化战略时，需要大量的资金保障，如果企业没有足够的剩余资金，资金需求将远远大于供给，使企业发展时时处在资金不足的硬约束之下。而企业的营运资金可分为权益性资金（资本金）和债务性资金两大类。权益性资金积累的规模和速度受到收入水平、金融市场的成熟程度、投资者意愿和其他条件的限制，运用这类资金为企业提供巨额资金支持难度很大，也不易迅速见效，因此，企业往往主要依赖债务性资金，高负债导致高额的资金占用成本，造成企业负债率上升、财务状况恶化的风险。

（3）经营风险。企业投资后因经营状况的不确定性导致盈利能力的变化，从而产生经营风险。具体表现在：一是被投资企业原有客户对投资后企业产品供应的持续性以及质量、价格和服务可能会持怀疑态度，从而造成投资后企业与原有客户的关系难以协调，给原有的竞争者以可乘之机，造成产品的市场份额被掠夺。二是投资完成后，企业规模的扩大使得投资企业在经营过程中必要的管理支出如管理人员工资、办公费、经营费用等迅速增大；此外，企业通过投资建立一定规模的组织结构后，还要花费相当的代价来促进企业经营的正常进行，否则就会因内部信息资源流动不畅或迟缓而直接影响着企业的经营绩效。三是企业通过投资扩张，使得企业管理层次及管理幅度都会不同程度增加，企业领导人能力的有限性将使其决策失误的概率提高，容易造成投资企业经营陷于困境。

【例9-1】1989年8月，在深圳大学软件科学管理系硕士毕业的史玉柱和三个伙伴，用借来的4 000元钱承包了天津大学深圳科技工贸发展公司电脑部，将其开发的M-6401桌面排版印刷系统推向市场。4个月后，M-6401的销售额一举突破百万大关，从而奠定了巨人集团创业的基石。1991年8月，史玉柱投资80万元，组织10多个专家开发出M-6401汉卡上市，11月，巨人集团主推的M-6401汉卡年销售量2.8万套，销售产值共1.6亿元，实现纯利3 500万元，年发展速度达500%。1993年1月，巨人集团在北京、深圳、上海、成都、西安、武汉、沈阳、香港成立了8家全资子公司，到12月，巨人集团在全国各地成立了38家全资子公司。集团在一年之内推出中文手写电脑、中文笔记本电脑、巨人传真卡、巨人中文电子收款机、巨人钻石财务软件、巨人防病毒卡、巨人加密卡等产品。由于国际电脑公司的进入，电脑业于1993年步入低谷，巨人集团也受到重创。1993年、1994年，全国兴起房地产和生物保健品热，为寻找新的产业支柱，巨人集团开始迈向多元化经营之路——计算机、生物工程和房地产，巨人脑黄金是巨人集团多元化扩张的"一大战役"，1995年5月18日，巨人集团以集中轰炸的方式在全国发动促销电脑、保健品、药品的"二大战役"，一次性推出电脑、保健品、药品三大系列的30个产品。1994年8月以后，巨人集团开始涉足房地产这一陌生的领域，总裁史玉柱投资12亿元兴建巨人大厦，投资4.8亿元兴建绿谷旅游工程，投资5 400万元购买装修巨人总部大楼，在上海浦东买下3万平方米土地，准备兴建上海巨人集团总部。在初建巨人大厦时，为了筹措资金巨人集团在香港卖楼花拿到了6 000万港币，在内地卖了4 000万元，其中在内地签订的楼花买卖协议规定，三年大楼一期工程（盖20层）完工后履约，如未能如期完工，应退还定金并给予经济补偿。而当1996年底大楼一期工程由于施工不顺利未能完成时，巨人集团因财务状况不良，无法退还债主违约赔偿金，建大厦时卖给内地的4 000万元楼花就成了导致巨人集团财务危机的导火索。在1997年初，巨人集团彻底瘫痪，巨人大厦被迫停工，巨人集团欠债高达1亿元。分析巨人集团失败原因，得出启示如下：

（1）关注相关多元化。在经营过程中盲目追求多元化是导致巨人集团失败的最重要原因。如前所述，巨人集团曾一度涉足了电脑业、保健业、房地产业等，行业跨度很大，而新进入的领域并没有形成核心竞争力，企业将精力和资金投入自己不熟悉的领域，使得其有限的资金被牢牢套死。企业多元化经营必须充分关注相关多元化，因为产品之间或业务活动之间具有相关联性，公司便可以享有并充分利用各产品间和各业务间的相关性，实现成本优势。

（2）科学的投资决策程序。做出决策时首先应该考虑与决策相联的风险，在现代市场经济条件下，环境不断变化，企业之间的竞争日趋激烈，企业所面临的风险不断增加，企业在决策前如果没有进行风险分析与评估，没有通过分析和评价企业内部的优势与劣势、长处与短处、机会与威胁，就盲目做出决策，必然会引发失败危机。

9.2.2 投资风险控制

根据现代企业管理原理，任何一项重大决策的实施，一般至少应经过授权、审批、执行、会计记录和复核五个环节。企业将各项业务处理过程制定成这几个标准化程序，分别交由不同的部门或人员进行处理，这不仅有利于员工遵照执行，保证各项业务活动有条不紊地按程序进行，使其能以最短的时间、最理想的消耗获取相对满意的经济效果，而且还可以相互牵制、相互稽核、相互监督，从而达到有效控制的目的。

1. 利用投资约束控制投资风险

投资约束是指投资者对接受投资企业行使制约权力的程度。投资约束与投资风险程度相联系，风险越大，约束越强。投资约束还与投资类型密切相关，投资者必须根据投资的类型、投资可能面临的风险，选择约束条款，以使投资风险降至最低。

1）控制权约束

控制权约束是指投资者对接受投资企业直接行使控股权或所有者权利的一种约束形式。这种约束涉及确定经营者，行使重大决策权，包括资本变动、重大经营决策权、行使监督权，以及确定利润分配政策。从本质上看，这些权利属于行政控制权的范畴。因此，资本性投资往往选择这种约束方法，以取得对接受投资企业的控股权。

2）市场约束

它是通过市场机制的作用，对接受投资企业进行一种潜在的约束。在金融投资中，投资者投出资金后，不仅接受投资企业必然进入市场，而且投资者也没有退出市场，它通过金融市场对接受投资企业进行约束。

3）用途约束

用途约束是指投资者直接限制投出资金的使用方向，不许用作他途，接受投资企业必须按约定用途使用。其实质是投资者为避免接受投资企业任意使用投资而可能带来的投资损失。用途约束也与接受投资企业的信用状况和经营状况相联系，信用好的企业不必约束用途，信用差的企业必须强化专款专用。

4）数量约束

它是指投资者对接受投资企业使用投资资金的额度所作的限制。数量约束一般只存在于债权投资中，以降低贷款风险。

5）担保约束

它是指投资者要求接受投资企业先取得其投资款时，必须以该企业的动产和不动产作为抵押，一旦投资款不能收回时，则通过变卖抵押资产清偿债务。担保约束一般只存在于债权性投资场合。

2. 投资程序控制制度

1）对投资活动订立详细的内部控制制度

健全合理的投资内部控制制度是一切投资活动的指南，它包括投资的组织机构制度、管理制度、岗位责任制度、记录和报告制度等一系列有关投资的内部管理制度，特别强调的一点是在投资制度中，是否画出了投资活动的流程图，因为流程图是企业对投资活动的整体把握以及全过程的概括和总结。

2）合理划分投资活动的职责

合理的投资业务设置，应在业务的授权、业务的执行、业务的会计记录以及投资资产的保管等方面都有明确的分工，不得由一人同时负责上述任何两项工作。合理的分工所形成的相互牵制机制有利于避免或减少投资业务中发生错误或舞弊的可能性。具体而言，岗位分工如下：

（1）编制投资计划的人不能同时掌管该计划的审批；
（2）证券购入与出售业务的人员不能兼任会计的记录、保管和盘点工作；
（3）证券的保管人同交易会计记账人员必须在职责上分离。

3）投资前做出风险分析和详细计划

投资业务收益高，风险大，所以在投资前应由熟悉整个企业生产经营活动过程和情况以及企业未来发展规划，同时具备投资分析技能的人员进行风险分析，编制具体详细的投资计划。企业也可以根据实际情况，聘请证券分析专家、市场分析专家或其他投资咨询公司来进行。

4）为投资活动设置适当审批程序

企业应根据投资的性质和金额，设置投资活动的负责人级别，各种具体的呈报和审批手续，使投资活动在初期就得到严格的控制。对于金额较小的临时性的短期投资，投资计划可由董事会授权的高级职员（通常是财务经理）来负责审批；如果投资金额较大或期限较长，审批一般由企业董事会进行。审批的内容主要包括：投资交易活动是否符合政府颁布的有关投资的法规、条例；投资的理由是否恰当；投资行为与企业的战略目标是否一致；收益的估算是否合理；影响投资的其他因素是否充分考虑等。所有投资决策都应当经审批确认后，方可正式执行。所有书面文件应进行连续编号归档，以便于日后查询。

5）完善投资交易的控制手续

企业一般委托证券经纪人从事证券投资行为。双方应签订委托合同，明确各自的权利与义务。经纪人为委托人购置证券时，必须取得投资企业有效的投资指令。经纪人不得从事任何超出授权范围的投资行为。经纪人应填写成交通知书，内容应包括：投资指令号，最高价格和最低投资报酬率，证券名称、数量、面值和实际成交价格等。成交通知书应由财务经理或其授权的其他职员进行审核，以证实购入证券的数量和价格及投资报酬率是否符合投资指令。

6）健全投资资产登记、保管、会计核算和盘点制度

首先，除无记名证券外，企业在购入股票或债券时应在购入的当日尽快登记于企业

名下，不能以任何个人名义来署名和登记。其次，在拥有较大的投资资产的情况下，企业应委托独立的专门机构如银行、证券公司、信托投资公司等机构进行保管，另外也可由企业自行保管，在这种方式下，必须建立严格的联合控制制度，即至少要由两名以上人员共同控制，不得一人单独接触证券。对于任何的存入或取出，都要将证券名称、数量、价值及存取的日期和数量等详细记录于证券登记簿内，并由所有在场的经手人员签名。再次，投资资产无论是自行保管的还是由他人保管的，都要进行完整的会计记录，并对其增减变动及投资收益进行相关会计核算。应对每一种股票或债券分别设立明细分类账，并详细记录其名称、面值、证书编号、数量、取得日期、经纪人名称、购入成本、收取的股息或利息等，对于联营投资类的其他投资，也应设置明细分类账，核算其他投资的投出及其投资收益和投资收回等业务，并对投资的形式、被投资单位、投资的计价以及投资收益等做出详细的记录。最后，还要两个以上内部审计人员或不参与投资业务的其他人员对投资资产进行定期盘点，检查是否确为企业所拥有，并将盘点记录与账面记录相互核对以确认账实的一致性。盘点工作一年至少进行多次，甚至每月进行。详细记录在盘点清单上，并逐一同证券登记簿和投资明细账进行核对。如果发现有不一致的情况，应及时追查。在盘点或检查过程中，发现的实存数量同账面记录数之间的差异，在没有得到董事会或由董事会指定的人批准前，不得进行账面调整。

7）应设置处置投资资产控制程序

投资资产处置的控制程序与取得的控制程序基本上相同，即任何有价证券的出售必须经财务经理或董事会的批准；代公司进行证券出售活动的经纪人应受到严格的审定；经纪人同投资者之间的各种通讯文件应予记录保存，反映经纪人处置证券结果的清单应根据处理指令受到检查。如果投资资产的处置为不同证券之间的转移，则该业务应同时置于证券取得和处置的控制制度之下。如果处置的结果是收回现金，还应结合现金收入的控制方法，来对投资资产处置进行控制。

8）合理揭示投资收益

企业应根据企业会计制度合理确定投资收益时间和投资收益计算方法，为划清投资收益和投资的界限提供基本保证，以取得审计人员和政府机构对其投资收益揭示的信赖。

9.3 融资风险识别与控制

9.3.1 融资风险识别

融资风险是每个企业都必然面对的风险，融资风险主要包括两大类：

（1）债务融资风险。债务融资风险是指因企业的举债经营而导致偿债能力的丧失或企业举债后资金使用不当导致企业遭受损失及到期不能偿还债务的可能性。从内容上看，它包括偿还长短期借款风险、租赁融资风险、商业信用风险、债券融资风险等；从表现形式上看，它包括支付性债务融资风险和经营性债务融资风险。支付性债务融资风险是指在某一特定的时点上,负债经营的企业现金流出量超过现金流入量,从而造成企业没有现金或没有足够的现金偿还到期债务的可能性。经营性债务融资风险是指企业在收不抵支的情况下出现的不能偿还到期债务的风险。在负债不变的情况下,企业亏损越多,则用自身资产来偿还债务的能力就越低。如果企业不能及时扭转亏损状况,势必会产生终极经营性债务融资风险,从而陷入财务困境。

(2)权益融资风险。权益融资风险是指企业发行权益性证券时,由于发行数量、时机、融资成本等原因造成企业损失的可能性,以及融资后因资金使用不当而导致资金运营失败或企业退市的可能性。从内容上看,它包括普通股融资风险、留存收益融资风险及其他混合融资风险等。

1. 不同融资方式的风险识别

从融资方式看,我国企业融资大致可分为债务融资、权益融资和混合融资等类型。企业融资方式因时间、空间的不同而有多种选择,它是一种动态的抉择,需要决策者根据企业的具体环境和条件进行分析和考虑。

1)债务融资

债务融资主要包括:

①借款融资。是企业直接与商业银行或其他金融机构商借的、偿还期限较为固定的融资方式。该融资方式优点是融资速度快、手续简便,企业得到借款所花费的时间较短,此外,由于融资不涉及发行等问题,交易费用少,融资成本低。其缺点是许多借款合同对企业的某些行为有严格的约束,从而在某种程度上可能妨碍企业正常的生产经营活动。

②租赁融资。这是一种特殊的债务融资方式,是以专门从事租赁业务的一些非金融机构和租赁公司作为出租人,以收取租金为条件,在契约或合同规定的期限内,将资产租借给承租人使用的一种方式,其实质是以实物资本进行借贷的行为。

③商业信用。在商品交易中以延期付款或预收货款等方式进行购销活动而形成的借贷关系,是企业普遍采用的短期融资手段,具体形式包括应付账款、应付票据、应付费用和预收货款等。其优点是融资方便、融资成本低、限制性条款较少;但一般延期付款的时间较短,企业偿债任务较重。

④债券融资。债券融资是可供企业进行直接融资的一种重要形式。企业债券是由企业发行的、承诺向债权人定期支付利息和偿还本金的有价证券。其最大的特点有两个:流动性,既可以在证券市场上进行交易,又能充当抵押品向金融机构申请贷款;收益性与风险性,即债券持有者在获取定期利息收益的同时,可以借助于债券价格的波动取得价差收益,并承担债务人经营失败和债券价格下跌所产生的风险。

2)权益融资

权益融资主要包括:

①普通股融资。发行普通股是股份公司筹集资金的主要方式之一,其所筹集的资金是企业的长期自有的权益资本。从融资方角度看,普通股融资的优势是使企业能够获得大量可供稳定使用的资金,避免企业因承担定期定量支付本息的法律义务而增加的固定

费用,在一定程度上降低了资产负债率;其缺点是由于发行股票所需费用较大,所用时间较长,增加了融资的成本。

②留存收益融资。它是作为企业从内部筹集权益资本而非直接向股东融资的一种特殊手段,如上市公司送红股和资本公积金转增新股等,其实质是将股东应得的收益留存在企业进行再投资。这种融资方式既不会改变企业的股权结构,又不会改变控制权结构。总的来讲,留存收益融资的费用很低(几乎等于零),它可以降低企业的资产负债率,使企业保持较大的可支配的现金流量。但是,采用留存收益融资也会给企业和股东带来一些负面影响,如企业不发放或少发放股利会导致投资者对企业的盈利水平和财务状况产生怀疑,从而失去股东对企业的信任,减少企业再筹集权益资本的机会。

3)混合融资

混合融资方式是可供企业采用、具有权益和债务混合性质的融资方式,它包括:

①优先股融资。作为一种企业为了筹集资金而发行的混合型证券,优先股兼有股票和债券的双重特征。一方面其分派股息在普通股股东之前,且股息率是事先约定的固定值,一旦企业破产,优先股的索取权位于债权人之后、普通股股东之前;另一方面作为权益资本,优先股股息用税后净值发放,没有免税优惠,且其发行费用率和资本成本一般较普通股低,但较债务融资高。

②认股权证融资。是公司发行的一种长期股票买入选择权,其本身不是股票,因此也不享受股东的权益;其持有者可以在规定的时间内按照事先确定的价格购买一定数量的公司股票。虽然认股权证具有很难得的可以单独流通与交易的特性,但一般还是与公司的长期债券或优先股一起发行。这样做既可以增加长期债券和优先股的吸引力,降低其融资成本;又能在认股权证的持有者向企业购买普通股股票时,筹措到一笔新的资金。

③可转换债券融资。可转换债券是由股份公司发行的,可以按一定条件转换为一定数量的公司普通股股票的债券。可转换债券融资优点是可以降低债券的融资成本,而且一旦转化为公司普通股后,可以使公司避免偿还债券本金。可转换债券融资也存在着一些明显的缺点,如一旦公司股票的价格未能如期上升,则无法吸引债券持有者将债券转换为公司普通股股票,使公司面临严峻的归还本金的威胁。

2. 投资与融资来源组合方式的风险识别

企业的融资风险主要取决于三种资产投资与融资来源的组合方式,即保守型模式、适度型模式和激进型模式。

1)保守型模式

这种模式要求流动资产大于流动负债,即企业的非流动资产的投资资金全部来自长期资金,而且还有一部分长期资金用于流动资产投资。采用这种模式,企业的营运资金较多,短期偿债能力较强,财务风险较低,但资本成本较高。

负债按期限的不同分为流动负债和长期负债。在流动负债中,有相当一部分是无须支付利息的(如应付账款),但期限较短。若企业要保持信用,就要及时偿还这些无息负债,否则会导致企业自身信用下降,当企业产品销售不畅,资金回笼出现困难时,便会出现偿债困难。因而，从稳健的角度，企业一般应保持流动负债小于流动资产。长期负债的主要来源是长期借款和企业债券。一般情况下，长期负债的获得要比流动负债难，资本成本高，如果过分地依赖长期负债，也可能造成资金浪费。除了长期负债，企业的长期资金还包括权益资本融资来源，包括吸收直接投资、发行股票和内部积累形成的资本。这些资金大部分用于长期资产的投资，另一部分被用于流动资产投资。从理论上讲，权益资本是低风险、高成本的融资来源，将权益资本用于流动资产投资有利于企业经营的安全性和稳定性，但资本成本明显提高。因此，这种模式是一种低风险、低收益的动态资本结构模式，这种模式的基本关系可表示为表 9-2。

表 9-2　保守性资本结构

流动资产	流动负债
长期资产	长期负债
	所有者权益

2）适度型模式

这种模式要求流动资产等于流动负债，即流动资产投资的资金来源于流动负债，非流动资产的资金来源于权益资本和长期负债。这是一种理想状态下的动态资本结构模式。它要求企业的基本经营和财务状况良好，如保持产品销售的畅通和货款回笼稳定，财务预算先进可靠。

在这种模式下，一方面由于偿还流动负债的主要资金来源是流动资产的变现，在企业流动资产具有正常变现能力的情况下，即存货能够及时销售，应收账款能够及时收回，不存在不能变现的流动资产（如待摊费用、待处理流动资产损失等），企业仍可能保持正常的短期债务偿还能力。否则，企业随时可能面临不能偿付的财务风险。另一方面，由于流动资产投资的资金主要来自资本成本相对较低的流动负债，资产与资本组合的成本相对较低。因而这是一种风险和收益均适中的动态资本结构模式，这种模式的基本关系可表示为表 9-3。

表 9-3　适度型资本结构

流动资产	流动负债
长期资产	长期负债
	所有者权益

3）激进型模式

这种模式要求流动资产小于流动负债，即非流动资产所占用的资金相当一部分来自流动负债，流动负债除了用于流动资产投资外，还用于非流动资产投资。这种模式的目的是降低资本成本，但由于非流动资产投资的目的主要不是用于通过变现来偿债，容易出现偿债风险。如果企业处于成长期，经营业绩良好，扩大投资欲望较强，短期举债比长期举债更为容易，通过增加短期负债来满足长期投资的需要是可行的，否则它会使企业出现不能及时支付的财务危机。这是一种高风险和高收益的动态资本结构模式，这种模式的基本关系可表示为表 9-4。

表 9-4　激进型资本结构

流动资产	流动负债
长期资产	长期负债
	所有者权益

从资本结构的理论和实践看，没有绝对标准可以判断哪一种模式最好。不同企业应根据自身的生产经营情况，选择不同的资本结构模式。一般而言，处于成长期、经营情况良好的企业，可选择激进型模式，以降低资本成本；而处于衰退期、经营状况不佳的企业，则应选择保守型模式，以降低财务风险；处于正常发展时期的企业，从稳健的角度出发，应选择适度型模式，将资本成本和财务风险都控制在适度的范围内。如果企业不从自身的实际情况出发，在经营状况不佳时，选择激进型模式，会大大增加企业陷入危机的可能性。

【例 9-2】百富勤集团公司是 1988 年以 3 亿港元股本创立，历经 10 年发展起来的香港一家大型跨国投资银行集团公司，其总资产为 240 亿港元，曾是以中国香港为基地的，除日本外亚洲最大的上市投资银行集团公司。

百富勤集团公司的财务投资主要集中在衍生金融工具和亚洲企业债券，由于东南亚国家货币币值和市场利率的不稳定性，使得这些投资积聚着巨大的购买力风险、利率风险、违约风险、变现力风险等一系列财务风险。在 1998 年初，当穆迪和标准普尔企业双双将印尼信贷评级降至"垃圾"级后，印尼盾在短短的 7 天内剧挫，与美元的比价跌至 1.1 万印尼盾，令百富勤集团公司所投资的印尼债券形同废纸。1998 年 1 月 12 日，百富勤因无法支付到期的 6 000 万美元的债务而宣布破产。

分析百富勤投资失败原因，我们得出如下启示：

（1）保持充裕的流动资金是企业控制财务风险的保证。在 1997 年中期，百富勤集团公司只有 8.65 亿美元的资产，但该公司却将相当于净资产 30%的款项共计 2.6 亿美元，采取无担保贷款的形式贷给印尼计程车公司，以至于印尼盾下跌导致其贷款无法收回。此外，像百富勤这类从事投资银行、股票经营的高财务杠杆效应企业，应时刻保持充裕的流动资金，维持良好的偿债能力，保持合理的债务结构，这对控制财务风险是极其重要的，在这方面百富勤做得很不够。

（2）财务结构合理与否是识别企业筹资风险的关键。面对 6 000 万美元的偿债风险，百富勤集团公司的管理层已经认识到解决财务风险的根本措施是解决流动资金，注入资本及引进强有力的大股东等一揽子工作计划。但在寻求外部的投资人时百富勤却屡次碰壁。因为其不合理的财务结构以及过高的负债率，使得美国国际集团公司和瑞士苏黎世中心集团都拒绝向其注资。直到 6 000 万美元债务偿付日的前一天，公司都还未得到美国芝加哥银行贷款的资金支持。因此，由于外部融资受挫，企业自身的融资能力差，无法按期筹集到资金来偿还债务，最终导致百富勤融资风险无法释放。

（3）有效地利用财务杠杆是企业经营成功的保证。企业对其筹资结构的设计，实质上是对资金筹集中财务杠杆利益、筹资成本、筹资风险和筹资权益的平衡。企业应有一个合理的负债经营政策，确定合理的负债经营规模，选择适当的负债经营方式和期限，决定合适的利率水平以及利息支付方式和清偿方式，使企业形成合理的负债结构。

9.3.2 融资风险控制

1. 融资前的风险分析

由于融资的外部环境、融资的时机和顺序等会给融资带来困境，所以，融资前的风险分析极其重要。

（1）融资外部环境的风险。企业是市场经济的主体，同时也要受到市场环境变化的影响。国际经济大背景的变化，国家宏观调控政策的波动，以及资本市场的发展状况都会带来企业融资的不确定性。正确的融资时机选择应该是在国家政策大力扶持、经济较为繁荣、资本市场交易活跃的时期进行融资。如果在经济处于衰退或萧条时期发行股票和借款都会面临融资困难，影响融资计划的顺利实现。

（2）融资顺序的风险。根据"融资优序"相关理论，债务融资和权益融资存在优序问题。比如，Myers（1984）在"资本结构之谜"一文指出，在信息不对称下，企业将尽可能减少外部权益融资；如果需要外部融资，则更偏好债务融资。因为在不对称信息下，管理者比市场或投资者更了解企业收益和投资的真实状况，当企业为投资新项目寻找新的融资方法时，如果项目的净现值为正，说明该项目具有较好的获利能力，但管理者也不愿意发行新股，因为他们作为原有股东的代表不愿将投资收益转移给新股东。此外，债务融资方式自身也存在优序问题。比如，Rajan（1992）认为，质量好和质量坏的企业都可能倾向发行公开债券，而质量中等企业则可能倾向于银行贷款。

（3）筹划具体融资方案时的风险。确定了融资方式，但在具体策划和实施融资方案时，由于市场存在很大的不确定性，还会给企业带来风险和危机，如利率的确定风险。在经济萧条时，政府通过调低利率来刺激消费，扩大生产。在经济过热时，政府提高利率来鼓励居民增加储蓄、抑制消费、压缩生产规模，从而使经济过热的局面得到控制。经营者遇到利率变化时，如果融资利率过高，导致企业成本费用开支过大，盈利骤减，会影响到股东的利益和企业的再生产，进而影响到企业以后其他方式的融资。再比如，如果债券利率确定过低，会影响企业债券的出售，不能筹集到所需资金，也会带来风险。所以，企业在确定具体的融资方案时，应首先对市场和企业的各方面情况进行全方位分析和论证，在全面掌握信息基础上，对每种方案进行测算和论证，并征求专家建议，以尽可能将失败风险降到最小。

2. 融资程序控制制度

融资活动除了计划安排要完善合理以外，在具体实施融资活动的过程中，还可能发生个人的失误或者管理的纰漏，所以完善的预控措施还包括对融资全过程制定控制和检查制度。具体而言：

（1）企业应对融资活动订立详细的内部控制制度。健全合理的融资内部控制制度才能保证融资活动的有序进行，它包括融资的组织机构制度、管理制度、岗位责任制度、记录和报告制度等一系列有关融资的内部管理制度。

（2）合理安排融资活动的职责。融资作为企业最主要的生产经营活动之一，一般应安排计划、审批、经办、保管、财务等职务。但有些职务需要进行分离，包括：融资计划的编制人员应与审批人员适当分离；办理债券或股票发行的人员不得接触会计记录，债券与股票的保管一般应委托专门的机构进行；负责利息或股利计算及会计记录的人员应同支付利息或股利的人员分离。

（3）编制具体的融资计划。融资管理人员应定期进行企业经营情况的分析，根据企业的资金预测编制融资计划。筹集计划应包括以下内容：融资的原因、融资时间、融资方式的比较分析和融资方式的建议等。

（4）融资活动要经过适当的授权审批。企业筹集资金中，通过发行股票进行股权融资，或者通过发行公司债券进行债权融资，都应经过董事会授权，有正式的审批程序。除此之外，通过银行、其他金融机构和企业借款也是企业常用的信用融资方式，应按不同金额，明确其审批人员和权责范围。

（5）按国家的有关法规规定的程序融资。融资活动应严格按照国家的有关法律法规进行，根据要求履行审批手续，向有关机关递交相关文件，并保证文件的真实和有效，融资业务完成后，应按照有关法律、法规规定的义务进行公告和披露相关信息。

（6）有价证券规定专人签发和保管。债券或股票的发行应经董事会授权的高级管理人员签发后方可对外发行，并复核签发的债券、股票与董事会的核准文件是否一致，文件和手续是否齐备。对已核准但尚未对外发行的债券或股票，一般应委托独立的拥有专门保管设备的机构代为保管。企业也可以自行保管债券，应指定专人负责，并存放于专用的保险柜中。保管人员应与债券发行和账簿记录人员职责分离。

（7）正确地计提和支付利息和股利。企业的控制制度应保证利息的计算正确；大额的利息支出应按照权责发生制的原则，采用计提的方式进行处理，利息和股利的支付经过适当的授权；应付利息应当在有关人员签字确认后，才对外偿付。若企业委托代理机构对外偿付利息和股利，应将代理机构交来的利息或股利支付清单作为企业的记账依据，利息或股利支付清单应记载收款人姓名和支付金额。

（8）健全会计账簿制度。发行记名公司债券的公司应在债券存根簿上记载债券持有人的姓名或者名称及住所、取得债券的日期及债券的编号、债券总额、票面金额、利率、债券的还本付息的期限和方式、债券的发行日期；发行无记名债券的应当在公司的债券存根簿上记载债券总额、利率、偿还期限和方式、发行日期和债券编号。发行记名股票的公司应设置股东明细账，详细记录股东名称及住所、持股份数、股东所持股票的编号、取得其股份的日期，发行无记名股的公司应当记载其股票数量、编号及发行日期。股东明细账簿上定期与股本总账相核对。

3. 融资结构

1）长期债务与短期债务的协调与控制

在资金总额固定不变的情况下，如果成本较低的短期资金增加，企业利润就会增加；如果流动资产水平保持不变，流动负债增加就会使流动比率下降，使企业的短期偿债能力减弱，增加了债务融资风险。但是需要注意的是，仅仅从流动性上来控制债务融资风险是远远不够的，并不能说短期债务融资高于（或低于）长期债务融资就是好的，企业的资金筹集要考虑企业的投资、发展规模，从企业自身的需求来考虑问题。因此，债务的期限结构要与投资的期限相结合才更能解决融资风险的控制问题。

2）债务期限与投资期限的协调与控制

企业在进行融资与投资的过程中，应该注意资产占有与资金来源合理的期限搭配，合理规划债务的期限，使其与投资期限相衔接，并安排好企业的现金流量。保守的企业管理者一般应选用债务期限稍长于投资回收期的债务融资方式。如果选择了债务期限过长的融资方式，对降低企业的债务融资风险有利，但长期资金短期使用，资本成本太高；反之，若选用还款期过短的融资方式，虽对于降低资本成本有利，但企业过于频繁地偿债、举债，债务融资风险自然就会增加，而且一旦企业的现金流量不稳定，就会影响到企业财务状况的稳定性。因此，如果企业的借款期限与企业的生产经营周期能够互相搭配，企业的还本付息是不成问题的，所以按投资期限的长短来安排和筹措相应的债务资金是企业控制债务融资风险的有效方式。

3）债务融资与权益融资的协调与控制

实务中到底企业的债务应控制在多大的规模内，并无定论，但有很多方法可以供企业采用，企业可以根据自身情况加以分析，确定债务规模。"财务两平点"就是一个比较简单的方法。其理论依据是：当企业的资金全部为自有资金时，企业只存在经营风险；当企业资金有一部分是借入资金时，如果企业息税前净收益为负，即发生亏损，就要以自有资金支付借款利息，企业丧失偿债能力，便出现债务融资风险。财务两平点是指企业利润等于零时的经营收益及销售收入。公式为：

$$经营收益 = 借入资金利息$$

$$销售收入 = \frac{借入资金利息}{1-销售成本率-销售税率}$$

如果企业经营收益等于借入资金利息，企业利润等于零。此时，企业处于损益两平状态。如果企业经营收益低于财务两平点，企业便出现债务利息偿付风险。如果企业经营收益大于财务两平点，企业利润为正数，能够用经营收益支付借款利息，企业可以在现有资金规模下继续举债经营。

至于债务融资与权益融资的选择，企业可采用资本成本决策法和无差别点法进行分析。

第一，资本成本决策法。如果一个企业的负债规模较小，则偿债能力就较强，债务资本成本和股东要求的股利支付率一般都比较低。随着债务比重的提高，企业偿债能力就会下降，破产风险增加，这时债权人和股东通常都会要求提高利息率和股利率，使资本成本过高。风险决定着企业资本成本的升降变化,资本成本也反映出风险的高低。利用风险与资本成本之间的关系,确定以总资本成本最低的资本结构作为最优资本结构。

第二,每股收益分析。每股收益分析是利用每股收益的无差别点进行的。所谓每股收益的无差别点是指使不同融资方式的每股收益相等时的点,即在此点上,无论是采用债务融资还是股权融资,其每股收益都相等。由于这种方法主要是分析息税前盈余(EBIT)和每股收益(EPS)之间的关系,所以也称 EBIT-EPS 分析法,其计算公式为

$$EPS = \frac{(S-VC-F-I)(1-T)}{N} = \frac{(EBIT-I)(1-T)}{N}$$

S:销售额; VC:变动成本; F:固定成本;
I:债务利息; T:所得税率; N:流通在外的普通股股数。

9.4 案例讨论

9.4.1 H集团的经营现金流

本案例从企业经营活动的视角重点对 H 集团产业园业务进行分析。首先公司的盈利能力不错,但盈利周期非常长。衡量盈利能力的主要指标是毛利率,但通过对每一个会计环节的分析,发现了"表外存货"的存在,具体影响为:由于无法将产业园业务的建设周期,与招商引资周期结合起来,各期计算的毛利率不能够反映产业园业务的盈利能力。可以预见,该数额低于公司年报披露的毛利率水平。在计算盈利周期时,根据产业园业务存货,投资额与产业发展服务收入之间的错配关系,计算出盈利周期大约在 3~4 年。如果公司将每一期的收益投入下一期的扩张,那么是可以维持一定速度的扩张的。

对公司进行了风险测试,发现依照目前的扩张模式和速度,公司现金流在 2018 年出现近 200 亿元的缺口,随着 2016 年、2017 年签约销售额的大幅增长,2019 年现金流状况可以得到一定改善。然而,如果公司有更大规模扩张的需求,则融资能力与现金流将不足以支撑。

推动着公司采取较为激进的扩张型发展战略的因素,一方面是公司"以房养地"的资金回笼模式要求其不断扩张以弥合现金流回路,另一方面,公司实际控制人王文学对扩张战略的青睐和公司人员流动性大,缺乏对公司未来发展有全局筹划意识的稳定的管理层队伍,导致公司现金流的运用无法与各个阶段的发展需求相匹配。

1. 经营现金流出

企业经营活动的现金流出是为了换回未来能为企业带来经济利益的资产。本案例分析关注 H 集团将资金用于哪些资产上。

通常，经营活动的现金流出主要项目为"购买商品、接受劳务支付的现金"，2015—2018 年 H 集团该项目占经营活动现金流出量的比例分别是 78.9%、76.8%、72.5%、66.7%。在使得"购买商品、接受劳务支付的现金"支出增加的因素中，存货增加额贡献最大，这也是符合地产企业经营周期较长时正常经营的要求的，因此在分析企业经营现金流出方面，应重点分析企业的存货。

1）存货规模：逐年增加

首先，H 集团的存货占总资产的比例很高，这是由于地产行业不同于一般的制造企业，其产能直接体现为存货的多少，而不需要太多的固定资产或者无形资产。其次，H 集团的绝对金额也在逐年大幅增加，2015—2017 年存货每年增加额分别为 213 亿元、467 亿元、824 亿元，说明其资金链紧张之前，业务处于不断扩张的状态，在 2018 年，因受政策影响及公司战略政策的调整，其存货增加额方呈现放缓趋势。

图 9-1　2014—2018 年 H 集团存货总额与占总资产比例

2）存货结构：产业园业务存货相对占比有增加趋势

由于 H 集团的业务分为产业园业务和房地产业务两大板块，其存货也相应分为两大部分：产业园业务存货和房地产业务存货。产业园业务存货包括产业园建设时各个环节对应的成本以及产业园招商引资时的服务成本；房地产业务存货则包括已经竣工尚未交付的住房成本和尚未竣工的住房成本。从 2014—2018 年存货分类明细表中可以看出，H 集团产业园业务存货占比逐渐上升，企业在业务布局上，产业园业务存货相对占比有增加趋势。参见表 9-5。

表 9-5　H 集团产业园及房地产业务存货情况　　　　　　　　金额单位：亿元

年　　份	2013	2014	2015	2016	2017	2018
产业园业务存货：						
基础设施建设	33.64	54.9	70.18	79.07	229.32	277.54
土地整理	108.8	162.3	224.4	357.3	610.33	732.26
产业服务成本	1.16	3.66	4.93	14.4	24.15	19.69
综合服务	2.6	4.77	8.52	15.22	23.39	33.9
工程施工	41.8	55.47	84.23	106.8	33.46	40.21

续表

年　份	2013	2014	2015	2016	2017	2018
产业园业务存货合计	188	281.1	392.26	572.79	920.65	1 103.6
产业园业务存货占总存货比例	34.8%	35.9%	39.0%	38.9%	40.1%	43.4%
房地产业务存货：						
完工开发产品	16.66	40.02	71.58	63.71	64.2	88.6
开发成本	335.8	461.8	542.1	835.9	1 312.08	1 352.01
房地产业务存货合计	352.46	501.82	613.68	899.61	1 376.28	1 440.61
房地产业务存货占总存货比例	65.2%	64.1%	61.0%	61.1%	59.9%	56.6%
存货总额	540.46	782.92	1 005.94	1 472.4	2 296.93	2 544.21
存货占资产比例	73.0%	68.7%	59.7%	59.0%	61.1%	62.1%

3）产业园存货资金占用情况：存货账龄与建设周期分析（表9-6）

表9-6　产业园存货资金占用情况

年　份	2013	2014	2015	2016	2017	2018
期末存货余额（亿元）	188.02	281.09	392.38	572.76	920.65	1 103.6
期初存货余额（亿元）	105.42	188.02	281.09	392.38	572.78	920.65
营业成本（亿元）	24.2	35.14	32.99	58.77	66.35	112.16
存货周转率	0.165	0.150	0.098	0.122	0.089	0.111
存货周转年数（年）	6.1	6.7	10.2	8.2	11.3	9.0

从表中内容可以得知，产业园建设周期和一般房产业务相比时间较长，三年属于正常情况，如有手续等其他问题，会再继续延后。

根据"存货在完工交付时结转为营业成本"这一会计处理原则，对产业园建设周期进行了估算（表9-7）。

表9-7　2013—2018年产业园建设周期估算表　　　　　　　　单位：亿元

年　份	2013	2014	2015	2016	2017	2018
期末存货余额	188.02	281.09	392.38	572.76	920.65	1103.6
产业园当期结转成本	24.2	35.14	32.99	58.77	66.35	112.16
均不结转成本假设下的期末存货	212.22	340.43	484.71	723.86	1138.1	1433.21
累计结转成本	24.2	59.3	92.3	151.1	217.5	329.6

表中前两行数据来源于公司年报，为了还原建设周期，本案例计算了不结转成本下历年的存货余额，以及历年累计结转成本总额。对比这两者的历年数据，发现2013年到2017年累计结转的成本217.5亿元可以覆盖2013年资产负债表日以前投入所有存货212.22亿元；2013年到2018年累计结转的成本329.6亿元，基本可以覆盖2014年资产负债表日以前投入的所有存货340.43亿元，就是说存货由投入到结转成本的错期大致为3～4年，即产业园建设周期大致为3～4年。

综上可见，由于产业园较长的建设周期，如果H集团没有充足的现金流支撑，高速扩张会给企业带来经营风险和财务压力。

2. 经营流入

H 集团在产业园业务上投入巨大,那么它在产业园业务上的收入情况如何呢?H 集团的收入主要分为两大类:产业园业务收入、房地产业务收入。五年间 H 集团的产业园业务收入不断上升,房地产业务稍有回落,在 2017 年产业园业务收入与房地产业务收入已基本持平。从利润来看,H 集团的产业园业务在 2017 年为公司贡献了 78% 的营业利润,其中光一项产业发展服务费就已经占到营业利润的 74.67%,并且 2013—2018 年以 74.31% 的复合增长率在不断增长。

图 9-2　2013—2018 年 H 集团分业务收入情况

图 9-3　产业发展服务利润及其占营业利润的比例

那么产业园收入能实际给公司带来多少现金流入呢?这项收入未来是否具有可持续性呢?下面将从经营流入质量(应收账款回款情况)来分析该问题。

产业园建成后,需要与政府结算,年报披露这部分业务时,有提及政府通过每年的预算来支付相关费用,流程多,周期长,并且应收账款在 2017 年增长了 99.34%,但是 H 集团并未对政府应收款计提任何坏账,应收账款能否及时收回,就严重影响着企业的利润质量。接下来本案例就应收款回款是否存在问题进行分析。

首先本案例分析发现 H 集团近五年虽然应收账款占资产比例不大,对企业的资金占用不大，但是由于应收账款主要对应公司的产业园业务，是利润的主要来源，从性质上来讲十分重要。在年报中，H集团按照有关规定披露了应收账款的账龄和前五大客户的金额。在坏账准备部分，将应收款按照结算客户为个人还是政府，划分为组合一和组合二，对组合一计提坏账，对组合二不计提坏账，组合二的政府应收款占绝大多数。应收账款回款情况分析见表9-8。

表9-8 应收账款回款情况分析　　　　　　　　　　　　　　单位：亿元

年　份	2013	2014	2015	2016	2017	2018
应收账款净额	17.44	51.34	71.77	95.01	189.1	352.15
应收账款净额占总资产比例	2.35%	4.51%	4.26%	3.80%	5.03%	8.41%
结算客户为政府的应收款	17.03	47.6	69.5	92.15	185.33	214.67
账龄在一年以内的政府应收款	12.92	37.4	48.83	80.8	152.7	—
前项占应收账款净额的比例	74.08%	72.81%	68.04%	85.04%	82.39%	—
其他应收款	10.06	9.47	20.13	69.37	105.87	130.51
其他应收款占总资产比例	1.36%	0.83%	1.19%	2.78%	2.82%	3.19%

披露的1年以内政府应收账款占应收款总额在80%左右，说明尽管对政府应收账款逐年增长，并且增长幅度巨大，但这是由于产业园投入加大，产业园收入增加导致的，与公司业务的扩张呈同比例变动。此外其他应收款金额也非常巨大，所以要关心其他应收款的具体项目，查阅附注发现，H集团的其他应收款大多为各类合作意向保证金，暂时计入其他应收款。

9.4.2 案例启示

1. 做好企业的经营存续期评估工作

房地产企业的本质即在于，其资产负债表的弹性大于利润表的弹性，行业持续向好则存货是最大的利润驱动源，而一旦行业出现波动，则账上的资产无异于一枚"定时炸弹"，企业将处于危险的边缘。事实上，无论是企业还是投资者对行业景气度都难以精确判断和把握，且每个项目由于发展地域、定位的不同都有所差异，因此做好市场研判，关注存货及应收账款管理，对于公司有效防范财务风险具有重要意义。

2. 明确企业发展的周期定位，加强资金管理

从H集团1998年创立至2011年借壳上市以来，经历了早期的固安模式与"异地复制"模式，将产业园模式向东北、东南、南部、中部及西南推广。公司扩张的前提是充裕的现金流支撑，在设计投融资方案时，应综合考虑企业战略和企业长期资金情况，加强资金统筹规划，从融资到管理，再到资金支付，在资金活动的事前事中事后建立风险控制点。

3. 建立完整且有效的企业内部控制体系

房地产开发企业的投资经营管理活动主要具有投资项目建设周期长、初期流动资金市场需求大、受宏观政策因素影响大等财务特点。因此，需要建立有效的内部控制体系来应对来自于外部和内部的风险。

延伸思考问题及指引

（1）现金流风险规避与企业的盈利模式密不可分。在竞争环境中，为什么有的企业长盛不衰，有的企业昙花一现？盈利模式是将资金、人才、技术、品牌等要素有机结合并推动企业发展的动态经营模式，独特的盈利模式可使企业能够在竞争中保持长期主动性。目前，中国企业处在高成本环境下，该如何清晰界定企业的核心业务，保持企业盈利和现金流的持续增长呢？

（2）由于企业投资规模的确定是收益与各种风险和成本博弈的结果，诸如人的因素、制度的因素、文化的因素、产业的进入障碍等不确定性因素都有可能加大投资的风险。因此，企业在作出投资决策前，要根据企业的内外部环境状况对投资风险进行研判。企业应如何基于经营发展战略需要，对投资成本和效益进行综合分析呢？

（3）企业对融资结构的设计，实质上是对资金筹集中财务杠杆、融资成本、融资风险和融资权益的平衡。企业该如何基于风险偏好制定合理的负债经营政策，确定合理的负债经营规模，选择适当的负债经营方式和期限呢？

参考文献

[1] 刘兴云，刘红霞. 基于财务视角的内部风险控制研究 [M]. 北京：经济科学出版社，2011.
[2] 毛捷，吉黎，赵忠秀. 亏损抵扣、风险分担与企业投资——"沉睡合伙人"假说的经验证据 [J]. 金融研究，2016，（10）：174-189.
[3] 陈德球，董志勇. 社会性负担、融资约束与公司现金持有——基于民营上市公司的经验证据 [J]. 经济科学，2014，（02）：68-78.
[4] 陈汉文，周中胜. 内部控制质量与企业债务融资成本 [J]. 南开管理评论，2014，（03）：103-111.
[5] 程小可，姜永盛，郑立东. 影子银行、企业风险承担与融资约束 [J]. 经济管理，2015，37（04）：106-115.
[6] 程新生，赵旸，武琼. 多元化企业集团内部控制研究——德隆集团公司的启示与SSA集团公司的实践 [J]. 会计研究，2018，（11）：77-84.
[7] 郭瑾，刘志远，彭涛. 银行贷款对企业风险承担的影响：推动还是抑制？[J]. 会计研究，2017，（02）：42-48，96.
[8] 苏坤. 企业风险承担经济后果研究——基于债务期限结构的视角 [J]. 现代管理科学，2016，（06）：57-59.
[9] 张兆国，曾牧，刘永丽. 政治关系、债务融资与企业投资行为——来自我国上市公司的经验证据 [J]. 中国软科学，2011，（05）：106-121.

[10] Scott, A. Emett, S.A..Investor Reaction to Disclosure of Past Performance and Future Plans[J].The Accounting Review, 2019, 94（5）: 165–188.

[11] Shleifer, A., Toider, F..State Versus Private Ownership and Soft Budget Constraint[J].Journal of Economic perspectives, 2017, 12（4）: 133-150.

[12] Whited, T.M., Wu, G. Financial Constraints Risk[J]. Review of Financial Studies, 2006, 19（2）: 531-559.

第 10 章 跨国并购风险识别与控制

▶ **教学目标** 通过本章学习,使学生掌握并购的相关理论知识,了解企业在进行跨国并购过程中面临的主要风险;通过学习风险测评方法使学生理解并购决策的情境,从而提高其分析问题、科学决策以及解决实践问题的能力。

▶ **内容摘要** 本章介绍了并购的相关概念及分类,重点介绍了跨国并购的三类风险,即国别风险、价值评估风险和企业文化风险,在此基础上阐述了模糊度量法、灰色关联度法以及综合指数法等评价跨国并购风险的常用方法。本章以艾派克并购 Lexmark 为例,分析了艾派克在并购交易过程和整合过程中的风险和其应对风险采取的策略,并对并购后的财务业绩进行了评估。案例分析结论认为,艾派克有效应对了并购过程中的风险,特别是在面对风险时能够及时调整并购交易策略,为并购的成功提供了可能。

10.1 基本概念及分类

10.1.1 并购概念及其分类

跨国并购是某国企业并购他国企业的活动,这种并购发生在至少两个国家或地区之间,典型特征便是跨越国界。因此,深入剖析跨国并购的概念应从两个层次入手:第一层次是跨国并购作为并购的一般性;第二层次便是其跨国性。

1. 并购的概念

著名经济学家施蒂格勒曾指出,美国大多数公司都是通过某种方式的并购发展壮大起来的,几乎没有一家公司是完全依靠内部扩张成长起来的。并购是企业扩大规模的重要途径,也是企业快速吸收先进技术,提高核心竞争力的重要方式。那么,何为并购呢?

并购包含两层含义,即兼并和收购。兼并(merger)是指一家企业通过一定的支付方式取得某企业的产权以及决策控制权,且原来企业失去法人资格或者改变法人实体的经济行为。兼并又可分为吸收兼并和创立兼并两类。吸收兼并是指一家公司兼并了另外一家公司后以合并公司的形式继续存在。在这类兼并中,被兼并公司不复存在而成为兼并方的一部分,兼并方获得被兼并方公司的资产和债权。创立兼并是指两个或两个以上的公司通过合并同时消失,而形成一个新的公司,这个公司称为新设公司。新设公司接管原来两个或两个以上公司的全部资产和业务,重新组建董事会以及公司内部组织等。

收购(acquisition)是指某公司通过一定的支付手段购买另一家公司的部分或全部资产或股权,从而取得该公司的控制权。收购的对象主要有股权和资产两种。二者的主要差别在于：收购股权意味着购买了一家公司的股份，成为该公司的股东，因此收购方应承担该公司的债权和债务；而收购资产只是一种资产的买卖，无须承担其债务。

2. 跨国并购的含义及与国内并购的区别

跨国并购（cross-border M&A）是并购在概念外延上的拓展，是并购在空间上的跨越国界。它的基本内涵为：某一国家的企业通过一定的支付方式，收购另一国家企业的整个或部分资产从而达到控制的目的。从该概念可知，跨国并购必然涉及两个或两个以上国家的企业，其中发起并购的公司又称并购方公司，并购方公司一般多为实力强大的跨国公司，这也是跨国并购的主体，其所在国被称为"母国"；被并购的公司称为目标方公司，其所在国家被称为"东道国"。跨国并购是国内并购的延伸，是在空间上跨越了国界的并购，因此跨国并购必然涉及两个或两个国家的政治、经济、市场、法律等因素。

国内并购与跨国并购都属于并购范畴，因此本质是一致的。但跨国并购与国内并购相比具有一些不同的特点：

（1）跨国性。跨国并购是否发生一般与国际因素息息相关，如世界市场的竞争格局、贸易和投资自由化进程、区域集团化趋势、跨国投资的国际协调等。另一方面，实施跨国并购的大多是跨国公司，其并购计划应放眼全球发展战略。正因如此，在分析和研究跨国并购时应关注世界经济。

（2）跨国并购对国内市场影响的方式不同。国内并购完成之后市场份额便发生变化，市场集中度明显提高；而跨国并购无论对母国还是对东道国市场而言，并未直接影响市场份额和市场集中度，而是表现为并购方公司对市场份额的占有程度和市场竞争能力的扩展，即世界市场份额和市场集中度被改变。作为在世界范围内优化配置资源的跨国并购来说，它对未来国内市场的份额和市场集中度产生影响。

（3）跨国并购比国内并购的实施难度更大。跨国并购是一国的企业进入另一国市场，各国为了保护自己的经济利益肯定会施加诸多限制，这就决定了其进入障碍要比国内并购更多，实施过程更为复杂。这些障碍具体包括：母国与东道国之间经济利益及竞争格局、公司产权及管理模式、外资政策及法律制度、历史传统及文化语言等方面的差异。

3. 并购类型

1) 按参加并购的公司行业相互关系划分

（1）横向并购，是指生产同类产品，或生产工艺相近的企业之间的并购，是发生在具有竞争关系的、经营领域相同或生产产品相同的同行业之间的并购。横向并购的结果是资本在同一生产、销售领域或部门集中，优势企业吞并劣势企业，扩大生产规模以达到新技术条件下的最佳规模。其目的在于消除竞争、扩大市场份额、增加并购企业的垄断实力或形成规模效应，并消除重复设施，提供系列产品，有效地实现节约。横向并购是企业并购中最常见的方式，但由于其容易破坏市场竞争局面，许多国家都密切关注并严格限制此类并购的发生。

（2）纵向并购，是指与企业的供应商或客户的合并，即优势企业将同本企业生产紧密相关的生产、营销企业并购过来,以形成纵向生产一体化。它又分前向并购和后向并购两种形式。前向并购是向其最终用户的并购,后向并购是向其原料供应商的并购。纵向并购的目的在于控制某行业、某部门生产与销售的全过程,加速生产流程,缩短生产周期,减少交易费用,获得一体化的综合效益。

(3)混合并购,既非竞争对手又非现实中或潜在的客户或供应商的企业间的并购。它又可以分为三种形态:产品扩张型并购,是相关产品市场上企业间的并购;市场扩张型并购,是一个企业为扩大竞争地盘而对它尚未渗透的地区生产同类产品的企业进行并购;纯粹的混合并购,是那些生产和经营彼此之间毫无联系的产品或服务的若干企业的并购。混合并购主要目的是减少长期经营一个行业所带来的风险,由于这种并购形态中收购企业与目标企业无直接业务关系,其并购目的不易被人察觉,收购成本较低。

2)按并购的实现方式划分

(1)现金购买式并购,是以现金购买目标公司的股票或全部资产的并购方式,它包括:现金购买资产式并购,即并购企业使用现金购买目标企业全部或大部分资产以实现对目标企业的控制;现金购买股票式并购,即并购企业使用现金购买目标企业一部分股票,以实现控制后者资产和经营权的目标。一般而言,并购方出资购买股票既可以在一级市场进行,也可以在二级市场进行。

(2)股份交易式并购,是以股权换资产或股权的并购方式,它包括:股票换取资产式并购,即并购企业向目标企业发行自己的股票以交换目标公司的大部分资产;股票互换式并购,即并购企业直接向目标企业股东发行收购企业的股票,以交换目标企业的大部分股票。通过上述并购方式,目标企业或者成为并购企业的分公司或子公司,或者解散并入并购企业。

(3)承担债务式并购,是指并购方以承担被并购方全部或部分债务为条件,取得被并购方的资产所有权和经营权,该方式一般在被并购企业资不抵债或资产债务相等的情况下采用。

3)按并购企业对目标企业进行收购的态度划分

(1)善意并购,是指目标企业的经营管理者同意收购方提出的并购条件,接受并购。一般由并购企业确定目标企业,然后设法使双方高层管理者进行接触,商讨并购事宜,诸如购买条件、价格、支付方式和收购后企业地位及目标企业人员的安排等问题。通过讨价还价,在双方都可以接受的条件下,签订并购协议。最后经双方董事会批准,股东大会三分之二以上赞成票通过,由于双方在自愿、合作、公开的前提下进行,故善意并购成功率较高。

(2)敌意并购,是指并购方不顾目标企业的意愿而采取非协商购买的手段,强行并购目标企业,进行敌意收购,它通常以高于交易所股票的交易价格向股东收购目标企业的股票,以此吸引股东不顾经营者的反对而出售股票。因此,对于收购方而言,收购需要大量的资金支持,在比较大规模的并购活动中银行或证券商往往出面提供短期融资。同时,被收购企业也会在得知收购企业的意图之后,采取一切反收购措施,这都将使收购的成本增加和成功率降低。

4）按是否通过证券交易所公开交易划分

（1）要约收购，是指一家企业绕过目标企业的董事会，以高于市场的报价直接向股东招标的收购行为。要约收购是直接在市场外收集股权，事先不需要征求对方同意，因而也被认为是敌意收购。

（2）协议收购。并购企业不通过证券交易所，直接与目标企业取得联系，通过谈判、协商达成协议，据以实现目标企业股权转移的收购方式。

5）依据并购资金来源划分

（1）杠杆并购，是指并购企业只支付少量的自有资金，主要利用目标企业资产的未来经营收入进行大规模的融资，来支付并购资金的一种并购方式。杠杆并购在20世纪60年代首先出现在美国，其后风行于西方国家。由于杠杆并购形式被广为采用，使得一些规模较大企业可能成为并购的目标。

（2）非杠杆并购，是指并购方不以目标企业的资产及其未来收益为担保融资来完成并购，而主要以自有资金来完成并购的一种并购形式。非杠杆并购并不意味着并购企业不用举债即可承担并购价款，在并购实践中，几乎所有的并购方都会利用贷款，区别在于二者的举债程度具有较大的差异。

10.1.2 支付方式

在公司并购活动中，并购公司必须考虑以何种支付方式完成并购交易。支付方式的选择是并购顺利完成的重要环节，不同的支付方式对并购公司和目标公司会产生不同的影响。在实践中，公司在进行并购时可采用的支付方式有：现金、股票和混合证券。

1. 现金支付方式

现金支付方式是指并购方企业在收购目标方企业时用现金支付。现金支付方式是公司并购活动中最常用的支付方式，可分为现金购买资产和现金购买股份两种。现金购买资产是指并购方为收购目标方而用现金购买其全部或部分资产的行为。现金购买股份是指并购公司支付现金向目标公司的股东购买其全部或部分股份，从而实现对目标公司的控制。

现金支付方式具有简单、快捷的优势，且并购双方都偏好这种方式。因为对于并购方企业来说，用现金支付可以迅速完成并购，使得不愿意被并购的目标方来不及实施反收购措施，也使潜在的竞争公司没有充分的时间筹措资金来竞购。此外，这种支付方式不会改变并购方企业的股票数量，原股东的持股比例也就不会发生变化，因此，现金支付方式不会影响并购方企业的股权结构，更不会稀释控制权。这一点使得现金支付方式容易获得股东的支持，从而顺利完成并购活动。对于目标方企业而言，由于目标方企业股东可以立即收到现金，比起其他支付方式风险更小，因此，目标方企业也愿意接受这种支付方式。

现金支付方式也有缺点。首先，收购一家企业需要的现金数额巨大，尤其跨国并购会更多,并购方需要在短期内支付大量现金,若是这些资金不能通过外部融资渠道获得,则并购方内部资金压力增加。即使从外部融资渠道获得资金支持,但是在今后一段时间内现金流出量剧增也会影响正常生产经营。其次,从目标方的角度来看,由于并购后目标方企业收到大量投资收益,所交的所得税也明显增加,而股权支付则可减轻公司税负。另外,不采用股权支付意味着目标方公司股东放弃并购后新合并企业的股东权益。

2. 股票支付方式

股票支付方式是指在收购目标方企业时通过增发新股,用新股交换目标方企业的股票的方式实现,这种支付方式是继现金支付方式后第二普遍采用的方式。通过这种方式实现的并购,使得并购后双方相互持股,组成利益共同体。这种方式的优势在于,与现金支付方式相比,股票支付方式无须支付大量现金,不会影响并购方公司现金流状况。并购后目标方公司股东成为并购方的新股东,享有股东权益。但一般情况下,并购方的股东在经营控制权上占主导地位。股票支付方式的缺点在于,采用这种支付方式需要经历很多程序,且比较复杂,没有现金支付方式简单快捷。这种支付方式多用于善意收购,且当并购双方规模或实力相差不大时用的可能性较大。股票支付方式的另一个缺点是对每股收益产生不利的影响。当目标方企业经营状况不好,或者并购中支付的价格较高时,每股收益便会下降,从而导致股票价格的下降。此外,由于目标方公司股东加入并购方公司,股票支付方式还会改变并购方公司股权结构。

3. 混合证券支付方式

混合证券支付是指在并购中不采用一种方式,而是股票、认股权证、可转换债券等多种形式证券的组合。每一种支付方式都有无法回避的劣势,如果把这些支付方式综合起来使用,能起到扬长避短的作用。如与普通股相比,债券的资金成本较低,且债券的利息还可以免税。认股权证和可转换债券为其拥有者提供了一种选择权。随着资本市场的不断完善,再加上越来越多的企业认识到混合证券支付方式的这些优势,最近几年,采用这种方式并购的比例越来越大。

10.1.3 融资方式

企业跨国并购融资的方式相对于国内并购来说更加丰富多彩。但是从理论基础和财务融资角度来说,它们的基本的融资方式都是一样的。一般的财务理论认为,企业融资的方式与其资本的结构、资金的成本以及经营者的融资政策紧密相关。企业的融资方式有几种不同的分类,一般情况下,根据资金的来源,并购融资方式可分为内部融资和外部融资。

1. 内部融资

内部融资是指并购方公司通过企业内部积累资金筹集并购资金的行为。企业的内部资金主要包括公司的自有资金、公司的应付未付款以及未使用或未分配的专项资金。其中企业的自有资金可来自创立公司的原始的投入资金，也可来自企业的长期留存收益。留存收益融资是公司的内部融资的主要来源，它来自企业日常生产经营所得净利润分配后剩余部分，即未分配利润。专项资金是在未使用或未分配前能够内部融资的来源之一，如果要使用或分配这些资金必须能够即刻现款支付，然而很多企业无法保证这一点。具体说来这些在企业中属于负债性质的，却尚未支付的资金，原则上我们可以短期占用。但是必须确认这一部分资金无法长久地占有，到期必须立刻支付。内部融资方式的优点在于其稳定和可靠，而缺点是筹集的资金数额有限。

2. 外部融资

外部融资是指企业吸收除了本企业以外的其他的经济主体的资金来进行融资，从而获得并购所需要的资金。常见的外部融资方式有股权融资、债券融资和混合证券融资。股权融资是企业通过发行股票的形式筹集并购资金的行为。企业可以发行普通股，也可以发行优先股。这种方式的优势在于可以筹集大量资金，且没有定期还本付息的财务压力，它的缺点在于这种方式需要的手续繁多，且国家对这种方式的限制条件比较多。此外，这种方式还会稀释公司控制权，资金成本较高。债务融资就是公司通过举借债务的方式筹集并购所需资金的行为。具体形式又包括借款和债券。这种融资方式的优点在于资金成本较低，不会稀释公司控制权，支付的利息还能起到抵税的效应；但是这种方式也有缺点，即必须按期还本付息，会增加企业的财务风险。混合融资方式是指企业通过既具有股权性质又具有债务性质融资方式筹集并购资金的行为。具体形式包括：可转换债券融资、公司发行的认股权证等。

10.1.4 支付溢价

溢价是指并购方公司支付的价款中高于目标方公司价值的部分。国内外相关研究发现，在并购中支付溢价是普遍现象，溢价的幅度差别也很大。为什么并购方总是愿意支付让人瞠目结舌的溢价呢？国内外并购研究的学者指出，原因在于并购方认为并购后能够产生协同效应。也就是说，支付溢价是为了将来获得协同效应而提前付出的代价。从这个意义上说，并购中产生溢价是有其合理性的，因为并购后产生的协同效应能够增加并购方财富。但是事实表明，并不是所有的并购都能够获得协同效应，也就是说溢价的合理性是有一定条件的。

基于财务视角的并购溢价研究发现，在协商并购价格时，投标公司对于价格最基本的展望首先是降低并购成本以及提高并购收益。并购方的并购收益在有关文献中主要靠协同效应来衡量。但是，实证研究结果也表明，协同效应并非为投标公司支付高额溢价的意愿提供保证。一方面，并购方公司只有在认为并购能够产生足够的协同效应时，才会支付超过市价部分的并购溢价。另一方面，目标公司并不愿意用公司控制权来换取并购溢价，除非在并购中获得的溢价足以弥补因为公司控制权的丧失造成的其余方面的损失。所以，投标公司对于并购收益的美好预期以及并购溢价的高低与目标公司的谈判能力有正相关的关系。

10.2 跨国并购风险

10.2.1 国别风险

国别风险的产生包含两个层次：一是特定国家政府未能履行其债务所导致的主权风险，二是特定国家以直接或间接方式影响债务人履行偿债义务的能力和意愿。国际市场上的跨国信贷、跨国投资、跨国贸易和跨国资本运作等几乎一切国际资本流动都面临着因债务国不能或者不愿履行契约而产生的国别风险，国别风险作为资本流动中的一个重要决定因素，极大地影响了双边、多边国际关系，乃至全球投资战略和国际合作关系。

国别风险的复杂性决定了国别风险是一个涉及政治、经济、社会、文化、国际关系乃至自然环境及突发事件等十分复杂的范畴。一方面，影响国别风险的因素涉及方方面面，而且各影响因素相互作用，另一方面，随着世界经济形势的变化新的不安定因素也在不断涌现，因而对国别风险产生的来源按照不同维度具有不同的分类和认识。国际国别风险指南（ICRG）将国别风险区分为两个基本组成部分，即偿付能力和偿付意愿。较为普遍的分析方法，是按照不同属性从国别风险的主要来源进行风险识别，以便做深入研究和解析。将国别风险识别为四个方面：政治体制环境、经济金融环境、基本制度及政策法规环境、社会安全环境，在进行国别风险评估时从这四个方面逐级细化。

1. 政治环境

（1）内部政治的稳定性。特定国家或地区的国别风险从政治环境看，首先来源于内部政治的稳定性，而其政治体制、政权产生方式、政府与军队的关系、政府社会管理水平决定了一国政治的稳定性。通常情况下，借助分析一国的政权产生方式、管理水平、内部冲突和政府腐败程度来衡量内部政治稳定性，并且予以动态跟踪评估，及时预测特定国家或地区的政权前景和社会稳定性。对政权产生方式来说，法律、法规比较完善的发达国家，往往通过和平、稳定的方式实现政权更迭，其内部政治风险较低；而法律法规不健全，社会动荡的落后国家，政权变化往往具有突发性和不可预测性，其内部政治风险较高，尤其要关注有暴力性质的政权变更历史的国家，其国别风险更高，如：发动内战、政变等。从选举方式看，军人政权的内部政治风险高于民选政权。从政府管理水平看，特定国家或地区政府的宏观管理水平和社会管理水平越高，社会的运行成本越低，出现风险的可能性相对较低。从内部冲突角度看，多党制的政府内部冲突会导致政府管理效率低下，各党派的相互制衡中增加了经济金融政策和环境的不确定性，从而导致国别风险加大。最后，政府腐败是内部政治稳定性的最大威胁，特别是在有悠久专制历史的国家，政府腐败问题更加突出。政府腐败行为影响社会运行，会导致经济下滑，金融市场紊乱。

（2）外部政治状况。在国际贸易日益频繁的今天，外部政治状况显著影响着特定国家或地区的对内、对外政策。而外部政治状况主要由一国的外交政策和国际冲突情况决定。我国和平发展的外交政策有助于我国国际形象的逐渐提高，而在国际金融危机中负责任大国的姿态更是赢得了各主要经济体的认可，有效推动了世界经贸往来。外交政策同时也反映了特定国家或地区所处的外部政治环境，每个国家的外交政策都因国际环境的变化而相应调整。国际冲突状况是一国外部政治风险的直观表现，国际冲突的直接影响是破坏了和平发展的大环境，同时增加了政府的财政支出，增加了国际金融环境的不确定性。

2. 经济金融环境

（1）宏观经济运行情况。一国的宏观经济运行情况，即经济发展水平，由该国的人均收入水平、经济增长情况、通货膨胀率、就业市场和核心产业发展情况综合决定。第一，人均收入水平。其最常见的指标就是人均 GNP，特定国家或地区的人均收入越高，该国财政、税收来源就越广，政府的偿付能力也就越强，国别风险发生的可能性就越小。第二，经济增长。设定增长率为这一因素的指标，同等条件下，一国 GDP 增长率越高，表明该国家在特定债务水平下，其债务越容易偿还，国别风险发生的可能性就越小。第三，通货膨胀率。通货膨胀吞噬着国民财富，是经济稳定发展的重要威胁，高通货膨胀率暗示着政府财政结构存在较大的问题，当政府的收入不足以支付当前的预算支出，必须依靠通货膨胀时，国别风险发生的可能性就较大。第四，就业情况。充分就业有助于社会稳定，有助于国家经济的平稳快速发展。失业率越低表明特定国家或地区的就业形势越好，经济发展越好，税收来源就越广，政府的财政收入越大，偿债能力越强，国别风险发生的可能性就越小。第五，核心产业状况。设定核心产业的年创造价值占该国当年 GDP 的百分比为这一因素的指标，一国核心产业对整体经济的拉动越大，影响面越广，该国的价值创造能力越强，政府的经济实力就越强，违约的可能性就越小，国别风险发生的可能性就越小。

（2）国际收支平衡状况。可以从财政平衡、外部平衡以及外汇储备规模三个方面设置指标。第一，财政平衡。将一国相对于 GDP 的中央财政年平均盈余作为财政平衡的指标，如果存在较大的赤字，表明政府缺乏对公民收税的能力和意愿来满足当前的支出和偿还债务，发生风险的可能性较大。第二，外部平衡。将一国相对于 GDP 的资本项目年平均顺差作为外部平衡的指标，大额经常账户逆差表明公共部门和私人部门都严重依赖国外资金。持续的经常账户逆差会导致外债持续增长，发生风险的可能性较大。第三，外汇储备规模。一国外汇储备规模越小，在国际上进行支出或偿还债务的能力就越小，发生风险的可能性越大。

（3）外债规模、结构和偿债能力。第一，外债偿债率，反映了一国外债偿还能力和所承担的外债风险状况，公式为：外债偿债率＝当年外债还本付息额/商品和劳务出口总和。这个指标的国际警戒线为20%，超过20%的，则认为该国存在较大的外债偿还能力不足风险。第二，外债负债率，反映了外债给经济造成的负担水平，公式为：外债负债率＝外债余额/GDP。这一指标的国际公认安全线为20%，当外债负债率高于20%时，外债给经济造成的负担水平较大，发生国别风险的可能性就较大。第三，外债债务率，反映了一国外债偿还能力和所承担的外债风险状况，公式为：外债债务率＝当年债务余额/商品和劳务出口总和。这个指标的国际警戒线为100%，当外债债务率高于100%时，出口总和不足以支付债务余额，国别风险较大。

（4）实际汇率变化。实际汇率变化对债务国的经济及偿还债务的能力影响是非常重大的，快速而大幅度的实际增值必然影响该国出口贸易，进而影响该国经济发展；快速而大幅度的实际贬值必然增加债务国的外币债务偿还成本，严重的甚至导致该国破产。

（5）违约史。违约存在两种情况：一是一国延期或者拖欠到期的信贷。一个国家融资能力越强，即国别风险越小，该国的信贷延期或者拖欠事项越少；反之，信贷延期或者拖欠事项越多，融资能力越弱，国别风险越大。二是一国拒绝偿还到期信贷。一个国家融资能力越强，即国别风险相对较小，该国发生拒绝还债的情况就越少；反之，如果该国有拒绝还债的历史，则融资能力较弱，国别风险较大。

随着经济全球化的深入发展，金融机构通过各种金融创新将业务扩展到多个国家和地区，使国家之间的经济活动主体间构建了错综复杂的经济关系，这一方面提高了全球经济运转效率，有利于风险的重新配置，另一方面也增加了各个国家遭受外部冲击的可能性。由于传染效应的存在，一旦某一国出现风险，便会沿着经济链迅速传导到世界其他国家，甚至使市场交易主体和监管当局猝不及防，带来灾难性的风险，导致一个经济形势良好的国家可能会因为其他地区或国家发生的风险而爆发国别风险。

3. 基本制度及政策法规环境

（1）金融体系。第一，实体经济与金融发展的匹配性。债务国实体经济的发展与其金融水平的发展越匹配，经济与金融环境的发展走向越好，国别风险越小。第二，金融系统发达程度。债务国的金融系统越发达，其抗风险能力越强，因此，其债务偿还的违约性越小，国别风险越小。第三，金融系统资金来源的稳定性。债务国的金融系统的资金来源越稳定，政府拒付或无力偿还债务的可能性就会越低，国别风险越小。

（2）法律体系。一个国家的法律体系主要包括：宪法、经济法、公司法以及有关外汇、税务、会计等方面的法律。明确、有效、完善的法律体系是一个国家或地区的经济和金融发展的基本保证，也是外国银行业金融机构在此发展的最有效的保障。国家的法律体系越明确、越有效、越完善，外国银行业金融机构受到的保障越有效、越充分，该国的国别风险越小。

（3）标准化管理及信息透明度。一国或地区有越严格的国际法律、商业、会计和金融监管的标准，说明该国的金融市场越完善，国别风险越小；信息越公开透明，可控制性越高，规避风险能力越强，国别风险发生的可能性就越小。

（4）国际竞争力。根据世界经济论坛发布的全球竞争力报告等权威机构发布的全球竞争力排行榜，国际竞争力越大的国家，抗风险能力越强，国别风险越小。

4. 社会安全环境

（1）恐怖主义。恐怖主义会对一个国家的经济发展和社会稳定造成极大的不利影响，从恐怖主义规模上分为大规模恐怖主义和地区性恐怖主义。大型的恐怖主义会引起全球金融市场的恐慌和社会动荡，对大部分债务国的还债能力都有影响。地区性恐怖主义会造成恐怖主义所在的债务国的还债能力削弱，特别是经常有地区冲突的国家，国别风险较大。

（2）民族、种族矛盾、宗教。民族矛盾、种族冲突以及宗教信仰碰撞，是某些国家不可避免的国别风险。从全球来看，民族、种族和宗教越复杂的国家和地区，爆发冲突的可能性越大，冲突必然导致该国家和地区的商业发展水平和潜在发展能力受限，政府偿还债务的能力较低，国别风险越大。

（3）自然灾害。严重的自然灾害可能会对一个国家造成致命性伤害，受灾国经济复苏得越缓慢，该国的还债能力越低。自然灾害频发的国家，国别风险较大。

不言而喻，国别风险具有很强的突发性特征。政治事件往往是导致国家风险的重大诱因，例如，2011年的利比亚战争、2012年不断升级的埃及局势、"9·11"恐怖袭击等局部战争或暴乱、政治极端主义、恐怖活动等。这些重大事件的发生，基本没有明显的先兆，而且事件不断恶化升级，根本不可能提前预判。这使得各项经济活动中的国别风险难以事先预测，在事中也难以在短时间内用实证的方法准确计量。

10.2.2 并购价值评估风险

并购价格的制定是以价值评估为基础的，并购价格往往是并购双方争议的焦点，是决定并购成败的关键要素之一，因此，合理选择价值评估方法是加强并购风险管理的保障。

1. 基本模型

企业价值评估是一项综合性的资产、权益评估，是对特定目的下企业整体价值、股东全部权益价值或部分权益价值进行分析、估算的过程。目前国际上通行的评估方法主要分为收益法、成本法和市场法三大类。

（1）收益法通过将被评估企业预期收益资本化或折现至某特定日期以确定评估对象价值。其理论基础是经济学原理中的贴现理论，即一项资产的价值是利用它所能获取的未来收益的现值，其折现率反映了投资该项资产并获得收益的风险的回报率。收益法的主要方法包括折现现金流量法（DCF）、内部收益率法（IRR）、CAPM模型和EVA估价法等。

（2）成本法是在目标企业资产负债表的基础上，通过合理评估企业各项资产价值和负债从而确定评估对象价值。理论基础在于任何一个理性人对某项资产的支付价格将不会高于重置或者购买相同用途替代品的价格。主要方法为重置成本法。

（3）市场法是将评估对象与可参考企业或者在市场上已有交易案例的企业、股东权益、证券等权益性资产进行对比以确定评估对象价值。其应用前提是假设在一个完市场上相似的资产一定会有相似的价格。市场法中常用的方法是参考企业比较法、并购案例比较法和市盈率法。

收益法和成本法着眼于企业自身发展状况。不同的是收益法关注企业的盈利潜力，考虑未来收入的时间价值，是立足现在、放眼未来的方法，因此对于处于成长期或成熟期并具有稳定持久收益的企业较适合采用收益法。成本法则是切实考虑企业现有资产负债，是对企业目前价值的真实评估。市场法较之其他两种方法更为简便和易于理解。其本质在于寻求合适标杆进行横向比较，在目标企业属于发展潜力型同时未来收益又无法确定的情况下，市场法的应用优势凸显。

【例 10-1】某公司资产评估报告之评估结论如下：

（1）概述。根据有关法律、法规和资产评估准则，遵循独立、客观、公正的原则，采用资产基础法（成本法）和收益法，对被评估单位在评估基准日的市场价值进行了评估，根据以上评估工作得出如下评估结论。

（2）资产基础法评估结论。按照资产基础法评估，被评估单位在基准日市场状况下股东全部权益价值评估值为 1 527 026 166.49 元；其中：总资产账面值 228 800 757.03 元，评估值 1 546 531 906.58 元，增值额 1 317 731 149.55 元，增值率 575.93%；总负债账面值 19 505 740.09 元，评估值 19 505 740.09 元，无评估增减值；净资产账面值 209 295 016.94 元，评估值 1 527 026 166.49 元，增值额 1 317 731 149.55 元，增值率 629.60%。

（3）收益法评估结论。按照收益法评估，被评估单位在上述假设条件下股东全部权益价值评估值为 53 700.00 万元，比审计后账面净资产增值 32 770.50 万元，增值率 156.58%。

（4）评估价值的讨论与确定。按照资产基础法评估，被评估单位在基准日市场状况下股东全部权益价值评估值为 152 707.62 万元，增值额 131 773.12 万元，增值率 629.60%。采用收益法评估，被评估单位在上述假设条件下股东全部权益价值评估值 53 700.00 万元，增值额 32 770.50 万元，增值率 156.58%，两种评估方法的评估结果差异 99 002.62 万元。

资产基础法和收益法评估结果出现差异的主要原因是：资产基础法是指在合理评估企业各分项资产价值和负债的基础上确定评估对象价值的评估思路，即将构成企业的各种要素资产的评估值加总减去负债评估值求得企业股东权益价值的方法。收益法是从企业的未来获利能力角度出发，反映了企业各项资产的综合获利能力。

被评估单位是房地产开发行业，其主营为物业出租，由于目前房地产市场租售比长期不均衡，租金收益不能客观反映房地产的实际价格，而资产基础法中对于房地产又进一步采用了市场法进行评估，其测算的价格能客观地反映出市场价值，因此本次经分析最终采用资产基础法评估结果。

经评估，被评估单位股东全部权益价值为人民币 1 527 026 166.49 元，大写：人民币壹拾伍亿贰仟柒佰零贰万陆仟壹佰陆拾陆元肆角玖分。

2. 具体模型介绍

从并购企业角度看,对目标企业的价值评估应等于目标企业被并购前的价值加上并购企业期望并购后企业资产价值增值之和。

1)市盈率法

这是传统的价值评估方法,企业的价值应等于预计企业未来收益除以市盈率。这里的市盈率可以采用历史的市盈率或未来的市盈率;预计未来收益的计算应是在对目标企业过去业绩考察的基础上,对目标企业并购后的未来收益的估计。企业价值评估计算公式为

$$V = E(R) \times \gamma_0 + \Delta y - \Delta C + \Delta S$$

其中:V 为企业评估价值;$E(R)$ 为预计未来每年收益;γ_0 为市盈率;Δy 为收购后公司重整维持收益增加额;ΔC 为收购后维持费用增加额;ΔS 为收购后资产剥离出售收益。

运用市盈率法评估企业价值,需要有一个较为完善发达的证券交易市场,还要有行业部门齐全且足够数量的上市公司,在国外市场上,该方法的应用较为成熟。

2)重置成本法

这是充分考虑资产和其市值之间关系的价值评估方法,其关键点在于计算资产价格系数 Q,Q 是指企业市值与其资产重置成本的比率,一般它可参照已成交并购企业市场价格与其净资产的比率,并结合目标企业特点调整确定。企业价值评估计算公式为

$$V = Z_n \times Q + \Delta y - \Delta C + \Delta S$$

其中:Z_n 为企业净资产;Q 为资产价格系数;Δy 为收购后公司重整维持收益增加额;ΔC 为收购后维持费用增加额;ΔS 为收购后资产剥离出售收益。

重置成本法将被评估企业视为各种生产要素的组合体,最基本的原理类似于等式"1+1=2",因此该方法的一个重大缺陷是忽略了不同资产之间的协同效应和规模效应。也就是说在企业经营的过程中,往往是"1+1>2",企业的整体价值是要大于单项资产评估值的加总的。

3)折现现金流量法

这是较为流行的企业价值评估方法,它起源于艾尔文·费雪(Irving Fisher)的资本价值理论。1930 年,费雪对其观点进一步综合发展,创立了折现的现金流量模型(DCF 模型),但在此模型中,费雪假设企业未来收益流是确定的,而且没有明确应采用何种资本化率折现,因此,莫迪格莱尼(Modigliani)和米勒(Miller)改变了费雪模型,认为未来收益流是不确定的,并考虑了税收对企业价值的影响,另外对企业价值评估的资本化率,即企业加权平均资本成本进行了明确的界定。后来,美国经济学家拉巴波特(Alfred Rappaport)提出了应用计算机程序进行 DCF 估值的模型,被称为拉巴波特模型。

$$V = \sum_{t=1}^{n} \frac{F_t}{(1+r)^t} + \frac{V_t}{(1+r)^t} + \Delta y - \Delta C + \Delta S$$

其中:F_t 为在 t 时期内目标企业自由现金流量;r 为折现率;V_t 为目标企业的终值,$t=1,2,\cdots,n$;Δy 为收购后公司重整维持收益增加额;ΔC 为收购后维持费用增加额;

ΔS 为收购后资产剥离出售收益。

一般而言，折现的现金流量法要做好关键的两点工作：一是预计目标企业未来的现金流量，即年自由现金流量＝收入－成本费用－税金－增加的固定资金和流动资金；二是估计目标企业的投资资本成本，并计算折现现金流量，从而对目标企业进行估价。折现现金流量法的关键在于未来现金流和贴现率的确定。所以该方法的应用前提是企业的持续经营和未来现金流的可预测性。折现现金流量法的局限性在于只能估算已经公开的投资机会和现有业务未来的增长所能产生的现金流的价值，没有考虑在不确定性环境下的各种投资机会，而这种投资机会将在很大程度上决定和影响企业的价值。

【例10-2】E精工在2016年9月22日发布了《北京P新能源电池科技有限公司股权项目资产评估报告书》，对P公司价值评估过程进行了具体描述，具体评估过程如下。

（1）评估范围。评估范围为P公司申报的截至2016年3月31日的全部资产以及相关负债。具体资产类型及结果如表10-1所示。

表10-1　2016年3月31日P公司资产及相关负债明细　　　　单位：亿元

		项　目	账面价值
一		**流动资产**	15.92
	1	货币资产	2.56
	2	应收票据	1.23
	3	应收账款	5.06
	4	预付账款	0.023
	5	其他应收款	2.28
	6	存货	4.63
	7	其他流动资产	0.13
二		**非流动资产**	0.29
	1	固定资产	0.18
	2	无形资产	0.008
	3	长期待摊费用	0.06
	4	递延所得税资产	0.02
	5	其他非流动资产	0.03
三		**资产总计**	16.21
四		**流动负债**	13.52
	1	短期借款	0.3
	2	应付票据	3.19
	3	应付账款	9.75
	4	预收款项	0.07
	5	应付职工薪酬	0.07
	6	应交税费	0.06
	7	其他应付款	0.06
	8	一年内到期的非流动负债	0.01
	9	其他流动负债	0.002
五		**非流动负债**	0.42
	1	长期应付款	0.02

续表

	项　目	账面价值
2	预计负债	0.16
1	其他非流动负债	0.25
六	负债合计	13.94
七	净资产（所有者权益）	2.27

（2）评估方法。基于企业价值评估方法体系中的市场法、成本法及收益法的定义，根据评估对象、价值类型、资料收集情况等相关条件，分析了三种资产评估基本方法的适用性，最后选择收益法进行评估。因 P 公司具备持续经营的基础和条件，经营与收益之间存在较稳定的对应关系，并且未来收益和风险能够预测及可量化，根据企业价值评估准则，确定按照收益途径、采用折现现金流量法（DCF）评估其市场价值。

（3）基本评估思路和评估模型。

①对纳入公司报表范围的资产和主营业务，按照最近几年的历史经营状况的变化趋势和业务类型估算预期收益（净现金流量），并折现得到经营性资产的价值；

②对公司报表中未予考虑的诸如基准日存在的货币资金，应收、应付款等现金类资产和负债，呆滞或闲置设备，房产等以及未计入损益的在建工程等类资产，定义为基准日存在的溢余性或非经营性资产（负债），单独估算其价值；

③基本原理是资产的购买者为购买资产而愿意支付的货币量不会超过该项资产未来所能带来的期望收益的折现值。

基本公式：

$$Q = \sum_{i=1}^{n}[R_i \times (1+r)^{-i}] + P + V$$

式中：

Q 代表相关资产在未来收益期内各期的收益现值之和；R_i 代表第 i 年的收益；r 代表折现率；P 代表非经营资产价值；V 代表溢余资产价值。

④收益指标。对 P 公司进行价值评估时，使用权益自由现金流量作为经营性资产的收益指标，其基本定义为

R = 净利润 + 折旧摊销 + 资产减值损失 − 资本性支出 − 营运资金增加 − 偿还债务 + 借款筹入

式中：净利润 = 主营业务收入 − 主营业务成本 − 营业税金及附加 + 其他业务利润 − 期间费用（销售费用 + 管理费用 + 财务费用）− 所得税

根据 P 公司的经营历史以及未来市场发展等，估算其未来预期的自由现金流量，并假设其在预测期后仍可经营一个较长的永续期，在永续期内评估对象的预期收益等于其预测期最后一年的自由现金流量。将未来经营期内的自由现金流量进行折现处理并加和，测算得到股东全部权益价值。

⑤折现率。以股权资本成本对应的股权回报率作为折现率。股权回报率采用资本资产定价模型（CAPM）选取，CAPM 可用下述公式表示：

$$R_e = R_f + \beta(R_m - R_f) + R_s$$

式中：R_e 代表股权回报率；R_f 代表无风险回报率；β 代表风险系数；$(R_m - R_f)$ 代表市场风险溢价；R_s 代表公司特有风险超额收益率。

⑥预测期的确定。企业已经正常运行，动力锂电池市场行情发展前景良好，目前处于爆发式增长期，在未来五年内应仍将处于增长阶段，故预测期取至2021年，即2016—2021年。

⑦收益期确定。由于P公司运行比较稳定，发展前景良好。新能源汽车为国家大力支持行业，动力锂电池作为新兴行业，国家鼓励发展，也是未来发展方向，在相当长时间内难以被其他产品所替代，故收益年限按无限年。

（4）评估结论。以2016年3月31日为基准日，P公司全部权益账面价值2.27亿元，经采用折现现金流量法评估，P公司股东全部权益价值为47.5亿元，增值45.23亿元，增值率为1 992.83%。

需要说明的是，在确定目标企业后，并购双方关注的是如何合理估算目标企业的价值，作为并购价格制定的基础，对目标企业价值评估是并购成功的关键。目前我国目标企业的价值评估是遵循资产评估的基本原则和方法程序作出的估算，它的合理性受到诸多因素的影响：①目标企业内部人员与并购方之间信息不对称产生的影响。如果目标企业是上市企业，主并方相对比较容易取得其资料进行分析，目标企业若是非上市公司，则主并方要获得其高质量的信息资料的难度要大一些，容易形成目标企业价值评估的财务风险。②企业价值评估体系不健全而产生的影响。我国企业并购缺乏一系列行之有效的评估指标体系，并购过程中人的主观性因素对目标企业价值评估影响较大。③并购中政府干预而产生的影响。有的地方政府出于稳定等方面的考虑，过分强调"优帮劣、强管弱、富帮贫"的思想，对企业并购活动实施"拉郎配"策略，甚至以不合理的交易价格强行将劣势企业并入优势企业。主并方不仅被迫接受劣势企业的亏损和债务，甚至还要接受劣势企业的员工，给主并方造成巨大的财务负担。

10.2.3　企业文化风险

企业并购活动中为了实现并购者的价值创造，并购企业和被并购企业的价值链需要重建和整合。比较而言，技术整合和管理整合是直观的，对企业效率的影响能够计量，而文化整合不那么直观。所谓企业文化是企业组织赖以运转的文化条件或背景，以及一个企业所关注的一套理想经营理念、管理模式、信仰和情感的集合，主要表现为企业中的个体对企业团队以及自我在企业中所担任角色的心理态度和价值取向。两个合并企业必然存在文化的适应程度和文化的差异性，文化差异主要表现在组织文化、职业文化和民族文化的不同。并购的文化风险主要表现在并购企业和被并购企业之间的文化差异、文化对立和两种文化融合的阻碍力。

具体而言，文化冲突主要体现在：①在实施文化替代整合模式中，并购者在并购过程中和并购后呈现一种强势文化，并以此替代另一方弱势文化时，如果弱势企业不愿意抛弃原有的企业文化，这样在文化替代过程中将会导致严重文化隔阂和文化冲突；②并购必然导致组织上的重整，组织上的重整必然给企业员工，尤其是被并购企业的员工带来未来的不确定性。并购带来的不确定性和所带来的现实变化，给企业带来工作安全感的丧失，制度和工作习惯的变动将导致文化上的隔阂；③由兼并过程及其持续时间所产生的压力的程度而给个人的生理、心理健康和行为带来的不利影响，将导致文化上的分裂，这些都会反映在对兼并的抵触和反感上，最后增加文化整合的难度；④在跨国并购中，由于国家、种族、区域文化的较大差异性所形成的企业文化（经营理念、管理模式、分配方式、人际关系等）的复杂性，都增加了并购文化整合的难度。

10.3 并购风险测评

对并购企业而言，如果将并购风险估计过高就会使其失去投资扩张的机会，若估计过低则意味着企业将面临风险。在理论上，对企业并购风险度量有三种基本方法：模糊度量法、灰色关联度法、综合指数分析法。

10.3.1 并购风险的模糊度量

模糊度量是指通过引入模糊数学理论，建立企业并购风险因子的模糊集合、企业并购风险的隶属函数和评价并购风险因子的模糊矩阵，用来度量企业并购风险的方法。在模糊度量中主要采用的技术指标包括：①论域 U，是指并购风险因子的集合；②模糊集合 A，是指风险因子对并购风险影响的重要程度的集合；③隶属度，是指风险因子与并购风险之间的密切程度，一般隶属度越高，表示对并购风险的影响越大；④隶属函数 V，是指描述并购风险因子模糊性的定量方法，其值域为区间 $\{0,1\}$；⑤模糊矩阵 R，用来描述各风险因子之间的定量关系，矩阵中的元素表示各风险因子可能存在的状态及其发生的概率；⑥模糊度量模型 B，用来度量企业并购风险的高低，集合中的元素表示并购风险各种存在状态发生的概率。具体模糊度量步骤如下：

（1）基于影响企业并购风险的各种元素建立并购风险因子的论域。

$U=\{$经济、法律和政策环境，企业产权，市场缺陷，政府干预，信息失真，企业文化，价值评估，企业融资，战略选择，企业经营$\}$

（2）根据专家对各风险因子重要程度的评价，建立企业并购风险因子的重要度集合 A，并根据并购实际情况及企业风险管理需要，将并购风险划分为 n 个等级，如高、较高、一般等。

$$A=(\alpha_1,\alpha_2,\alpha_3,\alpha_4,\alpha_5,\alpha_6,\alpha_7,\alpha_8,\alpha_9,\alpha_{10})$$

（3）根据 i 个专家对风险因子的评判，建立企业并购风险的模糊矩阵 R。

$$R = \begin{bmatrix} r_{11}, & r_{12}, & \cdots & r_{1n} \\ r_{21}, & r_{22}, & \cdots & r_{2n} \\ \vdots & \vdots & \vdots & \vdots \\ r_{i1}, & r_{i2}, & \cdots & r_{in} \end{bmatrix}$$

（4）利用模糊度量矩阵，建立企业并购风险模糊评价模型，度量企业并购风险。

$$B = A \times R = (\alpha_1, \alpha_2, \alpha_3, \alpha_4, \alpha_5, \alpha_6, \alpha_7, \alpha_8, \alpha_9, \alpha_{10}) \begin{bmatrix} r_{11}, & r_{12}, & \cdots & r_{1n} \\ r_{21}, & r_{22}, & \cdots & r_{2n} \\ \vdots & \vdots & \vdots & \vdots \\ r_{i1}, & r_{i2}, & \cdots & r_{in} \end{bmatrix} = (b_1, b_2, \cdots, b_n)$$

10.3.2 灰色关联分析

从风险的来源分析，影响企业并购有效性的风险因子有很多，且在不同并购方案中，各种风险因子对并购效果的影响程度也不同。灰色关联分析是借助于关联系数和关联度，测度企业不同并购方案中的风险程度。其基本分析思路如下：

（1）由于企业并购过程有多个风险因子，在不同的并购方案中其权重也有所变化。因此，设 T 为企业并购风险，X_t（$t=1, 2, \cdots, n$）为影响企业并购效果的风险因子，K_i（$i=1, 2, \cdots, m$）为可供选择的并购方案，则由 m 个并购方案构成典型的风险特征矩阵为

$$T_k = \begin{Bmatrix} T_{k1} \\ T_{k2} \\ \cdots \\ T_{km} \end{Bmatrix} = \begin{Bmatrix} T_{k1}(1) & T_{k1}(2) & \cdots & T_{k1}(n) \\ T_{k2}(1) & T_{k2}(2) & \cdots & T_{k2}(n) \\ \cdots & \cdots & \cdots & \cdots \\ T_{km}(1) & T_{km}(2) & \cdots & T_{km}(n) \end{Bmatrix}$$

为方便分析，该矩阵采用以下规则进行整理变换：设定一个风险临界点 L，$X_t > L$ 时，X_t 取值为"1"；当 $X_t < L$ 时，X_t 取值为"0"。

（2）采用专家评判法量化各风险因子 X_t（$t=1, 2, \cdots, n$）的重要度。

$$W_t = \frac{\sum_{t=1}^{N} X_{ti}}{N} \qquad t \in [1, n]$$

其中：N 表示专家数量；X_{ti} 表示第 T 个专家对第 i 个风险因子的评判值。由此，n 个风险因子按重要度形成一组待检数据：

$$X_s = \{X_s(1), X_s(2), \cdots, X_s(n)\} = (w_1, w_2, \cdots, w_n)$$

（3）计算关联系数和关联度。关联系数表示并购方案与并购风险之间的密切程度，关联系数越大，说明该方案的并购风险越高。按照关联度及关联系数的计算公式，计算 $\{X_s\}$ 与风险特征向量 T_{ki}（$i=1, 2, \cdots, m$）之间的灰关联度，可以得出关联度序列。把关联度从大到小依次排列，即可得出待检数据 $\{X_s\}$ 化归为某种风险模式可能性大小的顺序，分析得出各种并购方案风险的大小排序。

10.3.3 综合指数分析

指标分析一般有两个基本特点：一是将若干项财务指标组合起来组成财务指标体系，并将各指标值与企业所处行业的平均数据或本企业的历史平均数据进行比较，以此来确定企业所面临风险的大小；二是所选中的财务指标对风险管理者来说处于同等重要的地位。但是在实际中，各指标对企业的重要程度可能是不同的，因此其应具有不同的权重。基于此，产生了综合指数分析模型。

综合指数分析模型为

$$K = \sum (k_i / k_0) \times W_i$$

其中：K 表示综合评价指数；k_i 表示单项财务指标的实际值；k_0 表示单项财务指标的标准值；W_i 表示指标的权重系数，全部指标的 W_i 应满足 $\sum W_i = 1$。

运用该方法进行企业风险识别时，应按如下步骤进行：①首先计算出所选各项指标的指标值；②计算出各指标值与其标准值的比率；③确定各项指标所占的权重；④计算综合评分值，并对企业的财务状况进行评价。

该方法的进步之处在于，它依据财务指标体系中各个指标对企业风险识别贡献程度的不同，分别为各个指标确定了权重系数，这样使该财务指标体系所反映出来的企业的财务状况更加接近于企业的真实情况。但是，该方法在确定指标权重时一般是运用德尔菲法，即企业的风险管理人员向本领域的专家询问各指标权重如何确定，然后将专家的回答进行整理和归纳，并将专家的意见以匿名的方式反馈回去，再次征求意见，再次进行整理和归纳，最终确定一个比较可靠的权重方案。因此，运用德尔菲法确定指标的权重时，容易受到专家主观判断的影响，特别是当专家对企业的实际情况不是非常了解时，其所确定的权重可能会使风险管理者做出错误的决策。

10.4 案例讨论

10.4.1 艾派克并购利盟国际（Lexmark）

1. 并购双方情况介绍

（1）收购方。珠海艾派克科技股份有限公司（002180.SZ，简称"艾派克"）成立于 1991 年，2007 年 11 月通过借壳上市公司万力达在深交所中小板成功挂牌上市，主营业务包括打印、耗材软件服务和芯片。经过在打印显像领域 20 余年的深耕，艾派克已成为中国五百强上市企业。其产品销售规模超 300 亿元，覆盖多达 150 个国家和地区。

（2）标的公司。Lexmark International，Inc.（中文名"利盟国际"，简称"Lexmark"）是全球知名的激光打印机品牌，1991 年从 IBM 打印事业部分拆后设立，于 1995 年底在纽交所上市。利盟专注于高端打印机市场，以中高端产品技术和打印管理服务见长，在欧美市场具有很强的品牌影响力。

2. 并购动机

（1）推行全球化战略。在 2015 年利盟国际已经实现了多国交流，在全世界超过 170 个国家销售打印机相关产品和提供办公室相关软件。利盟的收入中 50% 来自美国本土，35% 来自欧洲、非洲等地区，而艾派克的客户主要分布在中国以及其他发展中国家。艾派克通过收购利盟国际可以加快全球化步伐，借助利盟国际的平台向全球的客户提供产品和服务，提升艾派克在全球的影响力和竞争力。

（2）打入高端市场。艾派克的主要产品为中低端的打印设备和芯片，在高端市场不占有优势；利盟国际主要面向高端市场提供打印机设备和服务，拥有全球性的销售渠道和专业的销售团队。通过两者的并购，艾派克可以实现从低端市场到高端市场的全覆盖，市场范围扩大。

（3）实现技术升级。打印产业链包括上游的打印耗材和各种打印配件、中游的打印机设备和下游的销售商提供打印管理服务。艾派克从 2000 年开始生产销售兼容墨盒，经过多年的发展，已经成为我国打印行业企业代表，但还是以生产销售通用打印耗材芯片、通用部件和再生产耗材为主，缺乏对激光打印技术的研究和开发。而利盟国际是世界上最早步入打印领域的企业之一，其对技术的研发十分重视，现已具有 2000 多项专利，在高端打印技术和芯片研发方面具有深厚的经验。艾派克通过对利盟国际的收购，可以直接获得相关技术和专利，紧缩了艾派克研发的时间并且极大减少了研发开支，使得艾派克能够在短期内实现技术升级，形成完整的打印产业链。

3. 并购过程

并购交易流程如图 10-1 所示。

图 10-1　并购交易流程

2016 年 2 月 19 日，艾派克因筹划重大事项停牌，直到连续停牌长达两个月之后的 4 月 21 日，艾派克首次披露了关于收购利盟的重大资产购买报告书草案，艾派克、太盟投资、君联资本拟按 40.50 美元 / 股的价格购买利盟全部股份，交易金额约为 27 亿美元，加上利盟 9.14 亿美元的负债和 4.30 亿美元的潜在负债，此次交易的内含价值约为 40.44 亿美元。2016 年 7 月至 9 月，艾派克的控股股东珠海赛纳科技有限公司（简称"赛纳科技"）先后发行两期可交债，募集资金约 60 亿元用于支持纳思达完成并购。2016 年 5 月 10 日，艾派克披露修改后的重大资产购买报告书，此次报告对交易架构和交易金额都进行了适当的调整，最终确定与太盟投资、朔达投资联合收购利盟，交易内含价值约 41.50 亿美元。同年 12 月 2 日，艾派克发布重大资产购买交易完成的公告，并于 12 月 12 日正式召开关于全资收购利盟的新闻发布会，这标志着中国打印行业史上最大规模的海外并购交易圆满结束。

4. 交易架构

在最初的公告中，艾派克披露的并购交易架构如图 10-2 所示。

图 10-2　初始交易架构

艾派克联合太盟投资、君联资本设立第一层开曼公司 Ninestar Holdings，艾派克出资 11.9 亿美元，太盟投资和君联资本分别出资 9.3 亿美元和 2 亿美元，以 11.9 亿美元撬动了 11.3 亿美元的投资。Ninestar Holdings 继续在开曼群岛设立全资子公司 Ninestar Group，再由第二层开曼公司在美国特拉华州设立子公司 Ninestar Lexmark 用以承担并购任务。

由以上各方与利盟签订《合并协议》，规定由子公司 Ninestar Lexmark 作为本次收购的主体，在收购完成后，利盟将作为新的主体继续存续，收购主体公司注销，是典型的反三角并购。

在交割前一周左右，艾派克发布公告调整了整个交易架构，不仅将原来的三层交易架构拉长至八层，还分别设立了两个合并主体：Ninestar Lexmark 及 Apex Tech Swiss SARL，Apex Tech Swiss SARL 用于收购后的资产包出售，合并子公司 Ninestar Lexmark 承担利盟合并的任务，利盟作为合并后的主体继续存续。合并后，瑞士子公司 Apex Swiss Holdings SARL 持有利盟 100% 股份，艾派克间接持有利盟 51.18% 的股权。除此之外，君联资本的角色也被其一致行动人朔达投资替代。调整后并购交易架构如图 10-3 所示。

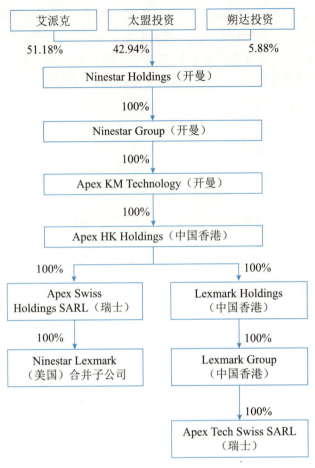

图 10-3　调整后并购交易架构

5. 融资方式

利盟的每股交易价格为 40.50 美元。截至交割日，标的公司全体股东股份兑价约为 27 亿美元。同时，交割日需要再融资的带息负债金额约为 10.20 亿美元，类负债兑价约 4.30 亿美元。该次交易的内含企业价值合计约 41.50 亿美元。

在最终公布的方案中，融资规模达到 47.98 亿美元。在股权融资方面，艾派克、太盟投资和朔达投资联合出资金额下降，由最初的 23.3 亿美元下降到 15.18 亿美元，但三方的股权比例不变，因此艾派克的出资由 11.9 亿美元下降到 7.77 亿美元。由于艾派克自有资金仅为 1.08 亿美元，因此其出资资金大部分是由控股股东塞纳科技发行可交换债券募集的资金提供的。在债权融资方面，银行贷款金额大幅上升，合并子公司和开曼子公司 Ninestar Group 向中信银行牵头的银团贷款由最初的 15.83 亿美元增加至 32.80 亿美元。并购融资结构如图 10-4 所示。

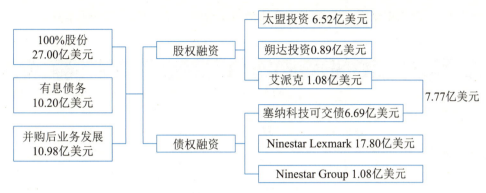

图 10-4　并购融资结构

艾派克联合私募基金出资 7.77 亿美元的来源主要为自有资金及股东借款，其中自有资金 1.08 亿美元。控股股东赛纳科技于 2016 年 7 月 28 日和 2016 年 9 月 5 日分别发行了两期可交换债券以支持艾派克的并购，募集资金合计 60 亿元，约 8.71 亿美元，其中部分用于支付该次并购对价。艾派克融资方案调整前后对比见表 10-2。

表 10-2　艾派克融资方案调整前后对比

	调 整 前	调 整 后
自有资金	1.08 亿美元	1.08 亿美元
股东借款	10.82 亿美元	6.69 亿美元
股权融资	23.20 亿美元	15.18 亿美元
债权融资	15.83 亿美元	32.80 亿美元
融资总额	39.03 亿美元	47.98 亿美元
杠杆倍数	40 倍	44 倍

注　杠杆倍数 = 融资总额 / 自有资金

相比之下，债务融资由原来的 40.56% 上升至 68.36%，融资杠杆倍数也从 40 倍上升至 44 倍，赛纳科技通过两次发行可交换债券筹集资金可以覆盖艾派克所需出资的金额，理论上艾派克可以不使用自有资金，杠杆倍数将无限放大。

6. 并购效果

并购的协同效应是在以后经营过程中逐渐体现的，短期的财务数据并不能用来判断此次并购是否成功，但可以侧面反映企业的整合风险是否得到了一定的化解，从而推测长期的协同效应。本案例分析分别在偿债能力、盈利能力、营运能力三个方面选取了个别指标对艾派克此次并购的短期财务效应进行评价。财务指标分析见表 10-3。

偿债能力方面，并购后，2016 年末艾派克的有息负债为 1 921 087.65 万元，同比增长 3 076.82%，因并购产生利息支付给日常经营带来了巨大的负担。从财务指标观察，艾派克的资产负债率由 2015 年末的 37.53% 飙升至 2016 年末的 91.55%，2016 年末的流动比率和现金比率较 2015 年末出现了大幅的下降，长短期偿债能力堪忧。不过，从

2017—2018年的数据来看,艾派克的偿债能力在改善,资产负债率有所下降。

表 10-3　财务指标分析[①]

能力	指标	2014/12/31	2015/12/31	2016/12/31	2017/12/31	2018/9/30
偿债能力	有息负债（万元）	—	60 471.94	1 921 087.65	1 230 110.35	1 525 463.34
	应付利息（万元）	—	23.86	7 434.02	5 814.40	—
	资产负债率（%）	13.02	37.53	91.55	79.87	78.77
	流动比率	8	3.95	0.79	0.88	0.89
	现金比率	6.43	2.17	0.12	0.27	0.32
盈利能力	销售毛利率（%）	61.09	40.31	35.66	26.59	36.43
	销售净利率（%）	43.68	14.4	-4.69	6.81	2.27
	期间费用率（%）	15.22	23.13	41.21	46.75	33.52
	净资产收益率（%）	38.55	23.75	3.31	41.31	11.39
	总资产报酬率（%）	38.27	15.57	-0.98	3.29	1.01
营运能力	存货周转率	3.23	3.8	1.86	5.39	4.11
	应收账款周转率	6.07	6.97	3.29	8.53	7.5
	总资产周转率	0.88	1.08	0.21	0.48	0.45

盈利能力方面,并购后的销售毛利率和销售净利率有所下降,这主要是由于艾派克完成收购后,业务有所拓展,不同业务间的毛利率和净利率相差较大,导致出现了下降的情形。2017年盈利能力出现好转主要是由于出售企业管理软件业务带来的投资收益,不过2018年的总体指标都出现了好转,期间费用率下降,净资产收益率和总资产报酬率为正,收益质量上升。从长远来看,随着因并购产生的利息支出以及资产公允价值的摊销的减少,费用不会对盈利产生较大的不利影响,艾派克要提升盈利能力关键在于推进并购后的资源整合,使艾派克的业务和利盟的业务产生协同效应。

营运能力方面,并购后艾派克的各项营运能力指标都有所下降,资产周转能力不如并购前,主要原因是杠杆收购后资产的规模大幅增加。随着并购整合逐渐推进,协同效应也逐渐显现。2018年半年的营运能力指标已经超过并购前的水平,并且高于同行业的平均水平(行业平均的存货周转率、应收账款周转率、总资产周转率依次为3.94、5.00和0.43)。总体来看,虽然各项能力在并购后都出现了不同程度的下降,艾派克承担着较大的财务风险和整合风险,但是在积极应对整合中的风险的过程中,协同效应逐渐显现,各项指标在逐渐好转。利盟的经营业绩在并购后持续改善,2017年利盟的打印机销量增长高于10%,达到了148万台,营业收入140.73亿元,毛利润30.45亿元,毛利率21.45%;2018年利盟的净利润达到36 688.38万元,实现了扭亏为盈。

[①] 数据来源:Wind,由于2018年报尚未披露,故2018年数据选用第三季度末数据,文中所有利润表和现金流量表相关数据未经年化处理。

10.4.2 并购风险分析与控制过程

1. 并购交易过程

1)并购类型选择

海外并购属于公司重大决策,通过对外直接投资以实现战略目标。决策者在选择并购类型和目标公司时,需要对企业当前的战略、资源和优势有充分的了解,并且对行业环境有清晰的判断,降低并购类型和目标公司选择不当的风险。

2015年,我国打印行业的竞争愈发激烈,打印相关设备的市场空间突破了500亿元大关。但是由于国内品牌起步较晚,打印核心技术缺乏,导致行业内的领导者主要是国外企业,如惠普和佳能。同时,市场中80%以上的份额均由前五大公司占据,集中度较高。艾派克在竞争激烈、难以在国内市场谋求一席之位的环境下,寻求海外发展的机会,很有必要进行海外并购,快速打开进入海外打印市场的大门,获得主动权。在此背景下,选择相关的打印公司进行并购符合艾派克所处的环境和所追求的目标。

利盟发展稳定、偿债能力较强,其2015年经营现金流量为1.08亿美元,由于业务扩张增加了支出导致较2014年有所下降,但是其经营活动现金流仍保持健康稳定的态势,未来的收益有所保证;利盟的资产负债率在70%左右,处于行业平均水平。利盟是高端打印机行业的领军者,拥有丰富的销售渠道和先进的管理经验,具有很高的品牌知名度;同时,利盟所处的高端打印行业在发展中国家和地区的市场尚未完全开发,还有很大的市场空间。

对于利盟而言,由于企业经营业绩不佳,其在2015年10月发布了收购要约以通过并购实现协同效应来解决经营问题。艾派克选择利盟作为并购的目标公司,符合其希望拓展海外市场、提高知名度的目标,两者互补,在战略决策上的一致性能够降低未来决策带来的相关风险。

艾派克选择了与自己原本主营业务息息相关的高端打印设备和办公优化软件服务领域进行业务的扩张,不仅将海外公司在该领域的先进技术收归囊中,还借助其在全球范围内的销售渠道成功提升了市场占有率。

2)并购方式选择

从支付方式看,艾派克在此次并购中采用全现金支付的方式完成收购,通过选择适合自身的支付形式,促进并购交易顺利完成。

首先,现金支付简单便捷。现金支付相比于股票支付流程简单,审批程序也不那么烦琐复杂,减少了审批流程中出现各种问题的情况发生,优化了步骤,能够快速完成交割。

其次,现金支付可以防止股权稀释引起的控制权转移问题。艾派克的控股股东塞纳科技持有艾派克超过67%的股权,考虑到交易金额巨大,大额的股票支付会稀释塞纳科技的股权,使其控制权受到影响,而现金支付解决了这个问题,并且避免了增发过多股票导致股价下跌的不利影响,保护了股东的权益。同时,对于利盟的股东而言,转让股权可以获得直接的现金收益,避免了因换股而持有股票等权益工具产生的风险。

然而，现金支付因其固有缺陷而存在风险。一方面，筹集如此大的数额的资金需要强大的融资能力和充沛的现金流；另一方面，融资会对艾派克的偿债能力产生影响，对未来经营和成长造成负担。

从融资方式看，此次"蛇吞象"式的海外并购加剧了艾派克的融资风险，在并购交易过程中，艾派克使用多元化的融资手段促进了此次融资的方便快捷，合理利用可交换债券和私募基金融资是艾派克成功并购利盟的关键因素。

首先，艾派克的控股股东塞纳科技通过发行可交换债券为此次并购提供了大笔资金成为了融资的一大亮点。塞纳科技通过两次质押其持有的股票两亿九千万股，同时发行两期可交换债券，共募集了60亿元资金用于并购，是资本市场上最大规模的私募可交换债券之一。可交换债券是由公司持股股东持有的其他公司的股份进行换股，不会对艾派克本身的股本产生影响，也不会影响塞纳科技的控制权，很巧妙地为此次并购提供了资金。此外，在发行股票与发行债券两种方式的选择上，由于利盟在公开招标，为了尽快促成交易的完成，艾派克选择了审核时间较快的债券方式进行融资。并且，艾派克的债权融资面临着较大的付息压力，在并购过程中艾派克所借的银行贷款占比过大，银行借款受到了限制，发行债券筹集资金的金额有限，而发行私募可交换债券相对于股东质押股权融资所筹集的资金更多，加上可交换债券的利率相对较低，一定程度上减轻了付息压力，财务风险得到了控制。

其次，艾派克联合私募基金，股权与杠杆结合实现融资协同。作为与利盟实力悬殊的中小型民营企业，艾派克与太盟投资、君联资本共同在境外设立投资实体，再由境外的投资实体设立全资子公司进行对目标公司的并购。艾派克在融资中引入私募基金并成立联合体，使得融资渠道更加开阔，并且通过设置层层交易架构合理避税，减轻了财务风险，降低了融资成本。私募基金作为投资者的目标是分享并购后高额的收益并适时退出，其作为专业机构能够提供专业的服务和社会资源为并购提供保障，并且其最终的退出不会对企业的控制权造成不利影响。

3）并购价格制定

由于利盟的价值主要体现在长期从事打印相关业务所积累的技术和品牌上，因此基于账面价值计算的资产基础法对股权的估值意义不大；并且，利盟作为纽交所上市公司，受行业监管和商业保密的限制不能在并购完成之前提供更为详细的盈利预测等财务信息，公布盈利预测可能会使公司股价产生大幅变动影响估值的准确性，因此不采用现金流量折现法对利盟进行估值。综合以上原因，东方花旗采用上市公司比较法对利盟进行估值，选择EV估值法和P/E估值法与美国资本市场上主要从事打印机、耗材配件和打印管理软件业务的三家上市公司进行对比。EV法下的估值结果是利盟100%权益价值为315 559万美元，市盈率法下的估值结果是利盟100%权益价值为368 420万美元，根据此次并购的交易结构，艾派克和东方花旗最终以EV估值法的结果为结论，参考P/E法的估值结果以及利盟的股价、无形资产和发展前景等因素，确认收购的交易价格为27亿美元。

艾派克以长远的发展眼光并综合考虑相关因素，确保此次定价尽可能的合理。此次利盟的估值为27亿美元，与艾派克的市值相差不多，但是利盟的营业收入远高于艾派克，大约为十倍之多，是一次难得的投资机会。

2. 并购整合过程

1）并购的业务整合

艾派克收购利盟是一起典型的反三角并购，为业务整合提供了保障。一方面，美国子公司与利盟合并，利盟作为合并后主体继续存续，可以保持利盟的独立性，继续以利盟的品牌和名义执行合并前签订的合同和未完成的事项，在法律上不需要对合同进行变更和转移，避免了一些复杂的程序和手续费，保证了公司的正常经营。

在技术方面，艾派克与利盟都有一定的积累，但是由于艾派克相比于利盟起步晚，在专利技术上仍与利盟存在一定的差距，并且利盟在高端技术领域独树一帜。因此，一方面，艾派克与利盟签署知识产权特别协议，约定艾派克获得利盟的技术只能用于利盟的产品生产，保证了利盟产品的高质量；另一方面，艾派克保留了利盟的技术研发团队，给予研发人员充分的成长和学习空间，在一定程度上避免了人才的流失，同时加强了利盟的科研人员对艾派克的认同感。

2）并购的文化整合

艾派克与利盟在文化整合中的风险主要来自于中美文化和企业文化的冲突。

中美两国在制度和历史上的差异，给双方的文化整合带来了挑战。根据霍夫斯泰德的文化维度理论，结合中国与美国文化维度的评分，分析中美文化的差异主要体现为：在权力距离方面，中国属于权力化程度较高的国家，等级较为分明，美国属于权力化程度较低的国家，员工参与决策程度更高；在个人主义方面，中国是集体主义很强的国家，主张维护集体利益，而美国强调个人主义，员工更倾向于追求个人的价值；在男性化方面，中美差异不大，崇尚竞争，追求成功的意识强烈；在规避不确定方面，中国相比美国对不确定性的规避意愿较强，更不愿意环境的快速变化；在长期导向方面，中国更注重长期，追求未来的稳定，而美国更着眼于现在，不会过多考虑遥远的将来；在自身放纵方面，中国人对自我的约束力更强，有意识克制欲望的放纵，而美国人提倡及时享乐，对自身的约束较少。

然而艾派克与利盟在企业文化上也有众多相似之处。艾派克致力于成为"全球通用耗材行业龙头"，以"安全、高效、轻松"的核心价值观为客户提供优质产品，其全球化的目标可见一斑。利盟自成立以来一直注重产品和服务的"安全、环保、品质"，致力于成为"全球文印安全解决方案领导者"，为客户提供优质服务。双方均重视为客户提供优质产品和服务，具有高度的社会责任感，并且成为行业的领导者是艾派克与利盟共同的企业愿景，为双方在文化整合中提供了便利。不同的是，艾派克在生产经营中注重成本的压缩，以低价格占领市场，而利盟提供的是中高端产品，注重技术的开发，这种差异是由双方对市场定位的不同造成的。

双方都有意愿进行文化的吸收，为文化整合奠定了基础。初期的文化整合模式为独立的整合模式，艾派克与利盟继续保持原有的运营和发展模式，保证了利盟对高质量产品与服务的需求，尊重其独特的商业模式。艾派克保留了利盟的原首席执行官和管理团队，以确保利盟按原方式独立运营。同时，在管理层面，利盟成立了由公司的董事和高管组成的利盟执行层管理委员会，负责规划公司的愿景和战略；在执行层面，利盟成立了整合管理办公室负责管理和协调整合，监督整合过程。

在整合过程中，艾派克在利盟设立"企业联络员"的职位，负责收集利盟员工的意见与诉求，找出关键点，及时沟通与交流，以淡化双方关于国家和民族的观念，减少跨境并购产生的文化冲突，推进文化整合的顺利完成。

3）并购的国家风险

目标企业所在国家的政策、外汇管制、战争环境、自然灾害等因素，我们称之为国家风险。并购企业应对目标企业的国家风险进行识别和分析，调整并购的财务选择，从而规避因国家风险带来的不利影响。2016年9月30日，艾派克通过了CFIUS（Committee on Foreign Investment in the United States，美国外国投资委员会）的安全审查，并于次日签署了相关协议，确保此次的并购不会造成对美国国家安全的侵害。我们由此可以推断出此次收购利盟的某些业务与美国的国家安全相关，虽然CFIUS不允许收购方对外披露安全审查的详细信息，但是艾派克与CFIUS一定就收购利盟的条款在一定程度上达成了妥协，最常见的就是剥离某些敏感资产或业务。为了应对这种法律监管，艾派克对交易架构进行了很大的调整，保证收购能够顺利地进行下去。

利盟的业务包括ISS（打印设备和材料）和ES（企业管理软件业务）两大业务，ISS业务涉及生产和销售打印机，ES业务涉及为客户提供企业办公软件优化服务。ES业务相较于ISS业务对国家安全的敏感性更强，ES业务的客户主要为金融、医疗、制造企业和教育、政府部门，主要涉及数据采集、流程管理等服务。从ES业务的客户分布情况看，业务会接触到机密信息，而这些信息在当今数据日益重要的时代可能危及国家安全。因此，在与CFIUS签订协议后，艾派克将交易架构从最初的三层架构调整为七至八层架构，并设立了两个子公司，其中瑞士子公司的Apex Tech Swiss的作用便是出售ES业务。

2017年5月4日，在艾派克宣布与利盟的并购完成的5个月后，艾派克发布了关于出售利盟企业软件业务资产包的公告，公告提示出售的资产包，即ES业务的价值约为13.50亿美元。通过出售ES业务，可以在一定程度上缓解由于并购产生的偿债压力，集中资源管理资产，有助于并购后的资源整合。

艾派克根据所处国家风险，及时调整财务政策，保证了并购交易的顺利进行，并且对后期并购整合做出了规划，有利于并购协同效应的实现。

10.4.3 案例启示

1. 恰当选择并购目标

艾派克收购利盟较为成功的重要因素就是选择了合适的目标公司，并且抓住了并购的时机。一方面，利盟的高端形象符合艾派克的发展目标，良好的品牌形象和全面的销售渠道能够为艾派克打开海外市场，并且其先进的技术能够促进艾派克进行技术升级，打破专利壁垒。另一方面,由于利盟管理层对 ES 业务的看好,在 2010 年后不断进行对 ES 业务的并购,大量的并购没有体现出良好的协同效应,导致利盟的业绩逐年下降。相反,被艾派克看好的 ISS 业务仍然盈利,没有受到 ES 业务亏损的影响,这意味着利盟整体亏损导致利盟的价值被低估,此时也正是投资的好时机。

近年来,随着经济的不断发展,企业更多地通过跨境并购实现"走出去"的目标。因此,企业在寻求境外的并购目标公司时,应从行业、主营业务、企业文化等方面进行评价,目标公司的特点应与自身经营的特点或目标相契合,为后续的整合以及协同发展做好铺垫。

2. 多元化融资方式

艾派克在此次并购中运用了四种融资方式:自有资金、私募可交换债券、私募基金和银团贷款。由于艾派克和利盟的资产、经营规模过于悬殊,是典型的"蛇吞象"并购,因此艾派克筹集大量的资金来支付并购对价,而在自有资金不足的情况下,就需要采用高杠杆的模式进行融资。艾派克使用了多元的融资方式,以 1.08 亿美元的自有资金撬动了 47.98 亿美元的融资,实现了融资目标。同时,在多元化融资的方式下,艾派克设计了多层次的交易架构以降低融资成本和融资风险。

企业在进行规模大的并购时,应告别以往单一的融资方式,利用资本市场中的多种融资工具为并购融资提供资金,股权融资与债权融资相结合协同杠杆收购。除此之外,在杠杆收购的情形下,企业可以设计多层次的交易结构,为杠杆并购合理避税、隔离风险提供基础。

3. 适时调整并购策略

在面对并购过程中的风险时,企业应根据风险及时调整并购策略以规避风险,提高并购成功的可能性。在本次案例中,艾派克在交割前一个星期出乎意料地调整了交易架构,艾派克多设立了一个合并子公司对后续出售 ES 业务做准备,这是对 ES 业务危机美国国家安全风险的调整。

4. 并购整合是重中之重

并购整合的状况决定了企业未来的有机发展。由于文化与技术差异的存在,艾派克与利盟在经营管理上的整合会受到一定程度的挑战,而由于杠杆收购产生的巨额负债也影响着艾派克的经营业绩,协同效应对未来发展起着至关重要的作用。在整合过程中,艾派克设立了企业联络站促进双方人员的沟通,利盟设立了执行委员会和综合管理办公室来推进并监督整合过程,双方人员都在积极配合。

企业应关注双方在业务、人员、文化等方面的整合,搜集各方人员的反馈及时调整整合的策略,抓住重点以推进整合的进行。特别是跨境并购中存在的民族文化差异和国家风险,对后续的整合提出了更大的挑战,企业应关注各个要素层面的整合,淡化国家文化的概念,尊重对方企业,使两个独立的主体快速地了解并适应对方的经营模式,避免矛盾的发生。

综上所述，艾派克收购利盟这一"蛇吞象"的成功案例为日后的跨境并购提供了一个范本，在整个并购过程中，多层交易架构、多元融资方式等亮点对诸多企业并购具有借鉴意义。企业在海外并购的过程中应当慎重选择并购标的，面对风险及时调整并购策略，降低融资成本以及规避风险。除此之外，重视并购后双方的整合，这是日后并购双方以有机整体形式能否成功经营的决定因素，良好的整合有利于企业的发展，实现协同效应。

延伸思考问题及指引

（1）扩张是企业成长的基本形式，但不是目的。概略世界500强发展历史不难发现，企业做大的方式主要有两种：一是内部扩张，即通过资本积累，凭借企业自身技术优势、资金优势向相关产品、产业发展。这种以"滚雪球"方式发展的企业，组织一体化程度比较高，但内部扩张速度较慢。二是外部扩张，即通过收购、兼并、重组来实现。这种方式扩张速度较快，但因企业文化等因素有差异，需要长期磨合。那么，该如何平衡企业内部扩张与外部扩张之间的关系呢？

（2）自2008年开始，我国商务部组织100多家驻外经商机构和研究院共同编写《对外投资合作国别（地区）指南》，之后每年根据国家对外投资新战略需要不断更新该《指南》的相关内容和信息，全面介绍了投资合作目的国（地区）的基本情况、经济形势、政策法规、投资机遇和风险等内容，为我国企业开展跨国并购提供了基础信息。在大数据时代，是否可以将《指南》的内容引入国别风险的定量分析中，从而提高企业跨国并购的成功率呢？

参考文献

[1] 商务部. 对外投资合作国别（地区）指南（2018）[D]. 2019.
[2] 萨德·苏达斯纳. 并购创造价值 [M]. 北京：经济管理出版社，2011.
[3] 胥朝阳. 企业并购的风险管理 [M]. 北京：中国经济出版社，2004.
[4] 崔永梅，余璇. 基于流程的战略性并购内部控制评价研究 [J]. 会计研究，2011，（06）：57-62.
[5] 顾露露，Robert Reed. 中国企业海外并购失败了吗 [J]. 经济研究，2011，（07）：116-129.
[6] 蒋冠宏. 跨国并购和国内并购对企业市场价值的影响及差异：来自中国企业的证据 [J]. 世界经济研究，2020，（01）：82-95，136-137.
[7] 刘红霞，王秀婷，李任斯. 基于国家风险的我国企业跨国并购交易财务政策选择研究 [J]. 中央财经大学学报，2014，（03）：61-68.
[8] 宋维佳，许宏伟. 资源型企业海外并购的绩效与风险研究 [J]. 财经问题研究，2011，（11）：91-98.
[9] 魏江，王丁，刘洋. 来源国劣势与合法化战略——新兴经济企业跨国并购的案例研究 [J]. 管理世界，2020，36（03）：101-120.
[10] 杨忠智. 跨国并购战略与对海外子公司内部控制 [J]. 管理世界，2011，（01）：176-177.
[11] 余鹏翼，王满四. 国内上市公司跨国并购绩效影响因素的实证研究 [J]. 会计研究，2014，（03）：64-70，96.